1900年以來的英語民族史

A History of the English-Speaking Peoples Since 1900

上

安德魯·羅伯茨 Andrew Roberts

黎曉東 譯

目次

導　言　英語民族在二十世紀初的形象　5
第一章　扛起「白種人的負擔」（一九〇〇至一九〇四年）　29
第二章　美國人來了（一九〇五至一九一四年）　81
第三章　第一波攻擊：普魯士軍國主義（一九一四至一九一七年）　123
第四章　和平的罪惡感（一九一八至一九一九年）　191
第五章　美國的能量（一九二〇至一九二九年）　231
第六章　資本主義的困境（一九二九至一九三一年）　269
第七章　第二波攻擊：法西斯侵略（一九三一至一九三九年）　295
第八章　分裂與歧見（一九三九至一九四一年）　355
第九章　團結與奮戰（一九四二至一九四四年）　417
第十章　從諾曼第到長崎（一九四四至一九四五年）　469

第十一章 第三波攻擊：蘇聯共產主義（一九四五至一九四九年） 529
第十二章 冷戰之殤（一九五〇年代） 569
第十三章 我是美國公民（一九六〇年代） 617
第十四章 長期拉鋸（一九七〇年代） 669
第十五章 消耗戰的勝利（一九八〇年代） 717
第十六章 虛擲喘息空間（一九九〇年至二〇〇一年九月十一日） 767
第十七章 第四波攻擊：伊斯蘭恐怖主義及其盟友（二〇〇一年九月十一日至二〇〇五年十二月十五日） 819
結語 867
謝詞 886
附錄 891
注釋 925
參考書目 959

導言

英語民族在二十世紀初的形象

把我們的語言推廣到全世界……與美國保持友好，把他們拉進來參與我對世界未來的看法。這將是英語民族的世紀。

——邱吉爾（Winston Churchill）在內閣的發言，一九四三年七月十二日[1]

如果說上一個千年與第一個千年相比，有哪些事件最重要，英語民族躍升為世界霸主無疑是頭等大事。

——迪帕克・拉爾（Deepak Lal），《盛讚帝國》（*In Praise of Empires*）[2]

一九〇一年一月一日星期二清晨六點出頭，當第一道曙光照在南太平洋紐西蘭東方三百六十英里①的查塔姆群島（Chatham Islands），世界進入了新的世紀，而這個世紀所有的戰爭和苦難都標記了英語民族（English-speaking peoples）的勝利。當時很少有人能料到大英帝國竟會衰亡，美利堅共和國竟會茁壯為世界唯一強權。英語民族的優勢地位受到一波又一波的攻擊，但每波攻擊皆被成功擊退，儘管代價巨大且沉重。當二十一世紀來臨時，他們依然在頑強抵禦。

我們今天提到羅馬帝國時，不會去區分羅馬共和時期和儒略—克勞狄王朝②的帝國時期；同樣在未來，我們也不會去區分從十八世紀後期到二十一世紀，由大英帝國和美利堅共和國分別領導的英語民族主宰時期。在歷史的洪流中，他們有如此獨特的共通之處，應該將其視為單一的歷史實體，只有學者和學究才會嘗試加以區辨。如果火星人來到我們的星球，將會發現他們在分析不同地球人群體的差異時，語言或地理因素要比種族更為重要。而本書所討論的這些國家，正是其絕大多數人民以英語為母語的國家。

作為一九〇〇年後主宰世界的政治文化，英語民族一直受人嫉妒和憎恨，這種煩惱是古羅馬以來所有霸權都無法逃脫的宿命。英語民族和古羅馬人一樣，時而殘酷無情，時而自我耽溺，時而發現對帝國存續最大的威脅不是來自外部的敵人，而是其社會內那些喊叫吵鬧的批評者。

為了維護英語民族的地位和安全，儘管有時要以殘酷手段對付威廉時代普魯士軍國主義、納粹軸心國、全球馬克思列寧主義和當前的伊斯蘭基本教義派，但英語民族依然是人類最後和最佳的希望。英語民族為二十世紀帶來的理念依然激勵著他們的所作所為，英語民族的價值依然是動盪世界中最好、最可得的價值，而讓英語民族得以偉大的制度依然鼓舞著他們。確實，英語民族的信念、價值和制度到現在還在昂揚前進。

在一九〇一年的時候，沒人能保證英語民族的政治文化霸權能延續超過二十世紀。德意志帝國以強大經濟實力打造了公海艦隊（High Seas Fleet），假想敵就是英國皇家海軍。法蘭西第三共和國是龐大的世界帝國，急於報復英國在上個世紀給予法國的不論是真實的或想像的羞辱，尤其是三年前在上尼羅河（Upper Nile）發生的事件。③沙俄這個擁有龐大常備陸軍的世界最大國家也向中亞逼近，虎視眈眈地注視著英屬印度。而這些國家都想教訓以「門羅主義」（Monroe Doctrine）把歐洲帝國主義排除在美洲那半球之外的美國。德軍最高司令部甚至已制定計畫要在十年內轟炸曼哈頓，派遣十萬陸軍登陸新英格蘭。

一九〇一年的世界是大國激烈競爭的多極世界。要說英語民族竟能在一個世紀後還牢牢掌控世界，僅有鄂圖曼帝國殘留的不滿狂熱分子會對他們發動挑戰（即便如此也稱不上什麼致命的挑戰），這對當年的德國皇帝、俄國沙皇或法國總統來說，都會感到不可置信。在一個世代內的兩次大戰中，英語民族的國家並沒有遭受入侵（除了海峽群島④之外），其他大國則都在劫難逃。

---

① 編按：約莫五百八十公里。

② 譯注：儒略—克勞狄（Julio-Claudian Dynasty）為羅馬帝國第一個王朝，建立者為屋大維，被尊稱為「奧古斯都」。

③ 譯注：一八九八年，英法兩國的殖民勢力在蘇丹法紹達地區發生衝突，法國心知軍力不及，主動議和，英法兩國同意以尼羅河和剛果河為界劃定勢力範圍。

④ 譯注：海峽群島（Channel Islands）距離法國北部的諾曼第大約只有十海里，在二次大戰時，海峽群島是唯一

這說明了許多問題，但並非全部。

＊＊＊

新世紀第一道曙光會照在查塔姆群島也很有意思，此乃英語民族所及之處無遠弗屆的明證。此地有四十個小島和礁岩，只有查塔姆島和皮特島（Pitt）有人居住，一七九一年時由皇家海軍上尉布勞頓（William Broughton）宣布這裡是英王喬治三世的領土。其中的主要島嶼是以布勞頓的皇家雙桅艦「查塔姆號」（Chatham）來命名，位於東南方小一點的皮特島則是以支持美洲殖民的第一代查塔姆伯爵老威廉・皮特（William Pitt the Elder）為名。[3]這些位於英倫三島另一端世界的島嶼之所以會被殖民，完全是因為在拿破崙的大陸軍（Grande Armée）於五年後崛起之前，英國皇家海軍是當時全世界最強大的軍事機器。英國人首先獲得了十七世紀日記作家艾弗林（John Evelyn）稱之為「制海權」，並在之後由美國海軍繼承的優勢，此乃英語民族得以稱霸全球的首要條件。第二個條件則是制空權。

當新世紀來臨時，大英帝國和美利堅共和國分別在南非和菲律賓陷入長期的殖民地戰爭。自羅馬時代以降，戰爭就是人類的宿命，但此時的英語民族享有自黑暗時代以來比其他大國都要長的和平時期。在一九〇一年時，英國和美國都不認為自己是英語民族這個更大實體的一部分。儘管雙方剛剛交好不久，但他們彼此仍是對手。直到一九四〇年代初危機出現，雙方才了解聯手起來能一加一大於二。但兩國當時都有強大聲浪反對結成「特殊關係」（Special Relationship）。當兩國出現分歧時，就在敦克爾克、珍珠港、蘇伊士和越南遭受挫敗。而當兩國團結時，就有一九一八年的夏季進攻、一九四二年在北非與義大利進攻、一九四四至四五年解放歐洲、柏林大空運、韓戰、福克蘭戰爭、蘇聯共產主義崩解、波灣戰爭、解放科索沃和海珊倒台等等勝利。

在一九〇一年一月時，南非戰爭所消耗的人命和金錢，都遠超過十五個月前戰爭爆發時的預期。英國派出將近五十萬人的部隊，比敵對的川斯瓦和奧蘭治自由邦（Transvaal and Orange Free State）的總人口還多。一九〇一年元旦那天，阿非利卡人⑤的突擊隊武裝襲擊了維多利亞女王的開普殖民地。對帝國更大的打擊是在士氣方面。一八九七年女王登基六十週年時的帝國榮光，僅在四年後就因為殘酷對付波爾人（Boer）而蒙上陰影。雖然波爾人的傳統武力被擊敗，但他們拒不投降，改採長期的叛亂活動。美國也在處理菲律賓的群眾叛亂，面臨類似的游擊戰爭和恐怖手段。在此後的一百一十年中，如何對付這種不對稱作戰方式將多次困擾著英語民族。

「我出生在上世紀末，維多利亞女王在位的時候。」英國少校戈登—達夫（John Gordon-Duff）在其自傳《當時不一樣》（*It Was Different Then*）中寫道，「當時還在打南非戰爭，大英帝國正值顛峰，首相是上議院議員，⑥馬廄水桶還是木頭做的。」[4] 從戈登—達夫在一九七五至一九七六年的眼光看，這二十四個月無疑是英語民族史上最糟的一段和平時期，而一九〇一年的世

被德軍占領的英國領土。

⑤ 譯注：阿非利卡人（Afrikaners），南非和納米比亞的白人移民後裔。其種族來源以十七世紀至十九世紀移居南非的荷蘭移民和少量法國胡格諾教徒為主。

⑥ 譯注：在一九〇二年以前，英國首相可由上議院議員擔任。

界是平靜、穩定、明確的大不列顛榮光時代。除了令人快慰的木製水桶，大不列顛的皇家海軍有多達三百三十艘船艦，倫敦城是世界金融中心，維多利亞女王（兼印度女皇）史無前例地在位六十三年。她的帝國涵蓋全球四分之一的人口、五分之一的地表。對多數英國人來說，未來是光明的，文明的進展是自然且必然的，人類沒有理由不繼續邁向邱吉爾所說的「陽光普照的高地」。（邱吉爾當時剛當選國會議員。）

但儘管幅員遼闊，一九〇一年時的大英帝國領導人都強烈意識到聖公會禱詞所說的「帝國榮光正在消逝」。多數領導人都想停止他們認為有害無益的孤立主義對外政策。他們害怕若不締結持久的聯盟，會被其他敵對大國聯手當成目標，而帝國也將如吉卜林（Rudyard Kipling）在女王登基六十年慶時悲傷的預言，迅速淪為「尼尼微和推羅」。⑦畢竟，誠如邱吉爾所言：「在歷史的河灘上滿是帝國的殘骸。」[5]

有一個強國，英國領導人不再懷疑它會有敵意，那就是美國。這個大西洋彼岸的共和國在一八九八年只用八個月就擊敗古老而搖搖欲墜的歐洲強國西班牙。美國已從內戰的傷痛復原為單一政治實體，前途無限，用當時的話來說就是有所謂「昭昭天命」（Manifest destiny）。英美兩國在世道艱危中攜手合作的時代已經來到。俾斯麥在一八九八年去世前曾被問及現代歷史的決定性力量將會是什麼，他回答說：「北美洲人說的是英語。」

一九〇一年九月六日星期六，美國總統麥金利（William McKinley）在水牛城泛美博覽會上胸腹中彈，行刺者是無政府主義者佐克茲（Leon Czolgosz）。八天後的九月十四日星期日清晨兩點十五分，麥金利去世。倫敦的西敏寺和聖保羅大教堂舉行了大型喪禮，見證了正在茁壯中的英美友誼。老羅斯福（Theodore Roosevelt）在九月十四日中午繼任總統，他將是英語民族最偉大的領導人之一。正如塞西爾．羅德（Cecil Rhodes）相信大英帝國有統治無數臣民的「昭昭天命」，相對的美國也相信自己擁有在美洲大陸和更廣大世界的天命。這是很荒謬的哲學信念，因為除了死亡，人世間沒有什麼必然之事，但這種信念顯示美國已經從西班牙手中接下了一個帝國，只是美國人的反帝血統讓他們不得不採取委婉的說法。

儘管美國有許多新移民不願和他們好不容易逃離的舊歐洲有什麼牽扯，但在某種意義上，當美國已經完全征服大西部之後，就只有一條路能繼續發展下去。老羅斯福了解這一點，他上台的時機也正符國家所需。不管佐克茲刺殺麥金利的目的為何，他都不太可能是為了讓美國走擴張之路，但這符合意外後果的鐵則。老羅斯福身兼牧場主、探險家、博物學家、改革家、歷史學家、軍人、大型動物狩獵家等多種角色，機智而愛國。他信奉「勸奮的人生」，代表了美國人對機會和利益無窮的新體會，以及美國這個國家的樂觀、進取與強盛。

十九世紀最後一個晚上，在一場英國古老教堂西敏寺所舉辦的喪禮上，「擠滿站立的群眾，座無虛席」，講道者是法政牧師查爾斯．高爾（Charles Gore）。高爾可說是英國統治階級的代表，出身哈羅公學（Harrow School）和牛津貝里歐學院（Balliol College），但他對未來的看法是悲觀的，如同他同時代那些想脫離孤立主義的政治家。「對於關心世上正義和真理的人士來說，十九世紀正以普遍的失望和焦慮告終。」高爾緩慢而嚴肅地說，然後哀嘆自從史學家卡萊爾

⑦譯注：尼尼微和推羅都是出現在聖經中的古代城市。

（Thomas Carlyle）和詩人丁尼生（Alfred Tennyson）死後，「人們再也沒有先知。」

也許是刻意想引起爭論，法政牧師高爾對龐大的會眾說：「大家都在談論帝國，但是……它在道德品質上是匱乏的。英國人幾乎毫不掩飾地只崇拜自我，對上帝毫不謙虛和敬畏。」[6]在接下來的一個世紀中，神職人員、自由派和公共思想家不斷批判英語民族的使命。當年稍晚，英國首相索爾茲伯里勳爵（Lord Salisbury）曾抱怨道：「我相信英格蘭是唯一在重大戰爭期間，其傑出之士所寫文章和所說的話，都像是站在敵人那一邊的國家。」[7]事實上，在未來幾十年中，這種現象將不斷在英語民族中出現，在一些戰爭中（例如說蘇伊士危機和越戰）國內少數派的反對聲浪要比外部敵人造成更大的傷害。

多數英國人並不同意高爾的看法。《泰晤士報》在刊出高爾譴責大英帝國主義「道德品質匱乏」的同時，也刊出索爾茲伯里大主教在上星期日對全體教友宣講的主教公函。他對大英帝國使命的定義，絕大多數英國人都由衷贊同。大主教說他的同胞被召喚要建立一個聯邦式的帝國，此帝國既允許在地人民的自由，又要求對英國國王忠誠不二；大家既有共同的法律和利益，也分享共同的語言和文字。最重要的是，大家都共享開明的基督教精神。這是他們無法逃避的責任。

自一八三〇年代中期開始，英語民族就認為其文明使命是要把他們的價值和制度，推廣到世界各地，有時甚至要動用武力。儘管英國並沒有受到威脅，帕默斯頓勳爵⑧還是強迫西班牙、葡萄牙和比利時改朝換代，動用皇家海軍把自由憲政體制強加於一些國家。這些國家剛開始拒絕，後來卻很樂意。「我認為英格蘭的使命，」帕默斯頓勳爵在一八四八年對下議院說，「乃是倡導正義與公理……這不是要當世界的唐吉訶德，而是在見到正義與邪惡的存在時，要給予道德上的支援與制裁。」後來的小布希（George W. Bush）政府代表的新保守派也要把代議制度推廣到中東地區，但他們其實並沒有發明新的政治哲學。

在一八三三年重訂東印度公司（統治印度直至一八五八年）的特許狀時，英國政治家暨史學家麥考萊男爵⑨說：「如果治理得宜，我們可以教育這些子民擁有良好治理的能力。他們受過歐洲的教育，以後就會想要歐洲的制度。」麥考萊承認他不知道印度何時能從託管走向獨立，但若真有那麼一天，「那將是英國歷史上最驕傲的日子。」[8]

麥考萊的這番話常被嘲笑是拖延當地人民自治的藉口，但事實上，麥考萊這些人是真心相信自己的使命，正如今天的新保守派也是真心相信把民主灌輸給阿富汗和伊拉克是對的。中東是否太過神權、愚民和封建，以至於無法實行民主還有待證明，但就英語民族所自認的使命來說，新保守派並不算首開先河。

在二十世紀初，大英帝國有明顯的社會不平等，當時的人也都這麼認為。在不受約束的自由市場資本主義之下，白星航運公司（White Star Liner）在一九〇一年四月推出世界最大，長七百英尺、⑩重二萬零八百公噸、在哈蘭沃夫貝爾法斯特造船廠建造的新郵輪「凱爾特號」（Celtic）。[9]

---

⑧ 譯注：帕默斯頓勳爵（Lord Palmerstone）在一八五九到一八六五年擔任英國首相。

⑨ 譯注：麥考萊男爵（Thomas Babington Macaulay），英國詩人、歷史學家、輝格黨政治家，曾擔任軍務大臣和財政部主計長。

⑩ 編按：約莫二百一十公尺。

但在聖誕節時，倫敦官方報告卻指出在帝國首都有十萬七千五百三十九人接受貧窮救濟，其中三萬九千四百零九人被列為「無家貧民」，也就是流浪漢。倫敦也有大量的娼妓，推估在八萬到十萬人之間。光是在一九〇五年英王愛德華七世取締娼妓時，就有多達九百四十四個女人被控在戶外從事性交易。

為了回應社會上這種剝削的現象，一九〇〇年二月二十七日，勞工代表委員會[11]成立於倫敦法靈頓路上的公理會紀念堂，致力要把工人送進國會。勞工代表委員會一直堅持用合乎憲政的手段來達成目標，第二年就在上議院面對「塔夫谷案」（Taff Vale case）這樁重大的判決案。該判決推翻了英國上訴法院對於「工會不能被起訴，因為工會並非法人團體」的見解。此案涉及的工會名為「鐵路從業者協會」（Amalgamated Society of Railway Servants），是個帶有維多利亞時代色彩的名字，該工會也因為上議院的判決，而在實務上失去了罷工的權利。[12]不滿的呼聲催生了英國議會社會主義，這股力量聲勢強大了將近一個世紀，直到一九九四年五月布萊爾（Tony Blair）才在工黨內部擊敗這股力量。

***

一九〇二年三月，美國金融家摩根（J.P. Morgan）掌控了冠達（Cunard Line）、白星和其他航運公司，第一海軍大臣第二代塞爾伯恩伯爵（2nd Earl of Selborne）寫信給他擔任首相的岳父，問他該如何是好。正要退休的索爾茲伯里勳爵以無奈的現實主義立場回答說：「這很令人難過，但我怕美國必將領先，我們無法再與之抗衡。如果我們當時介入美國內戰，還有可能削弱美國實力到可以控制的程度。但這種良機不會有第二次。」[10]這番話當然不是出自一位親美人士之口，卻相當精準地預測兩大英語民族國家在下個世紀中的權力關係。正如在科幻小說中所說，人類可以用低溫冷凍的方式來維持生命，後帝國時期的英國也因為加入美國的世界歷史大業而得以維持榮光。

索爾茲伯里勳爵的統一政府⑬以特米斯托克利⑭那般的遠見，在美西戰爭中對美國保持友善中立，其他歐洲國家則同情西班牙，這讓英美關係處於自美國革命後的最佳狀態。兩國在一八九六年還因為委內瑞拉邊境爭端差點開戰，但五年後（至少在政府層次）兩國已是堅定的朋友。這段「特殊關係」在一九二七年、一九四四年、一九五六年、一九六五年、一九九四至一九九五年

⑪ 譯注：勞工代表委員會（Labour Representation Committee）是各派社會主義者和工會聯合成立的組織，其宗旨是增加工人階級在國會中的代表性。

⑫ 譯注：在塔夫谷鐵路公司判決案之前，英國法律認為工會不是法人團體，即使罷工對公司造成損失，公司也不能對工會提起訴訟。塔夫谷鐵路公司案的判決等於讓各工會在罷工後都將面臨公司提起訴訟賠償的威脅，也等於失去了罷工的權利。

⑬ 譯注：統一政府（Unionist Government）是由保守黨和自由統一黨聯合執政的政府。自由統一黨成立於一八八六年，是一個從自由黨分裂出的政黨，成員大多是在愛爾蘭問題上反對愛爾蘭自治的自由黨人士。一八九五年，自由統一黨和保守黨合作，共同創建了統一黨，但兩黨並未完全合併。一九一二年，自由統一黨正式被保守黨吸收合併。

⑭ 編按：特米斯托克利（Themistocles），古希臘政治家，主張民粹主義與對外擴張。

曾受到考驗，但從未如敵人所希望的破裂過。

當美西戰爭爆發時，英國殖民大臣約瑟夫・張伯倫（Joseph Chamberlain）曾公開說，不管這場衝突多可怕，「只要師出有名，星條旗和米字旗在盎格魯—撒克遜聯盟之下一道揮舞」，那就根本不算什麼。他告訴親英派的美國駐倫敦大使海約翰（John Hay）說：「（我）根本不在意歐陸的人怎麼說。」海約翰則回報國內說：「如果我們放棄菲律賓，我們的英國朋友會很失望。」[11]與此同時，英帝國首席詩人吉卜林也敦促美國要在菲律賓「承擔白種人的負擔」。一八九九年三月，英美聯手阻擋德國想控制太平洋小島薩摩亞（Samoa）的企圖。接著在九月，時任美國國務卿的海約翰發出照會，支持英國對中國的門戶開放政策。也因此，老羅斯福政府才會在波爾戰爭中採取親英立場，不顧愛爾蘭裔、德國裔和荷蘭裔美國人的強烈反對。

＊＊＊

英語民族在二十世紀的戰爭有個共通之處，他們通常在戰爭之初甚至第一場戰役就遭受嚴重打擊，然後才贏得最後勝利。例如英國人在波爾戰爭的「黑色星期」（Black Week）期間，在史特朗堡（Stromberg）、馬格斯方丹（Magersfontein）、科倫索（Colenso）敗得很慘；一次大戰時被迫撤出蒙斯（Mons）；二次大戰時又羞辱地從敦克爾克撤出歐陸。美國人也在珍珠港和菲律賓傷亡慘重。英語民族在冷戰初期面臨蘇聯擴張和挑釁，北韓在一九五〇年無預警進攻南韓，十年後北越又推翻南越。在福克蘭群島被奇襲後，英國海軍陸戰隊被拍到趴伏於阿根廷人俘虜面前；在波灣戰爭時，海珊一夜之間就入侵科威特；在反恐戰爭中，美國人民目睹同胞為了不被活活燒死，而從曼哈頓雙子星大樓一躍而下。

英語民族一開始總是遭受羞辱和災難，這無疑是重複發生的現象，但衝突初期的失敗、挑釁或災難都成為爾後號召英語民族犧牲奉獻的動力。十九世紀也有許多先例印證此一規律，例如德州獨立戰爭時的阿拉摩戰役（Battle of the Alamo）、克里米亞戰爭時的輕騎兵衝鋒戰役（Charge of the Light Brigade）、布萊克山戰爭時的小大角戰役（Battle of the Little Bighorn）、第二次阿富汗戰爭時的麥萬德戰役（Battle of Maiwand）、祖魯戰爭時的伊散德爾瓦納戰役（Battle of Isandlwana）。英語民族很少贏得第一場戰役，但也很少輸掉後來的戰役。

一九〇一年一月二日，英國的南非總司令羅伯茨勳爵（Lord Roberts）凱旋歸國，受到英雄般地歡迎，維多利亞女王頒給他嘉德勳章。然而這場慶祝早得有點誇張，因為雖然這場戰爭的戰役階段結束了，但波爾人改為暴動起義，時間長達數月之久。羅伯茨的參謀長基奇納勳爵（Lord Kitchener）接任總司令，千辛萬苦才贏下南非戰爭。他展示了英語民族二十世紀經驗的另一面，那就是在危機時刻，總是會有對的人來承擔大任。正如威靈頓公爵（Duke of Wellington）在半島戰爭時接下英軍總司令，帕默斯頓勳爵在克里米亞戰時接替艾伯丁勳爵（Lord Aberdeen），到了二十世紀，每當需才孔急時，英語民族的政治環境也總會產生傑出的領袖。

儘管勞合・喬治（David Lloyd George）曾在一九〇一年十二月因為反對波爾戰爭，被迫打扮成警佐逃出伯明翰市民大會，卻在十五年後取代優柔寡斷的阿斯奎斯（Herbert Asquith）成為首相的最佳人選。同樣地，邱吉爾在一九四〇年希特勒在西方發動閃電戰那天，自願出任首相。他和老羅斯福這位政治奇才結盟，而老羅斯福乃是二十世紀最偉大的美國總統。當蘇聯在一九八〇年代初被內部矛盾壓得喘不過氣時，英語民族就要有雷根和柴契爾夫人這種堅定反共的領袖，來發動持久消耗的和平攻勢。同樣地，小布希和布萊爾也對反恐戰爭堅定不移。

和其他國家不同，這些領袖都不是神職人員或軍人。美國憲法規定政教分離，再加上英語民族各國都強調軍隊要完全受到民主控制，所以他們不會像二十世紀其他國家那樣陷入神權政治或軍事獨裁。雖然有些有成就的軍人後來改當政治人物（包括老羅斯福、艾森豪，還有為時不長的邱吉爾和甘迺迪），但他們背後都沒有軍隊勢力撐腰，不像英語民族以外的希特勒、佛朗哥、凱末爾、毛澤東、蔣介石、列寧、戴高樂、皮諾切、墨索里尼、斐隆、齊亞、蘇慕薩、史達林、霍爾蒂、格達費、海珊、阿敏、納瑟、馬里亞姆、希臘上校等無數人士。

英語民族沒有經歷過波拿巴主義，也沒有經歷過神權政治和在政治上臣服過宗教領袖，除了愛爾蘭南部有一小段時間之外。宗教直接介入政治的程度被壓到最低，除了在教育和墮胎問題上；雖然宗教勢力在今日美國有與日俱增的跡象，但這主要是文化現象，不表示宗教會像波蘭、義大利、西班牙、部分拉丁美洲、整個中東地區（以色列除外）、非洲和亞洲等多處地方一樣，位居中心地位。歐洲在十六世紀和十七世紀就已發現世俗國家要比神權國家成功，而英語民族更是早早發現這點而獲益良多。

權力必然招致他人的嫉妒。二十世紀和其他時代一樣，大國之所以會讓次一等的國家忌恨，未必是因為它們的行為，而是因為它們很強。一九〇一年五月十三日星期一，索爾茲伯里勳爵在倫敦大都會酒店「非聖公會統一派協會」（Nonconformist Unionist Association）舉辦的宴會上，警告外國不要意圖介入南非。向英王愛德華七世和王室成員舉杯致敬後，索爾茲伯里在歡呼聲中起身演說。他對在場的大法官、德文郡公爵（Duke of Devonshire）、諸多上議院和下議院議員態度強硬地說：

> 當我在外交部時（我在外交部很久了），我常聽人說我們的時代已經過去，我們的星途已開始下墜。我們只是靠著先輩的勇氣和我們自己並未參與的功業在過活，如果我們想維持在世界上的地位，非得努力不可。不消說，我對這些話一點都不同意，甚至有些輕蔑。沒錯，世人都覺得我們不會再起身作戰，每個敵人都以為只要大膽強力施壓，我們就會讓步。但這些人實在大錯特錯。

這段話迎來熱烈掌聲，接下來這段話的掌聲更響亮：

> 不管你們怎麼想，怎麼感慨，我都由衷同意，但我們過去所做的巨大犧牲還是在提醒世上任何強國，若敢藐視英格蘭的力量，就是在藐視一位最可怕的敵人。[12]

當時經常傳聞法國、德國和俄國這些英國的對手可能會介入波爾戰爭，強迫英國在這個地區接受對它不利的和平條件。但皇家海軍的力量（根據一八八九年的法律規定，皇家海軍的船艦數量必須比排名在後的兩個國家加起來還多），讓它們根本無法得逞，這場圖謀無疾而終。

對手們在一九〇一年對英國的忌恨乃是出於人性，而不是因為大英帝國在南非或其他地方做了些什麼。史上最偉大的殖民地總督寇松勳爵（Lord Curzon）在一九〇〇年四月把這點說得特別好。他在給朋友塞爾伯恩勳爵的信中寫道：

我從來沒花過五分鐘時間去想我們是不是受到歡迎。答案就寫在世界地圖的紅印上……不，我相信每個強國都有敵意，但我會設法讓它們不會聯合起來對付我……事無大小都要顯得強硬。這似乎過於求全，但總得一試。[13]

維持英語民族威信和聲譽至關重要，英國人在一九四〇年代把重任交給了美國人，但在一九七〇年代後半，美國國會不讓尼克森（Richard Nixon）和福特（Gerald Ford）政府再承擔下去，卡特（Gimmy Carter）政府更是任性不顧。自一九七二年撤出越南到一九八〇年雷根當選這段期間，英語民族處境險惡，讓人想起邱吉爾說的「漫長、黯淡、慢慢隨波逐流和投降」的一九三〇年代。但總而言之，英語民族的威信，其作為盟邦的可靠性及其作為敵人的堅韌性的自豪感，總會促使他們的領袖奮起，而這也是他們自一九〇〇年以來能締造驚人全球偉業的原因。威信在國際關係的算計中有實實在在的好處，失去威信會讓危險隨之而來。

雖然資本主義和全球貿易讓人口在地緣政治上愈來愈不重要，但要記住在一九〇一年時，世界上人口最多的國家有：中國，三億五千萬人；英屬印度，二億九千四百萬人；俄國，一億四千六百萬人；美國，七千五百九十萬人；德國，五千六百三十萬人；日本，四千五百四十萬人；英國（包括愛爾蘭），四千一百四十萬人；法國，三千八百九十萬人；義大利，三千二百四十萬人；奧地利，二千六百一十萬人。[14]從美國人口數和鋼鐵產量顯示，可看出它在此時已是新興強國。美國在一八八〇年的人口約為五千萬，一九〇一年為七千六百萬，一九〇五年為八千四百萬。此外，美國在一八八〇年的鋼鐵產量為三百八十四萬噸，英國為七百七十五萬噸，德國為二百六十九萬噸；到了一九〇〇年則分別為一千三百八十萬噸、九百萬噸和八百四十萬噸。一九〇七年更是大躍進，美國為二千五百八十萬噸，比英國的九百九十萬噸和德國的一千二百七十萬噸加起來還多。一九〇一年的煤產量也反映出相對經濟實力，美國為二億六千八百萬噸，英國為二億一千九百萬噸，德國為一億一千二百萬噸。據推估，在二十世紀初，美國可以買下英國所有資產，剩下的錢還足以幫英國付清所有國債。[15]在此大好局面，多才多藝的天才老羅斯福登上舞台，決心要把美國的財富轉化為權力。

關於美國的強盛究竟是天生的、努力得來的、還是幸運造成的，唯一的結論是三者皆是。美國的公共建築顯示它有意識到自己有成為帝國的潛力。正如一位歷史學家所說，美國的「首都是一座在各方面盡量仿照古羅馬的城市。沒有任何現代國家的統治機構是一座名為Capitol⑮的建築物。」[16]似乎是為了在金融和商業上響應老羅斯福總統的政治和殖民擴張主義，卡內基（Andrew Carnegie）在一九〇一年創立美國鋼鐵公司，這是世界上第一個市值達到十億美元的公司，它在印第安納州蓋瑞市（Gary）所建的新市鎮足以容納超過二十萬名工人。一九〇一年一月十日，德

---

⑮譯注：Capitol就是美國國會大廈。這一名稱源自羅馬七丘之一的卡比托林山（Capitolium），在古羅馬時代，山上曾建有朱比特神廟等宗教建築，也是古羅馬的政治中心。

州發現了石油，內燃機很快成為西方人生活的一部分，造就出龐大、全新的世界級汽車工業。

這是美國「強盜大亨」（Robber Baron）式的巨富商人的時代，諸如洛克斐勒（J.D. Rockefeller）、摩根、希爾（James H. Hill）、福特（Henry Ford）和哈里曼（E.H. Harriman），這群現代資本主義的奠基者想要壟斷市場、建立獨占事業。但弔詭的是，老羅斯福最大的成就之一正是以當時前所未見的管制和法律手段，所謂的「反托拉斯」（trust-busting），來促進自由市場競爭，而這正是美國之所以強盛的最主要原因。

由於在汽車、航空、電腦、金融、生物科技、資訊革命及其各種軍事應用上保持領先地位，英語民族得以贏得和維持全球霸權。唯有當其他強國（也許是中國或印度）有辦法更便宜地製造出更好的產品，而且政治環境也夠穩定，世界領導權才有可能轉移。這是會發生的，但希望不會以暴力的方式發生。而當它發生時，敵我界線是很分明的。正如邱吉爾在一九三八年五月所說：「英語國家幾乎獨自維護著自由的火炬。這些東西讓大家有強烈的動機去合作。國家和個人一樣，如果大家都深刻關心同樣的東西，當這些東西受到威脅時，就會很自然地要共同去維護它們。」

一九〇一年的加拿大是個有無限可能和機會的地方。在十九世紀最後二十年中，加拿大的人口驚人地增加了百分之二十四。一九〇一年的人口普查數字是五百三十七萬一千三百一十五人，十年後增加了二百萬，接下來十年又增加了一百五十萬，等於在二十年內增加了百分之六十四。在一八九一年時，只有三十五萬人住在東從曼尼托巴省（Manitoba）邊界，往西到太平洋這片廣袤大地上。二十年後，這塊地方人口增加了五倍。最深刻的變化發生在中部大草原。在一九〇五年時，艾伯塔省（Alberta）和薩克其萬省（Saskatchewan）從西北領地切割出來，農業、製造業、伐木業、礦業和金融業蓬勃發展。雖然人口增加多數來自移民，但出生率也大幅提高，耕地面積在一九〇一年後的二十年內增加了百分之一百二十五。加拿大再也不是「美國北境之外的一條狹長破碎的土地」。

一九〇一年一月一日，澳洲各地都在歡慶。大英帝國宣布「牢不可破的憲法」正式實施，澳大利亞聯邦成立。從一八五〇年代中就有人想把澳洲的六個省組成一個在帝國內完全自主自治的聯邦國家，但直到二十世紀的第一天，所有必要的政治妥協才到位，這個國家才真正成為現實。在那一天，這塊四百萬人口（還有一億隻羊）的大陸成為一個國家，領土範圍從西澳大利亞省的珀斯（Perth，地球上最偏遠的大城市），跨越紅色大陸到美麗的塔斯馬尼亞省首府荷巴特（Hobart）。

澳洲總督霍普頓伯爵（Earl of Hopetoun）在雪梨的遊行，是維多利亞女王登基六十週年以來最大的帝國慶典。參與遊行的除了澳洲的軍隊，還有來自英國的二十一個兵團，包括內近衛騎兵團、皇家馬兵砲兵團、擲彈兵衛隊和冷溪衛隊、黑衛士兵團、來福槍旅、錫福斯和卡梅倫高地步兵團，以及來自印度的二十四個兵團，例如第九和第十孟加拉騎兵團、孟買擲彈兵團、第一和第五旁遮普騎兵團。新南威爾斯一位名叫阿爾弗雷德．李（Alfred Lee）的藏書家收集了這次聯邦慶典的各式邀請函和紀念品，滿滿都是愛國口號如「前進吧澳洲」、「統一的澳洲」、「國家誕生」等等。[17]

當二十世紀來臨時，紐西蘭很有資格自認是地球上最進步、最發達的國家之一。它有完整的勞資爭議強制調解和仲裁制度；它有免費、世俗和義務國家教育體系；它那十萬四千四百七十一平方英里的國土⑯有三分之二適合農作和放牧；它的司法體系保留了英國普通法中最好的東西，又加上適合當地的修正。一八九八年，蘭卡斯特（Lancaster）出生的紐西蘭總理塞登（Richard Seddon，在位時間從一八九三年五月到一九〇六年六月去世）實施老人年金法案，超過六十歲的人每年可領取十八英鎊，但條件是不能曾經坐牢超過四次，不能曾經離棄配偶超過六個月，還要「品德優良」，年收入不能超過五十二英鎊，總資產不能超過二百七十英鎊。[18]

一八九三年，紐西蘭成為世界上第一個給予婦女投票權的國家；到了二〇〇五年，紐西蘭的總理、總督和一院制國會的議長都是女性。在一九〇一年元旦那天，紐西蘭還實施了「寄信到帝國所有重要地方」都只要郵資一便士的政策。塞登總理認為進步和忠於帝國之間並不衝突。「在我們頭上飄揚和保護我們的旗幟，也同樣該保護在川斯瓦的同胞。」他這樣談到波爾戰爭，「我們要採取行動，因為我們是這個統治世界的家族的一分子——我們是說英語的民族。」

在二十世紀初，英屬加勒比海地區處於低度開發狀態，到處都很貧窮，有些地方的生活和十九世紀中沒什麼不同。但牙買加出生的美國國務卿鮑威爾將軍（Colin Powell）在其自傳《我的美國之旅》（*My American Journey*）中回憶說：

> 英國人在一八三三年廢除了加勒比海地區的奴隸制度，比美國人還早一個世代。在廢奴之後，奴隸制的遺緒也沒有殘留太久。英國人多數是遠在天邊的地主，西印度群島的人可說是自生自滅。他們過得很苦，但他們沒有經歷過美國種植園制度那種殘害人心的家父長主義，由白人主人控制奴隸生活中的一切。當英國人廢奴後，他們告訴我的祖先說他們現在是

英國公民，擁有每一位英王的子民都享有的權利。這種說法當然是誇大其詞。但是，英國確實建立了良好的學校，實施義務教育。低階公務員也由黑人來擔任。結果是，西印度群島的人有機會發展出獨立、自我負責和自尊自重的態度。[19]

這樣的遺產並不算太糟，但加勒比海地區在二十世紀依然是英語世界中最貧窮的地方。英屬西印度群島在兩次大戰中都招募軍隊為英王而戰，不過這個地區還是逐漸從英國的勢力範圍落入美國之手。

一九〇〇年四月，維多利亞女王到訪都柏林（Dublin），王室官員堅稱這是非正式訪問愛爾蘭，而非國是訪問。女王此時即將八十大壽，她想去看看為她在南非作戰的英勇愛爾蘭士兵。她在衣帽上別著三葉草，⑰受到盛大歡迎。朝臣彭森比爵士（Sir Frederick Ponsonby）在其自傳中回憶：

> 當我們抵達都柏林時，在街道上、每個窗台，甚至每個屋頂上都有大批群眾，相當壯觀。雖然我見過很多這類訪問，但從未見過都柏林人民這種熱情和瘋狂。雖然我在兩個地方有聽到像是噓聲的難聽聲音，但在歡呼的聲浪中，這些聲音聽來只像是風笛低聲的嗡響。

---

⑯ 編按：面積約莫比台灣大七點五倍。

⑰ 譯注：三葉草是愛爾蘭的國花。

雖然有些愛爾蘭民族主義者支持波爾人，例如茉德·岡昂（Maud Gonne）的川斯瓦委員會和亞瑟·格里菲斯（Arthur Griffiths）⑱的《團結愛爾蘭人報》，但仍有幾千名愛爾蘭人正在和波爾人打仗，許多人在戰爭中表現傑出。格里菲斯的報紙以典型的誇張語調譴責維多利亞女王是帶來「饑荒、瘟疫、難民船、荒蕪家園、地牢和絞刑台的女王」，但民族主義運動者對她所到之處的大批歡呼群眾感到很沮喪。[20]他們在兩星期後不得不承認：「我們學到奇怪而苦澀的教訓，但不能因此迷茫。我們要更加努力才能讓這塊土地不再出現過去兩週以來的背信棄義行徑。」雖然群眾中有一些「帶有敵意的叫喊」，但《自由人報》也說「並不多見」。忠心群眾的歡呼聲才是女王這趟訪問的主旋律，喬伊斯（James Joyce）所說的「種族仇恨的老調」完全不見蹤影。而兩年後喬治七世再度訪問都柏林時，最嚴重的抗議行為不過是茉德·岡昂把黑色襯裙掛在窗外。[21]

在本書所涵蓋的期間內，愛爾蘭的經驗（或至少其三十二郡中的南方二十六郡）似乎和英語民族其他地區背道而馳。愛爾蘭是顛覆通則的例外，經常追尋和其他英語民族完全不同的道路，所以要把它和其他地方區別看待。但在一九〇〇年時，情況卻非如此，愛爾蘭老百姓對維多利亞女王的歡迎一如在曼徹斯特、格拉斯哥、阿得雷德、多倫多或奧克蘭。反英革命組織新芬黨（Sinn-Fein，意思是「我們自己」）在一九〇五年成立，在二十世紀造成許多苦難，但最後終究無法把整個愛爾蘭島從英國獨立出去。

邱吉爾四卷本的《英語民族史》（*A History of the English-Speaking Peoples*）——「他們的起源、他們的爭端、他們的不幸與他們的和解」，寫到一九〇一年一月，但更重要和更有趣的故事還在後頭。這位諾貝爾文學獎得主以這段話結束他的巨著：

美國的巨大潛力已預示給全球，但除了會思考的人之外，少有人意識到這一點。在這個因為通訊條件改善而縮小的世界，不可能對別國面臨的重要問題漠然置之。世界強國的地位與其承擔的責任是分不開的……英語民族……現在將在可怕而必勝的爭鬥中成為同盟。我們面前還有一段路程。在這段路程中，同盟將再次受到考驗，其偉大作用將會是維護和平與自由。未來尚不可知，但過去應可給予我們希望。

邱吉爾所不知道的未來，今天已成為英語民族已知的過往。所以，這本書就是他們在下一階段的故事。

⑱譯注：亞瑟・格里菲斯就是新芬黨的創建者。

第一章

扛起「白種人的負擔」

一九〇〇至一九〇四年

親愛的泰迪，我來到這是想參加波爾戰爭，我原本聽說是共和派在和保王派作戰。但我來到此地後才發現波爾人說的是荷蘭語，英國人說的是英語，所以我加入了後者。

——一名退休莽騎兵寫給副總統老羅斯福的信[1]

每當有新國家崛起，我們說英語人士的態度應該是尊重新來者的權利，不要輕率發起攻擊，但同時也要在身體上和心理上準備好，當我們的利益受損時要起身捍衛。

——老羅斯福寫給斯普林—賴斯（Cecil Spring-Rice）的信，一九〇四年[2]

老羅斯福的性格

老羅斯福勇敢、聰明、遊歷豐富，又有過目不忘的記憶力。他對他父親沒有參加美國內戰感到羞恥，但又認為父親是「我認識最好的人」，永遠「想得到父親死後的讚賞」。[3]自從青少年時在潟湖射殺一隻鶴之後，他就愛上大量屠殺鳥類。他在哈佛讀書時曾想當自然科學家，動物學拿了九十七分，還得到拉丁榮譽學位，但他愛好戶外勝過顯微鏡。老羅斯福有氣喘病，所以他急於在體能上證明自己，熱中拳擊、划船、騎馬、健行、滑雪、露營和帆船。他不菸不賭，很少喝酒，對性似乎也沒多大興趣。[4]他當過美國公務員委員會主席、紐約市警察局長、海軍部次長，在美西戰爭時擔任莽騎兵上校表現亮眼，任紐約州州長時又以打擊貪腐著稱，很早就享有盛名，再加上佐克茲在一九〇一年那致命的一槍，讓他在四十二歲就成為史上最年輕的美國總統。他那無窮精力是他魅力的一部分，不但曾在白宮翻越椅子，還曾硬拖著一位大使陪他在冰雹天打網球。一九〇七年元旦那天，他在白宮接待室連續和八千五百一十三個人握手。博物學家巴勒斯（John Burroughs）說，當老羅斯福走進房間，「就好像一陣強風把門吹開。」

上任不到幾個月，老羅斯福就對國會和全國人民提出一項艱巨的挑戰。他說：「美國人民必須打造和維持一支適當的海軍。不然就得永遠在政治和商業等國際事務上當二等的國家。」[5]老羅斯福是影響力巨大但沒沒無聞的海軍軍官馬漢（Alfred Thayer Mahan，著有《海權論》）最早的支持者和朋友，他比過去的總統都要了解國際海權政治。他擴張美國海軍一舉預示了美國將躍上全球舞台，讓世界政治成為所謂「美國人的世紀」。

甘迺迪（John Kennedy）很不解為什麼美國人對老羅斯福的評價這麼高，畢竟他沒有領導國家打過任何戰爭（但這種評價也適用甘迺迪本人）。老羅斯福在白宮不同於任何一位承平時期的總統，馬克．吐溫認為他是「美國史上最受歡迎的人物」，因為他「真誠激昂且樂觀進取」。但老羅斯福確實成就非凡，例如他因為促成《普茲茅斯條約》（Treaty of Portsmouth），結束了一九○五年的日俄戰爭，而獲得諾貝爾和平獎；也著手興建連接美洲東西兩片大洋的巴拿馬運河，讓美國軍艦不用再花九十天繞過荷恩角（Cape Horn）。

拉丁美洲一直譴責老羅斯福把巴拿馬從哥倫比亞獨立出來好興建運河，但其實巴拿馬已在五十年內造反了五十次，可說是創下國際關係的紀錄，一九○三年十一月是巴拿馬的第五十次造反，成為了獨立的國家。老羅斯福只是把「納許維爾號」（Nashville）戰艦派往科隆，不讓哥倫比亞軍隊利用美國經營的鐵路，而這是國際法允許的。[6]整個巴拿馬政變只是因為「一名中國人的屁股」在巴拿馬市被流彈打到。加州參議員早川一會曾說巴拿馬運河是「我們光明正大偷來的」，但美國確實也付出很大的代價。一九一四年開鑿的巴拿馬運河是英語民族在二十世紀最大的民間工程，只是主要勞動力都來自英屬西印度群島，死亡率非常高。

在外交政策上，老羅斯福強烈支持門羅主義，尤其是在一九○二年反對德國染指委內瑞拉。雖然美國海軍戰爭學院（US Naval War College）舉辦的「藍軍」（美國）對抗「黑軍」（德國）的兵棋推演中，每次都是黑軍獲勝，但老羅斯福逼迫海軍加速武裝，當他在一九○九年卸任時，美國已成為世界強國。一位歷史學家敏銳地觀察道：「以流血和喪命的數量來說，美國崛起為強國的過程確實成本極低。」[7]

老羅斯福的擴張主義也不是獨斷獨行。「在經過短暫軍政府統治，把這個島從濫權統治、不衛生、赤貧的西班牙殖民地變成健康、可以自我管理的新國家之後」，他在一九〇二年五月讓古巴獨立。[8]他介入中美洲多數是不得已和被當地政府拜託的，正如他談到多明尼加共和國危機時說：「我就像已經吃飽的蟒蛇，實在沒胃口再去吞豪豬。」美國在整個二十世紀積極捍衛門羅主義，沒有讓中美洲成為強國的戰場，值得稱頌。

巴拿馬運河讓美國得以常態性的介入西印度群島和拉丁美洲的政治，維持穩定和保護財產權。正是在老羅斯福任內，加勒比海逐漸成為美國的內海。一九〇四年十二月，老羅斯福發表「門羅主義推論」，①保留美國介入西半球國家的「惡行與無能」的權利。他依此在一九〇三年否認哥倫比亞對巴拿馬的統治權。按照「門羅主義推論」，美國光是在二十世紀的前二十五年，就在一九〇六年介入古巴、一九〇九年和一九一二年介入尼加拉瓜、一九一四年介入墨西哥、一九一五年介入海地、一九一六年介入多明尼加共和國、一九二〇年介入瓜地馬拉、一九二四年介入宏都拉斯、一九二五年介入巴拿馬。這些有限度的介入通常是為了特定目的，例如推翻腐敗、不受歡迎或不民主的政權，且時間都不長，只有在海地持續了十九年。但自由派的學者對此極盡嘲諷，牛津聖約翰學院（St John's College）的一名學者最近就寫道：「白人在拉丁美洲的負擔真是沉重。」但美國願意在其後院積極扮演警察角色，確實讓不少國家免於革命、內戰、剝削、流血和破產。[9]

老羅斯福是貪婪的閱讀者。他在擔任總統兩年時被問到在白宮讀了哪些書，他竟列出一百一十四本，包括修昔底德、亞里斯多德、吉朋、托爾斯泰、斯考特、馬克・吐溫、莫里哀（都是原著）。他上任總統第一件事就是邀請一位黑人布克・華盛頓（Booker T. Washington）到白宮共進晚餐，但僅只一次，而這也是他對黑人解放運動的興趣極限。當時在南方，每年都有一百件私刑處死黑人的事件。

老羅斯福發起古怪的「簡化拼寫」運動，把u從美式拼寫中去掉，例如honour和colour變成honor和color，但他並不喜歡人家把他的名字拼寫成Rozevelt。老羅斯福也擅長創作名言錦句，例如他以西非諺語「說話輕柔但手拿大棒」形容他的南美洲政策；他用「巨富的壞蛋」來形容哈里曼等「強盜大亨」，用嚴厲的反托拉斯法案來對付摩根的北方證券信託。他樂觀地認為在資本、勞工和消費者三者之間可以達成「公平交易」。[10]他還頗為抒情地用「嫉妒和傲慢是同一塊黑水晶的正反兩面」來描述這三者的衝突。

老羅斯福的進步共和主義在當時普遍貧窮的年代相當重要，尤其是在中西部農村。據統計：「在南方黑人區，每十個家庭就有七個生活在貧窮線以下，還有上千個過度擁擠的城鎮，移民人口快速成長但收入極低。」[11]要讓這些物質匱乏的美國人能有社會秩序，一個致力於進步改革的總統就相當重要。

① 譯注：老羅斯福在對國會的年度報告中稱，美國會維護歐洲國家的合法訴求，介入歐洲與拉丁美洲國家間的衝突，但不允許歐洲國家自身直接介入。老羅斯福還稱美國有理由在西半球行使「國際警察權」，結束當地長期混亂。

美國的總體財富巨大，但貧窮人口眾多，兩者的對比貫穿了一九〇〇年以來的美國史。這也許是美國經濟成功的動力之一，因為在美國社會，落於人後的代價很高，所以會激勵人們勤奮工作。而由於出了兩位羅斯福總統，這種代價才沒有高到讓美國人想去嘗試別種制度，因為別種制度只會更糟，會傷害美國作為資本主義引擎的世界地位。確實，在整個二十到二十一世紀，英美式的資本主義、自由企業、自由貿易和自由放任的經濟要比任何制度更加繁榮。

老羅斯福也是環保運動的先驅。他保留了國家公園禁止開發，也支持《肉品檢驗法案》和《純淨食品和藥品法案》。他完全有資格被刻在拉什莫爾山（Mount Rushmore），[2]而他在一九〇八年拒絕第三次競選連任既是美國的不幸，也是他自己的不幸。更不幸的是他在一九一二年再度出馬參選，因為他不滿自己指定的總統接班人塔夫脫（William Howard Taft）。老羅斯福代表「公鹿黨」[3]參選造成共和黨選票分裂，當選的是三位候選人中最不起眼的威爾遜（Woodrow Wilson）。

美國在菲律賓

我認為政治家風範的最大考驗，就是在面臨大選時還能堅持不受歡迎但正確的政策，麥金利、老羅斯福和海約翰這三位政治家的風範，為英語民族在二十世紀的友好合作打下了基礎。正如一位歷史學家所說：「由於在戰爭中果斷採取了親英的中立政策，美國政府促進了英美友誼萌芽，進一步在老羅斯福總統任內形成獨特的特殊關係，在二十世紀的國際史上扮演關鍵角色。」

[12]現在回顧起來，索爾茲伯里勳爵在美西戰爭時採取親美中立立場，也是他漫長史詩般的生涯中最有智慧的決定。

一八九八年十二月十日簽定的巴黎和平條約結束了美西戰爭，美國獲得西班牙殖民地波多黎各、關島和菲律賓的七千一百零七個島嶼。古巴名義上獨立，但實際上成為美國的保護國。雖然在一八九七年時，麥金利總統還說用「武力併吞」菲律賓，「是我們的道德準則所不能想像的」，等同是「犯罪侵略」。但十二個月後，他卻願意付出二千萬美元讓西班牙把菲律賓割讓給美國。他改變心意主要有兩個因素。其一是「昭昭天命」的觀念，他說：「當我們成長為一個偉大國家所必須承擔和履行的義務，此乃萬國之主從一開始就明白寫下的至高命令和承諾。」[13]其二是：「美國政治家無法忽視的商業機會。要利用各種合法手段來擴大美國的貿易。」

貿易對殖民地和殖民者都有利。菲律賓的海外貿易總額在一八九八年後大幅增加。在一八九五年時，菲律賓在西班牙統治下的對外貿易額是六千二百萬披索；到了一九〇九年時，菲律賓在美國統治下的對外貿易額達到一億三千二百萬披索，超過原來的兩倍；一九一三年時達到二億二百萬披索，超過原來的三倍；一九二〇年時達到六億一百萬披索，幾乎是原來的十倍。與美國的貿易占比在一八九四年是百分之十三，一九〇九年是百分之三十二，一九一三年是百分之四十

② 編按：又名為「總統山」，最著名的就是華盛頓、傑佛遜、老羅斯福和林肯等四位總統的雕像。

③ 譯注：老羅斯福於一九一二年成立進步黨，同年總統選舉受挫後，進步黨的支持度迅速下滑，最後在一九二〇年消失。由於老羅斯福吹噓自己「像公鹿一樣頑強」，因此進步黨又被稱為「公鹿黨」。

三，一九二〇年是百分之六十六，儘管兩國相距一萬英里。[14]

不過，還是有許多美國人強烈反對巴黎條約，反對美國在遠超國界之外承擔責任。民粹主義者、民主黨人、麻州參議員霍爾（Samuel Hoare）帶領的一些共和黨人、金融家卡內基等等，都譴責這違反了《獨立宣言》和美國憲法，尤其違反了華盛頓告別演說中的孤立主義。「歐洲有一套基本利益，與我們毫無或甚少關係。」華盛頓在一七九六年夏末離任總統時寫道，「所以歐洲經常發生爭執，其原因基本上與我們毫不相干。」[15]

這番話在一七九六年是明智的，因為當時從歐洲坐船到美國要花七個星期。但在一個有鐵路、電報、飛機、蒸汽船、潛艇、航空母艦、噴射機、網路、洲際彈道飛彈等華盛頓根本無法預見的世界中，那就不明智了。在華盛頓的時代，最快的移動方式就是騎馬，要花上六個月，但到了一八九六年五月，跨大陸鐵路可以在幾天內把旅客從紐約載到舊金山。隨著地球縮小，美國的世界角色也跟著擴大，十八世紀末的緊箍咒再也不能適用於二十世紀初。（也許令人驚訝的是，華盛頓並不避諱帝國主義。事實上，他很少用「共和國」這個詞來形容美國，比較愛用「帝國」。一七八三年十月，拉法葉侯爵〔Marquis de Lafayette〕建議華盛頓訪問歐洲，他回答說自己馬上就要去巡視「新帝國」，從底特律經密西西比河到卡羅來納。）

經過激烈爭辯後，麥金利政府終於拿到參議院三分之二多數批准巴黎條約，僅僅險勝一票。主要支持者有康乃狄克州參議員普拉特（Orville H. Platt）和貝佛里奇（Albert J. Beveridge），後者是印第安納州的進步黨參議員，他主張盎格魯—撒克遜民族乃是「世界的主宰者」，其使命遠高於「任何讓國家孤立的政策」。[16]

接下來的問題是，一些菲律賓人在魅力型領袖阿奎納多（Emilio Aguinaldo）領導下（他起義反對西班牙人已有兩年），在一八九九年一月二十三日宣布成立自治共和國。不到兩個星期，就有第一位起義軍士兵和美軍作戰時被殺。在菲律賓美軍總督亞瑟・麥克阿瑟④在三月三十一日拿下馬洛洛斯（Malolos）要塞之後，雙方的陣地戰很快變成游擊戰。[17]麥克阿瑟推估從一九〇〇年五月到一九〇一年六月間，共與敵人「交火」一千零二十六次。麥克阿瑟並不認為菲律賓人是被阿奎納多脅迫的，「因為這無法解釋幾百萬人團結自發的行動。」[18]

有些歷史學家和經濟學家認為，美國在菲律賓的統治完全是剝削性的，但今天的美國決策者其實也有同樣真誠的使命感。在整個二十世紀，美國立法者那種開明式的自利（enlightened self-interest）常被誤解為是出於對金錢的貪婪，因為凡是美國國旗所到之處，貿易總是尾隨而至。我們應該認為，一九〇〇年菲律賓委員會那份報告確實反映出委員會成員真心的想法。報告中寫說：「美國不可以撤出菲律賓。我們已經在那裡，也有義務留在那裡。我們對菲律賓人和人類有不可逃避的使命要管理這些群島，改善居民的生活條件。」[19]馬克思主義者和犬儒的批評者會把這些話當成自私的謊言，但這確實是美國政府中許多傑出、聰慧、勤奮之士的想法。這些人的人生格言是義務，活著就是為了服務。他們相信，隨著和這些島嶼增加貿易和商業往來，美國可以幫助菲律賓人走向繁榮和最終自治。就長期而言，他們是正確的。

民主黨譴責這完全是出於「貪婪商業主義」的「犯罪侵略戰爭」。[20]參議員霍爾說菲律賓人

④編按：亞瑟・麥克阿瑟（Arthur MacArthur）是二戰期間盟軍指揮官道格拉斯・麥克阿瑟的父親。

有自己的權利，南卡羅來納州參議員提爾曼（Benjamin Tillman）嘲諷共和黨，逼麥金利要譴責那些把阿奎納多比為華盛頓的人是褻瀆的叛徒。一九〇〇年十一月的大選中，麥金利的「進取」政策讓他贏得比四年前更多的選票。美國人民似乎同意副總統候選人老羅斯福的說法，那些懷疑美國有昭昭天命的人都是「嬌生慣養」。

在不對稱的游擊戰爭中，雙方都採取了暴行。起義軍把星條旗纏在親美菲律賓人的頭上，澆上煤油點火燃燒。涉嫌告密者的嘴唇會被割掉。美國則把許多聚落夷為平地作為報復，光是在五千二百七十六平方英里大的薩馬地區（Samar）就燒掉了五十三個聚落。時任法官的塔夫脫在一九〇〇年被任命為調查菲律賓局勢委員會的主席，他形容起義軍是「大規模的黑手黨」，其教父阿奎納多總能逃過麥克阿瑟七萬名官兵的追捕。總算起來，這場戰爭讓美國耗費一億零七百五十萬美元。

阿奎納多的好運在一九〇一年三月二十三日星期六終於結束，他中了美國人高明的計謀，「此乃一名軍人所能成功完成的最艱險的任務。」[21]次月，阿奎納多宣誓效忠美國，戰爭正式結束，儘管接下來幾年還是有零星交火。

在塔夫脫擔任總督期間，菲律賓這個被保護國被帶向最終成為自治共和國之路。政府大幅擴大衛生機關、實行免費初等教育、進行地方選舉、實行權利法案（但不准擁有槍械）、把披索連結金本位，還設立三百萬美元的救濟基金。奴隸制、海盜、獵人頭、宗教迫害等惡習都被強力鎮壓。此外還設立了有效的菲律賓警察和監獄體系，在各島設立醫院以撲滅天花、鼠疫、霍亂、瘧疾，將菲律賓人的死亡率在三十年內就降到幾乎等同美國本土的水準。[22]（西班牙對菲律賓人醫療的態度一直是「順其自然」。）

美國對菲律賓的統治志向高遠，但也很務實。一九〇一年一月，塔夫脫的委員會以密電向華府的戰爭部長魯特（Elihu Root）報告馬尼拉的酗酒和娼妓問題。報告中表示，酗酒的情況跟美國任何同樣規模的城市差不多，而娼妓的性病防治每次花費在五十美分到二美元左右，「在一座三十萬人口的亞裔城鎮中，性病防治會比完全禁娼更為有效」，他們相信禁娼只會「造成更大的惡果」。[23]

一九〇七年十月，塔夫脫在馬尼拉歌劇院舉行首屆民選議會就職典禮。塔夫脫提出一份五十二頁的年度報告，羅列出美國取代西班牙統治後菲國老百姓在各領域生活水準大幅改善的情況。這幾乎是一份現代自由民主國家能帶給開發中國家所有好處的清單，包括新翻修的馬尼拉港鋼筋水泥碼頭、清淤巴石河（Pasig River）河道、精簡政府組織、建立精準可靠的會計制度、興建電報電纜通訊網絡、設立郵政銀行、大規模造橋鋪路、警察執法公正而不貪汙、民間工程財力充裕、保留西班牙舊建築、設立大型公共公園、公開招標鐵路建設、實施公司法、對十一萬五千平方英里範圍內的各島嶼進行海岸地理調查。[24]

八百萬菲律賓人正進入其歷史上最繁榮的一頁，這人口數約與當時的日本相當。而對於菲律賓人的自治要求，福布斯（William Cameron Forbes）寫信給前一年當上總統的塔夫脫說：「花時間幫助有心想管理自己事務的人，要比幫沒這種念頭的人更有價值。我完全不想反對或妨礙對獨立的渴求。我的政策是告訴他們，如果他們真的想要，那就要努力，不努力是辦不到的。」我們沒理由認為福布斯是在欺騙總統。英語民族在二十世紀的帝國主義，不論是美國、英國還是紐西蘭與澳洲的帝國主義，都要遠勝於任何對手。

語言是權力的展現，美國強加給菲律賓的一個好東西就是在各島嶼廣派教師，用英語來教育人民「好的公民道德及個人抱負」。在一九三五年時，全菲律賓八千間公立學校裡有一百二十三萬名學生，教師用的語言正是英語民族最具價值也最能長久流傳的輸出品。一九〇一年七月四日，塔夫脫寫了一封長信給麥金利總統談到美國在菲律賓的目標：

> 由於各部落語言千差萬別，有一個共同溝通工具對各島的繁榮至關重要，而這個工具當然最好是英語。我們應該盡一切努力，讓各島所有人民都有使用英語的能力。

到了一九二五年，一份針對菲律賓學童的詳細教育調查發現：「在英語聽寫和拼字方面，他們和美國學童幾乎差不多。」[25]這是最良善的文化帝國主義，因為英語在二十世紀已成為全球通用語（lingua franca，⑤這個詞顯示出英國最大的敵人法國在語言霸權上的衰落）。菲律賓之所以能走向真正獨立的原因之一，是在一九三〇年代幾百個島嶼的不同種族雖然政治發展程度不一，但至少能互相溝通。

同樣良善的是美國給予菲律賓的保護，至少在一九四二年一月日本攻下馬尼拉趕走美國人之前。假如這些群島不曾被美國保護過，它們可能會被日本殘酷統治更久，因為它們在戰略、經濟或道德上都沒有重要到讓麥克阿瑟率領的盟軍犧牲這麼多生命和資源來解放。正如英語民族阻止了澳洲原住民和紐西蘭毛利人被日本軍靴殘踏，他們也從日本人手中解放了菲律賓人、馬來人、新幾內亞人、緬甸人、太平洋群島人、朝鮮人、印度支那人、香港人和許多亞洲民族。如果我們眼中只看到「殖民剝削」，就很容易忽略這一點。

在菲律賓從屬於日本「大東亞共榮圈」的四年當中，有百分之五的菲律賓人口喪生。[26]英語民族最終起訴了日本在遠東的戰爭罪行，還動用由英語民族開創和資助發展的核子技術（率先分裂原子的是紐西蘭人拉塞福〔Ernest Rutherford〕），終於把遠東地區從昭和日本的蹂躪下解放出來。

波爾戰爭

波爾戰爭長期被歷史學家視為大英帝國的越戰，打仗是為了黃金和鑽石，鼓吹戰爭的人都是貪婪、沙文的英國政客，只是想欺負兩個英勇的南非小共和國，但這遠遠不是事實。波爾人不是為了自己的自由而戰，而是為了保有壓迫他人的權利，尤其是黑奴，還有在川斯瓦幫他們挖礦、稅率高達百分之八十又沒有投票權的非阿非利卡的白種「外來人」。一七七六年，美洲殖民地人民在奧蒂斯（James Otis）「繳稅卻沒有代表就是暴政」的口號下起義，但當英國人要把同樣原則用在南非時，卻被指責為惡意干涉。

一八九九年的川斯瓦絕對不是民主國家，黑人、英國人、天主教徒或猶太人都不准投票或擔

⑤譯注：lingua franca實際上就是法語的意思，因為法語曾是歐洲外交的通用語。

任公職。每一個波爾人都規定要有來福槍，而非波爾人則不准有。商業中心約翰尼斯堡（Johannesburg）的五萬居民（主要是英國人）不准進入市議會。所有官方文書禁止使用英語。法官皆由波爾人總統克魯格（Paul Kruger）指派，被政府壟斷的寶石和火藥製造業都掌控在他手上。戶外公開集會不被允許，報紙常被任意關閉，非波爾人幾乎不可能取得完整公民身分。克魯格在首都普勒托利亞（Pretoria）統治著一個嚴密、殘酷的半警察式國家。

索爾茲伯里勳爵和英國殖民大臣張伯倫對普勒托利亞對待川斯瓦英國居民的方式，感到非常憤怒，尤其是克魯格不斷延長取得投票權的居留時間門檻，卻根本無視這些「外來人」對高賦稅、學校品質不良、警察暴力，以及私人和國家壟斷經濟事業讓生活開支高漲的不滿。這對自視為他們保護者的英國政府是很羞辱的事。

一八九九年三月，一位英國子民愛德華先生在爭吵中被酒醉的波爾警察開槍打死，這名警察逃過了懲罰。為了這件事，有多達二萬一千六百八十四名「外來人」連署譴責司法不公，但他們這回是向維多利亞女王而不是向克魯格請願。張伯倫提交給內閣的備忘錄說，此事絕不能不管，不然「英國在南非的影響力會被徹底動搖」。但若提出最後通牒可能導致戰爭，而在南非的英國軍隊根本還沒做好準備（如果英國領導人真的要打仗的話）。於是張伯倫派出一個特使團，「試圖抗議，並訴諸公眾輿論。」

害怕失去威信（這在威信很重要的地區是非常迫切的）是英語民族史上不斷上演的主題。一小群菁英要統治一個大帝國，威信和軍事力量一樣重要。[27]雖然威信無法量化，但威信在國際關係上是很重要的資產，害怕失去威信是貨真價實的恐懼。

張伯倫在寫給普勒托利亞當局的信中表示，英國承認川斯瓦有管理內部事務的權利，但隨後又詳細提到「外來人」如何被視為二等非公民，儘管他們對這個國家的繁榮有巨大貢獻。信中還特別提到教育開支、釀酒法、缺乏政治代表、胡亂逮捕、法庭偏頗、新聞審查、貪汙猖獗、集體遣返，以及阿非利卡人（波爾人）優於英國人的種種特權，即使是在幾乎所有學生都是英國人的學校也是如此。波爾戰爭有一部分是為人權而戰，而人權這個在二十世紀壯大無比的概念在當時還處於襁褓階段。

英國出生的開普殖民地總理塞西爾·羅德在一八九六年試圖以政變推翻克魯格，他造訪約翰尼斯堡的「外來人」居住區後說：「我看到許多非常傾向我們的人，他們有繳稅給這個國家，應該在該國政府享有一席之地。」[28]在政變失敗同一年，英國駐葡屬東非洛倫索·馬奇斯城（Lourenço Marques）的領事凱斯門（Roger Casement）也報告了「外來人」的絕望處境：「在我的看法，英國的大臣們最應該害怕的是讓川斯瓦的英語民族離心離德。」這類報告促使英國政府採取新的行動。

一八九九年五月四日，英國駐南非最高專員米爾納爵士（Sir Alfred Milner）警告倫敦說，川斯瓦正在加緊武裝，並宣傳「一系列關於英國政府的惡意謠言」。米爾納表示：「他只希望川斯瓦的外來人能公平在該國政府有一席之地，因為他們貢獻很大。」英國政府決定推翻普勒托利亞政權是為了代議制度和公民權利，而不是經常被指控的是因為貪婪想奪取金礦。克魯格對「外來人」的選舉權一事討價還價，提出要居留七年才有資格，議會三十五席只能給五席。米爾納要求更多，克魯格回他說：「我不想把我的國家讓給外人，其他沒什麼好說的。」米爾納私下稱克魯格是「衣裝筆挺的荷蘭流氓」。

索爾茲伯里勳爵不相信人口四十一萬的波爾人，敢挑戰威信和力量都正處於高峰的大英帝國，但情報不斷顯示這幾個共和國真的在拚命武裝自己。⑥一八九九年十月二十日，普勒托利亞突然向英國宣戰，入侵英國的納塔爾和開普殖民地，蓄意挑起犧牲成千上萬人命的戰爭，但一直以來，這件事卻不公平地被怪在英國頭上。

誇飾和排場、面子和傳統，這些都是鏡花水月，但要統治一個大國，這些東西非常重要。川斯瓦和奧蘭治自由邦粗暴地把這些東西扯破，勇敢地甚至自殺式地向大這兩個小共和國不知多少倍的帝國宣戰。倫敦立刻就斷定唯有用最暴力的回應方式才能回復原狀（這是正確的），以免讓開普殖民地和非洲與亞洲的人民都看出英國的弱點，都想搞反叛。波爾人和英國人在南非還要對抗很久，但這是一場攸關威信的戰爭。索爾茲伯里勳爵話說得很明白：「就看誰是老大。」

英語民族在二十世紀初的南非和菲律賓展現出一種長久的特性，那就是他們打仗時非常無情。他們雖然不容易被激怒，但在歷史上，一旦戰爭真的開打，他們就非常強悍，不過他們對被打敗的敵人又很大度。從一九〇一年開始，他們多次處理過承平時期所稱的「戰爭罪行」。在波爾戰爭時曾發生一件醜聞：有兩名澳洲軍官名叫莫蘭特和漢考克，他們在川斯瓦北部的祖特潘斯堡（Zoutpansberg）和史佩隆肯（Spelonken）殘酷殺害八名波爾戰俘，兩人皆被處死。[29]當二〇〇四年伊拉克阿布格萊布監獄（Abu Ghraib prison）傳出虐囚醜聞，當局得知真相後也果斷處理，以軍法審判。

在歷史上，英語民族對於人類有不可剝奪權利這個觀念的貢獻無人可及，正因為他們相信法治，虐囚行為才會受到關注和懲罰。任何戰爭都有骯髒之處，例如英國在肯亞茅茅叛亂（Mau Mau rebellion）時的霍拉難民營（Hola Camp）大屠殺，美國在越南的美萊村大屠殺（My Lai massacre），或是伊拉克戰爭時的阿布格萊布監獄事件。以為這種事不會發生是不了解人類在戰爭中的行為，不論什麼膚色、宗教或階級，所以我們才需要法律制度來矯治惡行。英語民族各國都有這些制度，但德國人在一九〇〇年代的安哥拉、日本人在一九三〇年代的中國、法國人在一九五〇年代的阿爾及利亞、俄國人在一九八〇年代的阿富汗就沒有。差別不在於英語民族從來不會在戰爭時犯下罪行，而是他們有開放的社會和自由的媒體來保證犯罪者會受到懲罰，而其他許多社會則非如此，甚至不認為這是犯罪。

儘管英軍在一八九九年十二月的「黑色星期」被逆轉，大英帝國還是堅定如山。「不列顛民族的宿命就是要把良善和公道的政府推展到世界上大部分地方。」紐西蘭《懷卡托時報》（*Waikato Argus*）在一九〇〇年一月三十一日的社論中說，「整個帝國只有一種情緒——我們要獲勝，不計多少人命和財富！」一年後，整個帝國還是抱持同樣的態度，不管叛軍有多險惡，都無法動搖對最終勝利的信念。

「這是一種完全不同類型的敵人，」官方史書說，「他們沒有基地、沒有目標，他們的勝利就是逃跑，不被抓到愈久愈好。他們沒有前進或撤退，只是不斷在移動，一下在這裡，一下在那裡。他們的策略無法預測，因為他們根本沒有目標或總是在快速改變目標。」[30] 從二十世紀到二

⑥譯注：波爾人當時在南非地區共有三個共和國，分別是川斯瓦共和國、納塔利亞共和國和奧蘭治自由邦。

十一世紀，英語民族一再受到這種非傳統軍事策略的攻擊，例如波斯（Subhas Chandra Bose）的印度國民軍、茅茅叛軍、塞普勒斯鬥士國家組織、馬來亞共黨游擊隊、越共、愛爾蘭共和軍、蓋達組織等等。波爾人不同於後來這些組織，很少犯下暴行，但當然也有一些，例如經常有報導說他們會虐待投降的白人。

英國人在波爾戰爭期間最常被指控的「戰爭罪行」，是虐待集中營的阿非利卡婦女和兒童。但事實上，這些集中營（這個詞在納粹之前並沒有貶義）是設來給波爾人在草原上遮風避雨的，而且盡量做到效率和人道，反倒是波爾游擊隊經常破壞給集中營運送補給品的鐵路。醫師凱伊（Alec Kay）在一九〇一年解釋過為什麼死亡率會這麼高：

> 營區內的波爾人經常仰賴家傳藥方，結果都很悲慘。肺炎和腸熱病常以綿羊或山羊的胃來治療，這些羊都在患者身邊宰殺，然後把熱燙的羊胃血淋淋地放在患者胸部或腹部。許多皮膚病是用牛糞來治，治黃疸用蝨子，治兒童癲癇則用磨碎的蝨子。[31]

美國人民普遍同情波爾人，例如前總統哈里森（Benjamin Harrison）、民主黨領袖威廉·布萊恩（William Jennings Bryan）、卡內基、德國出生的舒茲將軍（Carl Schurz）、亨利·亞當斯（Henry Adams）、芝加哥知識分子丹諾（Clarence Darrow）、《紐約先驅報》、《華盛頓郵報》、《芝加哥論壇報》、《巴爾的摩太陽報》、《亞特蘭大憲法報》、約瑟夫·普立茲（Joseph Pulitzer）的《紐約世界》和《北美洲》。紐約市議會和波士頓市議會一致決議支持波爾人，波爾代表團受到盛大歡迎，他們住在華府的阿靈頓酒店，整條街都被接待委員會弄得燈火通明。波爾代表團巡迴全美，最遠到達舊金山，有幾十萬人去聽他們講如何被英國人壓迫。

有三百名美國人在歐康諾（O'Connor）上尉帶領下為波爾人作戰，克魯格要他們「做好人，服從指揮官，照顧馬匹。」不少人表現傑出，例如綽號「亞歷桑那小子」的福斯特（James Foster）和綽號「炸藥迪克」的金恩（J.H. King）。此外，賓州、紐約和麻州的二萬九千名學童還連署向克魯格總統致敬，此信由一名叫詹姆斯．史密斯的男孩負責遞送。史密斯在一九〇〇年五月二十八日身穿信差制服抵達波爾首都，把信呈給克魯格。克魯格把信放進口袋，第二天就在英軍進攻前逃離普勒托利亞。

隨著戰事進行，美國人對波爾人的支持度愈來愈高。曼哈頓的眾議員費茲傑拉德（John J. Fitzgerald）提議讓所有阿非利卡人都移民來美國，阿肯色州和科羅拉多州州長願意提供幾百萬英畝土地來支持這個方案。在參議院，伊利諾州的共和黨參議員梅森（William E. Mason）指控英國是「犯罪侵略」，馬里蘭州的惠靈頓（George Wellington）則說波爾人是「我們敵人的敵人，他們為權利而戰，一如我們過去。」但事實上，「外來人」有繳稅卻沒有代表，波爾人才是侵略者，但美國輿論卻堅定支持看來較弱勢的波爾人。

但這些都沒有影響麥金利和老羅斯福政府的堅定立場，他們在整場衝突中嚴格保持「平等來往」的政策。由於波爾共和國是內陸國，而英國皇家海軍控制海洋，這就表示美國只可能和一邊來往，所以歷史學家都認為民主黨當時的中立政策事實上是「完全偏向英國」。[32]兩位領導人雖然盛讚波爾人英勇，但他們都是親英派，都認為英國在南非被羞辱不符合美國的國家利益。英國軍隊在「黑色星期」的困境更加強了這種態度。

一八九九年九月二十四日，戰爭爆發兩星期後，美國國務卿海約翰致函美國駐倫敦大使館一等祕書亨利．懷特（Henry White）：「我們對外政策不可或缺的一環，乃是與英格蘭達成友好的理解。」[33]在十二月「黑色星期」之初（英國在六天內吃了三場敗仗），紐約州長老羅斯福告訴他的好友英國外交官斯普林—賴斯說：「在尚比西河（Zambesi River）以南有英語民族存在，這對人類是件好事。」老羅斯福也有點焦慮，他告訴美西戰爭英雄溫萊特上尉（Richard Wainwright，後來當上海軍上將）說，大英帝國若遭受災難，將使美國「面對歐洲軍事和海上強權的威脅」。[34]

這種看法居然出自一個鼓吹強權人士之口，而當時美國在地理上還離歐洲大國政治很遠，反映出當時的美國海軍還很弱小，也反映出美國決策者在十九世紀末已經在做全球性的思考。老羅斯福在一九〇〇年一月寫信給另一名英國人亞瑟．李（Arthur Lee，後來受封爵士）說：「我相信我們在五年內就會和某些歐洲大國開戰，除非我們放棄對南美洲的門羅主義。」而美國在委內瑞拉危機中已表現出不可能放棄門羅主義。⑦老羅斯福在一九〇九年之前打造強大的「白海艦隊」（White Fleet）一直被視為積極甚至有野心的行為，但事實上也是為了防禦。

老羅斯福擔心法國、德國、俄國或其他國家會聯合起來利用英國在「黑色星期」的危機。他告訴美國公務員委員會主席普克特（John Robert Procter）說：「假如歐洲大陸要用這個機會摧毀大英帝國，我強烈傾向我們國家要介入。」到了二十世紀，老羅斯福的遠房親戚小羅斯福對大英帝國非常反感，但一八九九年十二月的老羅斯福卻不這麼認為。

同為英語民族的情誼似乎在美國政府對波爾戰爭的態度上起到重要作用。海約翰在一九〇〇年三月對亨利・懷特說：「英格蘭乃是為文明和進步而戰，我們所有利益都繫於它的成功。」當年十一月，海約翰在得知英國某場戰役勝利的消息後，在外交上非常失禮地對荷蘭大使說：「至少我們贏了一回。」有荷蘭血統的老羅斯福也同意這種看法。⑧在「黑色星期」之後，他在《哈潑週刊》（*Harper's Weekly*）上把立場表露無遺。老羅斯福告訴美國人不能「忽視英國的威信正瀕臨危機的重大事實。而如果我們有民族的自豪，對英國人在蠻夷之地的成就有所感激和認識的話，我們對這些災難就會感到悲痛。」老羅斯福在一次私下談話中也說到他的感激，「我由衷感謝英格蘭在一八九八年給我們的友好支持。」

在得知俄國提出要「調停」戰爭雙方時，海約翰致電給懷特要他警告索爾茲伯里勳爵，勳爵在三天後公開表示：「女王陛下的政府不會接任何國家的干預。」在這次戰爭中，美國提供給英國很大的幫助，將大量彈藥、糧草、燕麥、醃肉運往南非，還有十萬匹馬和八萬匹騾子（相當於英軍在整場戰爭中使用的騾子的一半）。美國銀行的貸款高達戰爭總支出的五分之一，美國對南非的出口額從一八九五至一八九八年的平均一億一千二百萬美元，增加到一八九九至一九〇二年

⑦譯注：一九〇一年一月，委內瑞拉政府宣布不承認一八九九年五月以前的外債。同年三月又宣布暫停償付債務。為了向委內瑞拉索債，一九〇二年十二月七日德、英大使向委內瑞拉政府發出最後通牒。兩天後，德、英、義三國艦隊封鎖委內瑞拉海岸，扣留拉瓜伊拉港的委內瑞拉海軍艦艇，擊沉一些船隻，並砲轟卡貝略港。在美國干預後，一九〇三年二月，德、英接受美國提出的《華盛頓議定書》，危機方告解除。

⑧譯注：波爾人主要是荷蘭人後裔，荷蘭在波爾戰爭是支持波爾人的。

的平均五億七千七百萬美元。

麥金利政府為此付出了政治代價，在一九〇〇年共和黨大會上備受壓力，但最後通過的綱領與戰爭有關的只有寥寥數筆。民主黨總統候選人布萊恩譴責「共和黨毫不掩飾地與英國結盟」，聲稱要繼續支持「英勇的波爾人為自由獨立做不對等的奮鬥」。但此舉毫無作用，布萊恩在一九〇〇年十一月大選中只獲得一百五十五張選舉人票，麥金利獲得二百九十二張。大選後八個月，老羅斯福再度對斯普林—賴斯說：「我一直認為目前最好的結果是南非能統一起來，以英語為共同語言。」

當年十一月二十一日，老羅斯福寫信給英國朋友布里奇諾斯的哈渥瑞奇—惠默牧師（Harry Wolryche-Whitmore），談到這場選舉說：

> 副總統辦公室無事可做，我也不喜歡丟下紐約州長一職，但我認為打敗布萊恩是非常重要的，他混合了階級仇恨、半犯罪、頭腦不清、無知、多愁善感，再加上一點真誠但對某些事情執迷不悟。

副總統對老羅斯福來說顯然是「不夠」的，對這樣一位有才幹和抱負的人來說確實如此。維多利亞時代的政治家總愛把不貪求職位掛在嘴上，但千萬別對此信以為真。

體育活動

一九〇一年，美國在體育領域大放異彩。雖然在當年六月，英國的多爾蒂兄弟打敗美國的戴維斯和瓦德拿下溫布頓男雙冠軍，但在愛爾蘭的基拉尼湖，賓州大學划船隊「輕鬆」在三英里賽打敗了都柏林大學隊。在九月紐約的哈佛、耶魯、牛津、劍橋大學四校運動會上，美國大學以六比四獲勝。而在一星期後的美洲盃三一‧五英里帆船賽中，美國的哥倫比亞號又擊敗立普頓爵士（Sir Thomas Lipton）的三葉草二號。

英國人發明了世界上大部分的競技運動項目，包括足球、橄欖球、板球、高爾夫、現代網球、雪車、滾球、槌球、壁球、桌球、撞球、羽球、拳擊，還為許多不是英國人發明的運動制定規則，例如曲棍球、馬球、滑冰、獨木舟、棍網球、下坡滑雪。「如果你打到或踢到什麼東西會得分，那一定是英國有閒階級發明的，他們熱愛運動、團隊精神和明確的規則。」[36]

然而從二十世紀初開始，英國隊就經常敗給其他國家。其中有兩次，分別是一九三二至三三年的澳洲板球巡迴賽和二〇〇三年的世界盃橄欖球賽，更是被批評缺乏運動家精神。但運動是英語民族最好的社交黏著劑，例如在二〇〇五年，有三萬名橄欖球迷跟著英國雄獅隊到紐西蘭巡迴比賽，而凡是有在板球比賽交手的國家，從來就沒有互相打仗的。（唯有印度和巴基斯坦在一九六〇年暫停比賽，五年後開戰。）

太平洋電纜

另一個有效的黏著劑是太平洋電纜，該法案在一九〇一年終於獲英國王室簽署通過。大西洋電纜自一八五八年八月就有了，而讓電纜跨越兩大洋的想法從一八八七年維多利亞女王登基五十週年時就有人提出，但一直因為誰要付錢的問題遲遲無法進行。一八九九年七月，英國財政大臣比奇爵士（Sir Michael Hicks Beach）終於同意用政府貸款來鋪設電纜，「主要原因」是為了「促進母國和殖民地的合作」。加拿大也出資，但不是為了物質回報，而是為了展現帝國的團結而成為「計畫的共同夥伴」。由於加拿大和澳洲在一八九〇年代的貿易額平均只有十九萬英鎊，英國和澳洲是五千三百一十七萬英鎊，加拿大總理的說法是可信的。加拿大當時每年只從澳洲收到九萬封電報信，從英國則收到將近七百萬封電報信。[37]

一旦開始啟動，這個龐大的計畫很快就完成。一九〇二年十二月八日，加拿大可以經由溫哥華、范寧島（Fanning）、斐濟、諾福克島、布里斯本、多特勒斯灣（Doubtless Bay），即時和澳洲與紐西蘭聯絡。高爾牧師所言「人們再也沒有先知」是錯的，因為吉卜林正是這樣的人，他有先知的預見能力、詩人的豐富情感和小說家的想像力。吉卜林以一首〈深海電纜〉（The Deep-Sea Cables）的三節詩讚頌這個偉大的工程，最後一節說：

他們喚醒了永恆的東西

他們殺死了時間這個父親
噢！人們今天隔著爛泥來講話
新世界在兩端之間到來：低語著，讓我們連在一塊[38]

太平洋電纜大有助於迪斯雷利（Benjamin Disraeli）所稱的「鞏固帝國的大計」。一九〇一年七月，索爾茲伯里勳爵向上議院提案更改女王的正式頭銜，把殖民地也包括進來，而這是維多利亞女王在一八三七年登基時認為不必要的。⑨

加拿大愛國主義

美國政府（而非美國人民）在波爾戰爭期間堅守立場，其他英語民族則更加了不起。在戰爭尚未爆發前，加拿大中校休斯（Sam Hughes）就說他的國家應該「負起殖民地大哥的責任」，派兵前往南非。有七千三百六十八名加拿大人響應他的號召，其中有八十九人戰死，一百三十五人死於疾病或意外。[39]一八九七年的維多利亞女王登基六十週年大典把加拿大人的愛國主義提升到新高度，人民志願為國王到遠方作戰就是明證，每次募兵都遠遠超過名額。

⑨譯注：女王的頭銜改為「奉上帝恩典，大不列顛與愛爾蘭聯合王國暨不列顛海外自治領之王，信仰的保衛者，印度的皇帝」。

波爾戰爭激起了加拿大人的民族主義（實際上也是沙文主義），讓加拿大人很想和美國人劃清界線，因為雖然美國領導人親英，美國人民卻太親波爾人。美、加兩國關係向來不睦，一八九五至一八九六年的委內瑞拉危機更大大激怒了加拿大人，尤其是美國國務卿奧爾尼（Richard Olney）那份照會似乎是不准加拿大留在大英帝國，而且美國國會還撥款一億美元，用於有九十萬兵力的美軍。⑩一八九六年一月，加拿大國會兩黨一致歡迎政府宣布要重新武裝民兵，財政大臣福斯特（George E. Foster）還說，加拿大將捍衛和英國的關係與傳承，不受美國侵犯。[40]

多年後回頭看，很難想像當時美、加兩國有可能開戰，因為同樣說英語的民主國家從來沒交戰過。但在一八九六年時，美國四十五州當中有四十二位州長都宣誓要招募軍隊攻打加拿大，資深美國將領邁爾斯（Nelson Miles）甚至說：「加拿大落入我們之手乃是理所當然。」（若果真如此，美國東岸將會被重創，因為皇家海軍遠強於老羅斯福之前的美國海軍，入侵加拿大是不值得的。）⑪

委內瑞拉危機被索爾茲伯里勳爵用仲裁解決，但這並沒有打消加拿大人對美國的惡感，一位歷史學家在一八九九年說這是「貨真價實的仇美主義」。[41]一八九七年通過的《丁格理關稅法》（Dingley Tariff Bill）設下美國史上最高稅率，加拿大人很不滿，遂報復性地給予英國、新南威爾斯和英屬東印度群島最惠國待遇。此後更是爭端不斷：諸如木材出口官司；加拿大人被美國以《外國勞工法》遣返；加拿大工會不滿美國工賊在加拿大破壞罷工；阿拉斯加領土也有激烈爭議，英屬哥倫比亞在一八九九年立法規定只有英國人才能在阿拉斯加當礦工。加拿大總理勞瑞爾爵士（Sir Wilfrid Laurier）甚至表示育空地區的採礦爭端可能會升高為「戰爭」，造成國際譁然，也讓英國外交部一陣驚慌。

一九〇一年，帝國的團結平衡了惡劣的美加關係，讓加拿大人有辦法一邊維持國家認同，一邊敢於對抗軍事、人口和經濟都占優勢的南方強鄰。英裔加拿大人不滿有一頭大象當鄰居，由衷認同大英帝國所代表的道路。儘管超級忠誠的加拿大人在二十世紀被英國粗暴地對待，但加拿大依然沒有投入美國的懷抱。

回到一八九七年，維多利亞女王登基六十年，加拿大東西兩岸以遊行、閱兵、演說、典禮、紀念碑和雕像、詩歌、報紙文章、學童集會、公園開幕、宴會，以及各式各樣的私人和公眾活動來大肆慶祝。在溫尼伯（Winnipeg），慶祝活動連續辦了兩個星期。總理勞瑞爾在英國受到「王室級訪問」的歡迎，皇家加拿大騎警參加女王在倫敦的遊行，博得熱烈掌聲。勞瑞爾在利物浦發表演說強調，忠誠的加拿大絕對會負起「英國子民的全部義務和責任」。[42]「英國」這個詞絕不是勞瑞爾隨口說說的，大多數英裔加拿大人都既是民族主義者也是帝國主義者，兩者並無矛盾，「因為他們的目標是在帝國內部建立一個強國，而不是要加拿大退出帝國。」[43]他們是真心認為自己既是加拿大人也是英國人。

⑩ 譯注：在一八九五年委內瑞拉危機時，美國為了不讓英國干涉委內瑞拉，發出強硬照會，甚至可能兵戎相見。當時的加拿大依然屬於英國，美國甚至擬定計畫要先發制人入侵加拿大，以防英國從加拿大攻擊美國。

⑪ 譯注：一八九六年初，美國海軍的主要兵力僅有二級戰列艦兩艘、大小巡洋艦十二艘，而英國海軍的主力便有四十四艘戰列艦、四十一艘大型巡洋艦。

為什麼加拿大這個充滿機會與成長之地會為了母國而捲入遠在七千英里之外、跟加拿大沒有直接關係的戰爭呢？對於這個奇特的現象，一九六〇年代流行用陰謀論和「唐寧街與英國宣傳操弄」來解釋。但如同一位歷史學家所說，愈客觀檢視就會愈清楚，「顯而易見的是英裔加拿大人很想去打仗，逼得加拿大政府要派出軍隊。」加拿大人有深植於心的帝國團結的觀念，真心認同大英帝國。這種情感之強烈，以至於當戰爭於一九〇二年即將結束之際，勞瑞爾還不得不再派去另一支加拿大遠征軍。

一九〇一年三月，布拉薩（Henri Bourassa）在加拿大下議院提案反對參戰，辯論後的投票結果是一百四十四比三，提案遭到否決，然後議員們站起來高唱國歌。在全加拿大幾千名新教牧師中，只有十個人公開反戰。在魁北克大教堂，史考特牧師（Frederick George Scott）告訴加拿大遠征軍說：「我們是君主制的共和國，現在要去摧毀共和制的專制國」，要把「光明、自由和宗教寬容」推展到川斯瓦。就連愛爾蘭裔的議員也支持戰爭。雖然常有法國三色旗飄揚的魁北克反對參戰，但魁北克大主教支持，勞瑞爾自己也是，他是首位法國裔和信奉羅馬天主教的加拿大總理。

最忠於王室的是大英帝國聯盟總部所在的多倫多。多倫多曾在一八一二年戰爭中被美國人焚毀，一八三七年叛亂時又受到威脅，在芬尼亞突襲⑫時屹立不搖，在一八九六年委內瑞拉危機時要求進行重新武裝。加拿大很多城市都提供波爾戰爭志願軍現金獎勵，其中以多倫多最為大方，其他加拿大各省市也慷慨捐輸以補上政府預算二百萬美元的缺口。一九〇〇年七月中開始有傷兵回到加拿大，各地方都用民兵和管樂隊熱烈迎接，即使傷兵只有一人。加拿大皇家步兵團在十一月回國時，大批群眾上街頭表示感謝；騎行砲兵團在兩個月後回國時，從哈利法斯（Halifax）到溫哥華的每一個火車站都受到群眾迎接和歡呼。加拿大人致送牌匾、噴泉、雕像、雕飾門框和金錶，如果這場戰爭不是真的很得民心、完全符合國家認同感的話，他們是不可能這麼做的。

和這段時期的其他英語民族一樣，加拿大進步的根本動力是資本主義。責任有限股份公司的概念源自十六世紀末的荷蘭，但英語民族把這個概念發展到高峰。荷屬東印度公司是所有特許公司的老祖先，成立於一六〇二年，採責任有限制，可在股票交易所買賣股份。最近一份傑出的研究指出，在一八四四到一八六二間，英國國會通過一系列公司法確立了基本原則，既促成市場資本主義的爆炸性成長，也創造出「世界上最重要的一種組織，既是西方繁榮的基石，也是世界其他地方未來希望之所在。」[44]二〇〇一年，在美國登記的公司多達五百五十萬家。

根據這些維多利亞時代的法律，公司不再有嚴格限定的特殊目的，責任有限制度讓投資人最多只會損失原來投資的金額，再加上股份以同等價格公開買賣，這就開創了現代資本主義制度，凡是好好採納這套制度的社會都會日益繁榮，「而那些原來超越西方的文明因為沒有發展出私人公司（特別是中國和伊斯蘭世界），就愈來愈落後。」哥倫比亞大學校長暨一九三一年諾貝爾和平獎得主巴特勒（Nicholas Murray Butler）就認為，發明責任有限公司的重要性不亞於發明蒸汽機和發現電力。除此之外，公司能夠永久存在：「公司的巨大威力不只是因為提高了生產力，還

⑫ 譯注：一八六六年和一八七〇年至一八七一年愛爾蘭共和組織芬尼亞兄弟會（Fenian Brotherhood）對加拿大的英軍要塞、海關哨所和其他目標發動突襲，希望對英國施加壓力，要求其撤出愛爾蘭。

因為它們既擁有一個人類所能擁有的絕大部分權利，卻沒有生物上的限制：它們不必註定老死，還可以隨心所欲創造後代。」[45]

資本主義、穩定的財產權、依法而治三者攜手合作，釋放出人類的驚人能量和創造力，構成了英語民族今日稱霸全球的基礎。只要他們能在軍事領域維持科技領先，除非有另一個大國採取更有效率的資本主義形式，才能取代他們成為世界霸主。公司能把人類的努力轉化為巨大的生產力，任何其他社會發明都無法相比，這證明責任有限的概念確實是天才之作：

> 公司擴大了能夠用於生產投資的資金池。它們讓投資人能小量購買好幾家企業容易變賣的股票來分散風險。它們迫使組織要採取有效的管理結構。當然，公司很容易會僵化，但投資人可以輕易把錢挪到他處，這就是有力的回春劑。[46]

埃德蒙·伯克（Edmund Burke）相信，任何東西的成本都隨數量增加而遞減，隨數量減少而遞增，所以資本主義就是自然規律，是上帝的發明。但事實上，資本主義首先是一些天才荷蘭人的腦力發明，然後才被英語民族發展到生產力的高峰。和盎格魯—撒克遜模式相較，法式、瑞典式、社會民主式、日本統合主義等各類資本主義模式都相形失色。

雖然英語民族運用發展公司概念，是他們獲得巨大成功的首要因素，但這絕非註定如此，因為在十九世紀末和二十世紀初，美國崛起了一批怪物公司，那就是「托拉斯」。在一九一三年時，美國占全球工業生產總量的百分之三十六，比德國的百分之十六和英國的加起來還多，當時的壟斷型資本主義還沒有取代比較有效率和真正存在競爭的資本主義。然而在一九〇四年，美國製造業資本額有五分之二來自托拉斯企業。[47]這種情況非改不可，而正如現代資本主義歷史上經常發生的那樣，美國的彈性又再度勝出。老羅斯福發動「反托拉斯」運動，利用之前幾乎擺著不用的《休曼反托拉斯法》（Sherman Antitrust Act）發動四十多個訴訟案，其中最著名的案例是分拆北方證券信託公司（Northern Securities Trust）。

美國在二十世紀初的經濟成長相當驚人。在一八五〇年時，美國的小麥出口量是四千萬英斗，一九一四年上升到六億英斗。上市製造公司的總資本額從一八九〇年的三千三百萬美元，上升到一九〇三年的七十億美元，增加了二百一十二倍。此外，在一九〇六年時，俄國營運中鐵路的總長為四萬四千六百英里，德國為三萬六千英里，印度為二萬九千八百英里，奧匈帝國為二萬五千八英里，英國為二萬三千一百英里，加拿大為二萬二千四百英里，而美國則達到驚人的二十三萬六千九百英里，比這些國家加起來還長。

強盜大亨的資本主義

一九〇一年三月七日，美國鋼鐵公司公布其組成架構，總資本額八億五千萬美元，其中一半是普通股，百分之七是可積累優先股，其餘三億四百萬美元是債券。[48]卡內基和弗里克（Henry Clay Frick）等人以新的生產線理論製造鋼鐵，范德比爾特（Cornelius Vanderbilt）和哈里曼壟固了鐵路產業，洛克斐勒的標準石油公司控制了美國石油業。二十世紀是資本主義「強盜大亨」等大巨頭的戰爭，他們是從白手起家到極端富有的創業者和專制君王，在各自的市場和其他領域中搞集團壟斷。

福特一八六三年出生於密西根州格林菲爾德（Greenfield），在一八九三年造出他人生第一部汽油引擎車。一八九九年，他在底特律成立公司設計汽車，一九〇三年成立福特汽車公司。五年後，他造出T型車，這是第一部一般美國大眾可以買得起的汽車。在他開發出世界首見的裝配流水線技術後，車價連年下降，一九二五年只要二百六十美元就有一台。到一九二八年推出A型車時，他已經賣出一千五百萬台車，比所有同業賣出的車加起來還多。

左派史學家用非黑即白的眼光看待這場鬥爭是過於簡化的，因為這些「強盜大亨」是幾乎從零開始打造出整個產業，確實值得讚賞。洛克斐勒和摩根這些人能成為巨頭是因為既冷酷又有遠見，而兩者都符合當時美國資本主義所需。只是為了要保護整個體制得以運作的競爭倫理，他們的帝國才必須被分拆。老羅斯福譴責這些托拉斯大王是「犯罪的富豪，最危險的犯罪階級」，敲響了戰鼓。一九一二年十二月，眾議院銀行貨幣委員會傳喚名為「華爾街拿破崙」的摩根前去作證，當時有十八家美國金融機構掌控了總資金二百五十億美元，相當於美國國內生產毛額（GDP）的三分之二。[49]當月稍早，最高法院下令撤銷聯邦太平洋鐵路公司和南方太平洋鐵路公司的合併案。在「強盜大亨」和國會反托拉斯法之間，國會贏了，其結果對美國乃至世界資本主義都是有利的。

英國領導了一七九〇到十九世紀中的「第一波」工業成長，尤其是蒸汽引擎和紡織品的大規模生產。從一八四〇年代中期到一八九〇年代的「第二波」是以鋼鐵生產和鐵路為動力，美國趁機超越英國成為世界最大經濟體。[50]在二十世紀來臨時，人類進入了由化學、電力和汽車產業帶領的第三波工業浪潮，直到經濟大蕭條為止。美國在這段時期建立起毋庸置疑的經濟霸權。對英國來說，能把霸權交給親戚兄弟是幸運的，因為雙方在政治、道德、法律和語言上有許多共通點。

美國西部

在二十世紀初，全球權力重心轉向美國，美國內部的權力重心也開始轉移，政治影響力逐漸移往西部。奧克拉荷馬州（一九〇七年）、新墨西哥州（一九一二年）、亞歷桑那州（一九一二年）、夏威夷州（一九五九年）、阿拉斯加州（一九五九年）陸續加入聯邦，多了十席的參議員席位，但這只是開始。西部的眾議院席位從一九〇〇年的六十席增加到一九八〇年的一百二十七席。有西部背景的總統（例如老羅斯福在北達科他州擁有農場，胡佛則出生在愛荷華州），開始挑戰美國對外政策偏重東部和南部的傳統。在一九五二到一九九二年的這四十年間，美國有三十一年是由「真誠體面的西部人」——艾森豪（Dwight Eisenhower）、詹森（Lyndon B. Johnson）、尼克森、雷根和老布希在當總統。[51]

隨著環太平洋地區愈來愈繁榮（這是全球經濟無可避免的趨勢），西部的興起也代表西部的政治議題在全國政治議程中變得更加重要。從西部發起的不服從運動都會受到全國關注，例如反對聯邦政府保留地政策阻礙地方投資就業的「自由企業叛亂」、一九七〇年代末的稅法第十三條起義，或者抗議在阿拉斯加沿海胡亂鑽探石油的環保運動。

西部已不再是自營作業者的天堂。二十世紀期間，聯邦政府在西部投入了大量資金，以至於到了一九九四年，除阿拉斯加以外的十一個西部州當中，幾乎有一半的土地是由聯邦機構所有或管理，例如內政部、農業部和國防部。內華達州更高達百分之八十六。《牛津美國西部史》（*The Oxford History of the American West*）甚至說：「結果是造成美國西部的國有化，各地區各文化的差異被縮小和整合進一個全國體系，都成為全國性規劃的一部分。」

澳大利亞聯邦

「在新世紀的天空下，沒有哪個社會比新的澳大利亞聯邦更幸福，未來更光明。」澳洲這個新自治領⑬的大報《阿格斯報》（*The Argus*）興奮地說。[52]《墨爾本時代報》（*Melbourne Age*）也宣稱：「在新世紀來臨時，我們擁有的政治資產比任何一個自由的民族都豐富。」在陽光燦爛的新世紀第一天，整個大陸都唱起〈澳洲〉這首新歌，教堂響起鐘聲，店鋪以「大量樹葉裝飾，主要是尤加利葉。」有火炬遊行、有煙火、有漫步音樂會、有愛國詩篇和社論、有電燈、有管樂隊、有特別的午夜「聯邦」禮拜、有布告欄、有兒童野餐會，凡是能插旗的桅杆都有旗幟在飄揚。這一切都是為了慶祝這一天「讓澳大利亞人成為同一個民族、同一個家庭和同一個命運。」有些澳洲人甚至做得太過火。據《先驅標準報》（*Herald-Standard*）報導，有個叫波莉．米勒的墨爾本女孩被罰款四十先令，因為她「喝到太超過」，早上七點就在小朗斯代爾街講髒話。（報紙下結論說，因為她「太早開始慶祝聯邦日了」。）

澳洲很快就成為大英帝國最富有的自治領。一位歷史學家簡單扼要地說：

> 這片大陸的土地驚人地富饒，挖出東西就能賺大錢。十九世紀是黃金，二十世紀是鐵礦、鈾、鈦和一大堆有國際需求的奇怪物質。最出乎意料的是農業帶來的財富，尤其是維多利亞省和新南威爾斯省草原上的綿羊和牛（供應給素里禮拜的中餐烤肉，近年來還供應給東京吃漢堡的年輕人）。[53]

以上種種讓《阿格斯報》主筆總結出澳大利亞聯邦成立那天的普遍樂觀心態：「我們的大陸自給自足，沒有其他國家能有如此光明、公正、富饒的土地。我們也是史上最偉大民族的一部分。我們有自己制定的憲法，有史上最自由的政治科學。」這段話確實沒錯。澳洲打從一八六一年就有祕密投票和成年男子普選制度，其母國甚至在一八七二年和一九一八年才有。難怪澳洲人對未來充滿信心。

澳洲人對大英帝國的忠心，從澳洲派出一萬六千人到南非打仗就看得出來。其中五百九十八人沒有再回來，一萬人的支出是澳洲自己付的，剩下由英國支付。[54]刺激募兵的因素不只有愛國

---

⑬譯注：自治領（Dominion）是大英帝國殖民地制度下一種特殊的政體，擁有所有殖民地中最高的自由度，並擁有屬於自己的獨立議會、政府和憲法，具代表性的有加拿大、澳洲、紐西蘭和南非。澳洲是在一九〇一年正式獲得自治領的地位。

主義和冒險精神；澳洲的生活艱苦，很多地方從一八九〇年代中期之後就連年遭逢大旱，這讓澳洲人更願意從軍。西澳大利亞省的金伯利（Kimberley）遭逢十六年來最嚴重的旱情，一九〇一年也是維多利亞省最乾旱的一年，森林大火頻仍，小麥歉收，破產人數愈來愈多。[55]男性的平均壽命是五十五歲又兩個月，女性是五十八歲又十個月。在前一年，腺鼠疫光在雪梨一地就在七個月內奪走一百零三條人命，原因是這座城市還是以馬車載運汙水，沒有現代下水道系統。然而，這一切都破壞不了霍普頓伯爵宣布聯邦成立時的歡慶之情。在一九〇一年元旦憲政交接典禮好幾個小時前，雪梨街頭就擠滿了「熱情而興奮的觀眾」。

聯邦成立，這就表示各省的重大政治分歧要在全國脈絡下來解決，而許多分歧是根深柢固的。一位澳洲史學家最近就寫道：

> 新南威爾斯省是自由市場，維多利亞省則採行保護主義，新南威爾斯省在美國內戰時支持北方，維多利亞省支持南方。鐵路軌距不同，貨物從一省到另一省有時要抽稅。不同省有不同的隔離檢疫規定，有些還維持到今天，還有不同的公共節日，到現在都還沒統一。[56]

有些歷史學家把聯邦貶抑成「資產階級政客為共同經濟利益達成商業交易的過程」，一九〇一年一月的歡慶「只表示殖民地人士很高興從此可以自行其是」。列寧主義的澳洲歷史學家克拉克（Charles Manning Clark）稱之為「反動派的陰謀」。但事實上，澳洲人對於具獨立身分的年輕國家是真心感到驕傲和興奮的。此外，聯邦制的概念確實可行，這也是英語民族對人類的一大貢獻。聯邦制是由各州聯合成統一的政體，又在各自的內部事務大部分維持自主，這個概念先是在美國實驗成功（儘管在一八六一至一八六五年血流成河），然後在澳洲發展成熟，後來又成功在英屬西印度群島施行。

經由慷慨的聯邦制安排，加拿大才能把魁北克法語人士那些接近大規模叛亂的活動給安撫下來，而事實上也沒有其他辦法。倫敦在一九九八年把權力下放給蘇格蘭和威爾斯是否成功，仍在未定之天，但這基本上是英國聯邦制的一次嘗試。聯邦制不是萬靈丹，像是北羅德西亞（Northern Rhodesia）、南羅德西亞（Southern Rhodesia）、尼亞薩蘭（Nyasaland）在一九五三到一九六四年間想合併為「中非聯邦」就失敗了。⑭但總而言之，這個概念所解決的問題遠多於製造的問題，就連非英語民族的俄羅斯和馬來西亞也採用。

聯邦制的主要動力是愛國主義，不是為了分贓資源，所以原住民也很歡迎。當維多利亞省總督布萊西勳爵（Lord Brassey）在一八九九年三月二十六日訪問波特蘭⑮時，孔達湖（Lake Condah）傳教站的亞伯特・懷特（Albert White）代表西區原住民前往歡迎。懷特說原住民期盼「即將出現的澳洲國」，希望能「不受外敵侵擾，人民幸福，未來繁榮」。[57]雖然在聯邦成立之初，維多利亞省原住民的日子並不好過，但其他澳洲人民也沒好多少，因為這塊土地的氣候實在太過異常。

---

⑭ 譯注：中非聯邦解體後，形成辛巴威、尚比亞和馬拉威三個獨立國家。

⑮ 譯注：這裡波特蘭（Portland）是指澳洲維多利亞省的波特蘭，不是美國的波特蘭。

聯邦法律規定的第一次大選在一九〇三年十二月十六日舉行，投票率將近四成七。從那時起，澳洲的全國性大選就每三年舉行一次，這絕非易事。[58]不過，要把暫定在墨爾本的澳洲國會遷移一事則困難許多。澳洲首任總理巴頓（Edmund Barton）本來提議新的聯邦首都可取名為Yarramatta或Australapolis，但直到一九二七年才終於搬到經過特別選址的坎培拉（Canberra）。[59]

澳洲成為完全自主的國家後，第一件事就是嚴格限制移民來維持自己是英語系國家。加拿大接納了許多俄羅斯人、中國人和其他移民人口，澳洲則在一九〇一年通過《移民限制法》，再加上一九〇八年的《檢疫隔離法》，兩者構築成一直延續到一九六〇年代的「白澳」政策（White Australia）。根據一九〇一年的法律，凡是不能聽寫由移民官所挑選的任一歐洲語言五十個單字的人，就不得移民澳洲。移民官可以要求塞爾維亞人和克羅埃西亞人去寫五十個希臘單字或義大利單字。

當然，澳洲限制移民的某些理由也不是完全沒道理。一位高級公衛官員就說：「某些種族的人有不愛清潔的習俗，完全沒有衛生意識，對任何社會都構成威脅，這些人必須嚴格限制進入我國。」[60]這些話在今天當然非常政治不正確，但當時中國有成千上萬人死於流行病，⑯澳洲當然有權利（和義務）防止類似的疫情爆發。

在當時的國家發展階段，多數澳洲人都希望保持自己的國家是英國人的國家，很自豪「他們國家裡沒有很多法語或荷語族群，像是加拿大和南非。他們玩板球，以英國地名為郊區取名字，像是布萊頓、桑德林漢姆、拉姆斯蓋特、溫莎等等，也喜愛英國製品、熱愛英國王室。」[61]這種情況後來有所改變，尤其是在一九一五年加里波利戰役大敗⑰之後，但在一九〇〇年時，澳洲對英國人的身分認同是很自豪的。只是到了後來，霍布斯（Thomas Hobbes）的名言才被改編借用，說英國佬（Poms）「孤獨、貧困、汙穢、英國式又矮小」。⑱

紐西蘭的「冰甲騎士」

冷凍技術的發明讓紐西蘭不再只是「太平洋中的天堂」。由於布萊頓（Thomas Brydone）和戴維森（William Davidson）這兩位紐西蘭人的開創性，在一八八二年改裝包租船「但尼丁號」（Dunedin）載運了七千五百頭冷凍肉羊前往倫敦，這趟旅程花了三個月時間，除了其中一頭羊，其他全部都保存良好，且買賣的貨款是原來的兩倍。到了一九三三年，紐西蘭包辦了全英國一半的綿羊肉、山羊肉、乳酪和奶油進口，全拜神奇的冷凍技術所賜。[62]在一八七〇年代，紐西蘭和

---

⑯ 譯注：此處應指中國當時的腺鼠疫疫情。一八九四年，廣州和香港等地爆發鼠疫。廣州有約四萬人死亡，香港地區死亡至少二千五百餘人。此後，從十九世紀末到中華人民共和國成立，中國先後發生過六次較大的鼠疫疫情，波及二十多個省（區），發病人數約一百一十五萬，死亡約一百萬人。

⑰ 譯注：加里波利戰役（Battle of Gallipoli）是英國在一次大戰中土耳其加里波利半島的一場攻堅戰役。此戰因指揮不當而傷亡慘重，而傷亡將士絕大部分來自澳洲與紐西蘭，故此兩國於戰後將登陸日期定為永久國定假期，是為澳紐軍團日。

⑱ 譯注：霍布斯在《利維坦》的原文是「孤獨、貧困、汙穢、野蠻又矮小」（solitary, poor, nasty, brutish and short）。澳洲人將其改為「孤獨、貧困、汙穢、英國式又矮小」（solitary, poor, nasty, British and short）。

世界大部分地區一樣遭受經濟蕭條，羊肉幾乎被當廢棄物，只能拿來做蠟燭或直接丟棄。在布萊頓和戴維森之後，羊肉和羊毛成為這個英語世界中最美麗但最偏遠之地的經濟支柱。歷史學家貝利希（James Belich）在他的《天堂再造》（*Paradise Reforged*）一書中說，冷凍技術乃是「身著冰盔甲的騎士，前來解救紐西蘭的經濟。」

愛爾蘭民族主義

有一個國家在二十世紀初期一直維持落後狀態，那就是愛爾蘭。儘管維多利亞女王歡喜造訪了都柏林，但愛爾蘭的政治、宗教和民族分歧明顯可見。一九〇〇年初，剛成立的「團結愛爾蘭聯盟」（United Irish League）已把觸角擴及愛爾蘭島全境，這是專搞農村煽動的又一新組織。此前二十五年已經有「土地聯盟」、「愛爾蘭全國聯盟」、「運動計畫」，但團結愛爾蘭聯盟的反英、反地主手段比前輩們更加激進。團結愛爾蘭聯盟的主力是鄉村天主教農民，在一九〇三年因為《愛爾蘭土地法》分裂後，成為重要的民族主義暨共和主義組織。[63]每當愛爾蘭發生騷亂，英國就讓步，然後愛爾蘭再騷亂，英國再讓步，這成為英愛關係的固定模式，直到一九一六年的復活節起義。

愛爾蘭的確非常貧苦，尤其是在二十世紀初的西南部。用歷史學家布爾（Philip Bull）的話來說：「除了想在鄉村以民粹、草根和非國會的運動來重振日漸委靡的國會民族主義」，團結愛爾蘭聯盟還想把農地的所有權從地主轉移給佃農。團結愛爾蘭聯盟由長期鼓吹民族主義的前國會議員歐布萊恩（William O'Brien）和達維特（Michael Davitt）所創建。達維特說團結愛爾蘭聯盟是「人民的戰鬥組合」，但它一直是口頭上比實際上激進。

團結愛爾蘭聯盟從西梅奧（West Mayo）地區發動群眾示威，支持被地主趕走的佃農，抵制和恐嚇為階級敵人服務的店家。他們遊行到地主家，成千上萬的示威者會對著驚恐的居民奚落嘲弄。雖然政府一直想以煽動罪罪名起訴示威領導者，但政府也認為（也許是錯的）這些人就是等著被關進去。布爾指出，當局的立場「進退兩難。起訴了會讓歐布萊恩拿到烈士的光環，不起訴則會讓團結愛爾蘭聯盟逍遙法外，政府和警方會顯得軟弱而顏面盡失。」[64]

一些地方天主教會教士成為團結愛爾蘭聯盟最激進的活動分子，這讓團結愛爾蘭聯盟的形象大幅提升（這後來成為很嚴重的問題，有多達二十名神職人員出席了新芬黨首次公開集會）。[65] 團結愛爾蘭聯盟成立兩個月後，有一百二十二名地主申請警方保護。團結愛爾蘭聯盟的專長是罷租示威，很多神職人員害怕「聯盟影響力擴大會削弱他們的地位和權威。很多人認為唯有支持和加入聯盟才能讓其行為溫和化。因此有愈來愈多神職人員加入。」圖爾姆大主教麥克維利（Archbishop McEvilly of Tuam）甚至在一八九八年二月發布了一封信，肯定團結愛爾蘭聯盟的農地重分配政策。九月，麥克維利又寫信給多位教士，指示他們停止反對團結愛爾蘭聯盟，理由是教士不能和人民產生摩擦。

一八九〇年，巴奈爾（Charles Stewart Parnell）因為婚外情辭去國會議員，還被列為被告，他所領導的憲政愛爾蘭民族主義運動自此徹底分裂。團結愛爾蘭聯盟在一八九八年成立後（巴奈爾死後七年）試圖修補過去裂痕，到一九〇〇年時大致獲得成功。重組聯盟，再加上幾次成功的農民示威，讓團結愛爾蘭聯盟揚名立萬。在民族主義者占多數的郡，郡議會大樓都飄揚著愛爾蘭旗幟。團結愛爾蘭聯盟還成立自己的「國民大會」，自稱為「愛爾蘭人民的國會」，以取代西敏寺授權給愛爾蘭的合法機構。

海約翰─龐斯福特條約

在二十世紀來臨時，一九〇一年一月十八日，美國國務卿海約翰和英國駐華府大使龐斯福特勳爵（Lord Pauncefoote）簽定協議，鞏固了英美的友好關係。《海約翰─龐斯福特條約》原本議定要在尼加拉瓜開鑿地峽運河，但最後是開在巴拿馬。參議院在十二月十六日以七十二票對六票批准條約，就此開啟了「特殊關係」。由於這項關係是二十世紀最重要的地緣政治元素，《海約翰─龐斯福特條約》也見證了索爾茲伯里勳爵和老羅斯福的大政治家風範。這也清楚顯示美國的國際地位在一八八一年後的二十年間已不可同日而語，二十年前英國甚至不讓美國興建、經營和駐防在地峽運河。

這項條約也開啟了英美兩國在一九〇一到一九〇九年間的一系列協議。一九〇三年，英國施壓加拿大向美國妥協，解決阿拉斯加和卑詩省的領土爭端；紐芬蘭省的漁業爭端也在雙方滿意下獲得解決，此外還有一九〇七年關於牙買加的爭端。正如一位歷史學家所言的：「老羅斯福一直把團結英美當成他的首要目標。」雖然一九〇〇年之後的英美親善關係要以小羅斯福和邱吉爾、雷根和柴契爾、小布希和布萊爾這三段友誼為主軸，但索爾茲伯里和老羅斯福這段不涉私交的良好工作關係乃是其先聲。索爾茲伯里政府明智而遠見地認為美國的海權擴張不會威脅到大英帝國，讓英國和美國的「事實」海軍結盟一路強化到一九二七年。

靠著皇家海軍，英國得以在十九世紀建立起知名印度政治學家拉爾（Deepak Lal）所稱的「自由主義的國際經濟秩序」，其主要特徵是自由貿易、資本自由流動、金本位的穩定貨幣體系、法律保障的財產權、不受海盜騷擾的運輸、政治穩定、低水準的國內稅收和支出、由倫敦金融城掌控的「紳士派」資本主義。「大英帝國帶來驚人的成長率，至少對那些有幸能在地球儀上被塗成粉紅色的地區來說。」拉爾寫道，「這是馬克思主義者和民族主義者辦不到的。」在二十世紀，輪到美國來保護、鼓吹和擴大自由主義的國際經濟秩序，而海約翰—龐斯福特的特殊關係和海軍默契正是重要的礎石。

萊特兄弟革命

比控制海洋更重要的是，英語民族在二十世紀也控制了天空。一九〇三年十二月十二日星期四上午十點三十五分，奧利佛．萊特（Oliver Wright）和威爾伯．萊特（Wilbur Wright）兄弟檔在北卡羅來納的漁村小鷹鎮屠魔崗成功試飛第一架動力重體航空器，這是英語民族史上的重大發明。雖然在時速二十四英里⑲的寒風中，第一次試飛只維持十二秒，共飛了一百二十英

⑲編按：約莫時速三十八公里。

尺，[20]奧利佛得趴著操控來減少風阻，威爾伯則跟著飛機一路跑，但世界從此改變。在那一天，萊特兄弟用那台十二匹馬力的汽油動力飛機「飛行者號」多次升空，最遠飛了八百五十二英尺，[21]最長持續五十九秒。「我覺得很難控制前舵，」奧利佛在日記中說，「機器會突然升空，然後又突然衝向地面。」

在那一天，載人動力重體航空器確實飛上天空。這不只改變了世界，也讓英語民族得以延續世界霸權。由於在二十世紀到二十一世紀一直保持在民用和軍用航空器上的領先，英語民族才有辦法對付各式各樣的敵人。空中武力是英語民族自一九〇〇年以來維持生存和繁榮的關鍵原因之一。

萊特兄弟試飛後僅僅三年，英國陸軍中尉鄧恩（J.W. Dunne）就在一九〇六年設計出第一架軍用飛機（此人充滿創意，後來還想用記錄夢境的方法來證明時間的相對性）。鄧恩受到戰爭部的部分資助，其早期的研發工作是在蘇格蘭的布萊爾．阿索爾公爵（Duke of Blair Atholl）的莊園進行，原型機還要小心別被僕人們偷看。一九一四年一次大戰爆發時，鄧恩的原型機被美國造船商伯吉斯（Stirling Burgess）買下，加拿大陸軍則買下鄧恩—伯吉斯二號機來空拍偵察西部戰線。很可惜的是，這架翼長四十七英尺[22]的飛機在用雅典娜號郵輪運往歐洲途中就受創嚴重，但這也展現了英語民族的合作無間。（紐西蘭人皮爾斯〔Richard Pearse〕是最早的航空先驅，他的兩缸引擎飛機比萊特兄弟的飛機更早升空，但因為這台機器很難控制，所以無法號稱最早發明的重體航空器。）

在萊特兄弟之前也有一些人試飛過，一八六八年有斯特林費洛（John Stringfellow）的極輕型蒸汽動力三翼飛機，一八九四年有在美國出生的馬克沁（Hiram Maxim）的一百八十匹馬力蒸汽動力飛機。如果英國造船工程師皮爾徹（Percy Sinclair Pilcher）沒有在一八九九年十月死於滑翔機事故的話，他也很可能打敗萊特兄弟，因為他已經申請了汽油動力飛機的專利，這是他在倫敦大彼得街（Great Peter Street）的引擎工廠設計出來的。[66]皮爾徹決心要在貝伊勳爵（Lord Braye）和萊斯特郡史丹佛莊園（Stanford Hall）的賓客面前試飛，但他的滑翔機因為淋雨而過於笨重，導致他不幸墜機死亡。四年後，萊特兄弟飛上天空。到了一九〇五年十月，威爾伯已能飛行半個小時，距離二十四點五英里。㉓

戰爭向來是航空發明之母。在拿破崙戰爭之前，熱氣球就被用作偵察工具，普法戰爭時又拿來做通訊使用，一次大戰則把萊特兄弟的發明發展到極致。從那時起直到今天，英語民族一直有辦法研發出最新式的戰機掌控戰場的制空權。噴火式戰機（Spitfire）優於梅塞施密特一〇九式和一一〇式戰機，㉔P－51戰機優於德國和日本的戰鬥機和攔截機，而現在的F－16和F－18又優於米格29（MIG－29）。（P－51是英美合作的象徵，最初是美國為皇家空軍研發的。它使用勞

---

⑳編按：約莫三十六點五公尺。
㉑編按：將近二百六十公尺。
㉒編按：約莫十四點三三公尺。
㉓編按：約莫三十九公里。
㉔編按：梅塞施密特（Messerschmitt）兩個型號的飛機都是納粹德國空軍使用的戰鬥機。

斯萊斯的「梅林」引擎，由帕卡德車廠製造，打下了約四千架德國戰機。）在近年的波灣戰爭、科索沃戰爭和伊拉克戰爭中，制空權從一開始就居決定性地位。事實上，假如有一天英語民族輸掉造出最佳戰機和轟炸機的競賽，那也就丟掉了霸權。

心臟地帶理論

有些人很快就理解到制空權的戰略重要性，但首先運用的乃是倫敦經濟學院校長和牛津大學地理系講師、知名地緣政治理論家麥金德（Halford Mackinder）。一九〇四年一月二十五日星期一，麥金德在倫敦博覽會路的皇家地理學會宣讀論文，直到三十七年後，全世界都被這場演說影響。麥金德是第一位登上肯亞山的人，也是讓現代地理學進入英國學院的創始人。一九〇四年後，他成為自由統一黨的國會議員（一九一〇至一九二二年），在俄國內戰時擔任英國駐南俄羅斯最高專員（一九一九至一九二〇年）。麥金德的身影出現在各式各樣的理事會、委員會、皇家委員會、樞密院，他的發言總是備受重視。在這場名為「歷史的地理樞紐」的演說中，當場提出回應的人士有未來的奇切爾軍事史講座教授（Chichele Professor of Military History）威爾金森（Spencer Wilkinson）、地理學家霍狄奇爵士（Sir Thomas Holdich）、未來的第一海軍大臣和印度事務大臣艾默里（Leo Amery）。[67]麥金德發表思想和觀念的對象是這樣一批重要人物，而這些人物又將其遠遠傳播到博覽會路的現場聽眾之外。

這場演說的中心論點是，地球因為蒸汽動力運輸而縮小了，世界的中心或「樞紐地帶」在東歐和俄羅斯南部。他用五張地圖來說明全球的「心臟地帶」乃是歷史上無數勢力爭奪之所在，此即為「歐亞大陸」。從麥金德的地圖可以看出他的理論思維，這些地圖分別是「權力的自然場所」、「大陸與極地諸河流域」、「查理一世登基時的東歐政治劃分」、「第三次十字軍東征時的東歐政治劃分」、「十九世紀以前的東歐」。麥金德主張，從歷史、經濟、地理和戰略諸多方面來看，誰控制東歐和俄國南部就控制了全球。他的主張深獲眾人贊同。雖然威爾金森認為他選擇用麥卡托投影法繪圖是想刻意誇大大英帝國的規模，但英國海軍的使命就是「在大陸地區不同力量之間維持平衡」。

到了一九一九年，麥金德把他的論文擴大成《民主的理念與現實》（*Democratic Ideals and Reality*）一書。世界大戰沒有動搖麥金德的論點，他對凡爾賽會議的成員清楚陳述該書的主張：

> 當我們的政治家和戰敗的敵人議和時，應該有輕快的天使向他們低語：「誰統治了東歐，誰就能控制心臟地帶；誰控制心臟地帶，誰就能控制世界島；誰控制了世界島，誰就能控制整個世界。」[68]

在第一次世界大戰和《布雷斯特—立陶夫斯克條約》（Brest-Litovsk Treaty）簽定後，德國人控制了東歐和心臟地帶，卻沒有控制世界島和世界，這一點本該讓麥金德檢討或捨棄他在一九〇四年的觀點，但他沒有。他就和許多好辯的學者一樣，試著讓事實符合理論，而不是讓理論符合事實。他在一九二〇年受封為爵士。

把麥金德的話聽進去的人並不是戰勝的協約國政治家，而是被他們打敗的敵人。他的書在英國幾乎沒有人討論，卻在德國被深入研究，成為德國地緣政治學派思想家的信條。豪斯霍弗爾將軍（Karl Haushofer）成為低語的「輕快的天使」，他在《地緣政治學雜誌》（*Zeitschrift für Geopolitik*）刊出麥金德的「權力的自然場所」地圖不下四遍。豪斯霍弗爾在戰期間多次稱頌麥金德，並在一九三七年稱他一九〇四年那篇論文是「最偉大的地緣政治觀點」，他從未見過「比這短短幾頁地緣政治傑作更偉大的作品」。（豪斯霍弗爾雖然崇拜麥金德，卻始終討厭英國人。他在《民主的理念與現實》的書評中提醒讀者要向對手學習，還說麥金德是「令人憎恨的敵人」。）

利默里克反猶騷亂

英語民族在一九〇〇年以後的重要特點之一是宗教寬容，並把這個強有力的觀念傳播給全世界因為信仰或不信仰而受壓迫的少數族群。英語世界的世俗社會已經沒有特定的神明，這既能促進社會團結，也讓少數族群能為更大的整體福祉做出貢獻。正如蘭德斯（David Landes）在《國家的財富與貧困》（*The Wealth and Poverty of Nations*）中所指出，宗教不寬容「對純潔是好事，對生意、知識和技術是壞事。」[69]

在二十世紀，要衡量一個社會對宗教寬容的態度，最好的指標就是看它怎麼對待猶太人。雖然英語世界也有歧視猶太人，尤其是在一次大戰之前，但卻從來沒有迫害過猶太人。唯一例外是一九〇四年的愛爾蘭，但這個國家的獨特歷史發展讓它和一九〇〇年後的其他英語民族相當不同。

在二十世紀來臨時，愛爾蘭只有不到四千名猶太人，人數根本不足以威脅占絕大多數的羅馬天主教徒。愛爾蘭歷史上也沒有什麼反猶主義，正如喬伊斯《尤利西斯》中的迪西先生所說，因為愛爾蘭根本不讓猶太人進來（一八八一年只有四百七十二個愛爾蘭猶太人）。但在一九〇四年春天，有少數猶太人為逃離東歐國家系統性反猶而移民到利默里克市（Limerick），激起了一場反猶騷亂。這場活動是克雷格神父（John Creagh）煽動的。群眾在當年一月開始抵制猶太人的店家，猶太人在街上被咒罵，被丟泥巴。猶太人也受到身體攻擊，被大喊「猶太人下地獄」、「猶太人去死」、「要把他們揪出來」。[70]

雖然愛爾蘭國會領袖雷蒙（John Redmond）和達維特都譴責利默里克市這場騷亂，當地愛爾蘭黨（Irish Party）的國會議員卻加以聲援。猶太拉比李文請求天主教會大主教發出譴責，但大主教沒有公開發聲。新芬黨創始人格里菲斯在《團結愛爾蘭人報》支持抵制猶太人，統一派的《愛爾蘭時報》則反對。一些利默里克市的猶太人被禁止在商店工作。到了四月，該市二十五個猶太家庭中有二十個被迫沒辦法做生意。他們持續遭到攻擊，抵制活動一直延續到該年秋天。到一九〇五年，不令人意外的，「整個猶太社區幾乎都離開了利默里克」。[71]克雷格神父在第二年離開愛爾蘭前往菲律賓時，當地竟有三家報紙感謝他發動抵制猶太人。

英法協約

一九〇四年四月八日星期五，英國外相蘭斯唐勳爵（Lord Lansdowne）和法國駐倫敦大使康朋（Paul Cambon）簽定《英法友好協約》（Entente Cordiale），這是全世界持續最久的同盟關係，到今天還存在（至少在名義上）。雙方的默契是，一旦爆發對各自生存有重大威脅的戰爭，英國和法國將並肩作戰。英法協約當然較有利於法國多於英國，因為從地理現實來說，任何國家若有辦法威脅到英國的獨立，必定要先攻打法國。

協約中有不公開的祕密條款：在戰爭時，皇家海軍要在北海部署，好讓法國能對付來自地中海的威脅。這引發下議院在一九〇四年八月十一日對英法協議的辯論。珀西伯爵（Earl Percy）在回答蘇格蘭自由黨議員威爾（James Weir）對祕密條款的質問時，精采地回應說：「大眾有權利猜測國際條約中有沒有祕密條款，但維護條約要靠官方的緘默。」從純粹現實政治來說，英國在一九〇四年締結這項協約並沒有多大好處，只是和一個比自己更快衰落的帝國綁在一起，而這個帝國也從此一蹶不振。英法協約等於是在地緣政治上把英國和一個即將溺水的人銬在一起，但英國若不願和侵略性強且難以預測的德意志帝國結盟，這是不得不的選擇。

從一九〇四年四月八日開始，在英王喬治七世的關注之下，一系列英法爭端都能在桌子上解決，這包括摩洛哥領土爭端、埃及財政爭端、紐芬蘭漁業爭端、馬達加斯加主權爭端和蘇伊士運河爭端。英法協約的名稱聽來浪漫，實際上卻是經過冷靜計算的多面向交易，法國外交部就是這麼看待，而英國外交部則是刻意高估其重要性。

從一九〇四到一九四〇年，英國的命運和法國緊密相連，而且不得不一起打兩次世界大戰，主要是因為法國無法獨力保衛自己。德意志帝國和希特勒的龐大野心當然必須被阻止，但英法協約無法防止法國在一九一四年和一九四〇年被攻擊。和法國綁在一起，英國犧牲了自由運作的空間，回報又甚少。在軍事上，英國被迫兩次派出遠征軍到歐陸，第一次是陷入壕溝戰長達四年，第二次則是受包圍被迫撤退。但這在一九〇四年時卻是別無選擇的選擇。十年後，正是英法協約才讓歐洲不致落入暴力侵略的德意志帝國之手。

第二章

美國人來了

一九〇五至一九一四年

讓大不列顛能達致現在地位的那些因素，同樣也會推升美國的工業、財富和力量，如同英國現在超越小小的荷蘭。這個西方世界的海軍力量將遠超大不列顛，如同其海岸和河流的長度與規模遠超英國。

——德國政治經濟學家李斯特（Friedrich List），一八四四年

德國正在備齊一切資源、改進一切技術、利用一切發明，準備好要宰制歐洲世界。而在宰制歐洲世界後，又要宰制世界上其他地方。每個人都看得出來。每個人都知道……但我們仍沉浸在虛幻的幸福中。

——美國總統威爾遜，南達科他州蘇瀑市（Sioux Falls），一九一九年九月八日

高爾特謀殺案

威廉二世對大英帝國又愛又恨。一九〇五年夏天，大英帝國有一位年輕殖民地官員被殺害，這件事在歷史上本來不值一提，卻能從中看出大英帝國的統治方式。一九〇五年五月十九日星期五下午六點半，在安科萊地區（Ankole）伊巴丹（Ibanda）附近一間賓館的陽台上，三十三歲的烏干達西方省（Western Province of Uganda）助理副專員高爾特（Harry Galt）被殺。此地約在首都坎帕拉（Kampala）以西一百五十英里處。某人闖進建物，把長矛插進他的胸口，刺破了他的肺臟。「你看，廚師，」他對一名僕人叫道，「我被一個野蠻人刺了。」然後倒地而死。雖然經過多方調查，但沒有查到殺手的身分和動機。

此事也許是出於多羅族（Toro）和安科萊族部落領袖的敵對。他們有幾十年的仇怨，可能和高爾特根本無關。[1]嫌疑犯叫作魯塔拉卡（Rutaraka），他的屍體後來被發現，當地人一開始認為是自殺，但也許並非如此。魯塔拉卡可能是為一個部落殺掉高爾特，試圖嫁禍給另一個部落，但此事很快「出現一系列令人不解的指控、撤回、自相矛盾」，讓英國調查官員感到無望。有兩個人受審後被定罪，上訴後又被釋放。這件事到今天還是個謎，一大堆證據還存放在恩德培（Entebbe）的檔案室。這個故事非常複雜，故事中有巫術、掩蓋證據、盜獵水牛、至少有兩次互相出賣、逃亡、飲酒派對、被天花病毒感染的牛奶和駝背小侏儒。（「這是我見過把人性扭曲到最極點的案子。」）[2]

謀殺案發生地點後來蓋起一座十五英尺高的白色金字塔，姆巴拉拉地區（Mbarara）總部也在法院舊址蓋了一座高爾特紀念館。高爾特事件的特殊之處不只是凶手到現在都查不出來。一八九四年六月，英國在羅斯伯里勳爵（Lord Rosebery）擔任首相時宣布烏干達為其保護國，一九六二年十月九日，烏干達被允許獨立。在這超過三分之二世紀的六十八年間，高爾特是唯一被刺殺的殖民地官員。[3]烏干達面積有九萬四千平方英里，一九五五年約有五百萬人口，其中有四萬八千名亞洲人和五千六百名歐洲人。這樣一個非洲國家本來就很難統治，卻很少發生反英動亂，這是那些批評大英帝國是暴政的人士必須要解釋的。

要說是因為當地人民害怕英王的非洲步槍營，那是說不過去的，因為這裡只駐紮了一個營，只有二十四名英國軍官、十名資深士官、八百五十名烏干達士兵和士官。比較可能的解釋是，他們認同英國統治帶來的好處。大烏干達鐵路（Great Ugandan Railway）早在一九〇一年十二月就建成。這項大工程耗時四年半，長達五百五十英里的鐵路直通非洲心臟地帶，從靠海的蒙巴薩（Mombasa）一直連到尼羅河的源頭維多利亞湖（Lake Victoria）。打下最後一根釘子的是一名鐵路工程師的妻子弗洛倫斯．普雷斯頓（Florence Preston），這個小鎮就稱為弗洛倫斯港（Port Florence）。

一九六二年，即將上任的烏干達總理奧博特（Milton Obote）拜託末代總督庫茨爵士（Sir Walter Coutts）在獨立後再留下來當總督，這是友好交接的最佳明證。西班牙出生的美國哲學家暨哈佛教授桑塔亞那（George Santayana）曾說，大英帝國最後階段的統治者都是些「甜美、公正、孩子氣的主人」。在烏干達，像庫茨和他私人祕書福沃德（Alan Forward）這樣的人盡力管理著二十多個不同族群，這些族群分成三個種族，說著二十多種語言，分居在四個王國和十個地區。他們能辦到這點，只有一個可憐的高爾特被殺害，都是因為他們清廉、良善和公正。

烏干達在一九六二年從英國獨立出來後，從未有一次和平地轉移政權。我們隨意翻看烏干達獨立後悲慘的歷史：奧博特自任為總統、阿敏（Idi Amin）的軍事政變和獨裁、與肯亞的邊界衝突、阿敏驅逐烏干達亞裔人口、一九七一到一九八六年的十五年殘酷內戰、坦尚尼亞入侵、經濟崩潰、聖主抵抗軍（Lord's Resistance Army）恐怖分子的叛亂，還有數不盡的恐怖事件，任何人都會認為英國短暫統治時期是烏干達人民有史以來最幸福的時期。非洲人被英國人殖民，要比被德國人、葡萄牙人、西班牙人、義大利人和最壞的比利時人殖民幸運得多。當阿爾及利亞終於在一九六二年從法國獨立時（和烏干達同年），這場「為了和平的野蠻之戰」已死掉上百萬人。法國從一八三〇年開始統治阿爾及利亞，在短短五十年內，阿爾及利亞當地人口就從四百萬減少為二百五十萬。

蘇丹的情況和烏干達類似。從一八九八年被基奇納將軍（General Kitchener）征服到一九五六年元旦獨立期間，統治蘇丹的只是一小群「蘇丹政治官署」（Sudan Political Service）的英國官員。二〇〇五年四月，有一名記者在蘇丹首都恩圖曼（Omdurman）報導說：

> 許多蘇丹人對過去的殖民時期很有感情……來蘇丹政治官署服務的人都是從牛津劍橋按運動和學業成績挑選出來的，所以有句俗話說，蘇丹是「藍色統治黑色」的國家。①在一九三〇年代，這些人只有一百三十人，卻統治著一百萬平方英里的非洲最大國家。蘇丹到現在

還是仰賴他們當時的成就。早在一九一六年，這個國家就有非洲最好的鐵路網，從紅海的蘇丹港連接科爾多凡（Kordofan）沙漠中的歐拜伊德（El Obeid）。[4]

獨立日報《喀土穆觀察家報》（*Khartoum Monitor*）專欄作家歐拜特（Gordon Obat）說：「無論到哪裡，人們都還記得該地區英國長官的名字。他們被認為是為人民做好事。」當地史學家阿布杜拉・阿里（Abdullah Ali）也指出，北達佛省（North Darfur）首府法希爾（al-Fasher）有好多建築物是英國陸軍工程師建造的，包括幼稚園、醫院、法院、軍營、機場、政府機構，半個世紀後還在使用。「當探險家塞西格（Wilfred Thesiger）在一九三〇年代中到達佛省當助理行政長官時，」一位外國記者在二〇〇四年報導說，「他和幾名英國官員管理著有法國一般大的地方。他剛從大學畢業，只帶著一把來福槍、一匹駱駝和一套制服。唯一的奢侈品是幾本書和他媽媽讓福南梅森百貨（Fortnum and Mason）寄來的聖誕禮物。」[5]「其他民族也許建立了現代的統一國家，」史學家赫爾曼（Arthur Herman）下結論說，「但他們無法做得這麼快、這麼有效率、這麼優雅，甚至這麼有人性。」

與英國人的作為完全相反，在一九〇四到一九〇七年間，德皇威廉二世的軍隊在德屬西南非（今日的納米比亞）殺了七萬五千名赫雷羅人（Herero）、那馬人（Nama）和達馬拉人（Damara）。[6]當然，歐洲人在一九一四到一九四五年間更會自相殘殺。一九一四到一九一八年的大戰浩劫也沒

① 譯注：牛津藍和劍橋藍是兩大名校的校色。牛津藍為深藍，劍橋藍則為淺藍。

有種族之分。但在歐洲殖民結束後，各部落也沒有停止互相毀滅。在法國人離開很久之後，赤柬（*Khmer Rouge*）屠殺了二百萬高棉人。非洲的比亞法拉戰爭（Biafran War）死了一百萬人，蘇丹獨立後的長期內戰死了一百二十萬人，莫三比克在一九七五年後也死了一百萬人。在一九九〇年代，盧安達和蒲隆地的胡圖族（Hutus）和圖希族（Tutsis）用砍刀搞大規模種族屠殺。在二十一世紀初，蘇丹達佛地區的屠殺死了七萬人。凡此種種都不能怪在歐洲人頭上。

在一九五〇年代肯亞的茅茅反英叛亂中，死了二千到三千名忠於英國的肯亞人。總結下來，共有一千零九十名恐怖分子被吊死，被監禁人數一度高達七萬一千人。親英的肯亞黑人有時會極端殘殺以基庫尤族（Kikuyu）為主的茅茅恐怖分子。一九五九年，十二名恐怖分子在霍拉集中營被活活打死，此事在英國下議院激起憤慨，四年內就允許肯亞獨立。在十四年的動亂中，茅茅叛軍總共死了一萬二千人到二萬人之間，稍低於二戰後的戰爭平均死亡人數。但就算史學家安德森（David J. Anderson）最近估算的二萬人是事實，也絕非日前《不列顛的古拉格》（*Britain's Gulag*）一書所說的三十萬人，或離譜的英國廣播公司（ＢＢＣ）紀錄片《肯亞：白色恐怖》（*Kenya: White Terror*）所說的四十五萬人。[7] 這些數字非常荒謬。

寇松勳爵和克羅默爵士在殖民地執政時期

作為一八九九到一九〇五年的印度總督，寇松勳爵統治的範圍包括緬甸、孟加拉、斯里蘭卡、巴基斯坦，當然還有印度本身。他在加爾各答制定的外交政策還涉及到大英帝國與中國、阿富汗、伊朗、伊拉克的關係。他是大英帝國最有才華的行政官員，他的利他主義精神對今天的人來說簡直超凡脫俗。他為印度次大陸帶來和平繁榮，但最終黯然下台。

寇松是伊頓公學和牛津大學的得獎學生，生來就不平凡。他二十四歲就當上國會議員，三十四歲當上大臣，三十九歲當上總督，本身又是英國最顯赫家族之一的凱德斯頓家（Kedleston）的繼承人，自然會引起英國小知識分子的妒嫉。但寇松從不試圖改變形象，當他看到一些士兵在河中洗澡，他會天真地說：「我不曉得低階級的人也有這麼白的皮膚。」此外他的名言是：「紳士吃中飯是不喝湯的。」他甚至說過「大笨鐘」在晚上應該要關掉，因為鐘聲會妨礙他睡覺——這也許是杜撰的或是在自嘲。

儘管有種種缺點，寇松在建立和管理帝國事業上確實有才華。他有驚人的遠見。在一八九四年《遠東問題》（*Problems of the Far East*）一書中，他就注意到印度支那一個叫奠邊府的小村莊具有戰略重要性。②他對英屬印度各種族三億人口的理解和同情，自羅馬帝國以來的各帝國中都無人能出其右。（以大英帝國的標準來說，羅馬帝國的幅員很小，範圍只有地中海沿岸、埃及北部和部分西歐。和維多利女王各領地相比，這些地方的人口也不多。）

寇松致力於建立讓市民社會得以繁榮的法治、金融和基礎設施，受到普遍肯定。但他的成就也招致近乎普遍的嫉恨。陸軍元帥暨駐印度英軍最高司令基奇納勳爵和他一樣自負，在印度次大

② 譯注：奠邊府戰役是法越戰爭中法國與越南間最後一場戰役，該戰役發生於一九五四年，法國被徹底擊敗，從此退出越南。

陸上一山不容二虎。寇松和索爾茲伯里勳爵的外甥暨首相接班人貝爾福（Arthur Balfour）不和，也和基奇納在英國的支持者不睦，寇松最後不得不憤而辭職。雖然他後來還是身居高位，一次大戰時是內閣成員，一九一九到一九二四年當外交大臣，但當一九二四年有機會當上首相時，英王喬治五世卻選擇了鮑德溫（Stanley Baldwin）。寇松流下英雄淚，把對手批得一文不值：「他根本算不上是公眾人物。此人毫無經驗，毫無重要性。」兩年後，他年僅六十六歲就懷憂喪志而死。

寇松被認為是大英帝國最偉大的總督。他在印度執政六年，進行了金融和貨幣改革，修復印度的歷史古蹟，讓殖民地人民接受英國在次大陸的開明專制主義。他不是個容易讓同事親近的人，一位同時代的人曾說，他在下議院的演說有如「神明在對一群黑色甲蟲講話」，但他是個容易被尊崇的人。

第一代克羅默伯爵艾弗林．巴林爵士（Sir Evelyn Baring）也是偉大的殖民地官員。從他在一八八三年九月作為英國代表、總領事暨全權特使踏進亞歷山卓（Alexandria）開始，直到將近二十五年後在一九〇七年辭職為止，他一直統治著埃及。然而儘管他在位期間做了許多好事，今天的埃及人還是很討厭他。一九九八年，有一團埃及學生跑到克羅默郡的諾福克小鎮，向當地檔案人員查問巴林的埋葬之處，就為了要到他墓前吐口水。

克羅默伯爵心胸很寬大，應該可以對身後如此不受歡迎處之泰然。吉卜林在《白種人的負擔》（*The White Man's Burden*）中寫得沒錯，付出終身心血為維多利亞晚期的大英帝國帶來和平與繁榮，只會換來「受你們所教育之人責難／受你們所保護之人怨恨」。克羅默的傳記作者描述他「粗壯、專橫、過度自信」，他也以粗魯直率聞名，凡此種種皆讓他不討人喜歡。但這個在公開場合總是「裝成是雕像」的人，私底下也有討人喜歡的一面。我們不要忘了，像寇松和克羅默這樣的人在公開場合一定要保持威嚴，因為他們代表王室和帝國的千百萬子民，這些子民期待他們得這麼做。年輕時代的克羅默伯爵也許是個「好享樂、愛揮霍的青年軍官」，但在四十二歲時，他已經準備好承擔重責大任。

在羅馬帝國時期，埃及只是總督用來壓榨農民的工具，好讓總督富有到回羅馬過奢華的生活或在政治上進一步發展。多少世紀以來，埃及都是帝國的乳牛，被壓榨到極致。但在英國統治下，有許多像克羅默伯爵這樣的人為埃及奉獻一生，回到英國時並沒有發什麼財。羅馬帝國在埃及統治了六百五十年，從西元前三一年的亞克興戰役（Battle of Actium）一直到西元六一九年波斯入侵，而英國統治只從一八八二到一九五四年，這正好印證現代帝國主義的第一鐵律：好心不會有好報。

克羅默伯爵最主要的貢獻之一，是讓埃及沒有落入伊斯蘭基本教義派之手，今天的英語民族領導人不可或忘。克羅默一直在設法讓埃及人不被「民族主義煽動家和宗教狂熱分子」欺騙（以下兩個詞適用於一八八〇年代以來像海珊和賓拉登這種人）。克羅默以不斷進步的灌溉、教育、稅收、財政措施，以及精確的軍事情報，才把「穆罕默德主義的政治復興」拒於門外。克羅默甚至讓埃及的「費拉」（fellahin）佃農持有的埃及國債比歐洲人的利息更高，讓債券持有人很不滿。

克羅默的傳記作者說，克羅默的難題在於他一直是「一個地位模糊國家的非正式統治者。這個國家一部分屬於鄂圖曼，一部分是英國殖民地，一部分又獨立且有自己的帝國野心。」所以他在統治初期小心翼翼，不讓其他勢力結合起來威脅到英國對尼羅河的事實統治。索爾茲伯里勳爵認為，克羅默的成功是因為「一個好的英國人在這種職位上自然會很傑出」。但比較現代的觀點認為，那是因為他鐵石心腸、身體強健、政治手段高明、工作勤奮、天生對財政收支有敏銳度，而且強力反對西敏寺干涉「內行人」。他在埃及部署了一支英國兵團，隨時準備鎮壓初生的民族主義運動，例如一八九四年在阿巴斯（Abbas）的叛亂。

在克羅默二十五年埃及總督生涯中，他不斷改善埃及農民的生活，儘管這未必及於城市工人。他在政治上是輝格黨人，相信低稅賦和預算平衡，掃除掉許多赫迪夫的財政惡搞和貪汙腐敗。③埃及在法律上屬於蘇丹和土耳其，從來沒有正式成為大英帝國的一部分，克羅默被迫要在這樣複雜的體制中運作。他的身分「介於總督、地方省長、國際銀行家和大使之間，而面對其統治的子民又是另一個身分。」[8]他之能夠統治，是因為他總有辦法智取法國的投資人、開羅的記者、英國的激進派政治人物、埃及的王公、狂熱的將領和土耳其的蘇丹。我們真的希望一九九八年那些埃及學生有被諾福克的檔案管理員騙走。

在克羅默離開後，權力逐漸轉移給埃及人，這就導致政治暴力不斷。一些重大事件包括：一九一〇年二月，埃及總理被槍殺；一九一五年，新國家元首卡米勒（Husayn Kamil）被刺；一九二三年，總理薩瓦特（Abd al-Khaliq Tharwat）被刺；一九二四年，蘇丹總督史塔克（Lee Stack）被殺。（行刺卡米勒的凶手是一名叫希爾巴維〔Najib al-Hilbawi〕的教師，他租了一個樓上的房間，趁卡米勒的車隊離開亞歷山卓皇宮時從窗戶丟下炸彈。他用香菸點燃引信，丟下炸彈，但炸彈沒爆炸。他逃離現場，但他抽過的菸屁股留在菸灰缸，被菸草商指認出是他的菸。而菸草商之所以能認得出來，因為菸草商欺騙客戶，把比較廉價的菸草給了希爾巴維。）[9]

施里芬將軍的計畫

一九〇五年十二月，即將退休的德國陸軍總參謀長施里芬將軍（Alfred von Schlieffen）寫了一份備忘錄給其接班人毛奇將軍（Helmuth von Moltke），此即著名的「施里芬計畫」，指引德國如何在未來的戰爭中打敗法國。簡單說，德國軍隊要大規模從右翼取道比利時，穿越法軍和英倫海峽包圍法國西部，而左翼留待防守。右翼部隊將在巴黎東部進行決定性的戰役，然後拿下法國首都。摧毀法國後，德國軍隊就可以轉到東線去打俄羅斯。[10]

雖然德國真的在一九一四年取道比利時攻擊法國，但過程非常不同。學界已經證明施里芬計畫並不是真正意義上的軍事計畫。事實上，最近有位學者還令人信服地指出這個計畫其實並不存在。[11]施里芬的備忘錄極為粗略，真正被執行的也只有取道比利時這一核心重點，但這無法開脫德國的戰爭罪行，因為毛奇在一九一一年研究過施里芬的備忘錄，他的筆記也寫說未來進攻法國就是要取道比利時。取道比利時在戰略上也許有理，但在政治上是自殺，因為這會把德國拖進一場同時要對付大英帝國和法國的戰爭，而這正是英法兩國的軍事參謀自一九〇四年英法協約以來就在規劃的事。毛奇沒料到這一點，這不能怪他，但確實是這個致命決定讓所有英語民族團結起來和德國打了六年的仗。

③譯注：赫迪夫（khedives）是伊斯蘭王公或酋長的頭銜。

作為總參謀長的毛奇受制於德皇威廉二世。威廉二世相信自己是天才戰略家，多次異想天開干預作戰計畫。德國將軍們不滿這位最高統帥把年度軍事演習變成鬧劇，因為他堅持要有足夠的騎兵做衝鋒，卻不願在下雨天把騎兵派出去。[12]

無畏號戰艦

施里芬計畫完成後幾個月，在一九〇六年二月十日星期六，英王愛德華七世身穿海軍上將的全身戎裝，在普茲茅斯港為「無畏號」戰艦（Dreadnought）舉行首航。此事影響世界之大，不下於萊特兄弟在二十七個月前飛上天空。無畏號戰艦有十門十二英寸主砲和二十四門十二磅砲，一夕之間甩開世界上其他戰艦。現在要看德國和英國誰能生產更多此型戰艦。六月五日，德國海軍第三號法案（Third German Naval Bill）下令要大幅增加戰艦數量和噸位數。科技競爭進展飛快，到了一九一三年，無畏號已經不能算第一流戰艦。[13]

在一九〇三年，各大國相對海軍實力以戰艦數量來說是：英國六十七艘、法國三十八艘、美國二十七艘、德國二十七艘、義大利十八艘、俄羅斯十八艘、日本五艘。[14]但當無畏級成為衡量海軍實力的唯一標準後，這些數字變得幾乎毫無意義。在一九一〇年，英國國防支出是六千八百萬英鎊，多於德國的六千四百萬英鎊、俄羅斯的六千三百萬英鎊、法國的五千二百萬英鎊、義大利的二千四百萬英鎊、奧匈帝國的一千七百萬英鎊。但在一九一〇年後，英國的支出停滯，德國卻極速增加，後果可能是災難性的。

在一次大戰爆發時，英國的國防支出已嚴重落後德國，儘管皇家海軍的大艦隊（Grand Fleet）在質與量上都還優於德國公海艦隊。在該年度，德國的國防支出是一億一千零八十萬英鎊，俄羅斯是八千八百二十萬英鎊，英國是六千八百萬英鎊，法國是五千七百四十萬英鎊，奧匈帝國是三千六百四十萬英鎊，義大利是二千八百二十萬英鎊。而就最重要的無畏級戰艦來說，英國有十九艘，德國有十三艘，美國有八艘，法國、俄羅斯和義大利各有六艘，日本有三艘。但德國有潛艇可以重創英國商船，大英帝國的商船總噸位數是二千一百萬噸，德國是五百五十萬噸，美國是五百四十萬噸，法國是二百三十萬噸。英國在戰爭時可以仰賴的對外投資金額比較多，在一九一四年時總數高達三百六十億英鎊，德國是一百零八億英鎊，法國是一百七十四億英鎊。

這些數字否定了當時是英國而不是德國想挑起戰爭的說法。（無畏號戰艦在一九〇七到一九一二年間擔任英國本土艦隊〔The Home Fleet〕的旗艦，此後一直留在本土艦隊。在一次大戰的前兩年，它隸屬北海第四戰鬥營，在一九一五年三月十八日撞沉了德國U－29潛艇。一九一九年改為後備艦，一九二二年被當廢鐵出售。）

一九三五年，英王喬治五世登基二十五週年海軍閱兵典禮在斯皮特海德（Spithead）舉行，邱吉爾得意地向自由黨國會議員伯奈斯（Robert Bernays）指出，他在一次大戰前任海軍大臣時所訂製的戰艦，在十五艘主力艦中占了十二艘。[15]（這次典禮有一百六十艘皇家海軍戰艦，但在七十年後特拉法加戰役二百週年慶時，皇家海軍只有二十一艘戰艦。）

儘管英國在一次大戰前有海軍優勢，但其陸軍卻微不足道，與各對手相比數量甚少。由於英國至少有幾百年沒打過侵略戰爭，也沒有徵兵的傳統，整個大英帝國頂多只有八十萬軍力，超過一半是殖民地軍隊。而俄羅斯有五百五十萬軍力、德國有四百一十萬、法國有三百九十萬、奧匈帝國有二百三十萬，義大利有一百二十萬。唯一比英國陸軍還小的是美國的十萬軍力。英語民族絕不該被指責在一次大戰前採取挑釁政策，他們希望維持現狀。

舊金山大地震

一九〇六年四月十八日星期三早上五點十二分，舊金山發生大地震。聖安德列斯斷層（San Andreas Fault）有一段「位移了幾公尺，造成長達一分鐘的地震。」[16]這是美國史上最大的一次地震，當時還沒有芮氏地震量表，但預估達到七點九到八點三級。過去幾十年間飛快出現的木造建築（例如在一八四九年淘金熱時）盡皆倒塌，尤其是在工人階級聚集的市場南區，大火在三天內吞噬了全市三分之二的建築。這場災害是巨大的，超過六百英畝的地方有二萬八千棟建築被毀，損失金額達四十萬美元。死亡人數超過三千人，傷者九千人，二十五萬人無家可歸。當時新聞影片中的倒塌建築物讓人想起九一一事件，男男女女排隊等救濟食物。

舊金山市和加州先後投入救災，戰爭部長塔夫脫發揮高效，在震災早上七點就出動國民兵交由市長指揮。警察的表現也可圈可點，幾乎沒有任何暴動或搶劫事件。

長達七百五十英里④的聖安德列斯斷層，位於靜止的北大西洋板塊和往北推進的太平洋板塊之間，這讓舊金山非常危險，不適合長期居住。正如紐奧良低於海平面二十英尺，與海洋和大湖只隔著堤壩保護，常有颶風來襲，舊金山也遲早要發生自然災難。一位研究一九〇六年地震的歷史學者說，這個斷層是「活生生在呼吸且持續在變化，淺眠在地球表面下的巨人。」[17]這些話其實也是在說加州人很樂觀，居然會住在「大傢伙」隨時會來的地方。

對外貿易

在二十世紀初，對外貿易對紐西蘭的重要性可由下列數據看出：在一九〇四年時，美國有八千二百九十萬人，每人對外貿易額只有七英鎊；紐西蘭有八十四萬五千人，每人對外貿易額為三十三英鎊。英國有四千四百萬人，每人對外貿額為二十一英鎊，遠高於德國（十英鎊）、法國（九英鎊）、義大利（四英鎊）。相較之下，澳洲有四百多萬人，每人對外貿易額為二十九英鎊；加拿大有五百四十一萬人，每人十七英鎊；俄羅斯有一億四千三百萬人，每人只有一英鎊出頭。（澳洲各地區差異很大。例如，西澳大利亞省有二十三萬六千五百人，每人對外貿易額為七十一英鎊，幾乎是全世界最高的，但塔斯馬尼亞省有十七萬八千八百二十六人，每人對外貿易額只有三十一英鎊。）[18]出於歷史、地理、性格和需要，英語民族是天生的商人，在整個二十世紀引領了國際貿易。等到美國龐大的內需市場趨於成熟，美國也開始登上全球舞台。

從數學家席格爾（H.W. Segar）在一九〇七年十月二十一日提交給奧克蘭研究院的論文中，可以看到出口對紐西蘭的重要性。在這篇〈為對外貿易奮鬥〉的論文中，席格爾宏觀分析了當時

④編按：約莫一千二百公里。

世界貿易的重大議題，包括即將開通的巴拿馬運河、德國人口在一九〇〇到一九〇五年間增加超過四百萬、日本崛起為強國，甚至還有中國的纏足禁令。他尖銳地警告說：「德國貿易必然成長，德國海軍亦然。」他還領先世人一個世紀說：「中國在過去五十年慢慢甦醒，現在終於要醒過來了。」[19]

分析了未來的機會和危險，席格爾力促紐西蘭人要集中力量提高農業生產力、擴大可耕地、限制人口成長，否則「很快就會淪落到舊世界國家工人階級的處境」。這個建議很有智慧，也相當程度被奉行，但紐西蘭同時也在發展製造業，使其人口得以從一九〇四年的八十八萬五千增加到二〇〇五年的四百一十萬。

邱吉爾的賭注

一九〇八年四月十二日，邱吉爾首次進入英國內閣擔任貿易局主席。為了這件事，倫敦牛排俱樂部有一位紐頓先生輸給艾略特先生兩英鎊，因為他在一九〇三年二月打賭說，邱吉爾在十年內都不可能爬到這種地位。表達政治意見不算什麼，但有金錢做賭注就不同了，雖然只是大家在飯後意見不同。這個牛排俱樂部的賭金簿記錄了幾十年的賭局，打賭的人有麥克米倫（Harold Macmillan，曾任英國首相）、庫珀（Alfred Duff Cooper，前任英國第一海軍大臣）、泰克的法蘭西斯親王（Prince Francis of Teck）、第十一代德文郡公爵等等。賭金簿記載了很有趣的社會與政治評論，可以看到哪些人願意為自己講的話下注。「貝肯多夫伯爵和莫里斯．巴林先生下注五十英鎊對一英鎊，賭教宗在當選後一個月內都不會在羅馬街上遊行。」（巴林在一九〇三年八月付了錢。）

牛排俱樂部下注的議題有：莎士比亞的句子；日俄戰爭的結果；高爾夫誰拿金牌；賽馬的血統；女性投票權；殺害克里彭醫生的凶手抓不抓得到（如果他在被抓到前就自殺，則賭局取消）；校際划船賽；雅典娜俱樂部和改革俱樂部的距離；各次巴爾幹戰爭的爆發和進程；凱斯門爵士會不會被處死；亞美尼亞人下一次在君士坦丁堡被屠殺會在何時；法國各次共和會持續多久；愛爾蘭自治；司法案件（尤其是死刑案件）；「兩便士米」這首兒歌中「黃鼠狼」一詞的由來；狄更斯筆下的人物；未來的公債價格；愛爾蘭報紙的發行量；艾許板球賽；一次大戰會不會搞強制徵兵；未來的稅率；戰爭大臣的身高；期中選舉和大選；斯瓦涅季親王公館在哪裡；某位俱樂部成員會不會入獄；空軍中將的全套軍裝有沒有配馬刺；戈登．布朗的情史；有關貝多芬的精裝書比較多，還是有關板球的比較多；伊莉莎白一世有沒有在漢普頓宮裝沖水馬桶。

人們有時也會賭誰是下任教宗、萬靈學院院長、總司令、坎特伯里大主教、牛津大學校長、伊頓公學校長，賭注通常是香檳、波特紅酒、「一頓好午餐」或一點錢，但有時也會高達一千英鎊。[20]

一九〇八年七月，在聖詹姆斯街的布魯克斯輝格黨俱樂部，邱吉爾的私人祕書馬胥（Edward Marsh）和薩默塞特（Henry Somerset）對賭十畿尼，賭「在二十年內不會有兩個歐洲大國間的戰爭」，這項賭注從當時的和平氣氛看來相當合理，但六年後就被笑掉大牙（薩默塞特後來還有兩筆紀錄）。布魯克斯俱樂部的會員比牛排俱樂部賭得更大，但賭的題目一樣高深莫測，包括一九一〇年利物浦農業展的收益有多少；皇家斯皮特海德飯店的管家念伊頓公學時是住哪間學舍；周恩來會不會出席一九六八年北京的勞動節慶祝會；黑天鵝絨雞尾酒是否出現在普法戰爭之前；某位女性是不是羅馬天主教徒；一九四一年五月，「聖奧爾本斯公爵閣下與馬克．格蘭特．史圖吉斯爵士下注五英鎊，賭德爾維斯．布勞頓爵士會因為殺害厄爾羅伯爵而被處決。」（他沒被處決，但在一九四二年十二月於利物浦的阿德菲酒店自殺。）最奇怪的賭注也許是諾克斯先生和路伯克先生以一箱一九四九年分的保羅傑香檳對一瓶的賭局，賭的是「以一九六〇年二月一日為期，路伯克先生不會拿他的大兒子來交換一台勞斯萊斯或市場上最好的車子。」（結果是路伯克輸了。）

聯邦準備銀行

在一九〇〇年時，只有十八個國家有中央銀行，而到二〇〇五年時，有一百七十四個國家有中央銀行。[21]由於成立於一六六八年的瑞典銀行（Riksbank）直到很後來才承擔中央銀行的功能，所以成立於一六九四年的英格蘭銀行（Bank of England）算是最早的中央銀行。這讓英語民族又發明了一個全球經濟的重要概念。

一九〇七年的銀行危機讓美國國會了解到必須有一個中央銀行。一九〇七年十月底，美國銀行體系遭遇大恐慌，所幸有摩根領導華爾街團隊穩定局勢，避免金融崩盤。這次事件後，兩黨政治人物都同意必須改革，因為一九〇七年的恐慌已是一八七三年以來的第五次。

弔詭的是，一九〇七年銀行危機反而證明了美國經濟的重要性，雖然也顯示出美國的弱點。

這次事件對國外造成的影響讓所有人都不再懷疑美國這股新興力量。國會在一九〇八年設立國家貨幣委員會（The National Monetary Commission），負責研究「美國貨幣體系有哪些必要或應該的變革」，以避免一九〇七年的災難再度發生。委員會撰寫了二十四卷本的報告詳述世界各國的貨幣銀行制度，最後提出「本質上屬於美國的制度，有科學的方法和民主的控制。」

委員會雖然讚賞英格蘭銀行「主事者的智慧」，但決定不採用其漸進演化的模式，而主張用立法來設立一個新的聯邦準備銀行。一九一三年十二月二十三日，國會通過《格拉斯—歐文貨幣法案》（Glass-Owen Currency Act），又稱為《聯邦準備銀行法案》（Federal Reserve Bank Act），創造了自一八三〇年代以來第一個全國性中央銀行體系。但聯邦準備體系仍有其重大弱點，要到一九二九年十月華爾街大崩盤才顯露出來。（英格蘭銀行行長的權力之大，可以一九一三到一九一八年擔任行長的坎利夫勳爵〔Lord Cunliffe〕為證。由財政大臣特設的皇家委員會曾詢問坎利夫說，英格蘭銀行的儲備有哪些，他只回答：「有非常非常多。」他被要求至少要說個大概的數字，但他只回答：「我非常非常不願意再多說。」然後就沒有人敢再問了。）[22]

大白艦隊

在一七九六年的告別演說中，華盛頓這位首任美國總統警告美國不要和他國長久結盟，不要像舊世界的國家一樣建立帝國。但細看華盛頓的用字遣詞，他有時並不反對把美國說成是帝國。他在一七八三年說美國是「新帝國」和「崛起的帝國」，一七八六年又寫道：「不論美國現在被認為多微不足道……有一天這個國家必定會在帝國之間占有一席之地。」[23]華盛頓的告別演說每年二月都會在眾議院被全文宣讀，一直到一九七〇年代中才停止。華盛頓所描繪的美國：「在你們之間，除了極細微的差別之外，有共同的宗教、禮儀、習俗與政治原則。」在當時已不合時宜，他的反國際主義亦然。

「這個國家必定會在帝國之間占有一席之地」的那一天，精確地說是一九〇九年二月二十二日星期一，老羅斯福到維吉尼亞州漢普頓錨地（Hampton Roads）迎接「大白艦隊」（Great White Fleet）環繞世界十四個月、航行四萬五千英里之後返國。老羅斯福登上總統遊艇五月花號，綿延七英里的大白艦隊（後來改漆為戰鬥灰）同時為他發射二十一響禮砲。老羅斯福說：「我們無疑已名列世界強國。」他是正確的。從十六艘戰艦的高聳煙囪冒出的雲煙，向世界宣告美國的到來。艦隊司令埃文斯少將（Robley D. Evans）說他的艦隊已準備要「大幹一場，不管是假打還是真打。」

這支艦隊造訪的地點也展現出這個全球地緣政治新力量的雄心。艦隊在一九〇七年十二月十六日從漢普頓錨地出發，開往加勒比海。老羅斯福向他們揮手告別說：「你們可曾見過這樣的艦隊，這樣的時代？」艦隊經過新兼併的古巴和波多黎各沿南美洲東岸南下，再由西岸北上，把門羅主義展露無遺。艦隊所停靠的每一個拉丁美洲國家，包括巴西、阿根廷、智利、秘魯、墨西哥，都不會懷疑這股巨大的新力量代表著什麼。當美西戰爭在一八九八年四月爆發時，美國海軍以各強國的標準來說尚且微不足道，只有四艘戰艦、兩艘小型戰艦、十九艘巡洋艦和十三艘魚雷艇。[24]十年之後，美國有了大白艦隊，這支艦隊不像一戰前的鄂圖曼土耳其艦隊、德國公海艦隊和俄羅斯艦隊那麼大而無當。

在墨西哥之後，艦隊來到夏威夷（一八九八年被美國兼併）、紐西蘭、澳洲、中國、菲律賓、日本。然後駛向印度洋，經蘇伊士運河進入地中海，再橫跨大西洋返國。一位研究這段美國躍上世界舞台的歷史學家寫道：「這趟航行不只讓世界對美國新建的軍力刮目相看，也激起美國人的想像。在艦隊橫渡太平洋之前，舊金山有一百萬人夾道歡迎。」[25]

在一九〇四年五月二十七日的對馬海峽，當時還算不上是強國的日本艦隊在不到四十五分鐘的海戰中，讓俄羅斯帝國艦隊八艘船艦全部無法動彈。這場勝利震動了全球軍界和政界，並導致一九〇五年的俄國革命。老羅斯福完全了解到日本已戲劇性地在世界舞台上崛起為海軍強權，遂在次年九月為日本與俄國居中協調出《普茲茅斯條約》。而大白艦隊之所以要到日本，部分原因也是為了要讓日本見識到美國新建的海軍力量。當艦隊返國時，雖然當時巴拿馬運河尚未開通，但任何有頭腦的戰略家都不會懷疑，美國已靠這支橫跨兩洋的艦隊躋身世界強國。

英國情報局的誕生

一九〇九年七月二十五日星期天，法國工程師布萊里奧（Louis Blériot）從加萊附近的萊斯巴拉克（Les Barraques）起飛，用三十六分鐘飛越英倫海峽抵達多佛爾城堡（Dover Castle）。這件事對英國造成很大的衝擊。這架取名狂妄的「布萊里奧六世」奪得《每日郵報》一千英鎊的獎賞，小說家H・G・威爾斯（H.G. Wells）立刻洞察未來，警告說：「這個懶散遲鈍的民族從未遇到這麼大的警訊。這個島嶼已經不再難以靠近。」英國已不再孤立，不論光榮與否，英國人必須把這個從一八七八年柏林會議到一九〇四年英法協約這段期間行之有效的政治概念，拋在腦後。⑤

從此以後，轟炸機從海峽對岸只要三十六分鐘就可以抵達英國的城市，不管控制大西洋東岸的霸主是誰。到了一九三五年，邱吉爾已充分意識到轟炸機的恐怖威力，他甚至向自由黨國會議員伯奈斯表示，他寧可禁止所有民用和軍用飛機，「我要讓擁有飛機的行為等同於違反自然的性犯罪。」⑥由於大西洋比英倫海峽寬一百倍以上，二十世紀的美國要花更長的時間才了解到孤立是不可能的。

要跟上敵人的空中武力，方法之一是大幅擴展間諜活動。英國在一九〇九年設立現代情報部門，準確地挑中曼斯菲爾德・康明爵士（Sir Mansfield Cumming）當情報頭子。此人強悍異常。一九一四年十月二日晚上九點，他的兒子艾拉斯泰爾・康明（Alistair Cumming，時任錫福斯步兵團中尉）開一台勞斯萊斯汽車載他「到法國某處」。車子因為不明原因撞樹翻覆。父親的腿被壓住，兒子重傷瀕危。聽著兒子的垂死聲息，康明用口袋裡的小刀割斷自己腿上的最後幾塊皮膚，爬到兒子身旁用大衣蓋住他。九個小時以後，他被發現在兒子屍身旁邊失去意識。他在日記中只簡短寫下：「可憐的老同志死了。」大英帝國式的堅忍性格在康明身上無人可及。

一九〇九年八月，海軍部告知康明說要成立後來軍情五處和軍情六處前身的情報單位。康明此時五十歲，是個住在南安普敦船屋的半退休海軍軍官。儘管人手和預算少得可憐，還經常要和外交部、戰爭部與海軍部爭執，但當一次大戰在五年後爆發時，他已打造出一個有聲有色的組織。在一九一五年時，他手下有多達一千零二十四名特務，發動過好幾次重大政變，還利用一名比利時女子的「美人計」破獲德國在巴黎整個諜報網。

戰爭的恐懼

大戰前的英國人有被突然暗中入侵的恐慌心態，例如像柴德斯（Erskine Childers）的小說《沙岸之謎》（*The Riddle of the Sands*）描述的內容，但這大致上是出於不理性的排外主義（英國國會甚至一度懷疑有六萬六千名德國軍人潛伏在倫敦，軍火庫就在查令十字車站附近）。但這種恐慌的確催生出一個讓英國人驕傲的單位，儘管當時還不成熟，有時也頗荒唐。在一次大戰的四年當中，康明把同盟國的大量情報提供給軍方和政府相關部門，包括其軍隊移動、士氣、戰略和貿易來往。例如，當德國人為了突破英國對保險套的貿易禁令而向瑞士採購時，康明很快就發現了。

康明所用的人來自社會各階層，他不像現在某些情報頭子那麼勢利眼，這也是他的成功之處。其中一位是博伊爾上校（Joe Klondike Boyle），他是加拿大的海上冒險家，拿過美國業餘重量級拳王頭銜，在淘金熱時期賺了數百萬美元，自己出錢組織一支加拿大機槍特遣隊。（此人不像是適合搞臥底的特務，但康明還是用了他。）當博伊爾第一次見到康明派在俄國的特務希爾

⑤ 譯注：「光榮孤立」（splendid isolation）是指英國孤懸歐陸海外，安全無虞，所以要與所有國家保持關係，不必跟歐陸任何一個國家結盟。

⑥ 譯注：「違反自然的性犯罪」是指同性戀、人獸交、亂倫等等。

（George Hill）時，希爾剛用一把手杖刀幹掉一名敵對特務，這種武器「只會在刀刃上留下一抹血痕，刀尖上只有一點血跡。」早期的軍情六處有很多關於謀殺、偽裝、密碼本、綠墨水和在被逮前自殺的特務的故事。[26]康明和龐德電影中的Q先生很像，喜歡新道具和新發明，或者把舊東西用在新用途。斯塔格（Frank Stagg）在一九一五年從海軍部調過來當康明的副手，他多年後回憶說：

> 隱形墨水是我們常用的道具，大家都在想有哪些天然材料可以用。我永遠忘不了有一天「C」很開心，審計長渥辛頓跑來宣布說，精液不會對碘溶液（常用來做隱形墨水）發生反應，還告訴老人家說他不得不立刻把發現這個祕密的人調離辦公室，因為同事們都笑他是自慰時發現的。[27]

希望這位官員的孩子不會問他這個知名的問題：「大戰時你在做什麼？」

爭取女性投票權

在一九一一年七月二十一日星期五，英國財政大臣勞合．喬治在倫敦金融城市長官邸發表演說。在此之前，他並沒有涉獵太多外交事務。三週前，德國砲艇「黑豹號」挑釁式地抵達摩洛哥的阿加迪爾港（Port of Agadir），造成法德衝突，因為摩洛哥屬於法國的勢力範圍。英國政府有必要對此發表聲明。勞合・喬治說，英國「不能在利益受到嚴重影響時被當成無足輕重」，意思是英國會支持法國在北非的利益對抗德國。勞合・喬治和他的聽眾在意的是威信，不是立即的利益或直接的威脅。

英國的威信在六個月內達到了顛峰。一九一一年十二月十二日星期二是英語民族在印度最驕傲的一天，英王喬治五世和瑪麗王后舉行盛大的「德里杜爾巴」（Delhi Durbar），所有印度王公都來覲見國王，場面空前盛大。「在金色圓頂下戴上皇冠，」《泰晤士報》熱情地寫道，「國王兼皇帝及王后兼皇后受到超過十萬名臣子歡呼。這場典禮的最高潮完全展示出帝國最強的實力儲備在東方。」

但到了一九一三年六月四日星期三，國王和王后又是另一種心情。當天在艾普森（Epsom）舉行的德比馬賽中，四十三歲的英國文學碩士、資深女性投票權運動家戴維森（Emily Wilding Davison）自殺式地衝向國王的賽馬「安梅」（Anmer）。「這名女性迎面撞上馬胸，」《每日鏡報》在第二天寫道，「她被亂蹄踐踏……傷勢非常嚴重……她的口鼻都流出血來。」戴維森是狂熱分子，她才不管騎士赫伯・瓊斯傷勢如何（她抓住馬的韁繩，導致騎士被狠狠摔落在地）。「安梅翻了一個筋斗，把騎士摔落。」《每日鏡報》寫道。兩人血流如注，被送往醫院治療。瓊斯腦震盪、肋骨斷裂和瘀傷，所幸大難不死。（安梅小腿受傷，但還是跑完比賽。）

我們今天還可從二十英尺長的硝酸銀新聞底片上看到，戴維森衝到馬前，被馬重重撞上。她的頭骨碎裂，昏迷不醒，四天後死於艾普森地方醫院，床上掛著女性投票權運動的紫綠白三色彩旗。「女性社會政治聯盟」（Women's Social and Political Union）為她舉辦英雄式的喪禮。有六千名婦女出席她在布魯姆斯伯里（Bloomsbury）的告別式，有十個樂團、十二名牧師伴著她的棺木從維多利亞站走到國王十字車站，向「逝去的戰士和鬥士」之「高貴犧牲」致敬。

瑪麗王后並不覺得感動。她致電給瓊斯，遺憾這起「野蠻瘋狂婦女令人作嘔的行為所造成的意外」。[28]戴維森的母親也不同情：「我無法相信妳會做出這麼可怕的事。」她寫給自己瀕危的女兒，但女兒再也無法讀到這封信。而赫伯・瓊斯的三個兄弟瑞吉、珀西和傑克才是真正的「逝去的戰士」，他們都戰死在一次大戰的西線戰場。瓊斯後來也自殺了，「因為心智失去平衡」。

我們很難不認為戴維森是存心以死相殉，儘管她買了從維多利亞車站到艾普森馬場車站的來回車票。兩年前她就在曼徹斯特監獄尋死，一天內自殺兩次，其中一次是從三十英尺高的鐵梯上跳下來。她曾把寫著「炸彈」的鐵球砸進人家窗戶，也曾因經常放火燒郵筒被捕，她還曾對勞合・喬治丟石頭，石頭上包著「反叛暴君就是服從上帝」的字條。在監獄中，她把自己鎖在牢房中絕食，直到被水砲硬逼出來。「戴維森也許沒有今日自殺炸彈客的宗教狂熱，」《新政治家》雜誌（*New Statesman*）在戴維森事件九十二週年時寫道，「但她的奮鬥同樣奮不顧身。」[29]她的自殺確立了她的地位，正如自殺炸彈客也確立了他們在伊斯蘭「殉道」階序中的地位。

對二十世紀的英語世界來說，戴維森曾多次嘗試的絕食抗議是很有力的武器。在採取絕食抗議之前，女性投票權運動者曾嘗試過把自己鎖在欄杆上、入侵唐寧街十號首相官邸、剪斷電報線、縱火、干擾政治集會、到畫廊破壞畫作、放火燒郵筒、破壞邱園的蘭花溫室、在泰晤士河的小船上用擴音器騷擾國會議事，但都成效甚微。一九〇九年六月，女性投票權運動者進行絕食抗議，她們被用在精神病院才會使用的方法強迫灌食，這才激起了愛德華時代的良心和義憤。

自由黨的內政大臣麥克納（Reginald McKenna）通過一項被稱為「貓捉老鼠的法案」，可以釋放絕食抗議者以免死在政府手中，但又可以隨時再加以逮捕。麥克納曉得，如果有人死在拘留所將造成公關災難，對女性投票權運動是利多。強迫灌食配合突然釋放和事後逮捕，所以這個法案才得名。但對女性投票權運動來說，戴維森的自殺是成功的「公關氧氣」，是絕食抗議遠遠不及的。

女性投票權運動（也可以說是廣義的女性主義運動）大大增強了英語民族的實力，這是當初的運動領導者始料未及。允許甚至鼓勵大量女性勞動力參與經濟活動（從一戰期間開始），革命性地促成了西方資本主義的發展。釋放出一半人口得以從事有薪工作，這也就釋放出巨大的潛在人力。而大量雇用女性勞工也讓工資得以維持在較低水準。

英語民族領先世界賦予女性投票權，這不只是因為政治成熟和自由主義，也是出於開明式的自利。皮特肯群島⑦率先在一八三八年允許婦女投票，英國在一八六九年讓未婚女性在地方選舉中可以投票，美國懷俄明州也在同年給予女性在州級選舉的投票權。加拿大在一八八三年給予女性地方投票權，紐西蘭更率世界各國之先，在一八九三年九月十九日讓女性可以在全國性選舉中投票，澳洲在一九〇三年跟進。英語民族成功實驗了女性投票權，逐漸取消財產和年齡限制，再開放已婚婦女也能投票之後，世界其他國家才逐漸跟上。芬蘭、挪威、丹麥、冰島等北歐國家在一九〇六到一九一五年間紛紛跟進。（瑞典在一八六九年允許未婚女性參加地方選舉投票，一九

⑦譯注：皮特肯群島（Pitcairn Islands）是英國在南太平洋的海外領地，目前人口只有五十人。

二一年才開放所有女性都能投票。）

一次大戰後，英國、愛爾蘭、加拿大和美國在一九一八到一九二〇年間紛紛開放讓女性在全國性選舉投票，但投票年齡和男性不盡相同。一九一八年，英國國會輕鬆通過《人民代表法案》，讓霍威克爵士在布魯克斯俱樂部輸給奧斯本·博克爾克一英鎊，因為他賭女性普選權不會在一九二〇年以前通過。魁北克是加拿大最後一個通過女性普選權的省分，時間是一九四〇年。其他大國還要更晚一些才跟進英語民族和北歐國家。

土耳其、葡萄牙、西班牙、印度都在一九三〇年代開放女性普選，印度是因為受英國統治。保加利亞和許多南美洲國家在二次大戰期間開放，而法國、匈牙利、義大利、日本（有條件限制）、羅馬尼亞、南斯拉夫都要在二戰後才賦予女性投票權。大部分非阿拉伯國家都在一九四〇年代跟進，尤其是在《世界人權宣言》第二十一條出爐之後。但一直要到一九五〇年代，也就是紐澳等國首開先河整整半個世紀之後，希臘、墨西哥、哥倫比亞、埃及、巴基斯坦、坦尚尼亞才在全國性選舉中開放女性投票。在一九六〇年代，賽普勒斯、巴拉圭、非洲大多數國家、阿富汗（直到塔利班上台之前）、厄瓜多、葉門紛紛跟進。瑞士到一九七一年才開放。薩摩亞和哈薩克等國家到一九九〇年代才開放。而直到二〇〇五年，不丹、科威特、黎巴嫩、阿曼和沙烏地阿拉伯⑧等國家還是對女性限制重重，或明目張膽的不平等對待。

由於英語國家最早開放女性投票，也比較早了解到女性投票通常都傾向保守派而非激進派（更別說革命派了），英語國家就更願意給予女性其他平權。「要到一九〇〇年，德國大學才不再只收男性學生，」一位歷史學家寫道，「這比盎格魯—撒克遜國家的大學晚了二十年。」[30]柏林大學直到一九〇八年才有第一名女學生，而華盛頓大學（一八六九年）、劍橋大學（一八七〇年）、多倫多大學（一八七七年）、阿德萊德大學（一八七七年）、牛津大學（一八七八年）、哈佛大學（一八七九年年）、布朗大學（一八九一年）早就有女學生了。

英語民族引領性別革命的淨效果是，女性普選權為政治提供了更強大的正當性基礎，並進一步轉化為經濟上的潛力。女性和男性競爭，這就提高了生產力、拉低工資水準、釋放創造力。二十世紀女性的購買力大增，刺激了各式各樣產品和品牌的開發、行銷和銷售，使西方資本主義遠比非洲、亞洲、拉丁美洲和阿拉伯世界有優勢。英語民族把占有半數人口的女性拉進來參與消費革命，確實是天才的祕密武器。

女性也是二次大戰中的有力武器，雖然不算祕密。雖然德國婦女在私人企業工作的比例高於英國或美國，但納粹政權不願徵召高齡或有小孩的婦女從事戰時工作，而這些人正是最有生產力的人。英語民族利用婦女起來就沒有顧慮。[31]此外，納粹政治哲學強調家庭的重要性，所以德國婦女通常只能做女僕的工作，和英語民族中產階級婦女在戰時從事的工作不同。

在一九四二年七月到一九四五年五月間，美國的職業婦女人數增加高達百分之五十。[32]和德國更不同的是，美國女性還可以有限度從軍。一九四二年五月十四日，美國眾議院仿效英國在一九一七年到一九二一年的「瑪麗王后輔助陸軍兵團」（Queen Mary's Army Auxiliary Corps），成立「女子輔助陸軍兵團」（Women's Auxiliary Army Corps）。一九四一年十二月的《國民服役法》

⑧譯注：沙烏地阿拉伯在二〇一五年首次開放女性在市議會選舉中有投票權和被選舉權。

徵召年齡達十八歲半的男性，但二十歲到三十歲的未婚女性也有服役義務。在這場總體戰中，英語民族比軸心國更能有效動員全體國民。

在一次大戰把美國帶上世界舞台之前，美國的領導人已經很清楚自己的經濟實力。一九一三年五月，來自北卡的佩奇（Walter Hines Page）擔任美國駐倫敦大使，他曾是《論壇》（*Forum*）、《大西洋月刊》（*Atlantic Monthly*）、《世界工作》（*World's Work*）等雜誌的知名主編。他在當年十月致函給威爾遜總統，口氣傲慢但預言精準：

> 世界的未來屬於我們。只要你住在這裡，臉上有兩隻眼睛，你很快就能確定這一點。每個人現在都看得出來。這些英國人正在揮霍資本，而正是這些資本讓他們擁有偌大權力。當世界領導權將落在我們手上時，我們要怎麼做？我們要怎麼利用英國人來為民主服務？[33]

佩奇認為英國的階級戰爭一觸即發，因為他所交往的上層階級普遍痛恨勞合．喬治。他還預測會出現信心危機和金融風暴，並告訴威爾遜說：「世紀的經濟大勢站在我們這邊。世界重大議題要由我們決定。」他還注意到，雖然英國人把美國政府看成是外國政府，卻不把美國人看成是外國人。他桌上就有一份倫敦俱樂部的會員名單：「會員被分為英國人、殖民地人士、美國人和外國人——這完全是下意識的。」

佩奇在倫敦待得愈久，他就變得愈親英，甚至在大戰爆發前就如此。他在一九一四年一月致函給威爾遜的反英派祕書豪斯上校（Edward M. House）力陳大計：「要在英國及其所有殖民地和美國之間建立最緊密的攻守聯盟」，才能達成裁軍、仲裁和「許多好事」。他眼光宏大地說：「每當我反覆思量此事，就連在夢中也不禁想到：英語民族現在在各個重要方面統治世界。唯有英語民族和瑞士才有經久不衰的自由政府。法國也有自由，但能維持多久？德國和奧地利更不可能。」他認為北歐國家和荷比盧三國「太小而易受攻擊」，南美洲和日本的民主「尚在發展中」，「唯有英倫群島和美國有最多的資源、最好的戰士、最廣大的土地和最多的船艦，而這才是未來。」他和紐約州參議員歐戈曼（James O'Gorman）都認為，唯一的問題是「我們都被華盛頓那過時的想法給綁住了」。[34]

反英情緒

德國的反英情緒在大戰前幾年急速升高。施密茨（Oscar Schmitz）在一九一四年的《沒有音樂的國度》（*The Land Without Music*）一書中，把英國描寫為文化沙漠。但就在此書出版的前一年，英國的雷夫．威廉斯（Ralph Vaughan Williams）才剛完成《倫敦交響曲》（*A London Symphony*），巴特沃斯（George Butterworth）寫出狂想曲《薩羅普郡小夥子》（*A Shropshire Lad*），巴克斯（Arnold Bax）寫出管弦樂《方德花園》，（*The Garden of Fand*），格尼（Ivor Bertie Gurney）寫出合唱詩《伊莉莎白五曲》（*Five Elizabethan Songs*），而霍爾斯特（Gustav Holst）的姓名雖是瑞典人，但出生在英國切爾滕納姆（Cheltenham），也完成管弦樂《聖保羅組曲》（*St Paul's Suite*）。英國絕不是文化沙漠。

一九〇八年十月二十八日，德皇本人在《每日電訊報》（*Daily Telegraph*）的專訪中表示，自己是「英國的朋友，但你們讓我很難做……我的子民有很大一部分不喜歡英國。」這幾乎可算是一種文明衝突，正如一位當代史學家所說的，二十世紀初的激進德國民族主義者也批評所謂的美國主義（Amerikanismus），或更古怪地說是享樂主義（Komfortismus），以及西方資產階級對肉體享樂、安全感、金錢、個人隱私、愛好的沉迷，簡而言之就是美國憲法所尊奉的個人福祉。相較之下，德國思想家追求的是英雄主義、文化真實性、精神、血統純淨、鄉土，要求每一個德國人要為祖國大業犧牲奉獻。對這些激進派來說，第一次世界大戰根本就是對抗西方的戰爭。[35]

在一九一五年《商賈和英雄》（*Merchants and Heroes*）一書中，德國社會學家桑巴特（Werner Sombart）把血統混雜的英國、美國、法國與他那血統純淨和英雄主義的祖國做對比。他把西方描繪成「沒有靈魂、墮落、理性計算、無根、貪財、腐敗」，這些觀念也可見於當代伊斯蘭基本教義派對西方的看法。

德國人把英國人描繪成沒有音樂的商賈民族，英國則出現許多間諜小說。這類型小說的經典之作是一九一五年的《三十九級台階》（*The Thirty-Nine Steps*），⑨作者是蘇格蘭人布肯（John Buchan），他從一九三五到一九四〇年過世期間擔任加拿大總督。這本書是講英語民族如何合力破獲德國間諜機關「黑石」的毒辣陰謀。第一主角漢內是幼時移民南非的蘇格蘭人，在波爾戰爭時為英國作戰。第二主角是美國人史卡德，他發現了柏林的陰謀。《三十九級台階》寫於德國間諜熱的時代，出版三個星期就狂賣二萬五千本。[36]英勇的史卡德在第二章結尾被長刀刺殺在地。這個角色不一定非美國人不可，但布肯刻意設定史卡德是美國人，以彰顯打敗德國是所有英語民族共同的任務。

大西洋兩岸的新聞媒體也對民族主義火上加油。斯普林—賴斯曾說美國政治「相當沉悶無聊，但時而笑話百出」。美國新聞界更糟糕，尤其是低級的「黃色新聞」。藝術家伯恩—瓊斯（Edward Burne-Jones）曾在一份以錯誤報導知名的美國報紙上看到一則更正啟事，讓他發噱不已：「詹姆斯．威爾曼牧師並沒有如我們所報導的，因為把他老婆踢下樓梯還把煤油燈扔在她身上而被捕。事實上，他在四年前就死了，也沒有結過婚。」

一次大戰爆發

關於一次大戰為何爆發有許多種解釋。大戰結束後，有些人怪罪給「野蠻的匈人」；幾年後，有些作家對《凡爾賽和約》的罪責條款感到不安，採取修正主義的觀點為德國和奧匈帝國辯解；納粹文人認為罪過在於協約國野心征服世界；而英國和法國史學家則認為責任是在軸心國，如此不斷。這是很正常的現象，正如偉大的荷蘭歷史學家蓋爾（Pieter Geyl）所言：「歷史是沒有止境的爭辯。」美國史學家弗羅姆金（David Fromkin）對此做過精采分析，其名著《歐洲最後的夏天》（*Europe's Last Summer*）的結論是：「一九一四年夏天的國際衝突事實上是由兩場戰爭組成，不是一場。」他認為「兩場戰爭都是刻意發動的，而且是由彼此敵對但又因互相需要而結

⑨編按：這部小說後來被希區考克改拍成電影，台灣的中文片名是《國防大機密》。

盟的帝國所發動的。」哈布斯堡王朝和霍亨索倫王朝的開戰決策「是由最高層的少數人決定的，人民並不知道這些決策有被討論過，更別說已經做出決策。」[37]這兩個國家都沒有民主機制，這就讓局面更不可收拾。

「戰爭是為了權力，」弗羅姆金說，「更具體地說，是為了在當時統治大部分世界的歐洲強權中的地位。德國和奧匈帝國都認為自己在走下坡，兩國都是為了維持地位而發動戰爭。」這裡有雙重弔詭之處。雖然奧匈帝國是在走下坡，但德國在一九一四年是世界第二大經濟體，僅次於新興的美國。而到了戰後，德國的公海艦隊已沉沒在蘇格蘭的斯卡帕灣（Scapa Flow），德國經濟只要美國一感冒就得肺炎。戰後的德國無疑是在走下坡，但一九一四年時並沒有。

弗羅姆金認為，奧匈帝國針對塞爾維亞發動的地區性小戰爭（這在一八七五年後的巴爾幹半島來說並不算什麼），「為德國將領提供了發動戰爭的條件：先是一場歐洲大戰，然後演變成全球大戰。」自一九二〇年代中以來，詩人、劇作家和電影編劇習慣把這場戰爭說成是無意義且不必要的戰爭，但事實上，「它關乎到誰能統治世界這個最重要的政治問題」。[38]在一九一四年春夏之際，整個歐洲只要一丁點火花就能燃起熊熊大火，而火花也來得很快。

一九一四年六月二十八日星期日，一名十九歲的郵差之子普林西普（Gavrilo Princip），在波士尼亞—赫塞哥維納首都薩拉耶佛槍殺了奧匈帝國的斐迪南大公，哈布斯堡皇帝的姪子。這等同於二十世紀初的九一一事件，一次大膽的恐怖攻擊開啟了一場漫長而痛苦的戰爭。（二〇〇四年，普林西普所用的槍在奧地利一處耶穌會社區被發現，目前在維也納軍事史博物館展出。這把槍看起來像發令槍，在某種意義上也確實是。）

然而，為什麼這起謀殺案會直接導致紐西蘭毛利兵團一名二十五歲的上兵，在十六個月後戰死，並葬在利姆諾斯島⑩的波提安諾軍人公墓（Portianou Military Cemetery）呢？為什麼一個奧地利人在波士尼亞被塞爾維亞人射殺，會讓一個紐西蘭毛利人死於土耳其並葬在希臘呢？根據邱吉爾《英語民族史》的筆記，他本來想寫到一九一四年一次大戰爆發，最後一章叫作「英語民族在一次大戰前的關係」。毛利兵團上兵之所以會上戰場（然後悲慘地死亡），是因為在一九一四年時，大英帝國各民族的關係非常緊密，攻擊一個民族就等於攻擊所有民族，而德國進軍比利時就是這樣一種攻擊。

比利時是英國創造出來的，目的是確保英倫海峽的港口不會落入霸權國家之手，而德國兼併比利時就是直接威脅到英國。這比拿破崙在一八〇四年陳兵布洛涅（Boulogne）更構成直接威脅，因為拿破崙時代的法國艦隊要等待順風才能入侵英國，而柴油動力時代的德國公海艦隊根本不用等。

德國人不會錯失斐迪南大公被刺這個天賜良機。德國史學家洛爾教授（John Röhl）在其近作中，揭露了德皇的宮廷和政府是如何仔細操作奧地利對刺殺案的回應，以確保當年夏天的危機走向全面戰爭。霍華德教授（Michael Howard）也指出：「路德派新教的德國認為，他們的『美德』受到盎格魯—撒克遜人的無神論唯物主義和空洞的法國理性主義所威脅。」然後依據條頓式的自以為是，幻想自己受到攻擊。正是這種「陰謀論的指控讓德國人在一九一四年八月初吹起戰爭號

---

⑩編按：利姆諾斯島（Lemnos）是愛琴海上的島嶼。

角」。[39]

「這些可憐的殖民地將在幾年內獲得獨立，」迪斯雷利首相在一八五二年八月寫信給馬姆斯伯里勳爵（Lord Malmesbury）說，「這將成為我們的重擔。」但在一九一四年八月，各殖民地本能地出來擁護王室，完全推翻迪斯雷利的政治預測。甚至在大戰爆發之前，協約國就已毫不懷疑大英帝國各自治領和殖民地在母國被迫參戰時會如何反應。距離完全不是問題。艾爾頓勳爵（Lord Elton）在一九四五年的《帝國聯邦》（*Imperial Commonwealth*）一書中回憶道：「各自治領立即且毫不猶豫地跳入戰爭。正式的從屬關係雖然鬆開了，卻沒有打破微妙的血濃於水和共同生活方式的紐帶，如同德國觀察家所認為的。」[40]

一九一四年七月三十一日，紐西蘭國會一致通過派出遠征軍。澳洲也在正式宣戰前就提出要派出二萬人。連同加拿大，這三個自治領在整個戰爭期間都自行負責裝備、訓練和糧餉，與波爾戰爭時完全不同。就連在一九〇二年反目成仇的南非都在一九一四年為英國而戰。宿敵波爾突擊隊的史末資（Jan Christian Smuts）也在東非率軍抗擊德國。

在宣戰三天前的八月一日，加拿大總理博登爵士（Sir Robert Borden）致電倫敦表達加拿大的支持，反對黨領袖勞瑞爾爵士則在加拿大下議院說，這是加拿大的「義務……要同時……讓英國的朋友和敵人都知道加拿大只有一條心。」加拿大在當月就成立遠征軍，九月就有四萬人志願參戰「以維護帝國的榮光」。（派翠西亞公主加拿大輕步兵團〔Princess Patricia's Canadian Light Infantry Regiment〕在八月十日開始募兵，八天就額滿了。）

有一派著作認為，一次大戰是「不必要的」戰爭，英國不該捲入。這些人的共同假設是，英國參戰是在無意義地浪費人命和財富。那麼，大英帝國在一九一四到一九一八年間犧牲的九十萬八千三百七十一條人命當真是不必要的嗎？那些死在從英倫海峽到瑞士邊境的壕溝中的人，當真是可以避免的錯誤嗎？當小羅斯福總統請邱吉爾用一個詞來形容二次大戰時，邱吉爾的回答是「不必要的」，然則一次大戰同樣也是不必要的嗎？

超過三個世紀以來，英國的政策就是維持歐陸上的權力平衡，不讓任何霸權主宰歐陸。這完全是出於自我保護的現實政治考慮。不管是菲利普二世的西班牙還是路易十四和拿破崙的法國，都不能讓任何一個大國完全稱霸。「英格蘭非常小心地盯著海峽對岸的各個港口」，塞西爾爵士（Sir Robert Cecil）這樣描述威廉．皮特在拿破崙戰爭時的對外政策。「我們對外政策的至高原則就是，它們不能落入任何我們需要疑懼的敵人之手。」

早在一八九八年，德皇威廉二世治下的德國就開始打造公海艦隊，擺明要挑戰皇家海軍，這正是英國所疑懼的。這支艦隊過於龐大，根本不是為了自衛或巡邏德國那相對很小的殖民帝國。這支艦隊是為了侵略。「我相信戰爭是不可避免的，而且愈快愈好。」德國總參謀長毛奇在一九一二年十二月的戰事會議中說，而德皇也表贊同。德國是一個被其總理稱為「暴發戶」的新興霸權。德國把奧匈帝國推向對塞爾維亞開戰，連帶也和塞爾維亞的斯拉夫人保護者俄羅斯發生衝突。在關鍵的一次戰事會議中，德皇明白表示，他知道德國若攻打法國會導致英國參戰。英國外相格雷（Edward Grey）已透過德國駐倫敦大使傳達明確訊息，而根據這場會議的紀錄，德皇「歡迎這個訊息把局面澄清」。

德軍最高司令部一旦執行著名的「施里芬計畫」，從右翼大規模穿越比利時進攻法國，英國就會自動參戰，因為英國有義務確保比利時中立，這是英國在一八三九年比利時建國時正式給予的承諾。由於事態正是如此演變，那麼德意志帝國（且只有德意志帝國）就要為這場可怕的戰爭負起全責。英國在一九一四年參戰絕不是無意義且不必要的，而是為了最高貴和最現實的原因：榮譽和自衛。如果英國背棄或逃避一八三九年《倫敦條約》的承諾，不僅當時的英國民意無法接受，且正如格雷所言：「我們將被孤立；我們將在世上沒有朋友；沒人會希望或害怕我們任何事，或認為值得和我們交朋友。我們將名譽掃地，顏面盡失。」這不是英國人做事的方法。

進一步而言，如果英國沒有介入，法國無疑會被橫掃，也許就像一八七〇年和一九四〇年只要幾星期的時間。但和一八七〇年不同，德國人這次不是只想併吞法國一個省分、拿到一些賠償金就在三年後撤軍。德皇威廉二世的野心比較像第三帝國，而不像他祖父只想取得亞爾薩斯—洛林。洛爾教授已經證明，威廉二世一心想讓德國稱霸歐陸，達到他所謂的「德國領導下的歐洲合眾國」。德國若控制從布雷斯特（Brest）到波蘭的邊境，最終將威脅到英國獨立地位的存續。

縱使兩面作戰，德國和奧匈帝國還是有辦法在一九一八年初擊敗俄羅斯。假如沒有英國遠征軍，它們就能在西線快速獲勝，減輕兩面作戰的壓力後更快擊敗俄羅斯。如此一來，英國就不是在一九一八年十一月時慶祝戰勝同盟國，而是孤立無援和顏面盡失地面對敵人陳兵在海峽對岸港口的巨大艦隊。「猶太人和蚊子是人類必須想辦法剷除的討厭東西，」德皇威廉二世曾如此寫道，「我認為最好的方法就是用毒氣。」讓這種人統治歐洲乃是對西方文明的犯罪，其嚴重程度如同在二十年後放手讓希特勒去掌控歐洲。

沒有人會質疑或否認一次大戰的毒氣、壕溝、機槍和大規模屠殺的恐怖，但戰爭怎麼打和戰爭的動機為何是兩回事。戰術可受質疑，但戰爭的必要性則否。假如大英帝國在一九一四年袖手旁觀，在歐洲被摧殘時只想保護自己和殖民地，這也只能把報應推遲，並失去俄羅斯、法國、比利時、義大利、日本和美國等盟友。對一個距離歐陸只有二十英里的小小島國來說，對外政策必須堅定不移。最重要的是不能讓任何對手（尤其是擁有強大海軍的對手）在歐陸取得霸權和控制鄰近港口，不管是冷戰時期的蘇聯，還是西班牙無敵艦隊時代的菲利普二世。不論一次大戰或二次大戰，英國人都不是白白犧牲。

無論如何，法國與俄羅斯（以及塞爾維亞）在一戰時都是被同盟國入侵而非打不可，而英國卻沒有直接受到攻擊。一九一四年八月三日星期一，格雷爵士在下議院發表演說，力陳英國非參戰不可的理由，說服了許多還不確定該不該參戰的英國人。比利時當時已被德國入侵，激起民意要懲罰德國侵略，支持英國為小國挺身而出。

在八月三日下議院的精采演說中，格雷講到國家安全，還講到其他重點。「我們一直盡我們所能在維持和平。」他在那緊張的星期一下午告訴擠滿議場的眾人說。我們沒有理由不相信他的話。[41]對英國這種「已經滿足」的帝國而言，戰爭並不符合國家利益，世界大戰對英國只有壞處沒有好處。過去的英國確實很愛開戰（從一六八九到一八一五年這「漫長」的一個世紀期間，英國有半數時間都在打仗，也打下了一個帝國），但它在二十世紀確實不再需要打仗。「我希望國會在處理這次危機時，」格雷說，「能夠只以英國的利益、英國的榮譽和英國的義務為念，不必再去想為什麼無法維持和平。」

要了解英國在一九一四年的帝國責任有多沉重，以及英國人在歐洲即將開戰的這兩天到底在想些什麼，可以看看內閣首長們在一九一四年八月三日和四日給國會的書面與口頭詢答，其中沒有一條和巴爾幹危機有關。國會議員忙著質詢的問題有：阿薩姆的部落習俗；塔斯馬尼亞的總督職位；孟加拉軍隊孤兒協會；蒂珀雷里（Tipperary）爆發的手足口病；南非原住民土地法案；埃及科普特教派的報紙；拉哈爾的新聞自由；加爾各答大學；科欽王公退位；印度警察的退休金；孟加拉未成年新娘自焚事件；印度的古柯鹼問題；英屬東非馬賽人的牛群；麻六甲海峽殖民地和馬來各邦的賦稅；旁遮普的公共衛生；英波石油公司法案。英國的責任就是廣泛到這種程度。

格雷在演說中痛苦地指出，在「三國同盟」（德國、奧匈帝國、義大利）和「三國協約」（英國、法國、俄國）這兩大歐洲集團中，三國協約「並不是同盟，而是外交集團」，「直到昨天為止，我們除了外交支持之外沒有給過任何承諾」。格雷的意思是，儘管有英法協約，但如果國會執意要讓法國自生自滅，這也是完全可以的。「我們並沒有參與法俄同盟」，他在辯論時說，所以，「下議院有完全的自由」不參戰。

那麼，英法兩國海軍和陸軍最高司令部參謀間的祕密對話又算是什麼呢？格雷明確表示這是政府在一九〇六年摩洛哥危機後授權進行的，但進行的條件是：「陸軍或海軍專家所討論的東西絕不能拘束政府，也不能在事情發生時限制其是否給予支持的決策自由。」他唸出自己在一九一二年十一月二十二日寫給法國大使的信，該信只同意當「有受到第三方無端攻擊的嚴重可能時」，英國和法國「應該立刻互相討論雙方政府是否要採取共同行動，以防止侵略及維護和平。」

在一九〇六年批准英法祕密參謀對話的是內閣中的少數人。除了格雷之外，還有首相班納曼（Henry Campbell-Bannerman）、財政大臣阿斯奎斯、戰爭大臣霍爾丹（Richard Haldane），其他人都被蒙在鼓裡。這種重要議題必須高度保密，讓十幾個內閣成員都知道太容易洩密。這種在內閣層級「有需要才能知道」的決策方式在後世不乏其例：艾德禮（Clement Attlee）政府在一九四六年決定打造氫彈，決策者只有六個人；威爾遜政府在一九六七年決定購買舍瓦利納（Chevaline）核威懾系統，決策者也只有六個人；布萊爾政府在二〇〇三年也只允許六名內閣成員可以看到檢察總長對伊拉克戰爭合法性的報告。

當攸關國家利益時，英語民族總會把安全和效率擺在內閣的集體責任之前。班納曼的決定是正確的，只不過他在一九〇八年就死於任上，變成接班人阿斯奎斯要負責說明。（他臨終前最後一句話是：「這不是我的終點。」這句話或許是出於深刻的宗教信仰，也或許是政治人物的空話。）

「我們將面對一場歐洲戰火，」格雷反問氣氛沉重的下議院說，「誰又能知道後果會是什麼？」[42]他繼續講到「他國艦隊在地中海聯合起來」（指的是奧匈帝國和當時還保持中立的義大利）威脅英國貿易通路的危險性。他告訴下議院說，他在前一天已告知法國大使，「如果德國艦隊駛進英倫海峽，或經由北海對法國海岸和船隻採取敵對行動，英國艦隊將盡可能提供保護」，這一點是格雷希望國會能批准的。「法國艦隊目前都擺在地中海，法國北部及西部沿海完全沒有防衛……這是因為兩國之間存在信任和友誼。」

一八三九年的條約是「歷史悠久的條約」，格雷說。他說俾斯麥在一八七〇年普法戰爭攻打法國時，也曾承諾會尊重比利時的中立。而現在和一八七〇年最大不同之處在於，當時是拿破崙三世傲慢地發電報去汙辱德皇的祖父威廉一世，從而挑起了普法戰爭。格雷繼續說：

> 從我自己的情感上來說，如果有外國艦隊和法國開戰，而法國既不想打仗又不是侵略的一方，當這支艦隊到英倫海峽來轟炸和蹂躪沒有防衛的法國海岸時，我們不能站在一旁眼看事情發生，更不能袖手旁觀，冷眼以對，什麼都不做！

他承認，法國海岸沒有防衛是因為有和英國達成祕密海軍協議。當時的國會議事錄很少使用驚嘆號。格雷由衷地懇求，拜託大家要兌現他開出的空白支票。格雷既談現實政治，又說要援助「沒有防衛」的法國，還訴諸一八三九年條約被違反的義憤以及英國的榮譽，最後呼籲「全國人民要有決心、意志、勇氣和耐力。」[43]這四項特質在接下來四年中不可或缺。

美國在地理上太遙遠，政治上太孤立主義，無能在一九一四年阻止戰爭爆發，但政治學家拉爾教授認為：

> 如果美國當時能和英國聯手，共締英美帝國來維持和平，上世紀的悲劇也許是可以避免的。英美帝國加總起來的工業和軍事實力……也許可以阻止德皇想統治歐洲的豪賭。

第三章

第一波攻擊：普魯士軍國主義

一九一四至一九一七年

你們這些在八月的陽光下蒸曬著的辛苦的割稻人。

——莎士比亞，《暴風雨》（*The Tempest*）

我們從九日到十一日轟炸土耳其人，然後是星期天，我們休息做禮拜。

——皇家海軍在一九一五年加里波利之戰給海軍部的報告[1]

好戰主義的迷思

一九一四年八月二日、三日、四日三天，大批群眾聚集在倫敦街頭。當時的英國人並不像某些人所說的，是用侵略心態在慶祝戰爭爆發。人們在這個歷史時刻湧上街頭，是出於各種和政治無關的原因，例如說：為了能證明自己當時在場，為了想看看會發生什麼事，為了交換最新訊息，為了有故事能告訴孫子，為了去看名人，為了不想被排除在外，為了聽到第一手消息，為了體驗和不認識的陌生人說話的興奮感（尤其是在這幾天）。街上有大批群眾並不表示民意都支持政府當時的決策。雖然親保守黨的《環球報》在一九一四年八月三日報導說這些群眾是為了「瞻仰大臣們的風采」，但倫敦市中心在星期一銀行假日本來就會有很多人聚集。

勞合．喬治在回憶錄中寫道：「我永遠不會忘記好戰的群眾擠滿白廳和湧向唐寧街，而內閣正在思考是和是戰。」做出決策的不是群眾，而是內閣，而內閣政府的根本，在於不受街頭一時性的激情影響。[2]過去我們都認為是天真熱情的群眾把國家推向災難，但事實上，很多證據顯示並非如此。

當時聚集在白金漢宮外頭和林蔭大道上的群眾，大約有六千到一萬人，他們可能只是來看衛兵交接和聽樂隊演奏。在一個有八百萬居民的城市，這不過是百分之零點一的人口，還不包括觀光客和跑來一日遊的旅客。而據《南倫敦觀察家報》報導，倫敦郡議會電車（London County Council Tramways）在八月三日星期一銀行假日的車票收入，是九千六百二十二英鎊，與往年相比只有微幅增加。有好幾份報紙都說戰爭陰影破壞了銀行假日的遊興。「沒有任何地方有一點在慶祝的感覺，」《漢普斯特德紀錄報》說，「任何人都能看出沒有人喜歡打仗。」[3]

八月二日，特拉法加廣場（Trafalgar Square）有一場大規模反戰示威，只有「一小群年輕人在廣場南邊」對他們叫囂。南威爾斯礦工聯盟（The South Wales Miners' Federation）在八月三日拒絕政府以愛國為由要求他們縮短年假，在一萬一千名成員中，只有一百人聽政府的話。威爾斯語的報紙（尤其是浸信會和衛理會的報紙）都說「文明將被摧毀」，「戰爭的後果將為好幾代人留下仇恨、妒忌、苦難和貧窮。」林肯大主教預言說：「只要想到歐洲的軍國主義、戰場的煉獄、死傷者和農民的苦難，就知道歐陸大戰必將是一場災難。」八月二日，一位年輕的工運人士貝文①在布里斯托丘陵地（Bristol Downs）的會議上呼籲要發動總罷工反戰。

史考特（C.P. Scott）的《曼徹斯特衛報》和加德納（A.G. Gardiner）的《每日新聞報》在正式宣戰之前都強烈反戰，而很多地方報紙，其中包括《劍橋衛報》、《北方每日郵報》、《牛津紀事報》都認為英國應該宣布中立。報上的讀者投書也普遍希望中立，直到八月四日有死傷報導出來為止。當時的人也沒有普遍認為戰爭「在聖誕節就會結束」。全國的情緒其實是沉重、憂慮的現實主義。我們的父祖輩既不天真、也沒有嗜血的愛國沙文主義，他們需要被說服才願意和德國與奧匈帝國這樣的大國開戰，而說服他們的正是德軍冷血執行的「施里芬計畫」。

---

①譯注：歐內斯特・貝文（Ernest Bevin）是工黨政治家，一九四〇年在邱吉爾戰時內閣中擔任勞工和國民事務大臣，二戰後在工黨內閣中任外交大臣。

在比利時被德軍蹂躪後，各英語民族掀起一股義憤填膺的海嘯。杜倫（Durham）大教堂院長漢森（Henley Henson）出席了教會和地方杜倫輕步兵團的主日教堂遊行，也參與募兵官員和地方政治人物的募兵活動。他後來回憶說：

讓我最感動的是，最真誠的利他主義才最能打動人心。德國人從來不明白他們進攻比利時對英國造成什麼影響。礦工們並不擔心英國會受到威脅，因為他們都深信英國堅不可摧，但比利時被蹂躪在他們心中激起義憤的怒火，讓他們產生一種決心出手相救的騎士精神。[4]

當時的英國並不是堅不可摧，邱吉爾就曾準確地說過，如果德國公海艦隊在北海打敗皇家海軍的話，海軍上將傑利科勳爵（Lord Jellicoe）大有可能「一個下午就輸掉戰爭」，但這種規模的海戰還要將近兩年後才會出現。

德國動用近一百萬軍隊入侵比利時。他們以為會遭遇群眾游擊戰反抗，殺害了包括婦女和兒童在內的五千到六千位平民，燒毀了魯汶大學（University of Louvain）的古老圖書館。[5]這些行徑正好被協約國拿來宣傳，把比利時的「烈士精神」當成對抗「匈人式」軍國主義的象徵。德國占領比利時後，把十二萬名工人移往德國和法國北方占領區。德國還用「徵用、搶奪、拆卸、貨幣操縱和強迫解雇」等方式，系統性地摧毀比利時經濟，並且讓佛拉蒙人（Flemings）和瓦隆人（Walloons）彼此對立，好達到永久控制荷蘭的目的。[6]從一九一五年開始，讓比利時人不致餓肚子的是「比利時救濟委員會」（Commission for Relief of Belgium），這是一個由美國人領導的大型慈善機構，他們第一手見證德國統治下的歐洲會是什麼模樣。

美國遠征軍司令潘興將軍（John Pershing）認為美國沒有把握好德國破壞比利時中立的機會，雖然美國並沒有簽署一八三九年保證比利時中立的《倫敦條約》。潘興在一九三一年的戰爭回憶錄中寫道：

> 我認為面對這種破壞中立的行為，美國沒有立刻強烈抗議乃是大錯特錯……如果我國人民能了解其中意義，他們至少會準備好面對接下來德國破壞國際法的一系列行為……但事實是全世界都知道，我們多年來都輕忽國防，如果我們有準備用武力來支持我們的訴求的話，德國就不敢那麼得寸進尺。

二次大戰後的普遍共識是，唯有強大的國防、不搞綏靖主義才能對付希特勒崛起。但潘興在與德意志帝國開戰前就已經了解這點。他認為在一九一四年八月的危機時：

> 我們讓全世界最強大的國家袖手旁觀，冷眼看著史上最大悲劇發生，而不是隨時準備介入擔當重任。我們幾乎不能想像政府決策圈會這麼沒有遠見，看不到加強軍備的必要性……我們的無作為正中德國下懷，因為它很清楚我們要花多少時間才能讓軍隊上戰場，並對此採取相應的行動。[7]

潘興說得沒錯。德國陸軍元帥興登堡（Paul von Hindenburg）和魯登道夫（Erich von Ludendorff）都很瞧不起美軍的規模和能力，而且一直到一九一八年春天，美軍都還在戰場幾千里之外，不值得費心。他們這種蔑視終將被打破，但這兩位將軍在開戰後不久就實質控制了德國這個國家。「在戰爭期間，我們的政治人物有誰呢？」一九一四到一九一八年間擔任德國海軍內閣主席的穆勒上將（Georg von Müller）在事後這麼反問，「就只有興登堡、魯登道夫和總參謀部的政治處。」

據說，一九〇六年後擔任德國總參謀長的毛奇一生只笑過兩次：一次是聽到某個堡壘號稱堅不可破；一次是聽到他丈母娘過世。如果那個堡壘是指列日（Liège），那他笑得有理，因為列日在一九一四年八月七日不戰而降於魯登道夫。但隔了一個月，他走向勝利的路途就出了差錯：德軍在馬恩河戰役（Battle of the Marne）中被擋下（法國甚至一度用巴黎的公車和計程車急忙將軍隊運往前線），德軍的攻勢陷入壕溝戰和僵局，接下來四年都是如此。對「施里芬學派」來說，這完全是錯在毛奇沒有遵守施里芬「強化右翼」的教誨。[8]毛奇在馬恩河戰役後就被解職。

蒙斯戰役

開戰本身並沒有激勵英國人去從軍（到八月二十二日只有十萬人登記），真正有刺激作用的是一九一四年八月二十五日星期二的蒙斯戰報。蒙斯戰役（Battle of Mons）的失利被渲染地十分悲壯。當天《泰晤士報》的頭條是「那慕爾陷落」、「德國在比利時戰勝」、「英國陸軍堅守」、

「德國戰爭計畫：先打巴黎，再打倫敦」、「呂內維爾的德軍」、「英軍打得很好」、「列日堡壘堅守」、「德軍猛攻」、「平民遭德軍屠殺」、「蒙斯的英軍」，這些標題都激起英國人的憤怒和愛國情緒。「如果戰局迫使我們得全面撤守，」《泰晤士報》軍事記者在前線報導說，「那我們就要一步一步來，撐住我們的軍隊……讓敵人每前進一步都要付出最大代價。」[9]

在戰報同頁還有一篇社論叫「英格蘭的召喚」。這是一篇徵兵文學的大師之作，值得一再重刊，因為光是從八月三十日到九月五日，就有多達十七萬四千九百零一名英國人登記從軍。不論現代人聽來多麼老套，這篇文章都成功打動人心。「我們英國人總愛誇口說惡運會激起國家的精神，」社論開頭說，「那慕爾意外陷落正好激勵國人加倍努力。」在提到一些「擺在眼前的嚴峻現實」後，社論繼續說：

> 為了我們所珍視的一切，我們正在和世界上最強大的軍事君主制國家進行生死之戰……現在該是所有具英國血統的人去思考如何保衛民族遺產的時候了……基奇納勳爵已經告訴他們第一步該怎麼做，而現在是加以回應的時刻。效忠國家的最好方式就是最簡單的方式，那就是讓他有足夠的人手去保家衛國。

文章結論道：「當我們的軍隊遭受砲火，當我們的盟國遭逢困境，我們絕不能坐視不管。英格蘭需要所有子民奮戰。」[10]近來一位史學家分析了第一次大戰初期的徵兵模式說：「並不是一開戰時就出現從軍熱潮，志願入伍人數最多的時候是在戰事最艱困的時候。人們加入英軍不是以為要去柏林野餐，而是清楚知道保家衛國將有一番惡戰。」[11]

齊柏林飛船襲擊

一九一五年一月十九日星期二，英語民族遭受史上第一次針對平民的空中轟炸，世界歷史進入一個全新而恐怖的階段。德皇最高司令部用來攻擊英國的這種新發明是來自孟格菲兄弟（frères Montgolfier），而不是萊特兄弟。兩艘「齊柏林飛船」攻擊了大雅茅斯（Great Yarmouth）的東英格蘭港口謝林漢姆（Sheringham）及金斯林（King's Lynn），丟下二十四顆五十公斤重的高爆炸彈和好幾枚三公斤重的燃燒彈。這次攻擊的死亡人數只有四人，十六人受傷，財物損失七千七百四十英鎊，但戰爭紅線一經逾越，就此踏上了不歸路。東英格蘭這二十名傷亡者，預告了後來對考文垂（Coventry）、德勒斯登（Dresden）、廣島（Hiroshima）和河內（Hanoi）的轟炸。

在一九一五年，齊柏林飛船又轟炸了十九次，投下三十七噸重的炸彈，造成一百八十一人死亡，四百五十五人受傷。到了一九一六年二月，英國陸軍開始部署探照燈，將四英寸砲改裝來防空，但對付齊柏林飛船最好的辦法是從它上方攻擊。第一個辦到的人是皇家空軍的飛行員華尼福（Reginald Warneford）。他在一九一五年六月七日駕駛莫蘭—索尼耶單翼機（Morane Parasol），在根特市上空對LZ－37號飛船投下六顆九公斤炸彈，獲頒維多利亞十字勳章。

齊柏林飛船在一九一六年又轟炸了二十六次，總共投下一百二十五噸炸彈，造成二百九十三人死亡和六百九十一人受傷。到了一九一六年中期，英國已開發出有前置機槍的戰鬥機，而改良後的齊柏林飛船也可以飛到兩倍高度，高度超過一萬英尺。②一九一六年九月二日，英國取得史上首次夜間空戰的勝利，羅賓遜上尉（William Leefe Robinson）駕駛國土防衛軍三十九中隊BE2c飛機，打下了德國陸軍的舒特—蘭茲（Schütte-Lanz）SLII飛船，也獲頒維多利亞十字勳章（羅賓遜後來在一九一七年四月被擊落，但大難不死，數度試圖逃獄，最後在一九一八年十二月過世）。

在一九一七年和一九一八年間，齊柏林飛船轟炸英國十一次，最後一次是在一九一八年八月五日，德國海軍飛船指揮官史特拉塞（Peter Strasser）身亡。在大戰期間製造的八十八艘飛船中，毀掉超過六十艘，其中一半是協約國所為，一半是因為事故。在總共五十一次轟炸中，共投下五千八百零六顆炸彈，造成五百五十七人死亡，一千三百五十八人受傷。從成本、人命等各方面來說，這些轟炸都不符效益，但它打亂了英國的戰爭生產，要把十二個中隊從西線調過來因應，還需要多達一萬人來做地面防空。這些轟炸的重要性不在於效果，而在於它們設下了先例。針對平民發動攻擊違反了一九〇七年的《海牙公約》（一九一七年有一百六十二人在倫敦一間學校被炸死），而這個政策是德皇親自批准的。早在一九三七年格爾尼卡（Guernica）大轟炸之前，人類就見識到至今無法想像的恐怖。英語民族的當務之急是發展出最好的戰鬥機，把城市面臨的風險降到最低，同時要打造出具有最大威脅性的轟炸機。

在齊柏林飛船攻擊後不久，德國人又動用一個更為致命的恐怖新武器。早在一九〇一年，邱

②編按：相當於三千公尺。

吉爾就預言「人民之間的戰爭遠比國王之間的戰爭更恐怖」。在一九一五年四月二十二日的第二次伊普爾戰役（Battle of Ypres）中，毒氣首次被運用在西方國家的戰爭中，施放超過五千桶。如同艾倫比勳爵（Lord Allenby）的傳記作者所寫道：「一股令人困惑的黃綠色氯氣雲霧把一個營的法屬塞內加爾士兵逼出壕溝，打開一道缺口，而剛剛抵達戰場的加拿大師團匆忙上前替補。」[12]所幸德軍沒有準備好要利用盟軍戰線中這道缺口，在激戰三日後，加拿大兵團和英國第二軍的其他單位終於擋住進攻。德軍戰死三萬五千人，英國、法國和加拿大的戰死人數則多達兩倍。但戰線還是守住了。「做了二千年的彌撒，」詩人哈代（Thomas Hardy）吟嘆道，「我們終於等來了毒氣。」

美國人眼中的英德兩國

一九一五年二月十五日，美國駐柏林大使傑拉德（James W. Gerard）從德國致函給豪斯上校，信中談到他對德國人的看法。「絕對不要懷疑，他們將贏得陸戰，也許會和俄羅斯單獨講和，接下來與法國講和或將之徹底擊敗，然後在埃及布下重兵，也許再完全封鎖英國。德國不會提出和平方案，但我相信如果我們現在就提出合理的和平方案（在幾天甚至幾個小時內），他們會接受。」[13]傑拉德要求如果盟國有任何和平方案，應該「祕密以口頭」告知他，但不要妄想德國會賠款給「比利時或任何國家」。傑拉德的天真還可從以下這句話看出：「我不認為德皇真的想打仗。」

豪斯當時在歐洲遊歷，人在倫敦。他在三月一日回信說：他贊成和平談判，如果能開始談是好事，但他對英國的看法是，「這是一個行動遲緩的民族」。至於傑拉德認定英國會被打敗，豪斯寫道：「你對結局的預測，這裡的人從上到下都不同意。如果戰爭再延續六個月以上，英格蘭的海軍會比世界各國加起來都要強大。這是我們美國人要去思考的。事實上，這也是每個人都要去思考的……」豪斯害怕皇家海軍會變得更加強大，這是他時常掛心的問題。他在三月二十日寫信給威爾遜總統說，他和德國外交部長齊默曼伯爵（Count Alfred Zimmermann）談過：「我們承認英格蘭完全有權利擁有足以自衛的海軍，但再進一步就不行了。他非常同意我的看法，我認為我們有很好的立足點。」

加里波利戰役

一星期後，豪斯甚至進一步建議要向德國總理貝特曼—霍爾維格（Theobald von Bethmann-Hollweg）表明：「經由美國政府的善意斡旋，英格蘭可能會讓步接受海洋航行自由」，而他已經告訴德國總理說：「美國有理由在這方面對英格蘭施加壓力，因為美國人民和德國在這個問題上有共同利益。」海洋航行自由就是要英國海軍停止封鎖，讓中立國家可以和德國進行貿易，豪斯也很清楚這將嚴重降低英國勝利的可能性。豪斯的主要目的是防止美國參戰，他知道在德國採取無限制潛艇戰術後，這個可能性非常大。他希望如果德國能暫停這種攻擊，英國就可以允許海洋航行自由，但英國內閣在三月十五日拒絕妥協（只有外相格雷反對），「就算潛艇威脅升高也在所不惜」。七個星期後，豪斯害怕的事情還是成真了，美國的大西洋郵輪「盧西塔尼亞號」（Lusitania）被德國U型潛艇擊沉。

一九一五年四月二十五日星期日凌晨四點三十分，三十六艘小船停靠在加里波利半島西邊的艾里伯努灣（Ari Burnu）。這些船來自三艘皇家海軍旗艦（王后號、威爾斯親王號和倫敦號），載有一千五百名澳紐軍團士兵。他們迅速爬上通往丘努克山（Chunuk Bair）的陡坡，這裡是加里波利半島和達達尼爾海峽的制高點。與此同時，英國第二十九師也登陸半島南端十五英里處的海勒斯角（Cape Helles）的五個灘頭（代號分別為S、V、W、X、Y），往阿奇巴巴（Achi Baba）高地前進。在W海灘的激戰中，蘭卡斯特步兵團兩名軍官和四名士兵贏得著名的「早餐前的六枚維多利亞十字勳章」。

英國向來很擅長對敵人發動兩棲攻擊，包括一八〇一年在阿布基爾（Aboukir）、一八〇六年在開普敦的布羅伯堡（Blouberg）、一八四二年在納托港（Port Natal）、一八五四年在克里米亞、一八五八年在廣州、一八八二年在亞歷山卓，原因通常是皇家海軍的砲火已經先清空敵方海灘。但一八五九年六月在中國大沽口，英國十一艘砲艇和七百名海軍陸戰隊在廣闊的泥灘上被圍攻。砲艇擱淺，遭遇猛烈砲火，士兵陷在深及腰處的泥沼，被中國守軍砍下腦袋。[14]悲劇的是，加里波利戰役比較像大沽口之戰，而不像先前的戰役。

在某種意義上，整場加里波利戰役反映的是英國戰略高層在西線打了八個月後的絕望，焦急地想找別的方法打破僵局。克里米亞戰爭時的塞瓦斯托堡（Sevastopol）俄軍守將托雷登（Todleden）曾被問道哪種地形最好防守，他回答說：「完全平坦的地形最好。」[15]法蘭德斯正是這樣的地形。正如菲利普親王（Prince Philip）在一九八七年談到為什麼要打加里波利戰役時說：「不同於過去所有戰役，當時敵對雙方的前線是一條從北海海岸一直延伸到阿爾卑斯山的壕溝陣地。傳統軍事術語所說的從側翼包抄是根本不可能的。」由於完全無計可施，決策者就想用全新的方式在西歐之外搞包抄，「而最接近左翼的就是土耳其」。16

達達尼爾海峽是俄羅斯貿易的咽喉。在戰前，俄羅斯百分之九十的穀物和一半的出口都要經過博斯普魯斯海峽，所以當俄羅斯在一九一四年十一月二日對土宣戰後，這裡當然就被封鎖。在那年寒冬中，俄羅斯其他主要港口如莫曼斯克（Murmansk）和符拉迪沃斯托克（Vladivostok）③都完全冰封，小麥無法出口，經濟大受打擊。若能把海峽清空，俄羅斯的黑海艦隊就能進入地中海支援盟國，也能對外貿易。

戰事會議在討論進攻加里波利的利弊時，做了很多非常樂觀的假設。認為只要部隊有辦法登陸，大家就假設可以拿下這個半島。然後又假設在掃除土耳其放在達達尼爾海峽的水雷後，艦隊就可以頂住海峽中來自亞洲這一側的砲火，開往君士坦丁堡。（海軍中將約翰・達克沃斯曾在一八〇七年強行進入海峽，但只能抵達君士坦丁堡八英里之外，而土耳其的火砲在這一世紀間已飛速進步。）然後又假設，只要盟軍艦隊能開到金角灣（Golden Horn），土耳其就會退出戰爭，而這又會把義大利、羅馬尼亞、保加利亞、希臘拉到協約國這邊，開啟第三條戰線對付同盟國。這

③ 編按：即海參崴。

樣一來，就可以按照尼古拉耶維奇大公（Grand Duke Nicholas）④在一九一五年元旦所致電報的要求，把奧匈帝國逼出戰爭，為俄羅斯掃除壓力。也就是說，在艾里伯努灣高地⑤和柏林總理府之間，有很多骨牌都要按計畫一個個倒下才行。

其中最大的問題是，他們居然相信只要對這個位於愛琴海北端的崎嶇半島發動兩棲登陸，就可以打敗海岸線只在波羅的海的強國。這種一廂情願（今日稱為「團體迷思」）影響了這些本來很聰明甚至多疑的決策者。四月十二日，內閣祕書長漢基爵士（Sir Maurice Hankey）心生懷疑，寫了一份備忘錄給首相：「所以，這項軍事行動似乎完全是在賭土耳其軍隊補給不足和戰鬥能力很差。」[17]

這一點乃是最大的錯誤：土耳其士兵補給充沛、作戰英勇，又有凱末爾（Mustafa Kemal）的高明指揮。戰事會議的假設似乎是出於當時普遍的種族偏見和優越感，但從土耳其近年的作戰表現看來，這也是可以理解的。土耳其在一八三〇年代末被穆罕默德·阿里（Mehmet Ali）打敗，在克里米亞戰爭的巴拉克拉瓦戰役（Battle of Balaclava）中潰不成軍，在一八七七至一八七八年間被趕出保加利亞，又在第一次巴爾幹戰爭後丟掉在亞洲剩下的領土。誰能想到這個「歐洲病夫」居然能在協約國部隊登陸加里波利時從病床一躍而起？

這場災難一直被怪在邱吉爾頭上，儘管他努力在調查委員會和他的《世界危機》（*The World Crisis*）一書中把責任分給大家。戰爭大臣基奇納、財政大臣勞合·喬治、第一海務大臣費雪（Jackie Fisher）、首相阿斯奎斯都在不同時間和狀況下支持過這場戰役，但歷史對邱吉爾的評斷尤為苛刻。不過，邱吉爾一直是這六人當中最雄辯、也最公開支持開戰的人，自然容易成為被指責的對象。最高戰略是在戰事會議決定的，但是戰事會議沒有議程、沒有固定開會時間、也沒有會議紀錄，無論這是有意抑或無心，彼此間的誤解層出不窮。當時許多高級將領都在法國，帝國總參謀長莫瑞（James Wolfe Murray）似乎對邱吉爾相當畏懼，邱吉爾在背後都管他叫「綿羊」。基奇納則向來不容他人有異見，更別說想推翻他的決定。此人是大英帝國的「復仇者」，在蘇丹戰役中為一八八五年的喀土穆之敗報了一箭之仇，在南非又為一八八一年的馬朱巴山（Majuba Hill）之敗報了仇，他出席內閣會議都要身穿陸軍元帥戎服。

大英帝國在這場戰役投入龐大的海軍，展現其跨洋的投射力量。位於海勒斯角的皇家海軍紀念碑上記載了二十五艘戰鬥艦、一艘戰鬥巡洋艦（不屈號）、八艘巡洋艦、十三艘輕巡洋艦、三十二艘魚雷驅逐艦、六艘魚雷艇、二十一艘偵察艦、七艘單桅戰船、四艘砲艇、十七艘潛艇、二十七艘掃雷艦、七艘輔助掃雷艦、一艘布雷艦、三艘風箏繫留氣球艦、二艘水上飛機母艦、八艘武裝輪船、二十艘醫護船。這讓人很難相信邱吉爾在《世界危機》中說的：「只派了十幾條舊船、六個師和幾萬發砲彈，就成了他們（敵軍）與成功間的阻礙。」[18]這場戰役完全不缺船艦、士兵和彈藥，盟軍共派出十八萬人和一百一十門大砲，還有上述這些火力十足的艦隊。

盟軍在一九一五年二月十九日進攻達達尼爾海峽，土耳其在加里波利半島的要塞遭受砲擊，但沒有被摧毀。這表示當地中海艦隊司令卡登上將（Sackville Carden）在三月十八日下令艦隊進

---

④編按：時任俄軍總司令。

⑤編按：加里波利半島的一處地名。

入海峽時，海峽中的水雷並沒有被清除乾淨。當天有三艘戰艦被擊沉，一艘受損，六十名英國水手和六百名法國水手死亡。卡登將軍暫停進攻，因為他懷疑海峽中還有更多水雷，這事後證明是對的。

這場戰役在海軍行動失敗後轉為陸地作戰，在四月二十五日進行登陸。英軍第二十九師、澳紐軍團和皇家海軍師團沒有聯合作戰的經驗，只有在與加里波利氣候完全不同的埃及訓練過三個月，就在寒冷多霧的星期天早上登陸S、V、W、X、Y海灘和安扎克灣（Anzac Cove）。與此同時，一個法國殖民地師團也登陸到靠亞洲這邊的庫姆卡萊（Kum Kale）。（在加里波利戰役中，法國士兵死傷人數要多於澳洲士兵，這一點常被忽略。）

這場戰役的指軍官是漢彌爾頓將軍（Ian Hamilton）。他在印度西北邊境和波爾戰爭中戰功彪炳，深知情報的重要性。海軍已繪好海岸的地圖，偵察機也從空中拍照。「即便如此，半島破碎的地勢要在登陸之後才能察覺到。」[19]而一旦察覺後，就應該叫停整個行動，但盟軍已經全力投入無法回頭。

巧克力山（Chocolate Hill，這是半島上許多露頭岩層之一）的砲火非常密集，加里波利的卡巴特佩博物館（Kabatepe Museum）有展出十一顆在空中互相撞擊的子彈。紐西蘭在一戰中總共戰死一萬八千一百六十六人，其中高達三分之一是在加里波利成為無主孤魂，可見此戰之激烈。皇家海軍航空隊（RNAS）少校威治伍德（Josiah Wedgwood）在四月二十七日星期二從塞德爾堡（Sedel Bahr）寫信給邱吉爾，談到在V海灘登陸的情形：

在十分鐘內，沙灘上和水裡就死傷了四百多人。只有不到一成的人安全上岸躲進沙坑……在每艘小艇、駁船和卸船上的傷者，整天都在哀號，連續三十六個小時，整條海岸線都是如此。真是太可怕了，這一切都發生在我們與敵方砲火的二百碼內，而我們只能勉強尋找敵軍開槍……在那可怕的沙嘴，傷員不是在號叫就是被淹死。[20]

今天，每逢四月二十五日都有幾百個澳洲和紐西蘭年輕人來到安扎克灣，於前一天寒夜露宿在海灘，以紀念先人的犧牲。在一次大戰中，紐西蘭有十萬人上戰場，而這個國家在一九一四年時僅有一百一十萬人口。加里波利的犧牲鍛冶出澳洲人和紐西蘭人的國家意識，但令人遺憾的是，這種國家意識伴隨著沒有道理的反英情緒。澳大利亞聯邦成立十五年後，能擺脫對「母國」的依戀是件好事，但英國在這場戰役也傷亡慘重，尖酸刻薄地批評英國是否有必要呢？

澳洲、紐西蘭和英國的軍事史學家還在激烈爭辯哪支軍隊表現最英勇、哪些事情應該怪誰。但只有想要分化英語民族的人才會放大這些問題。在一九八一年由彼得．威爾執導，梅爾．吉勃遜主演的電影《加里波利》（*Gallipoli*）中，英國軍官被描繪成只會在海灘上喝茶而不願去救援被困的澳軍。但事實上，三支軍隊在當時都很讚賞對方的英勇，有無數信件、日記和文件可資證明。加里波利戰役是場災難，但要說是懷有惡意且愚蠢的上層英國軍官，把有理想的澳紐年輕人推去送死，這完全是惡意扭曲事實。比較恰當的是吉卜林為墨爾本戰爭紀念館所寫的加里波利戰役頌詩：

因為有人奮勇向前
穿過血紅的波浪，朝向無人能守的山顛
他們在海灘上永遠留下名字
當時光過去，這段故事將比特洛伊留傳更久

如同在加里波利戰役，澳洲在一次大戰許多戰役中都投入大量部隊，不管是在法國和比利時（尤其是在索姆河、比勒庫爾、梅森、伊珀爾、亞眠、帕斯尚爾、興登堡防線）；在新幾內亞和馬來西亞；在科科斯群島的公海上（澳洲海軍「雪梨號」在一九一四年十一月九日擊沉了德國輕巡洋艦「艾姆登號」）；在西大西洋、北海和奧特朗托海峽；在中東（尤其是在洛馬尼、加薩、貝爾謝巴、約旦河谷、米吉多和大馬士革）。這個既年輕、人口又少的國家在一九一四年時只有四百萬人口，在一次大戰中戰死五萬八千九百六十一人，受傷十六萬六千八百一十一人，對戰爭勝利有巨大貢獻。總共有四十一萬六千八百零九名澳洲人在一次大戰中服役，占十八歲到四十四歲男性人口的百分之三十八點七。誠如澳洲史學家布萊尼（Geoffrey Blainey）所言：「這個國家不願接受祖先都是罪犯的歷史，於是把加里波利當成是救贖和新時代的開端。」[21]

同樣地，紐西蘭部隊也參加了大戰中最激烈的幾場戰役。在紐西蘭國會議事廳的牆上，刻有埃比泰爾訥、拉瓦屈埃里耶、梅森、薩摩亞、加里波利、索姆河、拉巴塞、帕斯尚爾、巴波姆、勒凱努瓦、巴勒斯坦等地名，見證了紐西蘭在各大戰場上無役不與。一九四九年，弗雷伯格將軍（Bernard Freyberg）為紐西蘭南島基督城座堂的聖米迦勒和聖喬治紀念禮拜堂主持揭幕式，禮拜堂的祭壇是迦林頓司祭（Dean Carrington）所刻，用以紀念他在一九一六年戰死法國的兒子克里斯多福。牆上刻滿兩次大戰的當地人的名字，九個軍團的旗幟高懸於上（包括十六名紐澳軍團的護士）。以第一騎槍團的旗幟為例，上面就掛滿一次大戰時在加里波利、敘利亞和巴勒斯坦的戰鬥勳章。

倫敦堤岸花園有一座精緻俊美的騎駱駝士兵銅像，紀念一九一六到一九一八年「死於埃及、敘利亞和巴勒斯坦的帝國駱駝軍團的軍官、士官和士兵」。上面刻有四個軍團的名稱，還有一百九十七個澳洲人、九十八個英國人、四十一個紐西蘭人和九名香港與新加坡皇家砲兵團成員的姓名。這個軍團不但兵源來自帝國各地，更了不起的是到各地都打過仗，包括一九一六年在羅曼尼、巴哈利亞、麥札爾、達克拉、艾爾阿里希、瑪格達巴；一九一七年在拉法、哈薩那、迦薩、薩那堡、貝爾謝巴、比爾庫維爾夫和二六五號高地；一九一八年在安曼、約旦河谷和木達瓦拉。如果英國只靠本土軍隊，根本不可能在中東戰場上獲勝。

潛艇威脅

德國人每季能擊沉多少噸位的英國貨輪，是英國在一九一四到一九一八年間能否生存下去的指標。英國是個人口過多的小島，糧食無法自給自足，在兩次大戰中，德國都很有機會運用潛艇戰術逼英國投降。雖然英國竭力盡快彌補損失，但貨輪（貨運量）損失地非常嚴重。在一九一四年八月到十二月間，英國損失了七十萬噸，但下一季下降到二十一點五萬噸，直到一九一六年九月，每季都沒有再損失超過三十六點五萬噸。但此後數字就爆增：一九一六年十月到十二月損失達六十一點七萬噸；一九一七年一月到三月損失九十一點二萬噸；最慘的一季是一九一七年四月到六月，損失高達一百三十六萬一千八百七十噸；下一季是第二慘，損失九十五點三萬噸。此後損失數字維持在六十萬噸到七十萬噸之間，直到戰爭快結束。在一九一八年七月到九月，數字是五十一點二萬噸。

加總起來，世界各國在大戰中共損失一千五百萬噸的貨輪，其中有九百萬噸是英國的。大英帝國在戰前有二千一百萬噸的貨輪，這顯示海運對英國的存亡有多重要。然而，英國政府也把造船速度提升到新高峰：在一九一九年時，大英帝國的貨輪噸位數是一千八百六十萬噸，還是世界第一，而美國是一千三百一十萬噸，德國是三百五十萬噸，日本是二百三十萬噸，法國是二百二十萬噸。兩大英語國家加起來的噸位數是後面三個國家加起來將近四倍之多。

盧西塔尼亞號沉船事件

一九一五年五月七日星期五，大西洋郵輪盧西塔尼亞號在愛爾蘭外海被德國U型潛艇擊沉，有一千一百九十八人死亡，其中一百二十八人是美國人。此事讓國際譁然，美國幾乎要對德國宣戰，德國不得不暫停其無限制潛艇作戰。早在不到一個月前，德軍已在西線動用化學武器，而在盧西塔尼亞號沉沒五天後，「布萊斯報告」（Bryce Report）又揭露德國對比利時人民的暴行。連續三個事件讓英國人對德國人的「野蠻」和「不人道」怒火沸騰，雖然英國本來就有許多德裔移民，只差沒有改名字。[22]在一八九一年之前，英國的德裔移民是僅少於愛爾蘭人的移民群體，一九一一年的普查就有五萬三千三百二十四位德國人住在英國。但在盧西塔尼亞號沉沒後，利物浦連續暴動了五天，有數千人攻擊在利物浦的五百五十家德國人經營的商鋪。其後在倫敦和曼徹斯特的暴動也毀掉二千棟德國人或名字像德國人的房子。

此外，有五十萬人連署向下議院請願，要求在戰爭期間全面拘禁德裔居民。五月十三日，首相阿斯奎斯宣布拘留所有可打仗年齡的敵國僑民，其餘家屬遣送回國。報紙也在煽動反德情緒，只有潘克赫斯特（Sylvia Pankhurst）等少數人提出異議。潘克赫斯特在東倫敦被轟炸後寫道：「主要報紙充斥一堆專欄文章在煽動無知、緊張、激動的讀者，光憑懷疑就說貧窮的霍斯頓區麵包師傅和他的老媽媽是很厲害的間諜，有辦法隨時呼叫齊柏林飛船。」

盧西塔尼亞號沉沒時，庫珀正在英國外交部工作。根據他最近公開的日記，當時的人並不認為美國對德宣戰必然對盟軍有利。「這樣我們就沒辦法再拿到它的軍火，而它的陸軍和海軍根本沒有用。」[23]庫珀認為德國是刻意在挑動美國宣戰，因為宣戰對盟軍沒有好處。五天後，他的結論令人頗為驚訝：

> 美國人強烈覺得他們將被迫參戰。若是如此，他們就是上了德國的當，我們非得想辦法防止不可。令人遺憾的是，這裡和美國的群眾都不明白這一點，還好我們的報紙相當克制、很有理性……美國參戰將立即對我們產生軍事上的壞處，但就長期而言，我認為中立國家和較有思考能力的德國人都會驚訝，為何世上所有文明國家都聯合起來對付德國。[24]

所以，庫珀希望美國的參戰只是在道義層面而非實質層面，因為美國的陸軍和海軍實在太小，不如把其生產的軍火留下來給英國。這無疑是短視之見。直到一九一七年，英國在西線戰場上又耗損了兩年，兵源出現匱乏，這種看法才大幅轉變。（庫珀也因為兵源缺乏，在一九一七年六月離開外交部加入擲彈兵衛隊，並在一九一八年八月的阿爾貝運河「薄霧戰役」中俘虜了十八個德國人，獲得傑出服役勳章。）[25]

邱吉爾完全同意潘興而非庫珀的看法。他後來寫道，假如美國在一九一五年就參戰，「這能減少多少殺戮、多少苦難、多少破壞、多少災難。多少家庭不會有椅子空著沒人坐，而這個不管戰勝戰敗都一樣得悲慘活下去的破碎世界，又會有多麼不同。」

沉船事件兩星期後，豪斯上校又提出要英國停止對德封鎖，但英國內閣在三月十五日會議中就已斷然否決。豪斯認為，如果英德兩國能達成協議，英國停止封鎖，而德國停止無限制潛艇作戰，那美國就可以不用參戰，並重新出口糧食給德國。他下令美國駐英大使佩奇去跟格雷談，但佩奇推托說，他很清楚英國政府「一分鐘都不會考慮取消封鎖的提議」。吃素的佩奇最近在和阿斯奎斯在沃爾默城堡（Walmer Castle）度過「寒冷、潮濕、悲慘的兩個夜晚」，除了肉以外沒給他別的東西吃，這讓他深深感受到潛艇換封鎖的交易對英國不是好事，英國絕對不會接受。[26]

豪斯繞過佩奇，直接去找格雷，豪斯覺得「他比上次見面時更能接受這個提議」。但格雷這次要求，如果要用封鎖來換潛艇的話，德國還必須承諾停止使用毒氣。格雷表明，他現階段只能代表自己而不能代表政府說話，還說：「若是在平常時期，如果內閣不同意他的看法，他會辭職，但在戰爭時期，他不會這樣做。」然而，格雷還是草擬了一份理解備忘錄，豪斯立刻就在五月十九日打電報給柏林的美國駐德大使傑拉德。

所以，雖然豪斯告訴總統說：「我承擔全部責任，如果事情出了差錯，您和愛德華爵士可以完全否認有任何關連。」但英國外交大臣確實是背著內閣，透過美國人在和德國人談判封鎖、潛艇和毒氣政策。在豪斯看來，這種協商讓威爾遜「得以盡其可能避免美國和德國開戰」。但德國最終斷然拒絕這項提議，決意充分使用潛艇的軍事力量。這段外交祕辛直到豪斯的回憶錄在一九二六年出版才為人所知，在英國決策人士中引起震盪。他們極端厭惡「海洋航行自由」這個概念，認為只有皇家海軍才能保障海洋航行的自由，至少是對友好的國家而言。

國際聯盟

國際聯盟的概念最早起於一九一五年六月十七日在美國費城發起的「美國強制執行和平聯盟」會議（American League to Enforce Peace），但在多年後，這卻成為一大諷刺。這場會議的主要發起人是塔夫脫和美國前駐比利時大使馬伯格（Theodore Marburg）。會議宣稱：「美國應該參與一個國際聯盟，各簽署成員國有義務……共同使用經濟和軍事力量來對付任何一個成員國想對另一成員國開戰或從事敵對行為，而且任何爭端都應先送交協調理事會討論。」類似的組織很快也在法國、義大利和英國成立，例如英國就有「國際聯盟協會」（League of Nations Society）和「自由國家聯盟協會」（League of Free Nations Association）。[27]

機關槍的作用

一九一五年十月二十二日，英國陸軍奉命成立獨立於個別軍團的機關槍軍種。英國當時每個營只配置兩門機槍，但這種武器的效果（對雙方都一樣）讓新型態的組織編制成為當務之急。在接下來幾個月中，各個師的機槍部隊被重新編制為一個新的軍團，在戰爭結束時已有六千四百三十二名軍官、十二萬四千九百二十名士兵。各營新配發路易斯輕機槍（Lewis light machine-guns）以取代笨重的維克斯機槍（Vickers machine-guns）。在一九一六年十二月，每四個排就有一門路易斯機槍，到了一九一八年增加為每兩個排一門，這還不包括用來對付飛機的機槍。[28]

一名德國機槍手在一九一六年說：「我們很驚訝看到他們這樣，以前從來沒看過……他們幾百個人就這樣倒下去。你根本不用瞄準，只要向他們開槍就好。」所謂德軍在開戰時比協約國有更高比例的機槍是虛構的，但他們的軍事編制的確做得更好。[29]一九一六年，德軍每三個獨立機槍連組成一個機槍狙擊分隊，每隊有七十二門重型機槍，一九一八年增加為三百五十門。德國人還廣泛使用輕型機槍和自動步槍。而直到一九一六年五月，一名法國步兵軍官看到一個長矛騎兵團正在整隊發動進攻，身旁一名軍官居然笑說：「他們把騎兵團留作突破戰線的殺手鐗，我們想要突破戰線想了兩年……但你懂，拿長矛對付機槍根本是痴人說夢。」[30]

機關槍的概念雖然和滑膛槍本身一樣古老，但十九世紀以前沒有金屬可以耐得住持續大量擊發，也缺乏能為如此複雜的武器製作零件的精密技術。當機關槍的概念在一七一八年作為商業方案提出時，一位幽默人士便打趣道：「別害怕，我的朋友，這種可怕的機器，只會傷害有投資的人。」但在一八六二年，一切都改變了。北卡羅來納州出生的發明家加特林（Richard Jordan Gatling）造出一種轉柄式機槍，每分鐘可射擊二百發子彈。二十年後，緬因州出生的馬克沁（Hiram Maxim）進一步改良這種武器，扣下扳機就可自動發射到鬆開為止。馬克沁大部分時間住在英國肯特郡，曾經獲得煤氣設備和電燈的專利，在一九〇一年受封騎士。在十分有趣的《機關槍的社會史》（*The Social History of the Machine Gun*, 1975）一書中，埃利斯（John Ellis）探討了機關槍對現代社會在軍事上、政治上、社會上和甚至道德上的深刻影響，因為在人類戰爭史上，從未有這麼少的人可以這麼快就殺死這麼多人。

機關槍最早的明顯影響見於美國內戰和非洲的戰爭。在一八七九年祖魯戰爭的烏倫迪戰役（Battles of Ulundi）、一八八二年埃及戰爭中的泰勒凱比爾戰役（Battle of Tell El Kebir），以及一八九八年蘇丹戰爭中的恩圖曼戰役（Battle of Omdurman），機關槍都扮演主角。在恩圖曼戰役中，基奇納將軍只戰死四十八人，卻殺了一萬一千名德爾維希人（Dervishes），當時就有人評論道：「我們贏得大部分戰爭都是靠官兵的衝鋒、武藝和勇敢，但贏得這場戰役卻只靠一位住在肯特郡的安靜科學家。」[31]英語民族在武器研發上保持技術領先，從而保持了世界霸權地位。機關槍、戰車、噴火式戰鬥機、蘭卡斯特轟炸機、B－29和B－52轟炸機、氫彈和原子彈、橙劑、F－16戰鬥機、隱形戰機、「雛菊刀」炸彈（'daisy-cutter' bomb），凡此種種皆是開創先河的武器，都是英語民族首先發揮其威力。在一九四五年以後，各大國能夠維持超過六十年以上的和平（這在現代史上已是史無前例），主要原因就在於英語民族擁有非常強大和精密的武器，沒有任何對手可以在總體戰中打敗他們。

儘管有人高喊要完全禁用幾種武器（例如說反步兵地雷），但某些武器確實是英語民族需要的。在二次大戰時，英國人用地雷來保護在西部沙漠的避難點，也用來封鎖隆美爾（Erwin Rommel）的攻擊範圍。在一九四二年八月末第二次阿萊曼戰役（Second Battle of El Alamein）之前，隆美爾對埃及的主要攻勢因非洲軍團遭遇地雷區而受阻，這塊地雷區就保護這英軍陣地，也是地雷在北非戰場上的最佳運用。等到德軍攻勢減緩，換英軍發動攻擊，這才進入到十月的第二次阿萊曼戰役，成為英語民族在這場戰爭中的轉捩點。黛安娜王妃在一九九〇年代曾呼籲要全面禁止使用地雷，若這一切發生在一九三〇年代，蒙哥馬利（Bernard Law Montgomery）在北非戰場可能會遇到大災難。

傑克森的大兵日記

約翰．傑克森（John Jackson）是卡梅倫高地步兵團第七十九團第一營的二等兵。他在一九一五年到戰爭結束時在西線戰場作戰，參加過一九一五年的盧斯戰役（Battles of Loos）、一九一六年的索姆河戰役、一九一七年的法蘭德斯戰役，並在帕斯尚爾戰役中獲頒軍事獎章。他面對過德軍在一九一八年的春季大進攻，也見證了興登堡防線在該年九月被攻破。身為兵團的通訊兵，他要在槍林彈雨中爬行穿越曠野以維持電話線暢通。[32]傑克森本人並非高地人，他來自坎伯蘭（Cumberland），戰爭前在格拉斯哥（Glasgow）的加利東鐵路公司（Caledonian Railway）工作。

他選擇加入卡梅倫高地步兵團是因為他是熟練技工，希望能和背景相同的人一起工作，也就是「同一階級的人進同一單位」。他在一九一六年被調回英格蘭，重新訓練後又參與進攻興登堡防線，還中過毒氣。一九一八年十二月十六日星期一那天，當步兵團揮舞著從愛丁堡帶來的旗幟，裝上刺刀、身穿蘇格蘭裙、敲著鼓、風笛手吹著「七十九團告別曲」跨過德軍防線時，他人就在現場。

傑克森的一戰短篇回憶錄《大兵編號一二七六八》（*Private 12768*）寫於一九二六年，正好在所謂「被背叛世代」文學大量出現之前。這類文學如歐文（Wilfred Owen）和沙遜（Siegfried Sassoon）的詩、雷馬克（Erich Maria Remarque）的《西線無戰事》（*All Quiet on the Western Front*），以及許多書籍、戲劇和電影，這些作品在扭曲對這場戰爭的歷史觀點，強調其無意義與浪費生命，而不去談這場戰爭的戰略必要性、高昂的士氣和美好的同袍情誼。傑克森的回憶錄絲毫沒有這種犬儒主義。「在他全部的證言中，」牛津大學戰爭史奇切爾講座教授史特拉坎（Hew Strachan）評論道：「傑克森直接和間接證明了軍官和下屬之間，以及士兵和士官之間的袍澤之情與互敬互重。」[33]

一九一五年九月二十六日星期天，傑克森的指揮官道格拉斯—漢彌爾頓中校（A.F. Douglas-Hamilton）在盧斯戰役中率隊進攻「七〇號高地」時英勇戰死，死後獲頒維多利亞十字勳章。「我深深記得，當消息傳來時我們有多麼驕傲。」傑克森回憶說，「如果他沒死，相信他也會為他的團和這場戰事感到驕傲，如同我們為他的受勳感到驕傲。」那一天，第一師共獲得多達六枚維多利亞十字勳章。「師部陣亡了幾千人，我們這一營出動了九百五十人，陣亡了七百人，」傑克森回憶道，「以全部投入的兵力來說，那個週末共陣亡了六萬九千名官兵。」傑克森從不懷疑這是正義之戰，英國必須阻止德國主宰歐陸。此外，在盧斯戰役不過三個星期後，「雖然我們才剛經歷一場恐怖的戰役，但我們又回到天不怕地不怕的老樣子。」這確實是一個了不起的世代。

英國西印度兵團

一九一五年六月二日星期三，牙買加總督曼寧將軍（William Manning）寫信到倫敦，建議殖民大臣哈考特（Lewis Harcourt）從英屬西印度群島招集志願者組建一支兵團。[34]到了一九一八年十一月，英屬西印度群島兵團已有十一個營、一萬五千二百零四名士兵，在巴勒斯坦、埃及、美索不達米亞、東非、印度、法國、義大利、比利時和英格蘭效命。[35]各殖民地貢獻的人數不一，最多的是牙買加（總人口三十三萬一千五百五十二人，從軍者一萬零二百八十人），最少的是背風群島（總人口十二萬七千一百八十九人，從軍者二百二十九人）。他們不僅限於當陸軍。一九一四年十一月，一些聖露西亞的燒煤工人參加科羅內爾海戰（Battle of Coronel），隨著皇家「好望號」（Good Hope）一起沉沒。在該月，德國輕巡洋艦「喀斯魯號」（Karlsruhe）在前往進攻巴貝多的路上爆炸，這一事件對英國保密到家，直到殘骸在六個月後被沖到聖文森和格瑞納達岸上。這場戰爭造成西印度群島物資匱乏，但蔗糖價格因之高漲，算是彌補了當地人。許多人出於愛國心大買零利息的戰爭公債。「在整場戰爭中，西印度人民的忠心程度令人讚嘆。」一位研究該區域的歷史學家下結論說。[36]

倫敦的戰爭部雖然樂見黑人士兵從事非戰鬥任務，例如在法國前線後方的勞工營，但要不要用他們在西線壕溝中打仗則是高度爭議的問題。曾經在非洲帶領過黑人部隊的軍官與軍事作戰局長卡維爾將軍（Charles Edward Callwell）激烈主張說，黑人有「天生的戰鬥素質」，體格又好，英國不把國王陛下在西印度群島的子民投入戰鬥是很浪費的。第二十四兵團在伊散德爾瓦納戰役被祖魯人狠狠打敗就是明證。[37]

支持運用黑人士兵者認為，黑人人數眾多、薪餉較低、服從性高，更何況，大英帝國的白人已經快用光了。反對者也有很多理由，但明顯站不住腳，而且多數理由都是出於歧視，即使以當時的標準來說也是如此。戰爭部有些人認為黑人太笨，沒辦法正確丟炸彈；有些人認為「這是法國人才會幹的事」；有些人擔心會激起南非白人反彈；甚至有人擔心德國人會反彈！[38]巴貝多總督普羅本爵士（Sir Leslie Probyn）藉口說：「他們的膚色會讓他們成為德國人的箭靶。」住在英國的西印度群島人士若想從軍，經常會被軍官拒絕，但西印度人早就在英軍服役好幾個世紀，對戰爭有很大的貢獻。（但還是有幾個單位願意接納他們。）

戰爭部回絕了殖民部要提供海外兵團的建議，認為黑人應該留在西印度群島做地方防衛，就好像德皇打算對聖基茨島（St Kitts）和尼維斯島（Nevis）發動突襲似的。但若果真是如此，那也像《西印度委員會通訊》（*West India Committee Circular*）中一篇文章所指出的，當地的步槍兵根本難以抵擋德國巡洋艦的攻擊。為避免堅決拒絕西印度群島會引發不好的政治後果，哈考特提議可以把他們送到埃及去打土耳其人。但是戰爭部拒絕，提出要把加勒比海部隊送到剛占領的西非領土去維持秩序，但殖民部又反對。這種僵局讓西印度群島人感受很深，格瑞納達的自由派報紙《聯邦黨人報》（*Federalist*）得出結論說，種種理由「完全是帝國本色那種噁心膽小的膚色歧視」。[39]戰爭部這樣拚命反對很令人意外，因為西印度兵團自拿破崙戰爭以來就存在，也多次參戰，雖然一直侷限在加勒比海地區。

最後是英王喬治五世親自介入打破僵局。他在一九一五年四月十七日告訴殖民部說，他「不得不認為滿足西印度人民派兵到前線的意願是非常明智的」。然後他又約見戰爭大臣基奇納勳爵。基奇納自稱他向來支持這個想法，只是殖民部一直在阻撓（這話並不老實）。一位研究一戰時期西印度群島的歷史學家認為：「國王決定介入，這就讓西印度人民參戰一事不再被戰爭部和殖民部的官僚主義和種族歧視所阻礙。」[40]

徵召成立兵團一事受到西印度人民熱烈歡迎，尤其是得知可以領到跟英國士兵一樣的薪餉，上兵每天一先令，士官每天二先令四便士。「這是歷史，」激進派報紙《西印度人》（*West Indian*）大聲宣告，「今天，我們眼前有一頁白卷可以寫下我們的榮光。這是幾百年未遇的良機……西印度人民多數是奴隸的後代，現在可以在從古希臘時代到馬爾堡（Marlborough）和威靈頓的歐洲知名戰場上，與母國子民並肩為人類自由而戰。」

報紙都在鼓吹西印度人去從軍，主要教派如浸信會、聖公會、天主教和衛斯理教會也推波助瀾。海報和精心編排的電影專門針對不識字的人士，英屬宏都拉斯總督還以宏都拉斯人民的反英抗爭，來證明宏都拉斯人的戰鬥能力。官員援引舊例，讓青少年罪犯可以選擇不入獄而去當兵；愛國雇主拿出獎金鼓勵從軍；志願者可獲賦稅減免；薪餉優渥被大大強調……凡此一切都在鼓勵冒險心、責任感、愛國主義，只要穿上國王的制服就可以改變出身。

一九一六年一月二十一日，英屬西印度兵團第一營乘著皇家「馬拉松號」（Marathon）抵達亞歷山卓，加入埃及遠征軍。第二營開往普利茅斯的皇丘營區（Crown Hill Barracks）。他們在此受到良好訓練，等到第三營和第四營陸續抵達，他們就被分派各種任務，但大部分都不是真的上戰場。他們為蘇伊士運河建築防禦工事；加入肯亞的東非遠征軍和美索不達米亞的印度遠征軍；搬運彈藥；挖掘壕溝；修繕道路；扛擔架；裝卸貨船；在內地水路轉運站擔任守衛；擔任服務生、木匠、鐵匠和摩托船駕駛；當過電工、鉗工、引擎操作員的人則編入皇家工程隊。戰爭部的歧視打碎了他們想編入同一個兵團上戰場的渴望。他們被預設只能在溫暖的氣候行動。他們承擔的工作很重要，但不是他們在加入時所期待的戰鬥任務。

由於在索姆河戰役傷亡慘重，戰爭部終於開始在西線戰場上雇用大批非白人勞工。在一九一六年以後，總共有十九萬三千五百人來自中國、印度、南非、埃及、馬爾他、塞席爾和西印度群島。[41]一九一六年十一月在開羅的一次會議，更決定讓一些英屬西印度兵團部隊上戰場測試，部分原因是因為這些部隊太少出動，以至於很難再募到新兵。但西印度兵團一旦上了戰場就非常英勇，這可從平均每人獲得的勳章數看出。「他們要承受敵人的大砲、狙擊手的子彈、高爆炸彈和空中轟炸。」一位歷史學家寫道，「在法國，橫行的跳蚤、蝨子、老鼠讓人很不舒服，埃及則有蠍子、蜥蜴、毒蛇，尤其是蒼蠅。但不管在哪一個戰場，西印度人都展現出勇氣和紀律。」[42]他們共獲得十九面軍功十字勳章、十一面加槓軍功十字勳章、三十七面軍功勳章、十一面加槓軍功勳章、四十九人被具名表揚、十一面法國榮譽軍團勳章、十四面皇家人道協會勳章，這個數量對任何部隊來說都值得驕傲。總司令海格將軍（Douglas Haig）高度讚揚了他們的貢獻。

而他們的傷亡相對算低。一九一七年四月到六月的阿拉斯戰役（Battle of Arras），六人戰死，十六人受傷；一九一七年六月到七月的梅森戰役，十六人戰死，六十人受傷；一九一七年七月到十二月的帕斯尚爾戰役，五十七人戰死，三百七十七人受傷。從某種意義來說，戰爭部的種族歧視讓英屬西印度兵團免於前線作戰的恐怖，也讓幾千名西印度人保住性命。他們也許渴望上戰場，在戰場上也一定會很英勇，但若真讓他們去防守一段西部防線，他們一定會像法國人、加拿大人、英國人、澳洲人、紐西蘭人、德國人那樣死傷慘重。但無論如何，在一九一四到一九一八年間，西印度人已在英語民族捍衛文明的奮鬥中爭得一席之地。如同澳洲和紐西蘭，參與一戰也對西印度群島產生長遠的影響。美國海軍陸戰隊大學（US Marine Corps University）的貝克特（Ian Beckett）總結說：「西印度人普遍自認是英國人，在戰時的英國也普遍受到溫暖的待遇，但參戰的經驗激發出何謂西印度人這種更高的集體意識。」[43]

日德蘭海戰

在一九一五年的布魯克斯俱樂部，富勒爵士（Sir John Fuller）和克里德上尉（Percy Creed）對賭一幾尼，賭德國公海艦隊在戰爭結束前一定會出動，他在一年後贏得賭局。一九一六年五月三十日，德國海軍中將舍爾（Reinhard Scheer）率領艦隊出海，在希佩爾（Franz von Hipper）的五艘戰鬥巡洋艦領軍下往北開往斯卡格拉克海峽（Skagerrak）。他們要去迎戰英國皇家艦隊，當天隨後就在日德蘭半島外海發生大戰。

日德蘭戰役是一場重大海戰，有多達一百五十一艘皇家海軍船艦參與，其中有二十八艘無畏級戰鬥艦和七十三艘驅逐艦；德軍則有九十九艘船艦，其中有十六艘無畏級戰鬥艦和六十一艘驅逐艦（雙方艦隊約各有四十五艘潛艇，但都沒有動用）。在戰術上，皇家海軍傷亡比較多，損失十四艘船，陣亡六千七百八十四人；德軍則損失十一艘船，陣亡三千零三十九人。但英國在戰略上是成功的，因為德國公海艦隊返回到母港，此後再也沒有加入戰鬥，對德國的封鎖可以持續下去。德國本想在日德蘭戰役中取得決定性的勝利，但失敗了，結果等於是從此封印這支強大的軍力。德國人花了十八年打造海軍，卻無能在日德蘭戰役中從皇家海軍手上奪下北海的控制權。

儘管日德蘭戰役死傷慘重，但這場海戰也激發出一些騎士風範。一九一四年十二月，英國海軍中將史特迪（Frederick Sturdee）在福克蘭群島外海擊沉德國巡洋艦「格奈森瑙號」（Gneisenau），他把該艦艦長珀赫哈默爾（Hans Pochhammer）救上他的旗艦，坐在他的右手邊共進晚餐。晚餐後，中將提醒艦長，他或許會想迴避接下來要祝英王健康的敬酒儀式。珀赫哈默爾則回答說，既然他接受皇家海軍的邀宴，他當然會遵守皇家海軍的禮節。

皇家海軍「紐西蘭號」也參與了日德蘭戰役。這是一艘在一九一一年啟用的戰鬥巡洋艦，是紐西蘭自治領人民給皇家海軍的贈禮。當它在一九一三年抵達紐西蘭時，有超過五十萬人到紐西蘭各港口去一睹其風采，而當時紐西蘭人口只有一百一十萬。一位毛利族酋長說這是一艘幸運之船，後來也證明如此。雖然它在大戰中參與了三次重大戰役，包括日德蘭戰役，但沒有任何傷亡。一九一八年，有一位毛利族發言人訴說為何毛利人民要熱切地為英國王室而戰：

> 我們知道薩摩亞人的事，他們是我們的親戚；我們知道德屬東非和西非原住民的事；我們也知道希列羅人的事。⑥這對我們來說就夠了。七十八年來，我們不是受英國統治，而是參與自治。我們的經驗告訴我們，英國的主權是奠基於自由、平等和正義等永恆原則。[44]

貴族的末日

在一九一六年五月三十一日日德蘭戰役的陣亡者中，有一位皇家「防衛號」（Defence）上的十七歲見習生叫作貝利（Bernard Bailey）。貝利是第二代格拉努斯克男爵（2nd Baron Glanusk）的第三子，他是在大戰中陣亡的二百七十位貴族或貴族子姪最年輕的一個（他的哥哥傑拉德是擲彈兵衛隊的上尉，也在一九一五年八月陣亡）。雖然英國各階級都在一戰中死傷慘重，但以人均來說還是以上層階級死傷最多，這對他們這個階級和國家的未來產生深刻的政治和社會影響。英國貴族在二十世紀的衰落，有許多因素在十九世紀末就已埋下，例如一八八〇年代以來的長期農業蕭條、一八八八年的郡議會法案和一八九四年起開始徵收遺產稅等等，但這些都比不上英國貴族中最英勇、最優秀的菁英在一九一四到一九一八年間大量陣亡。

上層階級是孕育政治和社會領導人的溫床，但這些人從一九一四年開始遭到殘殺。誠如歷史學家塞西爾（Hugh Cecil）所言：

當末日在一九一四年降臨時，仕紳和貴族自我要求率先為國效力。他們面對新興民主的挑戰，覺得有義務證明自己作為戰士的歷史角色。有辦法的人就靠關係加入英國遠征軍各兵團，在開戰後幾個月就趕赴前線。即使在索姆河戰役之前，這些土地貴族的子孫就已陣亡無數。[45]

在《德倍禮年鑑》（*Debrett's*）和一九一四年《英倫列島貴族大全》（*Complete Peerage for the British Isles*）所列出的六百八十五個家族中，有多達一千五百人接下來四年在軍中服役。貴族或貴族子姪死於一次大戰的人數，甚至要高於在玫瑰戰爭（Wars of the Roses）中死亡的貴族。[46]其中約有一百人出生在一八九〇年代，陣亡時年紀在十七歲到二十八歲。其他統治階級也差不多。伊頓公學校友參與一次大戰者有五千六百五十人，一千一百五十七人陣亡；貝里歐學院校友有八百三十八人，一百八十三人陣亡，死亡率百分之二十二。格蘭菲家族、李斯特家族、荷姆斯家族、阿斯奎斯家族、沙德來茲家族付出多少心血才贏來的領導地位都毀於一旦。由於陣亡者太多，尤其是衛兵師、皇家砲兵團、來福槍旅，使得三十二個貴族爵位和三十八個準男爵爵位在一九一四到一九一八年間香火斷絕。

因為戰死而產生的遺產稅，使得英格蘭和威爾斯的土地在一九一八年後的三年中易手了四分

⑥譯注：一九〇四到一九〇七年，德屬西南非的希列羅人（Herero）反抗德軍，結果導致希列羅人百分之七十五死亡，許多學者認為這屬於種族滅絕事件。

之一。戰爭的另一個後果是英國政治變成老人俱樂部。在一九一四年以前，優秀進取的年輕貴族可以比較快進入下議院並往上爬（像是阿斯奎斯內閣的平均年齡是五十四歲），但一九一八年以後只剩下年紀較長的倖存者。例如說，一九三五年鮑德溫內閣的平均年齡高達七十歲。這就造成一九三一到一九四〇年國民政府那種「死抓權力不放」的謹小慎微政治風格。

愛爾蘭復活節起義

一九一六年四月二十四日復活節星期一，正當凡爾登戰役打得最激烈時，有一千到一千五百名新芬黨和愛爾蘭兄弟會志願軍在都柏林起義，反抗英國統治。雖然叛軍占據了沙克維爾街的郵政總局和客棧碼頭的第四法院，但這次起義還是被皇家愛爾蘭警察局會同一些常備軍壓制下去。這次起義並沒有如民族主義分子所期待的激起大批愛爾蘭人反對英國，五月一日就在激烈戰鬥後被鎮壓了。（其激烈程度當然不如當時在法國的戰事。）

愛爾蘭共和派接受了德國的協助，也在一九一六年復活節幫了德國一把，但這時候，有幾萬名不分新教或天主教的愛爾蘭人，正在西線戰場上為了保衛英倫列島與德皇作戰。英國作家克里奇（Roy Kerridge）寫道：

> 愛爾蘭的「愛國主義」令人羞恥。以往的愛爾蘭有戰士階級，現在叫作愛爾蘭共和軍……這個戰士階級不在意毀掉愛爾蘭，只要能報復英格蘭就好。他們在歷史上不斷引進法

> 蘭西人、西班牙人和德意志人。他們不是愛好獨立的愛國者，而寧願被英格蘭的任何敵人所統治。早期的愛爾蘭共和軍甚至曾想過和蘇聯結盟……我們英格蘭人是愛爾蘭戰士的天生死敵，不論我們做什麼，也不論我們喜不喜歡愛爾蘭。[47]

以為德皇戰勝英國並在未來幾十年稱霸歐陸後，就會讓愛爾蘭南部成為自由獨立的國家，這在地緣政治上是異想天開。克里奇的分析相當有說服力。

當年夏天，十六名叛亂分子在受審後被處死刑，包括其領導人皮爾斯（Patrick Pearse）和長期坐輪椅的康諾利（James Connolly）。儘管此事的法律理由充分，而且是在戰爭時期，但對政府來說卻是政治災難，因為它為共和運動造就了「烈士」。有很多用英語和蓋爾語寫就的浪漫歌曲和頌詩在讚頌這些復活節「英雄」，葉慈（W.B. Yeats）的傳記作者暨現代愛爾蘭史學家福斯特（Roy Foster）就指出：「這次起義本來是沒有代表性的少數人瘋狂行為，後來卻被看成是愛爾蘭獨立建國的大事。」[48]

凱斯門在四月二十日搭德國潛艇登上愛爾蘭島。他運來一批武器準備領導叛亂，但在四天後被捕，於八月三十日以叛亂罪被處決。他在英國大使館服務了二十年，崇拜維多利亞女王，也是人道主義運動者，最後卻和德國人勾結。英國政府把他的「黑色日記」散播出去，日記記載了他淫亂的同性戀生活，還詳細記錄多年來所接觸的每一根陰莖的長度，這壓制住了為他聲援的運動。（八十六年來，共和派都聲稱這本日記是英國情報單位捏造的，儘管愛爾蘭政府和皇家愛爾蘭學會發現的證據皆非如此。二〇〇二年八月，一個獨立調查委員會詳細且專業地檢驗了這些日記，斷定其真實性無可質疑。但即使到現在，一些共和派還是堅絕不相信，原因是如同一位歷史學家所說的：「這問題本質上是神學的，到最後是信仰而非理性的問題。」）[49]

凱斯門的屍體在一九六六年從本頓維爾（Pentonville）監獄被挖掘出來送到愛爾蘭，受到國葬禮遇。相較之下，愛爾蘭官員直到二十一世紀才去造訪與德皇作戰者的拘留營，由此可見愛爾蘭人的態度。觀光客若參加都柏林的「起義之旅」，會看到郵政總局梁柱上的彈孔，他們說這是英國人開的槍，但其實很可能只是自然侵蝕的結果。[50]（也有可能是愛爾蘭內戰造成的，和英國人沒有關係。）

總而言之，愛爾蘭人在一戰中為大英帝國死傷甚多，跟澳洲人和紐西蘭人相比也不遑多讓。愛爾蘭有四百三十七萬六千人，戰死五萬人，比例是百分之一點一四，只略低於澳洲的百分之一點二五和紐西蘭的百分之一點六六，但高於加拿大的百分之零點七六。[51]這顯示愛爾蘭人對王室其實很忠心，儘管有少數人於一九一六年復活節在都柏林舉旗造反。

軍人中的軍人——潘興將軍

一九一六年三月二十四日，沒有武裝的「薩塞克斯號」（Sussex）郵輪在英倫海峽無預警被魚雷擊沉，造成五十人死亡，數名美國人受傷，威爾遜總統要求德國政府立刻停止無限制潛艇攻擊。於是乎，德國給出了所謂「薩塞克斯承諾」，答應暫停攻擊載運旅客的船隻，並將按照國際捕獲法庭的規定，在攻擊前會事先宣告。這表示從五月四日起，德國潛艇不會無預警擊沉船艦，也會把船員救起來。[52]但英國政府不為所動，在六月七日宣布不再遵守一九〇九年的《倫敦宣言》。《倫敦宣言》規定了禁運封鎖的規則和禁運品的種類，一般來說對中立國有利。但英國現在面臨生死之戰，不想再遵守在和平時期所簽的協議。正如德國陸軍元帥魯登道夫在他的戰時回憶錄所說：「違反國際法現在都變成合法有效了！我們在東方也覺得英格蘭一直在違反國際法。」[53]話說，魯登道夫這位入侵比利時的最高司令抱怨別人違反國際法實在非常可笑，但他說英國違反國際法確實也沒錯，不過英國至少有公開表明立場。

雖然美國眾議院在六月通過法案要重新建軍，八月又撥款三億美元給海軍擴大軍力，但潘興將軍認為這兩個計畫在美國正式參戰前「根本沒有啟動」。[54]潘興在一八六〇年出生於密蘇里的林恩郡（Linn County），一八八六年以西點軍校最高榮譽的「學生隊長」（Senior Cadet Captain）頭銜畢業。一八八六到一八九〇年間，潘興在新墨西哥和亞歷桑那參加對阿帕契族的戰役，職銜是第六騎兵團少尉。美西戰爭時在古巴指揮志願軍，一九〇三年轉往菲律賓。後來加入總參謀部，在日本入侵滿洲時擔任武官，又在菲律賓莫洛州（Moro）擔任總督。他一生常與死亡擦肩而過，其人生最大的悲劇發生在一九一五年，他的太太和三個女兒在舊金山家中死於火災。

潘興是真正軍人中的軍人。他奉命率隊到墨西哥追捕維拉（Pancho Villa），在墨西哥受命要在一九一七年到歐洲指揮遠征軍。潘興認為政府和國會本應該在一九一六年春天就要「組織和裝備好五十萬人的部隊和增援部隊，把陸軍和國民兵拉到能夠作戰的水準。」他堅信唯有如此才能勝利。他事後認為，在一九一六年春天時，若把俄羅斯「這個因素計算在內」，法軍在維爾登大捷後士氣相當高昂，英軍的實力「正達顛峰」，再加上美軍五十萬部隊投入西線戰場，「這場戰爭可望在年底勝利結束」。[55]這種說法和所有歷史假設一樣都無法證明，但這位美軍歐洲指揮官的看法不是沒有道理。

索姆河戰役

英軍發動索姆河戰役第一天（一九一六年七月一日星期六）的傷亡人數不只超過英國史上所有單一戰役，也超過許多其他戰爭。那一天的傷亡人數是五萬七千四百七十人，其中一萬九千二百四十人戰死，這與英軍在整場波爾戰爭中戰死一萬六千人、在克里米亞戰爭中戰死二萬人相當，遠遠超過在祖魯戰爭和印度叛亂中的陣亡人數。如果我們做個最極端的比較，巴拉克拉瓦戰役中的輕騎兵衝鋒打了七分鐘，陣亡一百一十人，而索姆河戰役第一天的陣亡人數是就它的一百七十五倍。在這場從一九一六年七月一日打到十一月十九日，為期一百四十二天的戰役中，總計有一百二十二萬人死傷，其中三十九萬八千六百七十一人是英國人。

一九二九年的小說《她的大兵我們》（*Her Privates We*），作者是澳洲僑居英國人士、原為藝術家的士兵曼寧（Frederic Manning），描述了戰場上的真實情況。在眾多一戰文學如格雷夫（Robert Graves）的《再見一切》（*Goodbye to All That*）、索忍尼辛（Alexander Solzhenitsyn）的《一九一四年八月》（*August 1914*）、布里頓（Vera Brittain）的《青春遺囑》（*Testament of Youth*）、雷馬克的《西線無戰事》等傑作中，曼寧這本半自傳的故事在國際上大暢銷。海明威認為，上兵伯恩和他人數日益減少的同袍之間的故事，乃是「我所讀過關於人性在戰爭中最好、最高貴的故事。我每年都會重讀一次，為的是要牢記到底什麼是真實，讓我不會對自己或任何人說謊。」

曼寧的筆名是「大兵編號一九〇二二」（Private 19022），此後作品不多，死於一九三五年，年僅五十二歲。詩人艾略特（T.S. Eliot）和畫家羅滕斯坦（William Rothenstein）出席了他的喪禮，其他人則寥寥無幾。澳洲人向來愛吹捧自己的文學家，但大致上只把他當成海外僑胞。雖然曼寧有辦法把國王來福槍兵團同袍講的粗言穢語描寫得活靈活現，但他顯然不喜歡這些低俗的大兵。他的傳記作者發掘出他人格中多方面的矛盾：

> 曼寧是天主教徒，又是伊比鳩魯派哲學家；他是懷疑論者，又相信神；他是托利黨人，又是民主派；他喜歡隱居，又很會交朋友；他打過最激烈的戰役，但在戰前卻不敢穿越皮卡迪利車站；他是單身漢，和男人女人都保持親密。曼寧的性格複雜、令人迷惑和好奇，精采程度不亞於他的小說。[56]

（小說的書名是借用哈姆雷特台詞的淫穢雙關語：「我們高不到命運女神帽子上的鈕扣……那麼你們是在她的腰上，或是在她的懷抱之中嗎？……」「說老實話，我們是在她的私處〔privates〕。」這種粗言穢語確實會出於大兵編號一九〇二二之口，但很難想像《旁觀者》的一流資深書評家會說出這樣的話。）

《她的大兵我們》的未刪改版本在一九七七年才得以出版，原始手稿中的髒話被完整呈現，

「乞丐」、「母牛」、「他馬的」等用語也恢復原來的粗俗意涵。這些粗言穢語和索姆河戰役中老鼠在砲彈坑中吃屍體與殘肢碎肉等恐怖景象，完全沒有違和之處。它處理的主題和歐文、沙遜及利特伍德（Joan Littlewood）一九六〇年代的劇作《噢，多美好的戰爭》（*Oh! What a Lovely War*）是一樣的，但《她的大兵我們》之所以未能名列第一流一戰小說之林，一個可能的原因是它並不是反戰作品。雖然這本小說寫成於要把一戰描寫成罪大惡極的政治運動高潮時期，但曼寧只將戰爭寫成是恐怖但不可避免的人類處境。「說它（一戰）是反人類的罪行，是忽略掉它的另一半意義，」他在前言中說，「它也是對罪行的懲罰。」貫穿本書的主題是命定主義而非犬儒主義，而二十世紀在其後充滿血腥的歷史，也證明他的分析比一九二〇、三〇年代所流行的和平主義作家更符合實際。

這本小說也沒有批判英國軍官階級。書中一些最吸引人的角色是幾位心力交瘁但人格高尚、在大戰中為兄弟盡心盡力的上尉和少尉。這本小說的力量在於書中人物不會去講什麼政治大道理，而是讓讀者自己去理解西線戰場上的情況。書中雖有一些扣人心弦的作戰場面，但多數場景是在前線後方的駐紮處，士兵們在這裡聊天、打屁、喝酒、操演，有時甚至有不道德的性行為。這和誇大諷刺的《噢，多美好的戰爭》完全相反，後者「不只是出於對統治者的強烈階級仇恨，也是在回應當時的國際形勢……因為古巴飛彈危機和美國日益介入越南。」[57]

有一個關於一次大戰的迷思是，當時的英國將軍都是「貴族出身的騎士軍官，自己住在遠離前線的莊園，卻要幾百萬年輕人去送死，而這些年輕人不是受到愚弄的工人階級，就是多愁善感的中產階級詩人。」[58]但事實上，如同歷史學家尼爾蘭茲（Robin Neillands）所指出的，在西線戰場上四十七名師級指揮官中，只有九名是騎士軍官。[59]多數人是中產階級出身的專業軍人，不是上層階級，而最優秀兩位指揮官是出身上層階級的將軍拜恩（Julian Byng）和羅林森（Henry Rawlinson）。一次大戰時的將軍多屬步兵，年紀將近五十歲，參戰經驗豐富。他們並沒有住在遠離前線的莊園，有多達九十七人陣亡，一百四十六人受傷或被俘。光在盧斯戰役就有三位少將陣亡，這個數目和二次大戰相同。他們都非常英勇，有十人獲頒維多利亞十字勳章，一百二十六人獲頒傑出服役勳章。而參謀軍官（「紅標軍官」）每天都要工作十四小時，對前線瞭若指掌。軍事史學家霍姆斯（Richard Holmes）認為他們是「誠實、勇敢、勤奮」的軍人，「非常了解自己如果犯錯會有什麼後果」。畢竟，他們每天都有兄弟、親人和朋友死在壕溝裡。很多人都錯把他們為了維持士氣而不得不強扮的堅毅當成是鐵石心腸。

既然英語民族的軍隊是在一九一八年唯一還有辦法發動攻勢的軍隊，士氣依然高昂，而且在當年夏天和秋天打了一系列勝仗後已明顯勝利在望，那麼《噢，多美好的戰爭》或艾倫．克拉克（Alan Clark）的《驢》（*The Donkeys*）把陸軍元帥海格爵士描寫成糊塗蛋就是不公平的。事實上，海格絕不是民間謠傳的那種「屠夫加笨蛋」，而是自拿破崙戰爭以來，盟軍將領中最快學會如何擊敗最強敵國的人。拿破崙戰爭打了二十八年，但一九一四年的最高司令部只打了四年。如果當時有辦法不在從英倫海峽到瑞士這四百英里的防線上打壕溝戰，德國人和法國人一定會這麼做，但事實是沒有人有辦法從壕溝中脫身。那些批評盟軍高司令部的人，必須證明能用不一樣的方式打這場大戰。

壕溝戰在克里米亞戰爭、美國內戰、波爾戰爭和日俄戰爭中已成為主要型態，不是什麼新東西。而且，守兵不用一直翻出壕溝或「翻越沙包」去殺敵，一個步兵可能在壕溝待了兩年都沒有參與發動重大攻勢。但當攻勢發動時，傷亡率會高得可怕，而疾病的死亡率倒是歷史上最低。紀律無法單用恐懼來維持。在三千零八十位因為逃兵或怯懦被判死刑者中，只有三百四十六人被真的處死（而整個大軍有超過五百萬人），且通常是為了在特定時機強化某個單位的紀律。[60]只有少數幾個人是一被定罪就被處死。當時的士兵和今天的人相比都是硬漢。他們一般都成長在艱苦環境，沒有過過好日子。但多數英國人之所以願意打仗，除了出於同袍情誼和兵團的驕傲之外，主要是因為他們都相信唯有打勝仗才能確保英國的安全。英國在這場戰爭中戰死了七十萬四千二百零八人，占總人口百分之一點五三，他們不認為這些人是白死的。

索姆河戰役的傷亡讓美國駐英大使佩奇想起美國參戰之前的狀況：

> 有上千位英國婦女來找我（她們的最後一絲希望），希望我能向德國方面查詢她們「失蹤」的兒子或丈夫的去向。她們來自各個階層，有侯爵夫人，也有洗碗女工。每個人講故事的時候都是悲痛中帶著尊嚴，都有不凡的自制力，都溫文有禮、舉止莊重、悲傷又驕傲。沒有人嚎啕大哭……這就是這個民族。[61]

公開表露情緒被認為會傷害士氣，即使是真心哀痛所愛之人，為了愛國還是要自制。佩奇如此寫道：

她們從不哭泣，她們的聲音從不顫抖。我沒有看過一滴眼淚。她們把這當成是偉大和帝國的代價。你只能從她們的沉默中揣度其悲傷。她們盡量不多話，然後就很有禮貌地離開。這個民族能占有五分之一的世界不是偶然的。她們完全不好戰，但當戰爭來臨時，她們比誰都堅忍。

蘭斯唐爵士的和平提議

在一九一六年十一月時，英語世界少有政治人物的分量能比得上第五代蘭斯唐侯爵亨利．佩蒂—菲茨莫里斯（Henry Charles Keith Petty-Fitzmaurice, 5th Marquess of Lansdowne）。他高齡七十歲，是大地主和自由統一黨的重要人物，當過加拿大總督、印度總督、外交大臣、保守黨上議院領袖，政治影響力巨大。一九〇五年時，莫里斯先生和高爾先生在牛排俱樂部打了個賭，賭蘭斯唐會當上下任保守黨首相，但自那時起一連十八年，保守黨都沒組過閣，賭注也就沒有輸贏。蘭斯唐在戰爭爆發時熱烈支持參戰，聯合其他自由統一黨領袖施壓阿斯奎斯派出十萬英國遠征軍到法國。他最小的兒子查理在陸軍服役，兩個月後在伊珀爾戰役中陣亡。一九一五年，他把波伍德（Bowood）的豪宅送給政府，改建成醫院照料傷兵，查理的遺孀薇爾莉特就在這裡當護士。[62]

一九一六年秋，蘭斯唐擔任不管部大臣（Minister without Portfolio）及戰時內閣成員，此時他對於自己強烈支持的戰爭開始感到懷疑，於是在一九一六年十一月十三日向同仁提出一份備忘錄，呼籲和談。蘭斯唐引用貿易局主席朗西曼（Walter Runciman）的報告說：「我們造船的速度趕不上損失的速度」，還預測「海運在一九一七年六月之前會完全中斷」。[63]他還引用農業局局長的「糧食前景」報告，這份報告預測麵包價格會上漲，國內某些地方「不再是能否維持一般耕作水準的問題，而是會不會停止耕作的問題。」海軍大臣也在一九一六年十月十四日提出報告指出，敵人正在增加潛艇的數量、規模和火力，「潛艇造成的困境會愈來愈嚴峻，儘管我們做了種種努力，但似乎不可能有效反制。」

由於人力嚴重短缺，尤其是愛爾蘭不願意派出原預期的十五萬人，而死傷已高達一百一十萬人，包含一萬五千名軍官陣亡，蘭斯唐認為這時應該要討論：

> 再過一年後，文明世界會是怎樣的慘狀，或者我們常聽說的，還要再打兩年或三年這樣的消耗戰。當前沒有人認為我們會輸掉這場戰爭，但我們是否真有辦法在這樣的時間內把敵人徹底擊敗，讓他們接受我們所說的條件呢？

蘭斯唐繼續說：「我們正在殘殺這些島上最優秀的男性人口」，而財政負擔已每日超過五百萬英鎊，「那些無必要地延長這場戰爭的人，他們要負的責任不下於那些無必要地挑起這場戰爭的人。」蘭斯唐指出，盟軍在一九一五年和一九一六年雖然英勇作戰，但戰果甚微，他問道：「我們值得為這麼少的成果付出這麼大的代價嗎？」然後他又細數在義大利攻勢的前景不明、俄羅斯和羅馬尼亞前線薩洛尼卡的局勢、中立國家如美國的問題、法國的「戰爭疲態」。而最有先見之明的一點是，他指出「俄國的內部局勢不容樂觀。在莫斯科和聖彼得堡都出現騷動。俄國在十二個月內換了五位內政大臣，而這第五位的位子也絕不安穩。」[64]

海格爵士在一九一六年十一月二十五日星期六那天的日記中，寫到戰爭大臣勞合．喬治來送他前往法國。「他告訴我他正在慎重考慮政治局勢。蘭斯唐爵士寫了一篇文章呼籲現在就要開始談和，如果海軍部、陸軍部、財政部及其他部會首長沒有把握在明年秋天取得勝利的話。」[65]勞合．喬治很清楚蘭斯唐的影響力。「以蘭斯唐的地位和家世背景來說，」他後來寫道，這份備忘錄「造成很大影響。沒有人能指控他是求和主義者（pacifist），因為他是一九〇四年英法協約的奠基人。」所謂「家世背景」，勞合．喬治指的是蘭斯唐來自顯赫的英國輝格黨家族，他是因為格萊斯頓（William Gladstone）在一八八六年推動愛爾蘭自治才加入自由統一黨。

蘭斯唐跳脫戰爭的激情去思考戰爭結束後的歐洲情勢，這其實相當具有輝格黨人的風格。輝格黨人熱愛生命，對政治卻相當冷靜。從輝格黨人發動一六八八至一六八九年的光榮革命以來，他們就相當精於政治妥協，經常用對英國最有利的方式以談判結束戰爭，很少非打到慘勝不可。拿破崙戰爭會打到底是因為當時是由托利黨的利物浦勳爵執政，而帕默斯頓勳爵則是用巴黎會議談判來結束克里米亞戰爭，蘭斯唐就是遵循此一輝格黨的傳統。（一九四〇年最力主和談的哈利法斯勳爵也是來自輝格黨政治家族，他在一九〇九年才加入保守黨。他的祖父娶了輝格黨首相格雷伯爵的女兒，從一八三二到一八七四年間都在輝格黨政府任職。）

在勞合．喬治事先提醒下，海格向內閣提出一份相當樂觀的一九一七年軍事前景報告。他認為在索姆河戰役勝利之後：「相當一部分德國士兵無力再戰，一有機會就想投降，因為他們厭倦了戰爭，認為勝利無望。」這位總司令進一步指出：「雖然我們在地面上的進展確實不大。但這不重要。我們已經能迫使敵人從防守陣地出來，這就是有價值的戰鬥成果。」[66]蘭斯唐的備忘錄被同事們有禮貌地否決了，因此當阿斯奎斯首相在下個月被趕下台時，蘭斯唐拒絕加入勞合・喬治的內閣，因為後者更急於求戰。

雖然和法國、俄羅斯、義大利等盟國共謀和談相當困難，但在一九一六年十一月時並不是完全不可能。而要德國完全撤出法國、比利時以及占領的土地，也要經過一番艱苦的談判。然而，如果當時能在蘭斯唐於一九一六年末首次提出和談時就達成停火，那麼二十世紀也許就能免於布爾什維克和納粹的恐怖。蘭斯唐所說的「文明的慘狀」比他自己所預料的更為正確。

十二個月後，蘭斯唐公開表示他贊成和談，以其一貫的貴族派頭不顧公眾輿論的反應。在他向內閣提出要和談的這一年內，俄國爆發第一次革命。當年七月，他在自家豪宅給女兒寫信說：「還好波伍德不是在俄國，但如果事態發展得比想像中糟，我們國家也會受到牽累。」而當他公開呼籲要和談時，俄國爆發第二次革命，布爾什維克控制了莫斯科和聖彼得堡。《泰晤士報》拒絕刊登蘭斯唐呼籲「和平」的投書，他又轉發給《每日電訊報》在十一月二十九日星期二刊出，標題是完全無害（但不誠實）的「協調盟國的戰爭目標」。

蘭斯唐立刻被罵翻天，尤其是在諾克里夫（Northcliffe）的報紙上，還好他不在乎人家怎麼看他。「我對報紙的咒罵刀槍不入。」他在十二年前當外交大臣時的一次危機中曾這麼說。稍微軟弱的人是禁受不住這種猛烈攻擊的：朋友跟他斷交，他過去的信件被調查，自由統一黨「正式開除」了他，報紙「批評他是叛徒或特權階級的老朽代表，只想保住自己的財富和權力。」[67]所幸有大批前線士兵和一些人數雖少但聲量不小的英國和平運動人士寫信來支持他。

然而，在一九一七年十一月時，尋求和平的適當時機已過，一年前奧匈帝國皇帝卡爾一世謀和時也許還有機會。蘭斯唐此前已在正確時機用正確的方法嘗試過（就是那份向戰時內閣提出的機密備忘錄），第二次嘗試也算聊勝於無。他在一九一八年三月一日再度投書《每日電訊報》，此時正是德軍在西線發動攻勢把盟軍回推四十英里的兩週之前。此時和談的時機已過，只有徹底打敗德國才能懲罰它四年前挑起戰爭。

勞合．喬治入主唐寧街

在蘭斯唐首次提出備忘錄的一個月後，勞合．喬治火速入主唐寧街十號。他在一九一六年十二月繼阿斯奎斯接任首相，把政府組織和戰爭機器做了一番大改造。他設立新部會，包括勞工部、年金部、船運部和糧食部，並以五人戰時內閣為最高決策單位。他還設立直接向他負責的內閣祕書處，由漢基（Maurice Hankey）領導。首相沒有固定任期，戰爭時期的英國首相若被認為不適任，下台是非常快的，例如說艾伯丁在克里米亞戰爭時被帕默斯頓取代，阿斯奎斯在一戰時被勞合．喬治取代，張伯倫在二戰時被邱吉爾取代。歷史學家海威爾．威廉斯（Hywel Williams）非常推崇勞合．喬治這位「威爾斯的巫師」（Welsh wizard），他甚至說勞合．喬治在位期間乃是英國自護國公克倫威爾以來的最佳政府。

一九一六年十二月之後，勞合．喬治被迫要靠保守黨在下議院的支持，以及在艱難的盟國外交中展現領導能力，才能讓戰爭繼續打下去。他跟「耐煩、忠誠和勤奮」的保守黨領袖博納．勞（Andrew Bonar Law）這位「不可或缺的中流砥柱」的關係，乃是他內閣政府的支柱。他和最高司令部的關係也非常重要。根據其傳記作者格里格（John Grigg）的說法，最高司令部有九成的人私底下看不起他。勞合．喬治曾出於良心反對許多將軍都參加過的波爾戰爭，他更在一九〇九年提出針對上層階級的法案，讓貴族階級失去對預算案的否決權。首相和高階將領不合，尤其是總參謀長羅伯遜爵士（Sir William Robertson）和總司令海格爵士，造成了一些危險的後果。

勞合．喬治並不認為光靠西線戰場上的消耗戰就能打贏戰爭，但將領們的勢力很大，他一直要到戰爭快結束時才敢表示意見。儘管如此，他還是在十二個月內召開過三百零八次戰時內閣會議去嘗試。[68]根據相當欣賞他的格里格的看法，勞合．喬治的外表「嚴重缺乏」英勇氣概（尤其是不敢靠近砲火），身體虛弱，經常懷疑自己有病，喜歡人家奉承，而且有兩個老婆。但他確實是偉大的戰時領袖，能夠向英國人民解釋到底犧牲掉一整代人的生命是為了什麼。

美國武裝起來

潘興將軍在其戰爭回憶錄中這樣猜測德軍最高司令部的意圖：「德國在一九一七年二月一日重啟無限制潛艇攻擊，是為了搶在我們參戰之前盡可能摧毀中立國和英國的船隻。」[69]雖然美國在一九一七年四月就對德宣戰，但直到一九一八年一月，美國遠征軍第一師才抵達法國前線，且一直要到一九一八年六月三日，美國部隊才在蒂耶里堡（Château-Thierry）真正打了一仗。但美國此時已兌現要派出二百萬年輕大兵（所謂的「甜圈男孩」，doughboys）到法國的承諾，並在單一戰役中派出四十三萬部隊攻打德軍。

要讓美國陸軍在歐洲作戰是非常不容易的。如同米德（Gary Mead）的近作《甜圈男孩》（*The Doughboys*）所說，一九一七年四月時：

> 兵力十萬的美軍在全世界排名第十七，和丹麥同級，而且自半個世紀前美國內戰以來就沒有打過仗。美軍只有步槍、短型霰彈槍和幾百把機關槍，沒有戰車或飛機，砲彈加起來只能打九個小時。美國戰爭部完全沒有研究戰爭方式自一九一四年以來的演變，美國最重要的武力還是騎兵。[70]

讓美軍能到海外打這場大戰的首要功臣乃是潘興。一旦近乎無窮無盡的美國部隊抵達西線戰場（一九一八年九月時尚有二百萬新兵在美國受訓），德軍的抵抗意志便瀕臨崩潰。

「四十號辦公室」破解德國海軍密碼

德國在一九一七年九月重啟在薩塞克斯號沉沒後一度暫停的無限制潛艇攻擊，象徵著戰爭進入全新而最危險的階段。由於無法速戰速決，德軍現在不顧一切想把英國餓到投降。[71]但要切斷英國的海上生命線，德國人碰上了尤因教授（Alfred Ewing）這個沒沒無聞的天才，此人有幸也有能力在國家最需要的時候報效國家。一九〇二年末，劍橋大學應用機械教授尤因被第二海務大臣費雪從國王學院請去當海軍教育局長。「我相信海軍有一群過時之輩正在結合起來阻撓這個計畫，」費雪在十二月警告尤因說，「他們還想聯合貝雷斯福德勳爵（Lord Charles Beresford），但勳爵叫他們該把自己放進博物館。」[72]一個月後，費雪又寫信說：「我永遠會在背後支持你，不論上刀山下油鍋！」費雪是白廳政治叢林中的強大助力，尤因也幹得風聲水起，創立了達特茅斯和奧斯本海軍學院。到戰爭爆發時，他已在海軍建立崇高威信，被賦予最重要的任務。

尤因在丹地（Dundee）出生就學，考上工程師，一八七〇年代末在東京大學教書時成為地震測量專家。他是一名活躍的劍橋教授，娶的是來自西維吉尼亞的喬治·華盛頓的曾曾曾孫女。《泰晤士報》發布他的新職位時說：「他展現出的專業知識足以讓他在政府部門中好好發揮。」他一直對密碼學很感興趣，小時候就贏過報紙的猜字謎競賽。[73]

一九一四年八月十四日戰爭爆發那一天，海軍少將暨海軍情報局長奧利佛（Henry Oliver）和尤因一起走進三軍聯合俱樂部吃午餐。奧利佛說海軍部署在英國海岸的馬可尼無線電報站傳來一堆加密訊號，都堆在他桌上，但他不知道這些東西是什麼意思。午餐後，尤因把這些資料拿回他的住處。他很快就看出這是德國海軍的訊號，「若能破譯將是無價之寶」。[74]接下來發生的事情乃是英語民族傳統中最了不起的業餘主義風範，並幸運地得到海軍部全力支持，讓海軍部很早就有辦法破解德國公海艦隊的密碼。由於英國破解密碼實在太成功，戰後甚至有人因此指控英國早就為開戰籌備多年。[75]

幾個世紀以來，艦隊都是使用護衛艦來做偵察巡邏，但在一九一四年時，水雷和潛艇讓這種蒐集情報的方法再也行不通，尤其是在開戰一個月後就有三艘護衛艦（霍格號、克雷西號、阿布基爾號）在巡邏時被單獨一艘U型潛艇給擊沉，死傷慘重。尤因在倫敦的勞合社（Lloyd's of London）、大英圖書館和郵政總局研究密碼本，忙著和時間賽跑。「這是熱情、興趣和為國效勞的時候，」尤因的兒子也是他的傳記作者寫道，「官僚體系的障礙被打破了。因為他受命於海軍部，這讓他可以踏足到最機密的地方。」

這個團隊起初只有幾個人。尤因找來幾位精通德文的朋友幫忙，在他辦公室研究這些文件，「就像用榔頭敲開鐵櫃，想知道裡面是什麼東西。」[76]截獲的電文都寄來給「海軍部的尤因」，每天多達二千件。尤因沒日沒夜地嘗試破解密碼，直到一九一四年十月才休息了一個星期天。

尤因設立了傳奇性的海軍部「四十號辦公室」，專責破解德國海軍密碼。[77]「四十號辦公室」有九十位密碼破解人員，包括五位教授，四位奧斯本和達特茅斯海軍學院的教師，一位倫敦金融城大亨，一位服裝設計師，一位牧師，一位《晨報》樂評人，還有一些傷兵、語言學家、出版家、律師、古代史專家阿德科克（Frank Adcock）和一位塞爾福里奇⑦管家的兒子。

尤因是女性之友，從不歧視女性，而且認為女性在政治上特別擅長。尤因在十年後驕傲地說，「四十號辦公室」的人「有各種年齡、個性、習慣、脾氣」。破解德國密碼這件事實在太重要，不容被愛德華時代的歧視所干擾，一切用人唯才。劍橋國王學院的古典學家諾克斯（Alfred

---

⑦ 編按：戈登．塞爾福里奇（Gordon Selfridge）是英國著名百貨公司品牌 Selfridge & Co. 的創辦人，據說英文中的俗語「顧客永遠是對的」（the customer is always right），就是塞爾福里奇發明的。

Dillwyn Knox）也許是「四十號辦公室」最傑出的人，他被允許在第五十三號房間的浴室工作，因為他認為在有肥皂泡和蒸汽的氛圍中最能破解密碼。[78]另一位國王學院的歷史學家伯奇（Frank Birch）曾在倫敦守護神劇院（London Palladium）扮演寡婦「瑞奇」（Twankey）。[79]這些人都跳脫傳統和離經叛道，很難適應軍方或文官體制，唯有「四十號辦公室」能賞識他們的天才。海軍部也許覺得這些人很詭異，但這些怪胎、書呆子和社會邊緣人搞出來的東西確實讓人驚豔。

尤因回憶說，有些任務只要勤奮、耐心和謹慎就能解決，有些任務卻需要天才的怪癖才能處理。「還好有些成員就是有這種難以言傳的靈光乍現。好些人都有突然神來一筆的靈感，但有那麼兩三個人一旦累積了經驗，靈感就源源不絕。他們可以突然就跳到結論，平庸之輩如我根本難以理解。」[80]事實上，尤因絕不平庸，戰後的報紙喜歡稱他是「白廳的福爾摩斯」、「密碼之王」、「U艇殺手」、「竊聽者尤因」、「海軍部的獵犬」、「海軍間諜大師」。

尤因身材矮壯，有銳利的藍色眼珠、粗大的眉毛和低沉的蘇格蘭口音。在他主持下，位於海軍部舊大樓的「四十號辦公室」規模日益擴大。尤因從他的辦公室指揮運作，而這個單位的名稱「一點都不會讓人有好奇之處」。尤因解碼需要運氣，而運氣來得正是時候：開戰幾星期後，兩艘俄國船艦在芬蘭灣擊沉了一艘德國輕巡洋艦「馬德堡號」（Magdeburg），有一名溺死的通訊官手上還握著德國海軍的密碼本。俄國海軍武官渥科夫（Wolcoff）上尉在一九一四年十月十七日把它交給了尤因。

「馬德堡號」的密碼本一直到一九一七年五月還在使用。尤因回憶說：

這些密碼通常以三個字母為一組。字母有三十一個，也就是二十六個英文字母再加另外五個。我們發現，通常的輸入方式是按照規定好的表以一個字母代替另一個字母。但有時候，如果是極機密的通訊或對象是特定人士，方法就更為複雜，尤其是到戰爭末期。這就讓我的破譯人員有好玩的東西來破解。有些人員的技巧已熟練到不管多難的東西幾乎都能破解。[81]

大約與此同時，有兩位業餘無線電愛好者，一位是叫克拉克（Russell Clarke）的律師，一位是叫希皮斯利（H. Hippisley）的薩默塞特鄉紳，兩人到白廳告訴尤因說他們能從調幅四百的頻道攔截到德國海軍的訊號，德軍從黑爾戈蘭灣（Heligoland Bight）的水道交通到潛艇通訊都使用這個頻道。兩人獲准在亨斯坦頓（Hunstanton）設立監聽站，有專線直通尤因，後來又設了五個站。他們很快就攔截到訊號，包括德國威廉港海軍基地閘門打開的轟隆聲響，這表示有戰艦或巡洋艦要駛往波羅的海。[82]

尤因的鬼才們花了一些時間才破解這種密碼。這種密碼和凱撒大帝時代的換位加密法屬於同一種類型。在初期，德軍不太常更改加密金鑰，但到戰爭後期則每天更改，因為懷疑密碼被破解。然而，「四十號辦公室」此時對德國人的無線通訊已非常熟稔，每天中午就能把密碼破解。當德軍更換新的密碼本時，這些新密碼也能從齊柏林飛船和潛艇截獲。海軍部在多格灘海戰（Battles of Dogger Bank）、日德蘭海戰、大西洋海戰均得益於「四十號辦公室」提供的資訊，但並沒有都發揮最大效果，尤其是在日德蘭海戰。[83]

「四十號辦公室」不只處理海軍的訊息。當德國駐印度領事瓦斯曼（Wassmann）密謀要突擊波斯灣的亞伯丹（Abadan）油管時，「四十號辦公室」通知了英軍，對德國突擊部隊先發制人。德國人逃散，瓦斯曼的行李箱流落到印度事務部的地下室，剛好被「四十號辦公室」的人員發現。行李箱裡正是德國的外交密碼本。很快地，柏林與維也納、柏林與馬德里（再傳往北美和南美）、柏林與保加利亞和土耳其的外交通訊都被截獲。德國想破壞美國軍火工廠、加拿大太平洋鐵路、跨西伯利亞鐵路的計畫很快也被破獲。而歷史上最有名的通訊解碼事件則非「齊默曼電報」（The Zimmermann Telegram）莫屬。

一九一七年一月十六日，德國外交部長齊默曼伯爵（Count Arthur Zimmermann）密電德國駐墨西哥大使埃卡特伯爵（Count von Eckhardt），談到一旦美國和德國因為潛艇攻擊而開戰時要做些什麼。這封電報訓令埃卡特向墨西哥總統提出可和德國結盟（最好還加上日本）對付美國，以收復「德克薩斯、墨西哥和亞歷桑那的失土」。為了確保這封電報送到墨西哥城，德國人採用了好幾條通路。有一封是先從瑙恩（Nauen）傳到長島的塞維利亞（Seyville）給德國駐華盛頓大使伯恩斯托夫伯爵（Count von Bernstorff），然後再傳到墨西哥。另一封則是先交給瑞典駐柏林大使，再經由斯德哥爾摩和布宜諾斯艾利斯（經過英國電報線）傳到華府。而最誇張的是，第三封是以加密附件的形式經由美國駐柏林大使館傳遞。尤因在十年後疑惑的說：「德國人居然用美國國務院及其駐柏林大使館傳遞這種訊息，這算是黑色幽默嗎？」[84]

「四十號辦公室」中的出版商格雷（Nigel de Grey）和長老會牧師蒙哥馬利（William Montgomery）破解了電文。美國已處於戰爭邊緣，英國急著把「齊默曼電報」公諸於世。但英國不能被懷疑在幕後操縱，「四十號辦公室」的存在也不能被人知曉。曝光這份爆炸性的文件有助於讓英語民族站在同一陣線，但前提是不能讓德國人追查到英國情報單位頭上。（格雷在兩次大戰期間服務於麥地奇藝術協會出版社，二戰時又回到布萊切利園破解密碼。）

英國外交大臣貝爾福把「齊默曼電報」的主要內容告知美國大使佩奇，請他傳話給威爾遜總統。威爾遜確認此事為真之後，將電報交給美國報紙，在一九一七年三月一日刊出這個消息，並表示這是美國情報單位發現的。德國人急著找出電報洩露的責任，而美國人民對德國在這封電報中的狼子野心大為憤怒。尤因回憶說：「四十號辦公室的帷幕沒有被揭開。我們靜靜地看著這場風暴發展，看著有些報紙批評說美國情報單位比我們強。而密碼破譯團隊依舊在暗中運作。」[85]

雖然「齊默曼電報」是真實的，但其內容卻非常荒謬。墨西哥想在一九一七年奪回美國南方三州是異想天開，有些歷史學家認為齊默曼伯爵根本是天兵一個。[86]然而，德國幻想和墨西哥結盟完全凸顯出德國對美國的根本敵意，美國報紙和輿論對此反應強烈。這封電報被公開六週之後，威爾遜就宣戰了。

這個故事還有一段軼事。一九七九年七月，內閣辦公室的布理查茲爵士（Sir Brooks Richards）試圖要瓊斯教授（R.V. Jones）刪除掉尤因在一九二七年十二月愛丁堡哲學會的演講內容中的三段文字。該次演講的題目是「一些特殊的戰時工作」，牽涉到「四十號辦公室」在一戰中的角色及一些六十年前的事，這展現出英國政府前事不忘和高度講求保密的特性。[87]內閣辦公室希望刪除的尤因演講內容都和「齊默曼電報」有關，而該次演講早在五十年前就對一千五百人發表過了。這三段內容都和英國常年監聽和解碼瑞典和墨西哥等中立國家的外交密電有關。[88]

維米嶺戰役

澳洲和紐西蘭用加里波利戰役的犧牲來定義自己是獨立的國家，加拿大則把一九一七年復活節星期一的維米嶺（Vimy Ridge）戰役勝利當成建國神話。戰爭一爆發，加拿大總理博登就承諾加拿大會派兵五十萬。加拿大不同地區對此反應不一。例如，儘管這場戰爭主要是為了保衛法國本土，但魁北克只有百分之四點七的役齡男性加入志願軍，西加拿大則有百分之十五點五，安大略有百分之十四點四。一九一四年八月動員令下達後，新成立的加拿大第一步兵師被裝備訓練好送往法國，在一九一五年二月就上戰場，前後只花了六個月時間。

第一步兵師在這兩年間英勇作戰，但一九一七年四月九日的維米嶺戰役遠超出他們的實力。當天早上五點三十分，由四個師組成的加拿大軍團奪下了德軍在西線最堅固的陣地，而這裡正是法國在一九一五年五月和六月間損失十五萬人被擊退的地方。這場阿拉斯戰役是盟軍展開「尼維爾攻勢」（Nivelle offensive）的序幕，先以毒氣和砲火猛攻，再在空中火力支援下，由荷姆將軍（H.S. Home）的英國第一軍和艾倫比爵士的第三軍進攻法肯豪森將軍（Falkenhausen）的德軍第六軍。

當天下雪而濕冷，加拿大部隊腳下的爛泥又濕又滑。四個加拿大師同時進攻，總數超過三萬人。皇家工兵團和加拿大第七步兵旅挖出了長達四英里的四座不同層次的隧道（其中有些保存至今），讓一些部隊得以避免從無人區浴血正面進攻。維米嶺是俯視阿圖瓦平原的斷崖，是靠近阿拉斯鎮的戰略制高點。斷崖有些地方高達六十碼，⑧有縱橫交錯的壕溝、碉堡和天然洞穴，砲火難攻。德國有三排以鐵絲網和機槍護衛的壕溝，加拿大部隊難以往上進攻，但正如澳洲將軍蒙納許爵士（Sir John Monash）所寫道：「加拿大軍團四個師肩並肩作戰，戰力強大。這是能勝利打下維米嶺的主要原因。」

這次行動的主要規劃者是加拿大柯里少將（Arthur Currie），他在此役之後接替拜恩將軍為加拿大軍團司令。他製作了地形模型，仔細做過空中偵察、挖隧道、修建一條輕軌鐵路運送重武器，並在進攻前先砲轟兩個星期共二千五百噸的炸彈。正是柯里發明了「移動彈幕」（creeping barrage），逐步向敵人陣線靠近。在復活節星期一那天，在距前線四英里的地方，柯里的加拿大第一步兵師、布爾斯托少將（Harry Burstall）的第二師、李普塞少將（L.J. Lipsett）的第三師、沃森少將（David Watson）的第四師同時向維米嶺發動進攻。

當天下午，加拿大部隊已拿下大部分目標，三天後又拿下一三五號高地和一四五號高地。德軍試圖反攻，但在黑夜中被擊退。加拿大部隊損失慘重，死傷一萬零六百零二人，其中三千六百零二人陣亡，但與盟軍在兩年前試圖奪下維米嶺相比，這樣的傷亡算是很小。雖然這次進攻無法如預期大舉突破，但奪回了阿拉斯鎮，德軍士氣大衰，維米嶺成為盟軍在隔年發動主要攻勢並贏得戰爭的「定海神針」。如同加拿大第二十八營指揮官羅斯准將（Alexander Ross）日後所言：「加拿大從大西洋到太平洋都在歡慶。我當時就在想，我見證了一個國家的誕生。」

⑧編按：約莫五十四公尺。

法軍譁變

在美國要不要參與一次大戰的辯論中，華盛頓在告別演說中所講的「我們真正的政策，乃是避免同任何外國訂立永久的同盟」，常被引用來反對威爾遜，這句話後來也被用來反對小羅斯福參與二次大戰，以及所有想和歐洲和外國建立緊密政治關係的所有美國總統。在戰爭結束後，威爾遜在一九一九年九月八日於明尼亞波利斯（Minneapolis）的演說中，坦承美國應該早點參戰。他說到德國，「它的軍人早就出書告訴我們他們要幹些什麼」，「但我們視而不見。我們說：『這是一場惡夢。這些人瘋了。這些人說的話不代表他們偉大的政府。這種事難以想像，也不可能發生。』好的，不可能發生嗎？這不是發生了嗎？……世界上的大國都睡著了。」

在一九一七年五月二十五日到六月十日間，西線戰場的貴婦小徑（Chemin des Dames）沿線的所有法國部隊幾乎都發生嚴重譁變。一九一六年二月二十一日到十二月十八日的第二次凡爾登戰役讓法軍傷亡五十四萬二千人，德軍傷亡四十三萬四千人，這讓法軍從此喪失再發動攻勢的意志，結果不只是這場戰爭不想再打下去，甚至在剩下的一個世紀都不想再打仗。隨便挑一座教堂，比如說多爾多涅省（Dordogne）托康聖阿普爾（Tocane Saint-Apré）的一間鄉村教堂的戰爭紀念館就有記載，當時光是為了拿下這個地方教堂，法軍在一九一四到一九一八年的戰爭中就陣亡了六十六人，其中九人拿到英勇十字勳章，二人拿到榮譽軍團勳章。而在一九三九到一九四五年的戰事中，法軍只陣亡了四人。這樣懸殊的比例在法國各地都是如此。

這些譁變對法國和英語民族的聯盟產生深遠影響。在一九一七年夏初的三個星期中，法國幾乎就此退出戰爭，讓德國在一夜之間取得勝利。英國人經常私下表達對法國的不滿。貝爾福首相在一九一七年就說：「保護法國人的面子幾乎成了我們的義務。」這樣的批評算是委婉，但英法聯盟還是在法軍四處譁變的情況下維持住了。

凡爾登戰役的勝利者貝當元帥（Philippe Pétain）的傳記作者寫道，從一九一七年五月進入到六月這段時間：

（軍隊）違紀抗命的情況愈來愈嚴重。簡單來說，本來只是「軍事罷工」，也就是單純不服從命令的行為，現在變成「譁變」，也就是想奪取軍事單位的直接領導權。五月只是抗議受傷士兵的生活條件不佳，到六月就變調成社會革命行動。隨著譁變人數愈來愈多，「停止戰爭！」「放下武器！」的口號也愈來愈響亮。有時甚至整個連隊在森林中失去蹤影。[89]

為了國家的面子，法國人試圖對英美盟國隱瞞問題的嚴重性，這在初期還算成功。

溫莎王室

一九一七年七月十七日，英國樞密院宣布將英國王室的家姓從「薩克森—科堡—哥達」（Saxe-Coburg-Gotha）改為「溫莎」（Windsor），並且拿掉「所有德意志的爵位、儀典、頭銜、封號、榮譽和稱謂」。當時考慮的名稱還有「金雀花」、「約克」、「英格蘭」、「蘭卡斯特」、「埃斯特」和「斐茲洛伊」，但最後採納了斯坦福漢姆勳爵（Lord Stamfordham）建議的「溫莎」，這是愛德華三世的諸多頭銜之一，也是王室經常居住、位於波克郡（Berkshire）的城堡。

這個反德的舉動發生在一次大戰的關鍵時刻，這讓德皇威廉二世說了個條頓式的笑話，他說他很想去看《薩克森—科堡—哥達的風流婦人》⑨這齣戲。巴伐利亞伯爵蒙格特拉（Bavarian Count Albrecht von Montgelas）則更為尖刻地說：「真正的王室傳統在一九一七年那天死去，區區為了一場戰爭，英王喬治五世居然把姓都改掉。」[90]事實上，連英國紋章院一開始都搞不清楚王室到底是姓「貴湖」、「韋廷」還是「薩克森—科堡—哥達」。

此事立刻在英國引起一片正面迴響。所有有德國姓氏的貴族家族都改為英國姓氏，例如泰克家族改成了劍橋家族，並獲得阿斯隆（Athlone）伯爵爵位；巴騰堡家族改成了蒙巴頓家族，獲得米爾福德黑文（Milford Haven）侯爵爵位。王室完全英國化，全國都給予掌聲。英王喬治五世本身是徹頭徹尾的英國人，認為德語是「腐化的語言」。當小說家H・G・威爾斯批評他的宮廷「都是外國人且乏善可陳」時，國王反駁說：「我也許乏善可陳，但說我是外國人那就見鬼了。」

耶路撒冷淪陷

一九一七年九月二日，前一年剛從德意志帝國艦隊司令退休的海軍上將鐵必制（Alfred von Tirpitz）成立了反民主、反和平的「祖國黨」（Fatherland Party）。他在開幕會議上說：

這場戰爭已發展為兩種世界哲學的生死之戰：德意志的哲學和盎格魯—美利堅的哲學。今天的問題是我們能否抵擋住盎格魯—美利堅主義，還是我們要淪為別人的肥料。德國所發起的偉大奮鬥不是只為了德國，而是為了歐陸及其人民的自由，對抗盎格魯—美利堅主義那種侵吞一切的暴政。

除了「肥料」和「侵吞一切的暴政」的荒謬說詞之外，鐵必制基本上是對的。德國史學家費歇爾（Fritz Fischer）在五十年後說，祖國黨的宗旨是「沒有國會、獨裁的一黨制國家」，在一九三三年果然成真，而這和盎格魯—美利堅的多元民主概念是截然對立的「世界哲學」。鐵必制演說後一個月，東方幾百英里的另一大國（俄羅斯）就變成沒有國會、獨裁的一黨制國家。鐵必制的原型法西斯主義、希特勒的法西斯主義、蘇聯的紅色法西斯主義、今天的伊斯蘭法西斯主義，全部都是類似的世界哲學，和英語民族的世界觀截然相反。

當馬克思在一八八三年去世時，博覽群書的英國首相格萊斯頓還沒有聽過他的名字。但三十四年後，一九一七年十月的布爾什維克革命讓馬克思的哲學成為世界上最大國家的教條。英語民族試圖把布爾維克扼殺在搖籃中的巨大努力經常被世人遺忘，但在一九一八到一九一九年間，曾有七千五百名美國士兵、四千名加拿大士兵、一千六百名英國士兵在俄國內戰中站在沙皇白俄這邊，想在列寧的革命危害全人類之前將它摧毀。他們當然失敗了，但其目標是極為高貴的。一九

⑨譯注：《溫莎的風流婦人》是莎士比亞的劇作之一，德皇故意說成是《薩克森—科堡—哥達的風流婦人》。

九九年出版的一本名叫《共產主義黑皮書》（*The Black Book of Communism*）的詳盡法文報告，書中推估蘇聯、中國、柬埔寨和所有共產政權在二十世紀所殘害的人會高達一億人。自一九一七年十月開始，英語民族面對一個全新而殘酷的敵人，其意識形態是要讓全世界都信仰馬克思列寧主義。除了俄羅斯之外，列寧還要把德國和英國都共產化，因為「對於一位革命家來說，這些才是最重要的國家。」[91]由於沒能把布爾什維克扼殺於襁褓，英語民族就得在接下來四分之三個世紀與之搏鬥。

與此同時，在中東戰線上，勞合．喬治下令艾倫比將軍要拿下耶路撒冷獻給大英帝國當「聖誕禮物」，他在一九一七年十二月九日便提早兩星期做到了（當時投降的白旗現在還在倫敦的帝國戰爭博物館）。繼麥加和巴格達之後，鄂圖曼帝國丟掉了第三個聖城。

艾倫比這場進攻是英語民族各部隊合作無間的典範。一九一七年十月三十一日，澳洲第四騎兵團在貝爾謝巴戰役（Battle of Beersheba）進行了大英帝國最後一次大規模騎兵戰。德國元帥法金漢（Erich von Falkenhayn）指揮的土耳其部隊被英軍參謀的詭計所騙。英軍故意派人在偵察時被土耳其哨兵發現，在逃跑時掉落背包，背包裡的文件暗示針對內陸貝爾謝巴的攻勢只是佯攻，而真正的目標是臨海的加薩。法金漢為此把軍隊調去防守根本無人進攻的地方，致命地削弱了他在貝爾謝巴的軍力。（艾倫比在此役中用了很多詭計，完全不符合他的「公牛」外號。這些詭計包括：把耶路撒冷一間旅館假裝成司令部；故意炸毀約旦河上的新渡橋；在河谷中紮營，用帆布做出一萬五千匹假馬，再用驢子拉雪橇製造滾滾煙塵，好像有大隊馬匹要去約旦河喝水。）[92]

英語民族各部隊都對打下巴勒斯坦有貢獻。不只是澳洲輕騎兵扮演關鍵角色，澳洲飛行軍團也對一九一八年九月攻打大馬士革至關重要。丟掉耶路撒冷讓鄂圖曼帝國大失顏面。鄂圖曼帝國在一六八三年攻打維也納失敗後就國勢日衰，但二百三十四年來還能維持千百萬穆斯林對其效忠（雖然未必真有感情）。勝利的西方盟國將把這個搖搖欲墜但基本上還算溫和且可以合作的帝國，送入歷史堆中，此乃威爾遜一片好心犯下的大錯，而這對中東的未來將是大災難。

拉塞福分裂原子

一九一七年，除了美國在世界舞台上的軍事崛起以及布爾什維克革命之外，英語民族還有一項新發明，比前兩者更為重要和影響深遠。拉塞福（Ernest Rutherford）在一八七一年八月生於紐西蘭南島尼爾森附近的斯普林格羅夫（Spring Grove），在十二名兄弟姐妹中排行第四。他的父親是由修車匠轉行的小農，母親是學校老師，兩人都相信教育的價值，不惜犧牲一切讓拉塞福受最好的教育。紐西蘭殖民地成立後的第一件事（其他南半球殖民地亦然）就是創立大學。以牛津、劍橋為範本的大學，連同聖公會教堂、紳士俱樂部、板球場、英國女王雕像、共濟會會所、英國老家的地名、哥德式的國會大樓，這些都是英國維多利亞時代殖民地的標記。就在《懷唐伊條約》⑩為國家帶來和平十年後，紐西蘭最古老的大學於一八五〇年設立。

---

⑩ 譯注：《懷唐伊條約》（Treaty of Waitangi），毛利人和英國政府於一八四〇年二月六日簽訂的條約，該條約使紐西蘭成為英國殖民地。

一八九二年，拉塞福獲得紐西蘭唯一一份數學獎學金。他在基督城的坎特伯里學院（創立於一八六九年）讀了三年後，成為第一位獲准入學英國劍橋大學的「外國學生」。「這是我挖的最後一個馬鈴薯了」，他獲得入學通知時在父母的田裡這樣說。[93]在劍橋大學時，拉塞福估算出固體物質的電子性質，並用無線電波來發射訊號，後來被義大利人馬可尼（Guglielmo Marconi）發現其商業用途。一八九八年二十七歲時，拉塞福擔任蒙特婁麥基爾大學（McGill University）物理系教授（麥當諾物理講座）。在那裡，他進行了他三大實驗中的第一個實驗，發現了放射性原子和元素自然衰變的真相。他在一九〇〇年入選加拿大皇家學會，一九〇三年入選倫敦皇家學會。一九〇八年，他獲頒諾貝爾化學獎，這讓他啼笑皆非，因為他自認是物理學家。

在麥基爾大學，拉塞福還發現了原子核的模型（原子非常小，一百萬個原子排在一起，相當於一個英文句號的直徑。而原子核又比原子小一千倍）。拉塞福提出論文給澳洲和紐西蘭的科學會議。在一戰期間，拉塞福爵士（他當時已受封）在英國研究以聲學方法探測潛艇，並在美國參戰後率團到美國分享這項技術。他出生於紐西蘭，在英國和加拿大做研究，於澳洲和紐西蘭教書，戰爭時又去幫美國，他這個人本身就是英語民族互相合作的縮影。

拉塞福最大的成就在一九一七年，他在提出原子核模型後成功分裂了原子。《紐西蘭名人詞典》（*The Dictionary of New Zealand Biography*）說：

> 用α射線轟擊輕原子後，他觀察到散發出的質子能量要大於射進去的α粒子能量。他從這個觀察正確推論出轟擊已把氧原子轉變成氮原子。他成為世上第一位成功的鍊金士，也是

第一個分裂原子的人，這是他第三個永垂科學史的發現。[94]

兩年後，他成為劍橋大學卡文迪許實驗室（Cavendish Laboratory）主任，後來的查兌克（James Chadwick）就是在這裡發現中子，考克羅夫（John Cockcroft）和沃頓（Ernest Walton）也是在這裡以完全人為的方式用質子來分裂原子。拉塞福在一九三七年十月十九日死於劍橋，原因是太晚去做腸阻塞手術。他的骨灰安葬於西敏寺教堂。

拉塞福發現，原子放射性衰變所包含的能量是化學鍵的幾百萬倍，而所有原子都有這種能量。他希望在人類能和平共處之前，不要發現抽取這種能量的方法，但幸好他錯了。拉塞福在一戰時的發現最終會在英語民族的努力不懈之下，用來結束二戰。一九四五年，核子武器結束了世界大戰，也讓西歐有辦法抵擋史達林龐大的紅軍。

第四章

和平的罪惡感

一九一八至一九一九年

民族主義的時代不會轉瞬即逝，也不會是和平的。

——迪斯雷利首相致布賴吉斯・威廉斯女士（Mrs Brydges Willyams），一八六〇年四月

這不是和平，只是停火二十年。

——福煦元帥（Ferdinand Foch），一九一九年

魯登道夫的春季進攻

一九一八年三月二十一日星期四，魯登道夫在西線戰場發動最強大的春季進攻，這是日德蘭戰役那天之外，盟軍在一戰中最危險的時刻。德軍最高司令部知道美國的兵力在春天過後就要如潮水湧來，遂在三月三日與俄國布爾什維克簽定《布雷斯特—立陶夫斯克條約》，好從東線戰場移來大量部隊。第一波進攻是在阿拉斯和拉費爾（La Fère）之間六十英里的戰線上開打，先用五個小時砲轟了六千發砲彈，再由德國第十七軍、第二軍和第十八軍攻擊由拜恩將軍的第三軍和高福將軍（Hubert Gough）的第五軍所防守的英軍右翼。

在這場進攻中，除了展現將士的堅定與英勇，我們也看到一位傑出的英國將領蒙受重大冤屈，而這份指摘直到多年後才平反。高福的第五軍剛剛接替疲憊而士氣低落的法軍，兵力散布在長達四十二英里的戰線上。德軍之所以無法突破防線直取巴黎（從戰略法則來說是完全可以做到的），完全是因為第五軍奮勇抵抗。他們在長達三十八英里的防線上拚死頑抗，寸土不讓。「很多人在沒有食物飲水下連續戰鬥四十八個小時。」勞合．喬治的傳記作者麥考密克（Donald King McCormick）寫道，「有些營在一天內迎戰兩個德國師，有些營死傷慘重，二百人只剩下二十人，四十八門機槍一度只剩下兩門可用。」[1]

第五軍沒有後備軍力，後側也沒有堅強的防線，以十五個師對抗八十個德國師，在安卡地區（Ancre）擋住了來自索姆河一方的攻勢，後撤不超過維萊布勒托訥（Villers-Bretonneux）。曼徹斯特步兵團的埃爾斯托布上校（Wilfrith Elstob）對兄弟們說的遺言是：「我們將抵抗到最後一兵一卒。」這確實是「軍事史和人類忍受力的壯麗詩篇。在從古到今的戰爭中，人類的精神耐力從未有像一九一八年春天那樣受到考驗。」[2]英國人發現貝當元帥更關心保護巴黎而不願援助海格（法國首都從三月二十三日到八月七日一直被遠程砲轟），遂要求由福煦元帥接任西線戰場最高指揮官。在四月三日於波威（Beauvais）舉行的盟軍戰事會議中，這一點被同意了。潘興也把手下在法國的八個師慷慨交給福煦指揮以因應危機。

在福煦把後備軍力以貝當不願意的方式調動之後，德軍第一波春季進攻於四月五日在蒙迪迪耶（Mondidier）被打住。英軍傷亡十六萬三千人，法軍七萬七千人，德軍傷亡人數則幾乎等於兩者相加。德軍此時還得要面對盟軍新建統一指揮的最高司令部。此時在波威的會議就非常關鍵。在這場會議中，勞合・喬治要為英軍被迫大幅撤退尋找代罪羔羊，要求要把高福撤職。「高福此人完全不可用。」他告訴海格將軍說。事後海格在日記中寫道：「首相看來完全嚇壞了，意志很消沉……在我看來他好像被人附身了」。

高福以一貫的軍官和紳士態度坦然接受，只對欽服他的海格說：「很好，道格拉斯，你很忙，我不多說了。再見，祝好運。」高福時年四十八歲，畢生從軍，就這樣受辱地領命回鄉，薪餉減半，只被告知此事會有正式的調查（但勞合・喬治後來食言）。七個月後，《週日先驅報》記者布萊奇福德（Robert Blatchford）試圖公開高福擋住攻勢沒讓德軍突破的真相。他開頭就寫道：「終於，我要冒險說出這場戰爭中到現在都被官方謎霧掩蓋的最光榮，但也最悲劇的時刻。」

這次撤退的故事從未向國人說明，有的只是模糊的說法、可疑的暗示和不安的沉默。而公眾心中則積累出一種似是而非的懷疑，好像我們的將領和士兵在三月德國人發動進攻前就已失能，我們的第五軍在高福將軍率領下被可恥地痛擊。但事實上，三月的撤退並未讓我們的士兵蒙羞，反而比著名的蒙斯撤退更艱難、更了不起。高福將軍的第五軍是在完全不利的情勢下寸土不讓，不眠不休地打了七天七夜後才撤退。[3]

勞合．喬治在下議院譴責高福，一直要到一九三六年四月三十日，也就是高福被撤職十八年後，才肯認錯。當時他在撰寫自己的戰爭回憶錄，經過一番研究後不得不承認自己弄錯了。他寫信給高福說：「我必須承認自戰後以來，我所得知的事實已完全改變我對這次敗仗責任的看法。你完全被辜負了，換成你的位置，沒有任何將領能贏得這場戰役。」[4]這是很誠心的道歉，只不過辜負高福的正是勞合．喬治自己，他當時不了解事實。第五軍在隔年聚首時，勞合．喬治讓人宣讀了他的一封信，他在信中坦承：「第五軍在面臨崩潰的情況下堅持打死不退，這正是德軍一九一八年攻勢失敗的直接原因。」一九三七年，高福在亞眠抵擋德軍大舉進攻從而保住巴黎的整整十九年後，高福獲頒巴斯大十字勳章。英王喬治六世為他掛上勳章時說：「我想你可以把這當作是國家對你的感謝。」

軍事史學家黑斯廷斯（Max Hastings）準確地總結了第一次世界大戰的核心問題：

> 在西線戰場，從來就沒有快速取勝的方法，因為在一九一四至一九一八年這段期間，破壞性的技術遠勝於通訊和移動的技術。防守方加強防線的速度永遠比攻擊方攻破防線的速度更快，一直到德國被長達四年的傷亡和盟國的封鎖拖垮為止。海格對消耗戰的堅持令人反

感，因為人員傷亡實在太大，但他認為非如此無法戰勝卻是正確的。5

美國的第一場戰役

一九一八年六月初，大量美軍進入西線戰場，在六月三日到四日的蒂耶里堡戰役和六月六日到二十六日的貝洛森林戰役（Battle of Belleau Wood）浴血奮戰。美軍第二、第三師與法軍第十殖民地師並肩作戰，成功把德軍第七軍推回馬恩河對岸。此戰獲勝後，哈伯德（James Harbord）的陸戰隊接獲極度困難的任務，要拿下貝洛森林。他們在六月六日進攻德軍機槍把守的空曠麥田，創下陸戰隊史上單日最高傷亡人數的紀錄，一直到一九四三年十一月從日軍手中攻下吉里巴斯的塔拉瓦戰役（Battle of Tarawa）才被打破。在二十天的戰鬥中，貝洛森林易手多達六次，德軍才終於被迫撤離。美軍傷亡九千七百七十七人，其中一千八百一十一人陣亡。德軍陣亡九千五百人，超過一千六百人被俘。（今天，貝洛森林的官方地名是海軍陸戰隊森林。）

在第二次馬恩河戰役時，美軍第三師再次擊退魯登道夫的攻勢，這是德國在戰爭中最後一次大型攻勢。新抵達的四十萬鬥志高昂美軍讓德軍士氣大減。德軍的埃納河攻勢雖然削弱了盟軍的防線（有三十英里寬、二十英里深），但無法加以突破。到了一九一八年七月中，盟軍發動結束戰爭的大反攻，美軍第一師和第二師正面迎擊德軍第十軍，還有六個美軍師參與戰鬥。

亞眠進攻

要說德國人是在哪一天失去抵抗意志，那可能就是一九一八年八月八日星期四，亞眠戰役的首日。海格要羅林森的英軍第四軍和德貝尼（Eugène Debeny）的法軍第一軍去攻打無防備的德軍第十八軍和第二軍，這兩個軍本以為進攻會發生在更北方的法蘭德斯。加拿大和澳紐部隊發動奇襲，沒有先用大砲轟炸，而是在戰車的掩護下於濃霧中突進，讓德軍措手不及，等到濃霧散去後再用盟軍空中火力支援，共俘獲一萬五千人和四百門大砲，德軍撤退十英里。魯登道夫承認八月八日是德軍的「黑色之日」，私下直說「這場戰爭必須結束」。[6]然而還要再等三個月，盟軍又贏得一系列重要勝利之後，德國人才肯投降。光是在一九一八年九月的最後四天，就有四萬五千名美國大兵死傷。

盟軍的封鎖也是德國國內士氣在一九一八年秋天崩潰的原因之一，德國宣稱有七十五萬人因此被餓死。饑荒很嚴重，貝提海軍上將旗艦上的服務生注意到，前來正式投降的五名德國軍官不但把一隻羊腿啃得乾乾淨淨，其中一人還想把整條切達起司藏在大衣中帶走。

死難者名單

英國在第一次世界大戰的死亡人數，共計士兵九十萬八千三百七十一人，平民三萬零六百三十三人，還有二百零九萬二百一十二人受傷，總動員人數是八百九十萬人。法國總動員人數比較少，是八百四十萬人，士兵死亡一百三十八萬三千人，平民死亡四萬人，四百二十六萬六千人受傷。法國的死亡人數是美國自一七七六年至今所有海外戰爭死亡人數的三倍。美國有五萬零五百八十五人陣亡，二十萬五千六百九十人受傷。傷亡最多的是德國，士兵死亡一百八十萬人，平民死亡七十六萬人，四百二十萬人受傷。俄羅斯士兵死亡一百七十萬人，平民死亡二百萬人，四百九十五萬人受傷。[7]奧匈帝國也傷亡慘重，有九十萬人死亡。加總起來，這場戰爭共動員了六千三百萬士兵（協約國四千二百二十萬，同盟國二千二百八十萬），士兵死亡超過八百萬人（協約國四百八十八萬人，同盟國三百一十三萬人），平民死亡六百六十萬人（協約國三百一十五萬人，同盟國三百四十五萬人）。總受傷人數高達二千一百二十二萬八千八百一十三人。同盟國在一九一四年八月想稱霸世界的野心造成如此慘重的傷亡，令人難以置信的是，僅僅一個世代之後，他們又準備再幹一次。

大英帝國殖民地熱烈回應倫敦的作戰號召。在一九一四到一九一八年間，只有五百萬人口的澳洲派了三十萬人到海外為帝國作戰，其中六萬人沒有回到家鄉。紐西蘭人口只有一百萬出頭，卻派出百分之十一的人口去作戰，其中一萬七千人陣亡。人口八百萬的加拿大派出六十萬人，其中六萬人陣亡。死了這麼多人，就是為了阻止德皇宰制歐洲，但代價還不算是難以承受。

一九一九年三月二十二日星期日陽光普照，從德國返鄉的衛兵師和皇家近衛騎兵在倫敦街頭遊行。遊行長達八小時，泰晤士河兩岸倫敦市中心的街道上人潮洶湧。當時八歲的弗雷澤（Simon Fraser）在皮卡迪利街德文郡宮的陽台上觀看遊行，他就是後來在諾曼第登陸日成為英雄的第十五代勞瓦德勳爵（15th Lord Lovat）。他在近六十後年回憶說：「各部隊受到高聲歡呼久久不絕，恍如奧德賽的巨浪和風雷……我從沒聽過這樣的聲音，幾乎無法呼吸，連空氣似乎都被震動了。」群眾中的老兵向各軍團旗幟脫帽致敬，愛爾蘭衛隊（Irish Guards）的軍樂團演奏聖派翠克節的歌曲行經觀禮台。「歡快的曲調讓我很開心，」勞瓦德勳爵回憶說，「但環顧四周，大人們都淚流滿面，我被嚇呆了。我去到肯梅爾夫人家（Lady Kenmare）的派對。她的大兒子戰死在法國。有句俗語是*Lacrimae rerum*，①一個孩子不了解戰爭的悲劇是幸運的。」[8]

「背後插刀」的迷思

「每次危機他都禁受不住，」邱吉爾曾這樣寫到德皇威廉二世，「戰敗，他逃跑；遇到革命，他退位；在流亡期間，他再婚。」雖然再婚未必是什麼道德瑕疵，德意志帝國在十一月九日變成共和國，隔天威廉就出逃到荷蘭的多倫（Doorn）。鑑於英國和法國當時都有人呼籲要「吊死德皇」，這也許是他最好的選擇，而德意志帝國也就此終結，距離一八七一年他祖父在凡爾賽的鏡廳宣布登基只有四十七年。一九一四年十二月，貝克（Cecil Beck）曾在布魯克斯俱樂部和普里姆羅斯上尉（Neil Primrose）下注十幾尼對一畿尼，賭的是「現任德國皇儲不會繼任德國皇帝」。（但普里姆羅斯沒有付賭債，因為他在白金漢郡連隊服役，一九一七年十一月十七日戰死在加薩附近。）[9]

雖然有不少人哀嘆哈布斯堡王朝、羅曼諾夫王朝和鄂圖曼帝國的終結，卻少有人為霍亨索倫王朝惋惜。我們可以從德皇在一九二〇和一九三〇年代於多倫流亡時寫給他舊日同窗、美國作家、旅行家兼社交名流畢格羅（Poultney Bigelow）的信件，以及他親納粹的明信片中看出他真正的本性，尤其是他用潦草的筆跡寫下：「民主等於布爾什維克主義！」一九二七年三月，他寫信給畢格羅說：「希伯來民族……是國內外最根深柢固的敵人。他們向來是而且永遠是謊言的編造者，以及騷亂、革命、動盪的策劃者，以惡毒譏刺的天性到處散布惡行。如果世人能夠覺醒，就應該對他們施以應得的懲罰。」七個月後他又寫道：「對這些壞透了的罪犯，最好的方法是全面且經常性地在全世界對他們大屠殺。」[10]

納粹和其他極端民族主義者鼓吹一種「背後插刀」（Dolchstosslegende）的迷思，堅稱德國並沒有在戰場上被擊敗，而是被「十一月的罪犯」所背叛，這些人是社會主義者、資本家、猶太人、和平主義者，以及魯登道夫所相信的「共濟會的祕密勢力」。但事實上，德軍在一九一八年夏天和秋天確實在盟軍手上遭受一系列壓倒性的潰敗。但由於德軍在一九一四年取勝時向外擴張，所以德軍是在戰爭還沒打到德國邊界時就投降了，德國本土並沒有遭到蹂躪。一九一四年八月一日，國會議員派丁頓（Oswald Partington）和莫瑞勳爵下注一百英鎊對十英鎊，賭「當歐洲大戰結束時，柏林不會被敵軍占領」，他賭對了。（柏林如果被盟軍占領可能會好得多，因為在

---

① 譯注：*Lacrimae rerum* 直譯為「事物的淚水」或「萬物之淚」。出自古羅馬詩人維吉爾的史詩《埃涅阿斯紀》（*Aeneid*），表達的是對世間痛苦、無常與悲傷的共鳴之情。通常被理解為對人生艱辛與哀愁的體察，帶有一種對生命無常的悲憫。

之後的威瑪共和國時代，首都柏林在一九一九年一月發生了斯巴達克革命，即便未成功，也造就之後動盪不安的時局。②）「背後插刀」迷思之所以會產生，是因為德國在一九一八年十一月投降時，德國軍隊都還在外國領土上。雖然盟軍的封鎖造成饑荒，但德國國內並沒有像一九四〇至一九四五年間被「轟炸機哈里斯」③摧毀。誠如麥克米倫（Margaret Macmillan）在《和平締造者》（*Peacemakers*）一書所言：「如果德國有被更徹底擊垮的話，後來的事情必然會不同。」[11]

「我們的任務是什麼？」一九一八年十一月二十四日，勞合．喬治在伍爾弗漢普頓（Wolverhampton）一場演說中問道，「是讓英國成為適合英雄居住的國家。」三星期後的十二月十四日，勞合．喬治的執政聯盟在大選中拿下驚人的五百二十席。這次大選也被戲稱為「禮券」大選，因為只要有拿到勞合．喬治支持信的候選人就保證當選，這也是對這位「威爾斯巫師」個人的肯定，連邱吉爾在一九四五年的戰後大選中都無法複製這項成就。這提高了勞合．喬治的權威，他直到一九一九年十月都沒有召開過內閣全體會議，而是由少數幾人開會來決策。

威爾遜在白金漢宮

當威爾遜在一九一八年節禮日訪問倫敦時，《泰晤士報》報導說，他受到「如雷的歡呼……這是對他這個人和他所代表的國家發自內心的敬意。」桑赫斯特勳爵（Lord Sandhurst）將之與一九一一年的加冕典禮相提並論，就他這位王室宮務大臣而言，這種比擬很有分量。從中午開始，許多男女和兒童就湧到白金漢宮，「很多人帶著或揹著國旗，當車隊駛來就大力揮舞國旗和手帕。」國王和王后親自到維多利亞車站去迎接美國總統，他們坐著五輛馬車回來，馬夫都身穿全套阿斯科特（Ascot）制服。桑赫斯特認為「非常精采，沒有比這更合適了。」

維多利亞女王紀念碑綁上英國米字旗和美國星條旗，但仍有大批水手爬上紀念碑，基座和階梯上則圍繞著身穿卡其服的皇家女子空軍，以及身穿藍色水手服的皇家女子海軍。群眾沿著欄杆聚集，在下午三點十五分開始喊著：「我們要威爾遜！」一名美國水手爬上白金漢宮圍欄的石柱揮舞星條旗，「用無需擴音器的音量」要群眾為國王歡呼三聲，立即有一萬個喉嚨發出如雷的回應。他接著要大家為威爾遜總統、潘興將軍和海格爵士歡呼，每次群眾皆報以「極度的熱情」。

然後有一名蘇格蘭人帶著英國米字旗爬上石柱，「米字旗和星條旗一道揮舞」，又引起一陣歡呼。「然後各自治領也加入。一名灰藍色制服的澳洲士兵也爬上欄杆，但柱子上已沒有可踏腳處，然後是紐西蘭人……人群愈來愈多，但王宮的陽台打開了，轉移了群眾的目光。先是靜默幾秒，接著就爆出如雷的歡呼。」[12]

桑赫斯特勳爵寫下當時他與宮內大臣法夸爾勳爵（Lord Farquhar）走到陽台的感受：

---

② 譯注：在羅莎·盧森堡等人的帶領下，德國社會民主黨左翼組成斯巴達克同盟，一九一九年一月發動共產起義，被鎮壓後，盧森堡、李卜克內西等領導人被殺。

③ 譯注：亞瑟·哈里斯（Arthur Harris），英國皇家空軍元帥及「轟炸機致勝論」的倡導者，人稱「轟炸機哈里斯」。

> 我先走出去，群眾歡聲雷動，接著是國王和總統，音量震耳欲聾，再來是王后和威爾遜夫人。侍童把王后在停戰時揮舞的米字旗交給王后，王后又拿給威爾遜夫人揮舞。總統脫帽揮舞，歡聲如雷。總統簡短發表講話，但我認為沒人能聽到一個字，我離他這麼近都聽不到。但記者有聽到，這才是重點。[13]

記者報導了王室成員（包括瑪麗公主和康諾特公爵）的反應。「他們稍微往後站，巧妙地承認群眾的熱情是獻給總統的。」威爾遜夫人在頭上揮舞米字旗時得到最大的歡呼聲。王宮前院的傷兵和護士要求要聽威爾遜講話，威爾遜只講了三句：「我非常感激你們對我國的崇高敬意。我希望你們長命百歲，享受你們勝利的成果。」此時飛機越過上空，《泰晤士報》記者寫道：「映著夕陽下閃爍的金光。」

在一戰結束後，不只是在英國，而是在全歐洲，美國在千百萬人心目中的地位有如神話。羅斯（Joseph Roth）在一九二四年的小說《薩伏依酒店》（*Hotel Savoy*，這是他對奧匈帝國的輓歌）中這麼描寫一個退伍軍人的革命分子角色：

> 他愛美國。如果某個營帳不錯，他就說那是美國的。如果某個陣地的防禦工事不錯，他就說那是美國的。如果某個上尉不錯，他也說那是美國的。因為我飛鏢射得不錯，射中紅心，他也說我是美國的。

幽默作家塞勒（R.C. Sellar）和耶特曼（W.B. Yeatman）在《一〇六六年及其全部》（*1066 And All That*）一書中曾這樣描寫一戰後的時期：「歷史來到這個時候，美國顯然是最高等的國家。」正因為美國有這樣巨大的威信，威爾遜總統的「十四點原則」才能成為世界重組的基礎。他在一九一八年十二月從布雷斯特來到巴黎，農民居然在鐵路沿線下跪祈求他順利成功。[14]

威爾遜曾在一九一八年一月八日列舉盟軍作戰的十四項目標，他認為任何和平條約都應以此為中心。其中包括：「公開的和平條約，以公開方式締結」；「絕對的海上航行自由」；「盡可能消除國際貿易障礙」；「採取充分保證措施，使各國軍備減至符合國內維安所需的最低限度」；「自由、開明和公正地對待各殖民地的要求」；德軍撤出俄國領土；德軍撤出比利時並恢復其獨立；德國歸還亞爾薩斯及洛林予法國；根據民族界線調整義大利邊界；奧匈帝國各民族自主發展；同盟國撤出羅馬尼亞、塞爾維亞與蒙特內哥羅；土耳其維持主權，但不能保有帝國；波蘭獨立；最後，「必須根據專門公約成立一個普遍性的國際聯合組織，使大小各國同樣獲得政治獨立和領土完整的相互保證」（這就是國際聯盟）。這是一張振聾發聵的清單，但也為未來布下危機、陷阱和嚴重的問題。

當然，美國之所以能在道德上領導世界上其他國家，是因為美國的國內殘殺已在二十世紀初結束。吉卜林在其自傳中就說：「我從來就想不通，一個把大陸上原住民滅絕得比其他現代民族都徹底的國家，居然會自以為是天佑的新英格蘭群體，可以為殘忍的人性立下典範。我曾質問老羅斯福這種弔詭，而他的反駁激動到連史密森學會用來陳設印第安人文物的玻璃櫃都在震動。」

自治領要求託管

英國根本反對所謂的海上航行自由，認為這是在限制其此後的海軍活動。幾個自治領也懷疑「自由、開明和公正地對待各殖民地的要求」，是為了不讓他們統治他們流血打下來的殖民地。一九一九年一月二十三日，大英帝國的領導人們，包括英國的勞合・喬治、加拿大的博登、紐西蘭的梅西（William Massey）、澳洲的休斯（William Hughes）、南非的波塔（Louis Botha）及其副手史末資，一同與包含威爾遜在內的國際聯盟十人委員會開會，希望能繼續統治他們從戰敗國（尤其是德國和土耳其）奪來的領土。英國控制了巴勒斯坦、美索不達米亞、喀麥隆和德屬東非，紐西蘭拿下了薩摩亞，南非拿下了德屬西南非（約為今日的納米比亞），誰都不想放棄。加拿大沒有奪得領土，但完全支持其他國家的征服權利。

時任殖民大臣的邱吉爾後來回憶說，這場會議「演變成脣槍舌劍」。[15]威爾遜一度說：「休斯先生，您的意思是說，在某些情況下澳洲要和整個文明世界作對嗎？」休斯很乾脆地回答說：「就是這樣，總統先生。」最後，威爾遜不得不接受博登和波塔提出的妥協方案，讓這些殖民地以「國際聯盟託管地」（League of Nations Mandate）的名義繼續被統治（一般來說都統治得很有效率、正派和公道）。大英帝國沒有因為戰爭而變得弱小，反而把領土擴張到前所未有的範圍。阿斯奎斯和格雷在一九一四年時都沒有擴張的意圖，但五年之後，德國在非洲和亞洲的殖民地都託管給英國，超過一百萬的英國部隊駐紮在中東。[16]《凡爾賽和約》讓大英帝國登上頂峰。大英帝國因為這個條約變得廣袤無比，當燃煤蒸汽郵輪在一九二二年環繞世界時，除了南大西洋從亞松森到千里達這一段三天的航程之外，每一個晚上「都可以安全地停靠在有英國保護的港口」。[17]

各自治領都獨立簽署《凡爾賽和約》，並以各自的名義加入國際聯盟，此乃其走向獨立的重要里程碑。在一戰期間，大英帝國動員了將近九百萬人，其中有三百萬來自英國本土以外。加拿大、澳洲和紐西蘭的人口都很少，但總共動員了超過一百萬人，這樣的貢獻必須被承認和獎勵。在一九一九年時，「他們不可能再把外交和軍事讓給英國去決定。在第一次世界大戰後，英國必須明確給予這些自治領在某些領域的獨立自主性。」[18]在貿易和關稅上，這些自治領早就財政自主，但在一九二一年，渥太華開始首次派出駐美大使，並出席該年的華盛頓會議討論軍備限制議題，加拿大、澳洲和紐西蘭也各自獨立參加。相較之下，在一九〇二年談判英日同盟時，他們全部都由英國代表。新的獨立性造成如何維持帝國一體的問題，而貝爾福在一九二六年的帝國會議中解決了這個問題。④分裂對作為「頂尖力量」的英語民族而言沒有任何好處，反而可能失去一切。

自從一八三五年的「麥考萊教育綱要」⑤以來，英國人就設想要在培養好接班人之後，主動

---

④ 譯注：在一九二六的帝國會議上，各方同意了《貝爾福宣言》，該份宣言承認大英帝國內的各自治領從今以後將與英國以相同的地位在帝國內存在，對外則以「大英國協」（British Commonwealth of Nations）的形式在國際中存在。

⑤ 譯注：湯瑪斯・麥考萊在一八三五年針對印度的教育問題寫了一份綱要，他主張英國海外殖民的目的不只是掠奪利益，還要教化殖民地人民。他呼籲東印度公司要對印度人施以英語教育，教授西方的科學和文化，目的是教育出一個有現代知識的階級，再由這個階級去傳授知識給其他印度人民。這份綱要產生極大的影響。

終結帝國統治，這使英國成為人類史上第一個在建立之初就預設了終結日期的帝國。但它現在因為《凡爾賽和約》而擁有史上最多的領土，轄下有許多像埃及這樣的保護國。而正當它的領土擴大到極點時，它的弱點也愈來愈擴大。最明顯的就是它在過去四年的戰爭中失去了九十萬八千三百七十一名最優秀、最英勇的年輕人。

國際聯盟公約

國際聯盟公約的草案在全世界引發激烈爭辯，尤其在美國，輿論對於這個新興強權是否應該被一個超國家組織綁住手腳相當分歧。知名且有分量的魯特的看法，可說是深謀遠慮。魯特一八四五年二月出生於紐約州柯林頓鎮，擔任過麥金利總統和老羅斯福總統的戰爭部長、共和黨全國委員會主席、國務卿、美國國際法學會會長、美國律師協會會長、紐約州參議員。他還在一九一二年獲頒諾貝爾獎。他是美國建制派菁英的代表，但他對聯盟憲章的幾個關鍵部分感到不滿，威爾遜必須討好他來支持其心血結晶。

一九一九年三月二十九日，魯特公開致信給共和黨全國委員會，表達他對國際聯盟公約草案的看法。他說這個方案極具價值，但也有「嚴重的缺失」需要解決，包括：沒有強制要求各簽約國在開戰前要先經過仲裁；雖然有提到要設立國際法庭，但如何運作的細節不得而知；美國必須在國際聯盟以外繼續維持「門羅主義」；而為了保持所有國際聯盟成員國的領土完整，各國的疆界就不可以變更。對魯特來說，「這不但沒用，更是胡搞。變化和成長是生命的法則，上一代人不可以把自己對國家成長和權力分配的看法強加給後代子孫。」[19]魯特曾在一九一七年三月革命後率領三十三人外交代表團前往俄羅斯，非常清楚俄羅斯、德國和東歐陷入無政府狀態的危險。他希望國際聯盟能夠成立，但不希望對長期和平有害無益。他認為關於軍備限制和移民問題也有需要修改之處，但他還是下結論說：「我認為加入這項條約乃是美國的明確任務。」但美國最終沒有加入。

一九一九年三月，《大都會》雜誌（*Metropolitan*）刊出了一篇文章，在其中，老羅斯福（他在一月六日就已過世）提出相當孤立主義的論調，這被「保衛美國獨立聯盟」此類組織大肆宣傳。「我們和德國的仗已經打完了，」老羅斯福寫道，「我不認為應該派兵到世界另一邊去巡邏萊茵河、去監管俄羅斯，或去介入中歐或巴爾幹……墨西哥才是我們的巴爾幹半島。」可悲的是，美國真的聽進去也奉行了老羅斯福的遺言。但我們可以思考，假若美國在一九一九年三月之後的二十年中真的有派兵到大西洋的「另一邊」，如同在一九四五年後的半個世紀中一樣，情況將是如何呢？

這些部隊將「巡邏萊茵河」，阻止希特勒在一九三六年重新軍事化萊茵地區，也將「介入中歐」，阻止納粹在老羅斯福那篇文章發表二十年後進軍布拉格。這兩件事情，美國在一九四五年以後都做了，而且做了遠超過二十年。簡單說，如果美國在一九一九年有積極參與協議，本可以拯救世界免於悲慘和流血，對文明的貢獻本可以遠大於在墨西哥所能為。「整部條約乃是威爾遜先生的精心構想，並以美國的合作為先決條件。」英國凡爾賽代表團成員尼科爾森（Harold Nicolson）認為。[20]但隨著會議進行，用尼科爾森的話來說，代表們慢慢意識到美國可能不會批准條約，雖然「我們都不提，但卻像幽靈一樣在所有的會議中糾纏著我們。」[21]

在去世前不到兩個星期，老羅斯福曾寫信給吉卜林說，威爾遜的父母出生於英格蘭和蘇格蘭。他還說：「我一直堅信，除非我們美國文化完全成熟，不受任何歐洲文化影響，既不互相厭惡，也不阿諛奉承，大英帝國和美國之間才會真正互相理解。」他否認「威爾遜的追隨者、新芬黨人、親德派、社會主義者及和平主義者」指控他親英的說法。但他認為，「由於文字（和口語不同）幾乎完全一樣等因素，我認為整體來說，就算不去積極把兩邊拉近，兩國人民還是會自然覺得比較親近。」[21]老羅斯福很討厭有些「善良、肉麻、出自好意的人一直想拉近英國人民和美國人民。」這讓他想起他認識的一個慈善家，因為憂心紐約警察和消防員一直不和，這位有錢人就租下洋基球場舉辦棒球聯誼賽好讓兩邊「在一起」。但第一局就因為裁判的判決有爭議，兩邊立刻「打在一起」，上千名「穿著制服的壯漢」打成一團。

印度叛亂

一九一九年四月十三日星期日下午四點三十分，一支七十五人的地方特遣隊（其中五十人帶著步槍），奉陸軍准將戴爾（Reginald Dyer）之命，前往旁遮普省，阿姆利則（Amritsar）的札連瓦拉園（Jallianwala Bagh）鎮壓一場非法政治集會，現場有一萬五千到二萬人。這五十名步槍兵（主要是尼泊爾廓爾喀人和俾路支人）沒有事先警告這些赤手空拳的群眾就對他們開火，持續了十分鐘，每人平均發射三十五發子彈後才被喊停火。這支特遣隊離開現場，留下三百七十九人死亡，約一千人受傷。[22]

雖然有人認為戴爾此舉阻止了第二次印度叛變，但他還是被剝奪指揮權召回英國。他沒有被強迫退休，但他也不會再擔當任何職務。軍官們抱不平說，戴爾是在支援民政當局，執行令人不快但確屬必要的職務，但英國政府和印度政府都背叛了他。而對印度自治運動來說，阿姆利則大屠殺無疑是上天贈送的宣傳大禮。

這場屠殺必須從其政治脈絡來理解。甘地在該年二月發動了非暴力運動，以消極不服從的手段爭取印度自治。但局面很快就失控，甘地溫和守法的運動和他身邊的支持者，完全壓不住印度獨立運動中較為暴力的分子。三月三十日，德里陷入無政府狀態。在接下來一星期，地方騷亂波及到整個旁遮普省，進入全面叛亂的局面。甘地在四月九日被捕也無法讓事態平息。

四月十日的事件直接導致了戴爾前述的行動。阿姆利則有眾多錫克教徒、穆斯林和印度教徒，全印國民大會黨明年將在此召開大會要求印度獨立。當地兩名煽動人（伊斯蘭教的克奇魯律師和印度教的帕爾醫生）在四月六日星期日各自發動罷工，不顧官方禁令。四月八日，副局長爾文（Miles Irving）向拉哈爾（Lahore）請求增援，因為他手下只有七十五名武裝警察和一百名非武裝警察，而這座城市有十五萬人口。

四月十日早上，爾文逮捕了克奇魯和帕爾。消息一傳出，暴民就開始攻擊駐守在阿姆利則鐵路交會處的小支英軍和印度警察（阿姆利則是重要的中轉站和貿易中心）。部隊受命開火以防糾察線被突破，造成二十名暴民死亡。在阿姆利則另一處，暴民開始攻擊歐洲人，現場警察消極沒有制止。有三名銀行官員在辦公室被殘虐致死，橫屍街頭。另有兩名官員在集貨場附近被殺。一名女性傳教士謝伍德女士被拖下腳踏車，在地上被毆打致死。此時還出現許多海報，指控英國人在阿姆利則強姦印度婦女，呼籲印度人要「汙辱」和「趕走」英國婦女。[23]和英國人有關的建築物也被破壞毀損。

一個完全靠威信才能統治的帝國（數量極少的英軍要控制有上億多族群人口的次大陸），對這種行為絕不能息事寧人。所以關鍵在維持威信，沒有了威信，大英帝國在印度會一夜間灰飛煙滅。（英軍在印度一直為數不多，靠的是地方合作而不是武力。在一八八五年，當地人和英軍的人數比是四千二百一十九比一。）

到了四月十日黃昏，包括二百六十名廓爾喀人的增援部隊從拉哈爾趕來。爾文把正式指揮權交給賈朗達爾旅（Jullundur Brigade）的指揮官戴爾准將。毫無疑問的是，如果四月十日在阿姆利則這種殺人放火式的暴亂擴散到整個旁遮普或北印度，一定死傷慘重。戴爾手上只有一千二百名英軍和地方部隊來維持幅員相當於約克郡大小的地方秩序。他在晚上九點奉命後，立刻公告禁止所有遊行、集會和示威，「所有集會都將以火力驅散」。這樣明確的命令必須以武力執行，不然只會適得其反，證明英軍缺乏決心。

部分是為了恢復秩序，部分是為了他所說的「我們認為婦女是，或者說應該是神聖不可侵犯的」，戴爾下令任何印度男性若要在早上六點到下午五點間通過謝伍德女士被殺的那條街，都要用爬的。這道命令將持續五天，目的是為了防止有人對這件事「幸災樂禍」，但它很快被稱為「爬行令」，許多人質疑戴爾的動機。事實上，這種「花招式處罰」在當時的印度很普遍，例如說，在卡蘇爾（Kasur）可以用跳躍運動這類羞辱性懲罰來代替強迫勞動；詩人如果寫詩讚頌英國的戒嚴令並到市場上公開朗誦，就可以免受體罰。有些獨派分子故意去遵守爬行令以諷刺戴爾，結果有人爬了三次後就被制止，不准再爬了。[24]

很多人用戴爾的人格特質來解釋他的作為。他的父親在第一次印度叛變前就移居印度，這是否讓他對印度暴民有恐懼感？據說他在參謀學院不太與人來往，這是否反映他心理有問題？戴爾會說流利的波斯語、旁遮普語和其他印度方言，這又能說明什麼？事實上，正如歷史學家邦德（Brian Bond）所指出，在戴爾長期的軍旅生涯中，「從未有任何不負責任或嗜血的潛在跡象。婚姻幸福，受同僚和屬下愛戴，軍事能力優異，戴爾絕不是印度宣傳家所描繪的怪物。」[25]

戴爾用飛機監控阿姆利則的情勢，在四月十二日把部隊和兩輛裝甲車開進城，只有一些群眾對他辱罵，他也只逮捕了兩個人。第二天早上，他再度大張旗鼓發出命令，禁止在市內十九個重要地點公開集會。戴爾用烏爾都語和旁遮普語再三宣告，任何集會都將被武力驅散，讓阿姆利則百分之九十的居民都聽得懂。任何有點知覺的阿姆利則人都知道那天去參加政治集會，會有什麼後果。

當天下午一點，戴爾得知在四點鐘將有一場集會，藐視他的公告，他認為這是把叛亂扼殺於萌芽之時的良機。四點過後不久，戴爾一得知集會開始，就下令把小支部隊開進札連瓦拉園。這處園林的入口處很小，兩台裝甲車沒有進去。他看到一百碼外的空地上有大批群眾，四面都有房子。不管印度宣傳家後來怎麼說，但這個公園事實上有三、四個出口可以離開，圍牆也很矮不難翻越。群眾雖然沒有槍枝，但很多人帶著棍棒（lathi）。戴爾的幕僚布格斯上校害怕群眾會一湧而上，造成流血災難。於是戴爾下令對群眾中心位置持續開槍，只留下足夠能掩護部隊返回基地的彈藥。他們害怕個別往前移動會遭到報復，只好把受傷者留著不管，而隨後的宵禁則讓死者躺在地上一整夜。

雖然這恐怖的一天尚有許多爭議，但它確實在一夜之間就讓旁遮普穩定下來。四月十八日後，整個地區都沒有再開過一槍。印度商人和店家立刻組成代表團，感謝將軍阻止了搶劫和破壞。他還收到許多謝禮，錫克教信仰中心黃金大殿（Golden Temple）的守護人還把他封為榮譽錫克教徒。倫敦《晨間郵報》（*Morning Post*）的讀者為他募集了二萬六千英鎊的後續訴訟費用。旁遮普副總督奧德懷爾（Michael O'Dwyer）也以官方身分肯定戴爾在四月六日的作為，並在其自傳中寫道：「戴爾的作為不只是殺掉了阿姆利則的叛亂者，而是在消息傳出去後，防止叛亂擴散到其他地區。」

戴爾的師部長官班尼昂將軍（William Benyon）也出面聲援，說戴爾的「強力作為阻止了拉哈爾地區進一步動亂」。印度軍事行政首長哈德森（Henry Havelock Hudson）也向印度立法會強調，以阿姆利則在四月初的局勢來說，採取嚴厲手段會被視為謀殺，但溫和只會被視為軟弱可欺。「當叛亂衝著政府而來，」他結論說，「這已經等同於宣戰。作戰可不能按照我們在和平時期所習慣的人道標準。」印軍總司令也贊同說：「半開化的當地人……只會把寬容當成軟弱。」就連羅馬天主教大主教希姆拉（Simla）也寫道，戴爾「拯救了旁遮普，而在許多人心目中，他也拯救了印度。」

但儘管有這麼多知情者聲援，這些人都對印度很熟悉，都有管理印度的職責在身，但戴爾的專業名聲還是被徹底抹黑。杭特勳爵（Lord Hunter）主持的調查委員會舉辦了聽證會，未經法院審判，就對戴爾做出了判決。委員會成員沒有一個有管理印度的經驗，三名印度籍律師中有兩名對旁遮普政府懷有敵意。調查侷限於發生在孟買、德里和旁遮普的事件，完全不管戴爾說他此舉也讓阿富汗打消發動攻擊的念頭。⑥對戴爾心懷敵意的當地證人並沒有被要求宣誓或交叉詰問，也不准戴爾聘請律師。「我只能執行令人厭惡和可怕的任務去鎮壓動亂，」戴爾對委員會說，「不然就得為日後的流血負責。」在報告中，杭特委員會多數人都批評戴爾沒有事先警告群眾就開火，而且持續開火，三名印度律師還獨自提出一份更為尖刻的少數派調查報告。

雖然印度政府在一九二〇年五月致函給印度辦公室，提到「這場動亂有波及和影響印度其他地方的危險」，但長期同情印度自治運動的印度事務大臣蒙塔古（Edwin Montagu）採納了杭特委員會的觀點，尤其是少數派的觀點。戴爾被解職，召回英國，但保留了陸軍退休金。他在一九二一年十一月中風，一九二七年去世。

今人對戴爾的作為依然是一面倒的譴責。二〇〇五年，傳記《阿姆利則屠夫》（*The Butcher of Amritsar*）的各種評論都稱其為「無法原諒的暴行」、「國家恐怖主義」、「令人作嘔的罪行」、「英國善良統治印度的紀錄中最血腥的一筆」。[26]有某位歷史學家指出，此事除了損害大英帝國的威信，被世人批評殘忍無情外，更讓當時的英國軍官相信：「在最後關頭，英國人不敢使用武力鎮壓暴亂。利用威脅或經過計算的暴力，就能讓英國人一寸一寸放棄權力。」[27]甘地就看出英國

⑥ 譯注：一九一九年五月六日，第三次英國—阿富汗戰爭爆發，阿富汗當時可能利用旁遮普的動亂入侵印度。此戰結束後，阿富汗正式獨立建國。

缺乏動武的意志，終究會被迫妥協。

時任戰爭大臣的邱吉爾在下議院說，阿姆利則事件是「極端的事件，駭人聽聞的事件，惡毒至極的事件」，並批評戴爾「不只想恐嚇其他群眾，還想恐嚇整個地區或國家」。這確實沒錯，但如果阿姆利則、旁遮普地區或北印度都陷入暴亂，那死的就絕對不止三百七十九人。（值得一提的是，一九八四年六月六日，印度政府派出戰車攻打阿姆利則黃金大殿內的錫克教極端分子，殺了二百五十人。下令的是甘地夫人〔Indira Gandhi〕，但她沒有成為過街老鼠，因為她不是像戴爾那樣的英國帝國主義者。）

飛越大西洋

一九一九年六月十四日和十五日，艾科克（John Alcock）在布朗（Arthur Whitten-Brown）的導航下，從紐芬蘭的聖約翰斯（St John's）飛越大西洋，降落在愛爾蘭克利夫登（Clifden）的一片沼澤。五個月後，南非的史密斯兄弟從倫敦豪恩斯洛（Hounslow）飛往澳洲的北方領地，航程二十八天。這四個人都被喬治五世封為騎士。四個人都分別獲得《每日郵報》和澳洲政府提供的一萬英鎊獎金。《紐約時報》的頭條是：「艾科克和布朗飛越大西洋；十六個小時又十二分鐘飛越一千八百九十英里；時常要在濃霧中倒飛而行。」生動地捕捉他們暴險的性質。這次飛行碰到引擎故障和濃霧風雪，布朗還得不斷爬到機翼上為引擎清除結冰。他們開的是改裝過的維克斯—維梅轟炸機（Vickers Vimy bomber），平均時速一百一十九英里。幾個月後，艾科克在飛往巴黎航空展時不幸身亡，得年二十七歲。布朗則活到一九四八年。西斯洛機場在一九五四年為兩人豎立紀念雕像。世界被縮小了，英語民族的距離被前所未有地拉近了，而扮演先鋒的正是艾科克和布朗。

鑿沉在斯卡帕灣的德國公海艦隊

在《凡爾賽和約》簽定前一個星期，有一事件發生，此事預示了德國此後必將滿腹怨恨想要報仇。根據一九一八年十一月十一日的停戰條約第二十三條，德國公海艦隊的七十四艘船艦必須交給盟國暫時留置，或停泊在中立港口。最佳地點是奧克尼群島的斯卡帕灣。這支強大且從無敗績的艦隊和二萬名船員遂開往福斯灣（Firth of Forth），迎接他們的是貝提上將率領的二百五十艘船艦，其中大部分屬於皇家海軍大艦隊和美軍艦隊，包括四十四艘主力艦。在開往斯卡帕灣之前，德意志帝國的國旗被降下來，彈藥被移除。抵達後，艦上人員只剩下四千五百六十五名水手和二百五十名軍官、士官，後來更減少到只有一千七百人。

和約簽定於一九一九年六月二十八日，簽定前幾天公布了和約中的海軍條款，德國船艦將交付給盟國，不會再返回德國。「有好幾天，」船隊指揮官羅伊特少將（Ludwig von Reuter）說，「大家心中都像壓上鉛塊。」於是在一九一九年六月二十一日那個風和日麗的星期六早上，德國公海艦隊決定復仇。

在英軍第一戰鬥群離港去做晨間魚雷訓練後，羅伊特在十點三十分向他的艦隊發出訊號。

「段落十一，確認。」一個小時後，所有船艦都確認收到訊號。羅伊特的船打開通水閥門，「讓北海的灰色海水灌進來」。[28]十二點十分，舍爾上將在日德蘭戰役的旗艦「腓特烈大帝號」率先自沉。在接下來五個小時中，又有五十一艘船沉入斯卡帕灣。下午五點鐘，戰鬥巡洋艦「興登堡號」最後沉沒。

當天中午正好有一群斯特羅內斯高中（Stromness Higher Grade School）的學生去基地參觀，他們清楚看到這些黑色的戰艦，「這些巨大的船隻突然無預警地，幾乎同時往右或往左傾斜。」其中一人在多年後回憶說：「有些船往前翻倒……有些船沒入海中，只看得到桅杆和煙囪。」蒸汽從船上的排氣口湧出，發出「可怕的嘶嘶作響」。基地方圓幾英里的海面上散落著沉船的遺骸，包括救生艇、吊床、救生圈、油、櫃子、桅杆和無數零碎雜物。（在廣島核爆後，世界上許多金屬都受到輻射汙染，但這些船上的金屬因為早就沉沒在海底，沒有受到汙染，遂被回收製作一些敏感的科學儀器。）

沉船時唯二在現場的英國船艦是驅逐艦「維士帕號」和「維加號」，它們電請戰鬥群所有船艦全速返回基地。皇家海軍成功把擁有十五英寸重砲的「巴登號」，以及「紐倫堡號」、「埃姆登號」和「法蘭克福號」等三艘巡洋艦拖到岸邊，但其他主要艦艇都沉沒了。九名德國水手在過程中被射殺，但沒有人溺斃。英軍上將弗里曼特爾（Sydney Fremantle）回港後只能把羅伊特及其參謀叫到旗艦「復仇號」上，大罵他們「違反海軍的榮譽」。他後來回憶說：「他們面無表情，不發一語，喀嗒喀嗒地下了樓梯。」海軍情報處軍官托伊（Francis Toye）則認為弗里曼特爾只是惺惺作態，因為身為海軍上將，「在他心中，就和任何人一樣，其實很高興如此解決掉一個危險難解的問題……今天若立場交換，英國海軍上將也會這麼做。他一定會的。」[29]

隨著四十萬噸敵軍戰艦在一九一九年六月二十一日下午五點，突然消失在斯卡帕灣，英語民族與其他國家的力量對比登上一個世紀以來最高峰。皇家海軍擁有全世界將近一半的主力艦，比索爾茲伯里勳爵在一八八九年提出的「兩強標準」（英國海軍的力量要等於排名在後的兩個國家海軍相加）更為強大。皇家海軍上一次擁有如此海上霸權，還是一百一十四年前特拉法加戰役之後，英軍當時擁有五十七萬噸的艦隊，而法國、西班牙、荷蘭加起來是三十六萬噸。[30]

那個星期六是一年當中暮色最晚降臨的一天，這暮色將帝國團團圍住——大英帝國看似剛剛登上顛峰，實則走向漫長、緩慢而痛苦的衰落。當威爾遜在一九一八年節禮日發表演說時，《泰晤士報》記者看到白金漢宮上空的飛機「映著夕陽下閃爍的金光」，正好用來比喻國力來到頂點的大英帝國。

一九一九年六月二十八日星期六，也就是斐迪南大公被刺殺五年後，和平條約在凡爾賽宮簽定。年輕軍官和外交官站在鏡廳外頭的桌椅上，伸長脖子要看勞合・喬治、克里蒙梭（Georges Clemençeau）、威爾遜和奧蘭多（Vittorio Orlando）簽署文件。「去睡吧，煩死了！」英國代表團成員尼科爾森在那天晚上寫道。後來他問貝爾福說，為什麼在畫家奧爾彭（Orpen）所畫的巴黎和會簽約儀式中，只有他（貝爾福）的眼光望向別處。貝爾福回答說：「我不忍盯著遭受痛苦的人。」和約的結果是讓七千萬德國人被一系列中小型國家包圍，形成「警戒線」（cordon sanitaire），而正如一位歷史學家指出，這些國家「內部不穩定，經濟上又日益依賴德國，只能靠遠方大國的善意和援助才能維持獨立。」[31]

奧匈帝國和鄂圖曼帝國就像本來沒人欣賞的舊花瓶，直到被打成碎片無法復原時才有人珍惜。《特里亞農條約》（Trianon Treaty）和《色佛爾條約》（Sèvres Treaty）的可悲之處在於，花瓶不是意外被打破，而是被凡爾賽那些自大的人刻意摔碎。霍亨索倫王朝是因為德皇逃亡而解體，但哈布斯堡王朝和鄂圖曼帝國不但沒有非解體不可的理由，反而有很多理由不該解體，《特里亞農條約》和《色佛爾條約》只是治絲益棼。小說家馬芮（Sándor Márai）在《餘燼》（*Embers*）中寫道：

> 維也納王室是由匈牙利人、德意志人、摩拉維亞人、捷克人、塞爾維亞人、克羅埃西亞人和義大利人所組成的大家庭，而大家心裡都清楚，唯有皇帝能在紛亂中維持秩序，他既是軍官、貴族、政府官員，也是領主、惡棍和絕對統治者。

威爾遜總統把這個家庭打破，逼皇帝流亡，這就製造出一個內部不穩定的漩渦，各個民族你爭我奪，讓法西斯主義有機可乘。

在一九一四年八月一日那天，莫瑞勳爵和他弟弟亞瑟．莫瑞上校在布魯克斯俱樂部對賭十畿尼，賭的是「如果奧地利—塞爾維亞危機導致歐洲全面大戰，那麼在開戰十年後，歐洲除了英國國王之外，不會再有王室。」雖然北歐、義大利和荷比盧三國的王室都還存在，但這個悲觀的看法大體上是正確的。

哈里發是伊斯蘭信仰的最高領袖，是先知穆罕默德的繼承者，但土耳其國民政府在一九二四年三月三日廢除了哈里發制度，阿卜杜勒・邁吉德（Abdul Mejid）流亡巴黎，在一九四四年過世。《每日電訊報》在當時寫道，這件事是「從古至今最令人震驚的自殺式行徑」，只會激起「穆斯林世界不可避免的動亂」。[32]激進派穆斯林一直呼籲要重立哈里發，按照伊斯蘭教法來統治上億人口的「伊斯蘭國度」，也就是「烏瑪」（Umma）。在九一一事件後，賓拉登在二〇〇一年十月七日公布一段錄影說：「美國今日嘗到的苦果和我們幾十年來所嘗到的相比根本微不足道。我們嘗到這種羞辱和輕蔑已經超過八十年。」但事實上，在一九二二年罷黜鄂圖曼蘇丹、兩年後又廢除哈里發的並不是美國，而是土耳其安卡拉的國民大會，而這些人正是賓拉登的穆斯林弟兄。不過蓋達組織的領導人似乎並不管這一點。

經濟學家凱因斯曾用可以諒解的誇張筆法描寫勞合・喬治（不可諒解的是他對威爾斯人的偏見），說他是：

> 我們時代的異類，是海妖，是羊蹄人，是從充滿魔法的古老凱爾特森林來到我們時代的半獸人。他毫無目的可言，心中沒有責任感，完全無視撒克遜人的善惡觀念，再加上奸猾、冷酷、熱中權力，這些特質為北歐民間傳說中那些表面迷人的魔法師增添了迷人的魅力與獨特的氣質。[33]

要了解凡爾賽會議，首先要了解勞合・喬治這位「朗斯德威的智者」（the sage of Llanystumdwy）的性格。他在一八八六年寫信給未來的妻子瑪格麗特・歐文（Margaret Owen）

說：「我的最高目標就是往上爬。我會犧牲一切來達成目標，除了誠實以外。如果愛情擋住我的路，我會用卡車的輪子將其輾壓。」但事實上，勞合・喬治輾壓誠實猶勝愛情。邱吉爾的夫人克萊門汀（Clementine Churchill）相信勞合・喬治是「加略人猶大」的後裔，很多人都這樣認為。他也是自沃波爾（Robert Walpole）之後第一位離開唐寧街十號時比原來更富有的首相，這對勞合・喬治來說是個可恥的評價，但對其他五十位拒絕利用職務牟利的首相來說，卻是足以自傲的根源。勞合・喬治甚至一度在唐寧街十號為出售爵位設立專門辦公室。

陳設有些古怪的鏡廳是簽定《凡爾賽和約》的理想場地。要認定南歐和東歐各民族的最大問題是，這些民族都可以再細分為更小的民族。二〇〇五年一月就有個經典案例，當時有二千名自認是匈王阿提拉後裔的匈牙利人要求歐盟承認其為少數民族。根據匈牙利法律，一千人以上的民族就有資格成為官方認可的少數民族，享有特別的補助和福利。「身為歐盟成員國，」自封為該團體領導人的諾瓦克（Joshua Imre Novak）說，「匈牙利不應該壓制少數民族。」許多專家都認為這是胡扯，阿提拉已經沒有現存的後裔，但此事的荒謬性凸顯出所謂民族自決可以荒謬到什麼程度。[34]

邱吉爾當時對和約中關於東歐弱小民族的條款是很支持的。「歐洲人口中大概只有不到百分之三是被他們不認同的政府所統治，」邱吉爾在一九二九年寫道，「歐洲地圖首次依照各民族的意願繪製。」[35]這種說法有誇大之嫌，真實數字要大得多。威爾遜當時用的地圖現在還保存在美國國會圖書館，詳細到每一個村落的民族組成資料都有，但捷克斯洛伐克和南斯拉夫這些新國家的邊界總得劃定才行。[36]而為了要維持這些人為劃定的邊界，戰勝國就要有長期承諾的決心，而悲劇就在於他們並沒有。不過平心而論，威爾遜從法國回來後的確有告訴參議院說：「在這些地方劃定邊界真的很難，每個地方都有新舊不同的國際關係界線，這些界線交織糾纏又各具歷史意義，即使在最應該忽視或扭轉的時刻，也依舊被這些情勢主導著。」

一九二〇年，牛津大學教授馬丹（Geoffrey Madan）認為雷賓頓中校（Charles Repington）寫的《第一次世界大戰》（*The First World War*）的書名「令人震驚」，因為這等於是說還有第二次世界大戰。《凡爾賽和約》最受詬病之處，在於它加諸於德國的枷鎖激起了復仇主義，讓未來更可能爆發戰爭。《經濟學人》在一九九九年十二月對二十世紀時做總結時也說：「最大的罪行正是《凡爾賽和約》本身，它的苛刻條件保證了第二次世界大戰會爆發。」這幾乎是世人對巴黎和會與《凡爾賽和約》的定論：它重劃了歐洲疆界，直到二十年後被希特勒打破。傳統上都認為，既然和約簽定二十年後又爆發一次戰爭，那問題一定出在這個和約本身。然而，希特勒的征服計畫和消滅布爾什維克及猶太人的夢想，使他攻打的範圍遠遠超出凡爾賽締約各方可能給予德國的疆界。如同史家麥克米倫在《和平締造者》中所說，把希特勒的戰爭全怪在《凡爾賽和約》頭上，「等於是不去看政治領袖、外交官、軍人、一般選民在一九一九到一九三九年之間的行為。」

迦太基式的和平？

假如《凡爾賽和約》對德國更嚴苛一點，尤其是假如把德國分裂成兩個國家（如同在一九四五年）或更多國家（如同一八七一年之前），也許歐洲在一九三六到一九三九年間就不會有萊茵區危機、德奧合併、蘇台德區危機、但澤危機等一系列事件。《凡爾賽和約》的問題並不是凱因斯在《和平的經濟後果》（*The Economic Consequences of the Peace*）一書中所說的「迦太基式的和平」，[7]而是它讓德國有能力在七十五年內，於一九三九年發動第五次領土擴張戰爭。漢尼拔在西元前二一六年的坎尼戰役（Battle of Cannae）殺掉五萬五千個羅馬人後，他把這些羅馬人的結婚金戒指都送到迦太基元老院，懇求增兵以圍攻羅馬城。但元老院拒絕，導致七十年後迦太基被滅亡，今天的迦太基城只剩下一個墳墓供人憑弔。「迦太基式的和平」不是不可行，但執行必須徹底。

如果在一九一九年把德國分割，讓它回到一八七〇年以前眾小國分立的狀況，也許就可以防止第二次世界大戰。《凡爾賽和約》締約者的問題在於，他們雖然敢於傷人，卻不敢痛下殺手，但當時的人卻不這麼看。問題不在於《凡爾賽和約》本身，而是美國和其他國家不敢堅定阻止德國重新武裝，這才讓和約的弱點暴露無遺。雖然和約定下了德國的「戰爭罪行」，但西方列強很快就覺得自己犯了一種同樣糟糕的「和平罪行」。這主要是出於凱因斯對和約的批評，他在一九一九年十二月出版了那本聳動的《和平的經濟後果》，對一九三〇年代歐洲安全的傷害無人能出其右（除了希特勒以外）。在這本書中，他把《凡爾賽和約》的締結者說成十惡不赦。因為歐洲在二十年後真的再次爆發大戰，凱因斯就被視為先知，認為他對《凡爾賽和約》的診斷完全正確。但事實上，《凡爾賽和約》之所以會崩潰從而爆發戰爭，凱因斯這本書難辭其咎（以十一種語言熱銷十四萬本）。經濟學家貝佛里奇（William Beveridge）認為這本書「最低估算有五十萬人讀過，這些人過去從未讀過經濟學著作，以後也不會讀。」

儘管書名中有「經濟」二字，但《和平的經濟後果》和一九二二年續作的《和約的修改》（*A Revision of the Treaty*）都是政治論戰之作，和經濟學沒什麼關係。凱因斯曾代表英國財政部出席凡爾賽會議，他把會議說成是「惡夢一場，出席者都很病態」，氣氛「熱烈但充滿毒素」，大廳內「奸邪四伏」，「沼澤」中滿是政客，他們「奸詐危險」，都是「最陰險的詭辯家和最虛偽的起草者」，「其所思所言皆邪惡不端」，充滿「貪婪、情緒、偏見和詭計」。就是這些道德和知識都有問題的人以其「空虛貧乏的伎倆」搞出了「扭曲、可悲、各方皆不滿意」的和約。[37]

凱因斯的廣大讀者理應注意到他那誇張的論調，尤其是他把威爾遜說成是「又盲又聾的唐吉訶德」，在凡爾賽「虛張聲勢」，然後又「崩潰」和「異乎尋常的背叛」。凱因斯說他不知道「外交家的美夢」和「政客的詭詐」哪一個更糟糕，竟然搞出這種「虛情假意」、「自欺欺人」、「耶穌會解經學式」的和約。凱因斯描述《凡爾賽和約》的各種形容詞在接下二十年中被西方社會視為定論：「不光彩」、「荒謬有害」、「可惡可恨」、「低能的貪婪」、「壓迫和掠奪」、「埋下歐洲文明衰落的種子」、「文明史上戰勝者最離譜的行徑」。[38]

凱因斯的書於一九二〇年一月在美國出版，反應熱烈。每家報紙都刊出書中嘲笑威爾遜被勞合．喬治欺騙的段落。二月十日，參議員博拉（William Borah）也在參議院大篇幅引用，說《凡爾賽和約》是「盲目復仇和貪得無厭所滋生的罪惡」。[39]史末資將軍後來說，凱因斯書中關於威

---

⑦ 譯注：西元前一四九年，羅馬人全面進攻迦太基，迦太基很快就亡國了。羅馬人把能推倒的全部推倒，能殺的全殺掉，沒殺的全運回羅馬共和國做奴隸。戰勝者對戰敗者為所欲為，此即為「迦太基式的和平」。

爾遜的那幾頁讓這位最高貴的人（也許是唯一高貴的人）在戰爭史上萬箭穿心，也讓今天的知識分子以反對威爾遜為潮流。[40]美國參議院拒絕批准《凡爾賽和約》，此乃美國在二十世紀所犯最大錯誤，而凱因斯的書卻在同月出版肯定此舉。

一九四五年四月二十九日，第二次世界大戰結束前僅九天，一名英勇的「自由法國」（Free French）士兵曼圖（Étienne Mantoux）在多瑙河谷的巴伐利亞村莊遇害。曼圖畢業於牛津和倫敦經濟學院，是普林斯頓高等研究院研究員，曾在勒克萊爾（Leclerc）將軍的法國空軍第二師擔任偵察官。在戰爭勝利之前，他拒絕離開軍隊去擔任法國臨時政府的行政職，而他也不幸未能活到見證勝利，因此他也沒能親見他的書在一九四五年十月出版。這本書叫《迦太基和平，或凱因斯先生的經濟後果》（*The Carthaginian Peace, or The Economic Consequences of Mr Keynes*），相當精采地揭露了凱因斯批評《凡爾賽和約》的諸多謬誤。他的父親保羅・曼圖（Paul Mantoux）是經濟史學家，在巴黎和會的某些私下會談中當過翻譯，對凱因斯對當時的描述相當不以為然，而埃蒂安・曼圖則是針對凱因斯對協約國的批評，尤其是關於領土和賠償的部分。埃蒂安・曼圖認為：

> 從來沒有一個和約像這樣不分青紅皂白地被抹黑。這種抹黑不僅來自戰敗國，也來自戰勝國自己。戰敗國一定會表示反感。假如有什麼方案能讓各方都滿意，那從一開始就不會打仗。不管協約國有多慷慨，戰敗者都不會高興。光是放棄征服歐洲的野心就會讓德國人不滿，而失去原來在歐洲的霸權更會讓德國人不爽。[41]

曼圖認為，西方民主國家在一九三〇年代是患了法國記者德薩斯（Raoul de Roussy de Sales）在一九四一年的《打造明天》（*The Making of Tomorrow*）一書中所說的「罪惡感症候群」。克里蒙梭曾說：「我們不必因為戰勝而祈求原諒。」但在凱因斯之後，西方國家正是這麼覺得。曼圖嘲笑凱因斯是「自我怪罪主義」（Meaculpism）的吹鼓手，讓英國和法國以為和約是「破壞交往和國際道德」，就和德國侵略比利時一樣壞。42

曼圖認為，要執行和約，就要長久「軍事占領萊茵區的橋頭堡，主要盟國都必須加入」。法國要求要有這種「實體保障」，但勞合．喬治和威爾遜拒絕，這才悲劇性地導致希特勒在一九三六年重新武裝萊茵區。勞合．喬治不但沒有堅持自己的心血結晶，反而在一九三八年出了一本七百三十五頁的《巴黎和約的真相》（*The Truth About the Peace Treaties*），說《凡爾賽和約》許多條款都與他無關，並暗指法國才是禍首，尤其是克里蒙梭和彭加勒（Raymond Poincaré），而兩人當時都已過世。勞合．喬治還特別寫道：

> 克里蒙梭有一顆邏輯學家的大腦袋和兩道方眉，而這顆腦袋只有一層樓，沒有第二層樓可以容得下人性。他的眼睛永遠保持動物般的警戒，一生都在狩獵和被狩獵的狀態。他可以容忍理想主義者，只要理想主義者不要想把自己的理想寫進克里蒙梭要簽的和約當中……他緊盯著威爾遜，以免威爾遜讓巴黎和會接受一些主張，削弱法國人所要的方案。43

依勞合．喬治的後見之明，如果克里蒙梭完全沒有人性，彭加勒就更糟糕。這位法國總統

「心靈貧乏至極，既無機智與想像力，也毫無創意。他的成功源自他恰如其分、訓練有素、持續展現的平凡人特質……他在公務上就是個愛挑剔的小人物，把窮忙當成活力充沛。」勞合．喬治明指，多疑的克里蒙梭、迂腐的彭加勒和過分理想主義的威爾遜這三人加起來，迫使他這位英國首相接受過分嚴厲的和約。而和約的嚴厲程度，他在《巴黎和約的真相》前言中說，又被後來的政治人物更加放大，「這些人以其暫時的優勢地位，不肯公平對待那些一時無法履約的人。」（也就是德國人）凱因斯製造出反對《凡爾賽和約》的氛圍，勞合．喬治根本不敢為其簽署的和約辯護。尤有甚者，勞合．喬治這本書出版於一九三八年九月，當時張伯倫正飛往慕尼黑，正好讓德國大肆宣傳自己被協約國惡意對待。

曼圖還批評凱因斯拿《凡爾賽和約》去向美國人證明歐洲人都一樣壞，「都一樣愛報復，一樣馬基維利，一樣帝國主義。美國上次參戰是大錯，新的戰爭對美國也無關緊要，因為盟國勝利不會比《凡爾賽和約》好到哪去，而德國勝利也不會比較壞。」[44]許多美國人在兩次大戰期間都有這種情緒，責怪歐洲人因為「盲目復仇和貪得無厭」才搞出一九一九年的和約。凱因斯在其《一般理論》（*General Theory*）中有一句名言：「自以為不受知識分子影響的務實派，大多只是一些已故經濟學家的奴隸。」而在《和平的經濟後果》出版八十年後，我們對世界史的看法還是受這一位已故經濟學家影響。

從凡爾賽回來後，威爾遜在一九一九年七月十日向美國參議院介紹這份和約，說它是「世界大和解的方案」。[45]他一開頭就訴諸美國的道德優越性，「我們參戰是為了無私地維護正義，我們只要和平，別無他求。」這完全沒錯，美國在一九一九年參戰時確實無所求。「十四點原則」中沒有美國的私利，這一點多年來都被忽視。「兩大帝國被迫政治破產」，威爾遜談到德意志帝國和奧匈帝國，「而我們只是收拾殘局」。至於第三個鄂圖曼帝國，威爾遜說：「從來就沒有真正統一過，只是被殘忍、無人性的武力硬聚在一起。它的人民高喊要被釋放，哭求要脫離苦難，而新希望的黎明似乎終於來到。」這種彌賽亞式的態度既誇張又荒謬。

威爾遜對德國的看法就比較有道理，「這個愛動武的怪獸必須被置於堅不可破的枷鎖之下。」這就要仰賴和約第十條所設立的國際聯盟這個「人類的唯一希望」。他接著問道：「我們和其他自由的民族能不接下這一重責大任嗎？我們能拒不接受，讓全世界失望嗎？我們繼續作為世界大國是沒有問題的。唯一的問題在於：我們能否拒絕道德領導地位，我們接不接受世界對我們的信任。」

麻州參議員洛奇（Henry Cabot Lodge）在台下聽他演講。洛奇就是鐵了心要讓世界失望，威爾遜完全無法說服他。洛奇常被描繪成不懂世事的孤立主義者，但他其實非常聰慧機智，只是威爾遜在這麼重要的對外政策上就是無法拉攏他。洛奇堅定支持參戰，他曾在一九一八年六月三日美軍首次和德軍交鋒時，致函給前英國駐美大使布萊斯勳爵：「我很有信心我們會贏，而所謂贏，是指要讓德國無法再把恐怖加諸於世界。」[46]

戰後，洛奇擔任參議院對外關係委員會主席，他支持捷克斯洛伐克和一系列斯拉夫國家獨立建國以抵擋德國入侵，並要求美軍領導協約國駐軍君士坦丁堡，「我們必須保護小亞細亞的苦難人民」。但在國際聯盟的問題上，他在一九一八年十月十四日寫信給布萊斯說：「我們目前就有一個很好的聯盟——協約國加上美國。正如老羅斯福曾說，這是一個運作良好的組織，那現在又何必另起爐灶呢？」洛奇並不是堅決從意識形態上反對「以國際聯盟為維護世界和平的工具，只是它太過模糊。沒有人把條件說清楚……威爾遜先生沒有對參議院說清楚過，而據我所知，也沒有任何人把國際聯盟到底是什麼或我們到底要同意什麼說清楚過，所以根本無法在參議院有效討論。」洛奇害怕的是「任何有損我們獨立和主權的機制」，並在一九一九年一月十六日警告布萊斯說他無法贊同。

一九一九年三月，洛奇被邀請到白宮共進晚餐，席間，威爾遜「根本不明白（國際聯盟）草案有多麼輕率，有多少漏洞會引起爭議」，洛奇於是說服三十九位參議員簽署一項決議，希望凡爾賽各方「能修正草案讓參議院能夠接受」。[47]所以洛奇並不是後來被民主黨妖魔化的純粹破壞者。問題出在威爾遜先是沒有把國際聯盟的草案給參議院過目，後來又「沒有讓參議院和全國知道除了這個草案有沒有其他選項」。洛奇只是想捍衛門羅主義，防止出現一支國際陸軍或海軍，並堅守國會有阻止美國隨便參戰的權利。他還認為關稅和移民的問題應該由成員國自行決定，不然國際聯盟會太像是世界政府。

依照草案規定，任一成員國若要離開國際聯盟，需要九個理事國一致同意，再獲得其他成員國多數通過，洛奇認為這種規定就像「若要修改我們的憲法，需要原來十三州一致同意，再獲得其他州多數通過。」洛奇認為設立國際聯盟的《凡爾賽和約》第十條，應該與其他條款分開並單獨討論，因為它太重要，不能在壓力下草率通過。這些要求都很合理，但卻像對牛談琴，因為總統過於自負和衝動，完全不理會，更拒絕接受參議員提出的修正和保留意見。這些議員在細讀了草案後發現，若是美國答應加入國際聯盟，理論上就要派遣一支二十萬人的軍隊去接管安納托利亞和亞美尼亞，對此議員感到卻步。48

因為威爾遜堅持《凡爾賽和約》第十條不能動，美國參議院在一九一九年十一月十九日以五十五票對三十九票否絕了和約。兩個月後又特別投票否決加入國際聯盟（美國在一九二一年分別和德國、奧地利及匈牙利簽定和約）。「如果因為莫名其妙的錯誤，」威爾遜兩個月前在南達科他蘇瀑市的演說中警告說，「使得美國無法與各強國共同領導，世界人民將大失所望，並感到徹底心寒……如果美國不顧全人類，全人類將無所依靠。」但錯誤絕大部分是威爾遜自己造成的，他錯失了歷史性的機遇。

第五章

美國的能量

一九二〇至一九二九年

利益不一定不道德，追求利益的行為也可以達成符合道德的結果。英國對自己的利益有清楚的概念，那就是不能讓單一強國稱霸歐陸（不論有沒有威脅），也不能讓任何國家控制海洋（不論其直接意圖為何），這樣對國際秩序並沒有貢獻得比較少。

——季辛吉（Henry Kissinger），〈美國對外政策的核心議題〉1

我悲哀地深信人們只能對與自己利益無關的東西取得共識。

——羅素（Bertrand Russell）2

禁酒令

一九一九年一月十六日，也就是美國參議院否決加入國際聯盟的那一天，美國憲法第十八條修正案被最後一個州批准，該條文禁止製造、販賣與運送酒精類飲料。加拿大在第一次大戰時已有許多地方實行禁酒，例如愛德華王子島（Prince Edward Island）從一九〇一年禁酒，艾伯塔也在一九一六年通過禁酒令。受法國影響較深的魁北克則在一九一九年才最後一個禁酒。但到一九二〇年代，加拿大各省又紛紛廢除這些不自由，且根本無法執行的禁酒令，先是魁北克在一九二〇年廢除，繼之是艾伯塔和薩克其萬在一九二四年廢除，最後是愛德華王子島在一九四八年廢除。紐西蘭則是在一九一九年四月就明智地以公投否決了禁酒令。

雖然威爾遜在一九一九年十月底否決了《沃爾斯泰德禁酒法案》（Volstead Prohibition Enforcement Bill，挪威也在這個月實行禁酒），但參眾兩院仍在十一月初通過，一九二〇年一月十六日正式實施此法案，也就是在各州批准憲法修正案後一年。這麼久以後回顧起來，我們很難相信像美國這麼文明、開放、民主，並把「追求幸福」當成目標的國家，居然會禁酒長達十年以上。人們通常用「朝聖先輩」的清教徒精神來解釋，但這顯然是不夠的，尤其是從五月花號登陸到《沃爾斯泰德禁酒法案》已相隔三個世紀。不自由的專橫態度也是原因，一如今日的政治正確。不管原因為何，到了一九三三年十二月五日，憲法第二十一條修正案廢除了第十八條修正案，美國人終於又可以喝酒了。

南北愛爾蘭

一九二〇年的《愛爾蘭政府法案》（Government of Ireland Act）把愛爾蘭島分割為兩個政治實體，北愛爾蘭議會設於貝爾法斯特，南愛爾蘭議會設於都柏林。新芬黨強烈抗拒，不只攻擊英軍，也攻擊不支持他們統一愛爾蘭全境、完全趕走英國人的南愛爾蘭人。兩年後，《愛爾蘭自由邦組成法》（Irish Free State Act）廢除了前法，在南部二十六個郡設立了「愛爾蘭自由邦自治領」（Dominion of the Irish Free State）。

新制度為南愛爾蘭的新教徒帶來災難，正如五十年前自由統一黨在愛爾蘭自治問題躍上英國政治議程時所預料的，南愛爾蘭的新教徒會「被威脅、抵制、恐嚇、搶劫和剝奪土地」。[3]房子、教堂和公共建築被焚毀，許多最美麗的宅邸也難逃毒手，例如基爾代爾郡（Kildare）的帕默斯頓宅邸（Palmerston）、韋克斯福德郡（Wexford）的卡索波洛宅邸（Castleboro），以及基爾肯尼郡（Kilkenny）的迪撒爾宅邸（Desart Court）都遭到破壞。此外還發生了大屠殺，例如在一九二二年四月，有十四名新教徒同一天在威斯克（West Cork）被殺。再者如皇家愛爾蘭警隊裡忠心的天主教徒警官及其家人也被迫北上逃往英國，因為害怕遭到同信仰的民族主義者的報復。這是自十七世紀以來，英國國內族群首次，也是唯一一次大規模遷徙。

一九二二年以來的人口統計數據也很令人不安。在英國分割愛爾蘭時，天主教徒在北方六郡占了百分之三十四，二十世紀末卻升高到百分之四十四，據信這個數據還會繼續升高。相較之下，在一九二〇年時，新教徒在南方占到百分之十二，二〇〇〇年時卻占不到百分之二。[4] 除了愛爾蘭，英語民族在一九〇〇年以後未曾有過種族清洗和大規模人口遷移，這也證明愛爾蘭的確是英語民族宗教寬容態度的一個例外。

雖然自一九二二年以來，愛爾蘭的分割分治算是相當成功且穩定，但英國人在其他地方搞的分治卻不是那麼美好。一九四七年印巴分治造成幾十萬人死亡，六十年後還在喀什米爾地區存有爭端。①隔年英國對巴勒斯坦的處置也無法長治久安，英國在一九七四年七月土耳其入侵賽普勒斯後的分割處理也是如此。

哈定總統

美國總統柯立芝（Calvin Coolidge）曾說：「美國人的本業就是做生意。」在一九二〇年時，國會圖書館中已有多達二百二十種銷售管理類的書籍。《成功銷售的科學》（一九〇四年）和《成功銷售管理學》（一九一三年）這類書籍把銷售員的重要性提升到新的高度。到了一九五〇年代，銷售員已成為「備受敬重的自由企業前鋒」。但儘管銷售員擴大了消費者的選擇，但整個英語世界的學術界、文學界和智識分子圈對銷售員都抱以輕蔑甚至是敵意的態度。其中典型是辛克萊．路易斯（Sinclair Lewis）一九二二年的小說《巴比特》（*Babbit*），這本小說是他最好的作品，尖銳刻畫了美國中產階級的生活。亞瑟．米勒（Arthur Miller）一九四九年的劇作《推銷員之死》（*Death of a Salesman*）則描繪了「女性化的、自艾自憐的、筋疲力盡的」反英雄人物威利・羅曼（Willy Loman）。[5]

最近有一本書叫《商標一世紀》（*A Century of Icons*），羅列出二十世紀一百個創自美國公司並普及全球的商標、品牌、口號、順口溜等等。[6]儘管學術圈對美國企業在商業和行銷上的成功充滿對資本主義的偏見，但單獨一個國家就能創造出這麼多成功品牌確實成就非凡，從「可口可樂、亨氏烤豆、康寶濃湯、家樂氏玉米片、柯達相機、叼著香菸的萬寶路男主角、凱迪拉克豪華汽車、麥當勞、吉列牌刮鬍刀、Levi's牛仔褲、一直到絕對牌伏特加、維多利亞的祕密女性內衣、蘋果電腦、雅虎搜尋引擎。」[7]

到了一九二〇年，美國在許多重要經濟指標上已完全超越世界其他國家。美國每年產煤六億四千五百五十萬噸，英國則為二億二千九百五十萬噸，德國為一億七百五十萬噸。美國每年產油多達四億四千三百萬桶，墨西哥為一億六千三百萬桶，俄國二千五百萬桶，荷屬東印度一千七百萬桶。美國有八百八十八萬輛掛牌汽車，英國只有六十六萬輛。雖然美國勞動人口遠多於英國和法國，但美國人比較少罷工，一年平均一百四十六萬三千零五十四人。[8]

一九二一年三月四日，哈定（Warren G. Harding）就職總統，就職典禮由私人買單，因為國會不願為他舉辦盛大遊行。此事令人驚訝，因為他在去年十一月才剛以四百零四張對一百二十七張選舉人票，大勝民主黨的對手考克斯（James M. Cox），普選票則是一千六百一十萬張對九百一十萬張。共和黨在眾議院維持三百零一席對一百三十一席的多數，在參議院則為五十九席對三

①編按：一九四七年原大英帝國治下的英屬印度，分割為「印度」及「巴基斯坦」兩個新國家。

十七席。哈定不是一位演說家，事實上，當時就有人說：「他的演講用了一大堆浮誇的字句卻找不到一個概念。這些不著邊際的字句只能捕捉到一些散亂的想法，讓人繞不出來，直到實在疲憊不堪和受不了為止。」

在就職演說中，哈定誓言要「回歸常態」（a return to normalcy）。normalcy 這個字當時還不存在，他指的應該是 normality，但就職演說是美國總統發明新字的最佳時機，而這個字也流傳到現在。但是哈定沒辦法把一戰前的世界常態重新發明出來，主要原因之一是各大強國向美國借了龐大的貸款。據統計，各國在一次大戰中的經濟和財務上的花費（包括戰爭支出、財產和海運損失）大致如下：德國是五百八十點七億美元，大英帝國是五百一十九點七億美元，法國是四百九十八億美元，美國是三百二十三點二億美元，奧地利是二百三十七億美元，義大利是一百八十一點四億美元。總計起來，同盟國的花費是八百六十二點三億美元，協約國則高達兩倍，也就是一千九百三十八點九億美元。而其中大部分都是向美國借款，而美國希望能收回欠款。

一九二一年，邱吉爾當選世界英語聯合會主席（如同羅德獎學金和朝聖者協會，世界英語聯合會對英語世界這個「網絡國協」有巨大貢獻）。邱吉爾在一九二〇年才說過：「唯有當英國和美國對重大議題的目標有所共識，才能保證未來的世界和平。」但他發表當選演說後，卻從戰爭部寫信給他夫人克萊門汀說：

> 正當美國人對我們說三道四，要從不幸的盟國身上榨出最後一分錢時，要發表對美國很熱情的演說是很困難的工作。但無論如何我們只有一條路可走，那就是盡量和他們搞好關

係，要有巨大的耐心等待好感增加。[9]

償還戰債和德國賠款都是相當棘手的問題，債主和欠債者不可能看法一致，而英國和美國在兩次大戰期間也絕對不是一條心。兩邊經常互看不順眼，內維爾・張伯倫（Neville Chamberlain）在一九二三至一九二四年，以及一九三一至一九三七年當財政大臣時特別討厭和不信任美國人。同樣地，美國人也無法理解為什麼好心借人家錢卻不能按照約定條件償還。柯立芝就曾抱怨英國和法國：「借錢的是他們，不是嗎？」

多數美國人都以為國際戰債和私人或商業債務是一樣的東西。所幸許多領導人都能理解，這些債務對邱吉爾所說的「精細的國際匯兌機制」會造成巨大壓力。[10]然而，在談到英國的償債能力時，一般美國人會認為既然英國的預算是平衡的，就沒有理由欠債不還。所以邱吉爾說：「他們（美國人）把英國看成違約者，是不老實的債務人。」但債務除了用黃金支付之外（量不足，美國也不需要），只能靠多賣些商品和服務給美國，但這會傷害到美國經濟，增加失業；或者也可以減少從美國進口，對美國商品加稅以取得美元外匯來還債，但這對兩國都不好，會造成新的摩擦。「只要醜陋和討厭的戰債還存在，就是英美友誼的絆腳石。」邱吉爾在一九三八年五月寫道，但這筆債務和利息一直到二〇〇五年底才付完。美國就這個問題的耐性很少被人提及，但確實值得肯定。

除了賠款和貸款的問題，美國在一九二〇年代並不想參與國際事務，堅持其不加入國際聯盟的精神。資深麻州眾議員並兩度擔任眾議院院長的喬・馬丁（Joe Martin）在其回憶錄中說：

> 在一九二〇年代的眾議院，對外事務根本無足輕重。對外關係委員會曾花一個星期辯論要不要補助二萬美元給土爾沙市（Tulsa）②辦國際家禽展。這件事終於批准，而這就是委員會整個會期最重要的議題。[11]

然而，在一九三一年中期，正當大蕭條籠罩全世界時，胡佛（Herbert Hoover）總統對戰債和賠償提出新方案，再度展示美國的利他主義精神。六月二十日，胡佛提出暫停所有還款十二個月，不論本金或利息。這項方案立刻在美國引起批評，在法國也是，因為法國想讓德國盡可能支付賠款。但胡佛在七月六日前透過新架設的跨大西洋電話線，贏得至少十五個國家的支持。國會一直到十二月才同意，條件是戰債不能完全照胡佛的計畫重組。

但暫停賠款並沒有刺激歐洲經濟成長，德國很快就陷入銀行危機，英國放棄金本位，法國堅持等一年後到期還是要賠，但這無損於美國的善意。在暫停還款到期之前，一九三二年又舉行洛桑（Lausanne）會議以解決戰債和賠款問題，但還是失敗。在到期以後，某些前同盟國國家有支付小額頭期款，只有芬蘭的債務完全受到免除。

蘇聯共產國際

捷爾任斯基（Feliks Edmundovich Dzerzhinsky）在成年後的一半人生都在沙皇的牢獄中度過，直到一九一七年四十歲時擔任蘇共中央委員會委員，並被列寧任命為布爾什維克祕密警察

「契卡」（Cheka）的領導人。他曾參與一九〇五年的俄國革命，也是一九一七年十月政變的主要謀劃者。他領導契卡及其後繼的國家政治保衛總局（OGPU）直到一九二六年去世，以凌虐人犯和大規模屠殺聞名。他對這個職位的狂熱程度，連鐵石心腸的布爾什維克黨人都會感到震驚。他設立集中營、讓媒體封口、舉辦首次公審、清洗教會、消滅所有政治反對派，並把幾千名作家、學者和知識分子送往西伯利亞，把俄羅斯從效率不高的專制政權轉變成無情的極權政權。

契卡在一九二一年時有十四萬三千名人員，以恐怖和酷刑對付所謂「反蘇維埃顛覆分子」，但多數人都是無辜的。費吉斯（Orlando Figes）在《人民的悲劇》（*A People's Tragedy*）中寫道，捷爾任斯基手下每一個地區分局都有自己偏好的酷刑：

> 在哈爾科夫（Kharkov），他們會把犯人的手放進熱水煮，直到皮膚可以剝離為止。沙里辛（Tsaritsyn）的契卡會用鋸子鋸開犯人的骨頭。在沃羅涅日（Voronezh），他們讓犯人赤身露體在嵌上釘子的桶子裡面滾。在阿爾馬維爾（Armivir），他們用鑲有螺絲的皮帶勒緊犯人的頭骨直到破裂。在基輔（Kiev），他們把犯人的身軀放進滿是老鼠的籠子，再把籠子加熱，老鼠就會咬破犯人的身軀逃命。在敖德薩（Odessa），他們把犯人綁在板子上，送進火爐或滾水池中。在冬季時則喜歡把水淋在赤裸的犯人身上，直到犯人凍成冰雕……還有把犯人活埋，或是和屍體一起放進棺材。有些契卡還強迫犯人眼看至愛的人被酷刑、強暴或殺害。[12]

②編按：位於美國奧克拉荷馬州的一座城市。

布爾什維克就是用這種方法打造工人階級的天堂。

從一九二〇年代開始，就有少數勇敢的反共作家試圖向英語世界人民揭露蘇聯暴政的真正性質。其中最令人尊敬的有里昂（Eugene Lyons）、伊斯特曼（Max Eastman）、萊文（Isaac Don Levine）、林道（Robert Rindl）、蒙格瑞奇（Malcolm Muggeridge）、庫斯勒（Arthur Koestler）、派普斯（Richard Pipes）、康奎斯特（Robert Conquest）等人。[13]但他們經常不被人所信、被狡辯、被指責偏頗、被直接嘲笑。等到柏林圍牆倒塌，西方學者終於可以看到檔案後，這才發現這些作家低估了布爾什維克暴虐自己人民的真實程度。

不知名的首相

一九二三年十一月，博納．勞的國葬舉行，阿斯奎斯開玩笑地說：「我們把不知名的首相葬在不知名的士兵身旁確實很合適。」但阿斯奎斯殘酷嘲笑的這個人，卻在一九一六年十二月時把國家置於黨派和自己的野心之上，讓勞合．喬治接下戰時首相之職。勞合．喬治在一九二二年十月下台後，博納．勞短暫接任首相，七個月後就患病離世。他曾對克里蒙梭說過：「所有偉人都是曇花一現。」此話可以回應阿斯奎斯。

博納．勞也許不是個偉人，但他政治家的品格廣受英語民族推崇。他人格高尚、謙遜、坦率、聰明、正直。他在一九二二年十月之後只當了二百一十一天的首相，幾乎只是在勞合．喬治和鮑德溫之間填補空白而已，但他留下的遺產和批評他的阿斯奎斯一樣長遠。

博納・勞不是來自保守黨領導人的晉身體系。他的父親來自加拿大新不倫瑞克（New Brunswick），是阿爾斯特蘇格蘭長老教會（Ulster-Scots Presbyterian）的牧師。他的母親是格拉斯哥人，人脈廣闊，幫他在蘇格蘭鋼鐵業中謀得學徒一職。他既有頭腦又懂實務（他在二十一歲時已讀過吉朋的《羅馬帝國衰亡史》三遍），很早就做生意贏得財務獨立，而這是要在保守黨政治圈發展的必要條件。

博納・勞在一九〇〇年「統一政府時期」意外贏得國會席位，③兩年後入閣。由於奧斯汀・張伯倫（Austen Chamberlain）和保守黨死硬派沃爾特・隆恩（Walter Long）在「帝國特惠制」④議題上尖銳對立，博納・勞遂成為雙方妥協的選項。因為兩邊仇怨太深，博納・勞就趁機在一九一一年十一月成為黨的領導人。

有人抱怨博納・勞太受制於備受爭議的艾特肯（Maxwell Aitken，他也是加拿大人，也是牧師之子），但圈內人都知道他自有定見。在愛爾蘭自治、馬可尼醜聞案、一次大戰等議題上，博納・勞作為政治家的果斷備受稱道。一九一六年十二月統一黨加入聯合政府後，⑤他成為勞合・

---

③編按：關於保守黨、自由黨、（自由）統一黨三黨之間的關係，可見本書導言注釋十三。

④譯注：帝國特惠制（Imperial preference）是一種互惠關稅制度，旨在減免大英帝國與其自治領和殖民地，及自治領和殖民地之間的互相進口關稅，旨在提高其與德國和美國的競爭力，鞏固英國殖民制度。

⑤編按：此處作者原文是用「統一黨」，其實就是一九一二年吸納自由統一黨後的保守黨，全名是「保守與統一黨」。博納・勞自一九一一年起也擔任保守黨的黨魁。一九一六年自由黨勞合・喬治組建戰時內閣，邀請了保守黨共同組成聯合政府，下文會再提到一九二二年聯合政府拆夥，保守黨單獨執政，博納・勞也成為首相。

喬治身邊不可或缺的人物，照他自己的說法是「抓著這個小傢伙的大衣尾巴拉住他」。而勞合．喬治則認為這位新盟友「謹慎而無畏」，意思是他在同意任何政策之前都很謹慎，但一旦同意就勇往直前幹到底。

博納．勞的兩個兒子死於戰場，他傷心欲絕，但這沒有影響他和蘭斯唐勳爵及一些希望在戰勝前先停火的統一黨人決裂。一九二一年三月，博納．勞因為高血壓辭去掌璽大臣和下議院領袖職務，勞合．喬治的執政聯盟開始走樣，英國差一點在一九二二年秋和土耳其開戰，導致英法關係徹底反目。

在當時，勞合．喬治的對外政策手法已備受批評。他直接跳過外交部，在唐寧街十號的花園裡設立暱稱為「花園郊區」的私人辦公室，用一小群菁英顧問為他辦事。這種狀況在他首相任內愈演愈烈，讓白廳官員大為不滿，尤其是傳統上負責英國對外政策的外交官。

「我們無法獨力擔任世界警察。」博納．勞在一九二二年十月六日寫給《泰晤士報》說。他似乎是刻意要在報上宣示，因為早就習慣獨力擔任世界警察的大英帝國（尤其是在鄰海的地方）此時還沒有充分察覺到這一點。但博納．勞是對的。若沒有美國高度參與，國際聯盟又沒有武力，就不會有世界警察。大英帝國已被一戰消耗殆盡，對未來惶恐不安，不再爭強鬥勝，不可能擔任此職。

儘管有點不情願，但出於對政治時機的天生敏感度，博納．勞被說服重出江湖，在一九二二年十月十九日出席了保守黨在卡頓俱樂部（Carlton Club）的會議，取代勞合．喬治成為首相。英國記者蒙格瑞奇在《地獄之林》（*The Infernal Grove*）中寫道：「要在英國當公眾人物，你不是得像個開賭場的，就是要像個牧師。」在保守黨投票決定退出勞合・喬治的執政聯盟，自己單獨執政後，內閣大搬風，牧師取代了開賭場的。邱吉爾、史密斯（F.E. Smith）和勞合・喬治都走了，換上博納・勞、鮑德溫、張伯倫、喬因森—希克斯爵士（Sir William Joynson-Hicks）、愛德華・伍德（Edward Wood，即後來的哈利法斯勳爵），這些人嚴謹自律的程度有如一群主教坐鎮在國會。

一年後，博納・勞死於喉癌，下議院高度哀悼，他的智慧與人格贏得全國人民的信任和崇敬。博納・勞既不風趣，也沒有政治魅力，但他非常率真，阿斯奎斯對他的嘲諷是相當不公平的。與其說他是「不知名的首相」，不如說他是「未受賞識的首相」。

有個小故事，阿斯奎斯深恨那些在一九一六年把他拉下首相寶座的人，他的女兒薇爾莉特（Violet Bonham Carter）比他更甚。當她懷著第一個孩子克蕾西達（Cressida）時，她很擔心因為勞合・喬治的「面孔和性格對我靈魂的烙印遠勝於所有人」，她的孩子出生後會長得像他。她認為史學家納米爾（Lewis Namier）是「巨型水蛭，吸血的害蟲」；克里普斯（Stafford Cripps）「毫無幽默感、創意、溫度和人性」；基奇納將軍「鐵石心腸」；巴特勒是「諂媚的偽君子」；寇松勳爵是「自大的不幸製造者」；鮑德溫「純粹狗屎運」；貝佛布魯克不值一提；張伯倫「盲目又自鳴得意」。她很不想去參加繼母瑪歌・阿斯奎斯（Margot Asquith）的喪禮，因為這妨礙到她在一九四五年大選的選舉行程。至於邱吉爾的夫人克萊門汀，她則認為她是「愚蠢的貓頭鷹」。四十年後，詹金斯（Roy Jenkins）驚爆她的父親和她最好的閨密長期有染，她說她不敢置信，因為「維妮西雅（Venetia）長得這麼平凡」。[14]

一九二四年一月，麥克唐納（Ramsay MacDonald）宣誓成為首位工黨首相，英王喬治五世在日記中寫道：「祖母在二十三年前的今天去世。不知道她對工黨政府會怎麼想？」如果連格萊斯頓都曾讓維多利亞女王感到心悸，那此時她應該會中風。

但總而言之，二十世紀的英國王室與工黨及自由黨政府相處得不比與保守黨政府差。英王喬治五世召開了一九一〇年七月的憲政會議，通過了《一九一一年國會法》，並承諾（雖然不情願）授予足夠的貴族封號給自由黨人，以克服保守黨人的負隅頑抗。一九一四年七月，他又召開白金漢宮會議討論愛爾蘭自治問題，挫敗了保守黨內的強硬派。一九二四年請麥克唐納出來組閣時，他同意麥克唐納要在十月解散國會的請求，儘管他在憲法上沒有義務要這麼做。兩年後，他又擋下鮑德溫政府要在大罷工時凍結工會資金的提案。喬治五世任內歷經一次大戰、大罷工和大蕭條，但他始終對工黨維持憲法上的禮數和公道。他甚至因為害怕社會主義勢力，拒絕其表親沙皇尼古拉二世到英國尋求庇護，以免激起國內左翼共和派的不滿。

喬治六世和工黨的工作關係也很不錯。艾德禮的傳記作者說，國王「相信艾德禮是抵擋煽動蠱惑的一道防線」。內政大臣莫里森（Herbert Morrison）曾經非常擁護王室，這讓財政大臣道爾頓（Hugh Dalton）曾半是嘲笑、半是厭惡地說，國王「整個在位期間都冷靜而心甘情願地接受這些大臣的政治觀點和個性的變化。」但國王不可能不這麼做，因為與時俱進正是溫莎王室的祕密武器，連被拿掉印度皇帝的頭銜他都毫無怨言。

每個星期，沉默寡言出名的艾德禮和害羞、口吃、缺乏自信的國王都在白金漢宮會面。喬治六世曾在一九四八年對時任外長的貝文（Ernest Bevin）講過會面的情況：「他坐在我對面，但我沒辦法讓他開口。」道爾頓怕國王會透露消息給「保守黨和宮廷內臣」，但他當然不會。當國王在一九五二年去世時，艾德禮流下眼淚。艾德禮的接班人蓋茨克（Hugh Gaitskell）覺得國王很有同情心，只是他不贊成用健保免費給付假牙和眼鏡而已——「你不如也免費送他們鞋子好了」，國王坐在椅子上指著自己穿得好好的鞋子說。前樞密院書記官長阿格紐爵士（Sir Godfrey Agnew）曾對工黨內閣大臣克羅斯曼（Richard Crossman）總結伊莉莎白二世和政治人物的關係。他說女王並沒有偏愛保守黨，「女王不會去區分不同政黨的政治人物。在她眼中，他們大體都屬於同一社會範疇。」但他沒講清楚到底這個範疇和其他社會階級是什麼關係。

澳洲北方領地

記者兼詩人帕特森（Banjo Paterson）曾形容澳洲北方領地（Northern Territory）是「灰色海灣旁的孤單大地」，有各色各樣的殖民聚落。一九二四年八月，來自維多利亞的羅伯茨（Stephen H. Roberts）在阿得雷德澳亞科學進步協會第十七次大會上曾詩意而浪漫地表示，在整個澳洲的歷史上，北方領地不斷吸引著那些「追尋野性邊疆的冒險家」。

新南威爾斯內陸濱藜叢中的養羊人，和斐濟高地上的養牛人不斷往北方領地進發。南澳洲和昆士蘭的牧羊人帶頭先行，英國投資人隨之在後，然後是全世界形形色色的人士來到。馬拉加斯的部落民族、比薩拉比亞的共產主義者、巴塔哥尼亞的威爾斯人、加州的旱地農夫，全都被吸引到此處。甚至有人試圖在此重建日本封建社會，加里波底（Giuseppe Garibaldi）的紅衫軍也派一支部隊前來殖民。上海的苦力和普什圖的駱駝民夫被引進此地，而南部的銀行家和東部的熱帶專家都希望能開發其潛力。[15]

羅伯茨認為，在一九一一到一九二四年這段期間，澳洲人歷經無數農業實驗都因為氣候問題失敗後，他們學習到放牛吃草是最有效利用北方領地這三億五千五百萬英畝土地的方式，至少在從海岸到北方山脈之間的豐沛草原上是如此。一次大戰造成肉價上漲，澳洲開始大規模興建冷凍設備，但直到一九二〇年代，官方報告還在哀嘆平均每平方英里只有一頭牛。有些人宣稱澳洲內陸有無限熱帶潛力可供開發，另一些人則堅持這塊大陸的「死亡中心」只有沙漠而已。這兩種人都錯了，他們對北方領地的發展都無所助益。唯有靠著更多的自流井、更多的牧道和鐵路、更多的運輸和冷凍設備、更多的家畜檢驗設施，北方領地才逐漸發展起來，但這些發展在大蕭條期間都戛然中斷，而澳洲在大蕭條中受傷特別慘重。

在一九三八年時，法西斯國家人口眾多，英語民族國家人口稀少，兩者的對比相當明顯。德國每平方英里有三百六十六人，義大利三百五十八人，日本三百五十二人。英國雖然有四百六十八人，但紐西蘭只有十五人，加拿大三人，澳洲兩人。[16]如同邱吉爾在一九三八年五月所說：

> 大英帝國的廣袤領土確實會引起外國勢力的帝國主義侵略衝動……加拿大和澳洲必須大幅增加英語人口才能安全。紐西蘭和南非也必須增加英語人口才能避免遭到攻擊。強化這些領地才能強化整個帝國，以及全世界愛好和平的國家。

納粹地理學

德國和日本追求的「生存空間」是一九四〇年代的重大議題，對國家安全影響重大。但這種觀念到底從何而來？

一九二四年四月到十二月，希特勒在蘭斯堡（Landsberg）監獄坐牢，這段時間他沒有白白浪費。他把其政治宣言《我的奮鬥》（*Mein Kampf*）交給其密友和未來的副元首赫斯（Rudolf Hess）。赫斯曾是卡爾．豪斯霍弗爾教授的學生，而根據希特勒傳記作者克蕭（Ian Kershaw）的看法，豪斯霍弗爾的著作可能是希特勒「生存空間」概念的「最重要來源」。確實，豪斯霍弗爾的影響力「也許遠超過這位慕尼黑教授後來所願意承認的」。[17]

在紐倫堡大審時，豪斯霍弗爾辯稱希特勒誤解了他的著作，歷史學家朗格（Karl Lange）嚴重質疑這種說法，另一位德國歷史學家馬瑟（Werner Maser）在仔細分析《我的奮鬥》後，認為希特勒相當熟悉豪斯霍弗爾和麥金德的理論，而豪斯霍弗爾正是採納了第二章所提到的麥金德的「世界樞紐」理論。豪斯霍弗爾曾到監獄探視赫斯和希特勒，希特勒當時正在埋頭撰寫《我的奮鬥》，豪斯霍弗爾還贈送赫斯關於地理的書籍和文章，其中就有麥金德的著作。[18]一九〇四年麥金德在倫敦皇家地理學會那場學術演講，和三十二年後希特勒的「生存空間」及「巴巴羅薩行動」（Operation Barbarossa）確實直接相關。

到了一九四三年，兩大極權政體在「世界島」的「心臟地帶」打得不可開交，當時八十二歲的麥金德依然在《外交事務》（*Foreign Affairs*）季刊上表示：

> 在考慮所有因素後的不可避免的結論是，如果蘇聯打贏這場戰爭征服德國，那麼她將成為全球最強大的陸上強權……「心臟地帶」是世界上最強大的天然堡壘。這是歷史上頭一次有足夠數量和品質的人將其占據。[19]

麥金德不喜歡被說是納粹軍國主義和「生存空間」的奠基人，這並不奇怪。他在一九四四年獲頒美國地理學會「查爾斯・達利獎」（Charles P. Daly Medal）時說：「就算豪斯霍弗爾從我這裡學到了什麼，他也是從我四十年前在皇家地理學會那場演講中學到的，那遠遠早於什麼納粹黨。」這話倒也沒錯，但重點不在這裡。正如凱因斯曾說，那些自以為不受經濟理論影響的人，往往只是已故經濟學家的奴隸，一位英國地理學家的戰略觀點也完全可能滋生出「生存空間」哲學，為人類歷史上最具毀滅性的侵略行為奠定基礎。

麥金德的理論根本就是錯的。東歐之所以在一九四一至一九四五年成為世界歷史的樞紐，只是因為希特勒入侵東歐，而希特勒入侵東歐並不是因為東歐是世界島的心臟地帶。東歐在一九四五年以後是相對不重要的地區，在一九八九至一九九一年解放以後也是如此。蘇聯雖然在一九四五年戰勝，但除了領土最大之外，並不算全球最強大的陸上強權，且若把北美洲兩大英語國家（美國、加拿大）加在一起，蘇聯的領土也不算最大。最後，「統治心臟地帶」不代表就「統治世界島」，因為西歐並沒有被蘇聯宰制。麥金德爵士死於一九四七年三月，正好在他的理論被證明是完全胡說八道之前。

日本在澳洲搞間諜活動？

從一九二〇年代中就有跡象顯示，日本也在和英語民族爭奪「生存空間」。在一九二五年八月二日凌晨兩點到日出這四個鐘頭的時間，有一艘不明的巨型船艦駛過澳洲新南威爾斯省紐卡索（Newcastle）的諾比斯岬（Nobby's Head）。這艘船在海岬東南十英里處行駛，該處是杭特河（Hunter River）南側航道和紐卡索煤田北側的入口。「這艘陌生的船艦」，歷史學家渥頓（R.D. Walton）寫道：「在必和必拓煉鋼廠（Broken Hill Proprietary steelworks）的煙雲中進進出出，數度改變航線，有時還完全停住。」[20]當時有多名目擊者看到這艘船在其他船靠近時突然改變路線，在日出時往東離去。

這個單一事件並沒有什麼大不了，但在一九一九到一九二七年這段期間，這類奇怪的行為在紐卡索附近形成一種模式，日本帝國海軍很可能是針對澳洲紐卡索周邊的經濟目標，從事精細的間諜活動，最終目的是在戰爭時癱瘓或奪取這些目標。不幸的是，在二戰結束時，日本海軍情報檔案幾乎都被摧毀殆盡，但把一戰後的各種事件拼湊起來，可以顯示出日本在一九二〇年代初期到中期對澳洲大陸確有圖謀。日本人口是澳洲好幾倍，其侵略野心在一九四一年末已人盡皆知，嚴重威脅到英語民族在紐、澳的主權獨立。早在一九二〇年，澳洲總參謀長就判斷日本已經有能力一次性運送十萬名部隊到澳洲。[21]

如果日本真的從澳洲東海岸入侵，那一定是在紐卡索，此處是新南威爾斯北方煤田的中心和澳洲經濟的支柱。一九二七年，新南威爾斯用煤量的百分之五十六是在這裡開採的，而該省對外煤礦出口的百分之九十三也產自這裡。塔斯馬尼亞省超過一半的用煤量也端賴於此。必和必拓集團出產了澳洲工業所用百分之九十八的煤炭能源，一九二〇年代初又主宰了運輸業。如果日本能在開戰時讓澳洲無法利用這裡的煤田，將造成毀滅性的打擊。

一九二四年，有人看到一團日本人在紐卡索北方的華萊士堡壘（Fort Wallace）拍照。更嚴重的是，紐卡索助理港務長偷偷看到日本商船官員手上有一份地圖，這份地圖很快被藏起來，但絕對不是澳洲當時可見的地圖。[22]這些間諜活動很難被證實或被否認，但澳洲安全官員開始高度懷疑東京發動奇襲的打算。

一九二五年三月，諾比斯岬訊號站看到一艘大型汽船「長福丸」（Chofuku Maru），駛過紐卡索南方梅爾維勒海灘（Merewether Beach）五英里處，三天後又有一艘日本的「明光丸」（Meiko Maru）在離岸一英里處被發現，偏離可辨識的海路有幾英里。類似的事件在一九二六年五月和六月又再度發生，船隻不同，但模式相同。當地海關官員認為「時間、地點和總體條件完全不像」是在搞走私，而這種奇怪行為又完全無法解釋。一名探員說這是因為「哈沃號」（Havo）的船長要把叛變的中國籍船員丟在梅爾維勒海灘，但紐卡索港明明只距離十五分鐘，也沒有船員被丟下船。[23]

一九二七年初，紐卡索北部海岸又發生類似的奇怪事件。由於年代久遠，沒有日本留下的檔案，我們無法確知日本海軍是否在拍照和探查要從哪個海灘進攻澳洲的經濟軟肋，但有證據顯示，新南威爾斯的紐卡索正被當作一九二〇年代版本的珍珠港來評估。從日本後來在「大東亞共榮圈」（這是有歐威爾意味的邪惡名詞）的暴行來看，假若日本成功入侵澳洲，必會製造自美國內戰以來英語民族不曾在其領土上經歷過的屠殺和慘況。

猶太人移往美國

一九二四年，自一八八〇年以來把一百萬人（主要是東歐猶太人和義大利南方人）帶往紐約的移民浪潮，終於因為移民政策改變而結束。在一九一〇年時，有百分之四十一的紐約人是在國外出生的。「移民們擠在曼哈頓和布魯克林的『小義大利』和『猶太城』等聚集區……有些家庭好幾代都被困在這些種族貧民窟。當時普遍的迷思是，他們是因為沒有堅強的個人創業精神才混得不好。」[24]

這說得也沒錯。但美國願意接收大批外國人是值得讚許的，因為他們大部分都是為了逃離比紐約的包租公更惡劣的貧窮、偏見和暴政。許多移民在艾力斯島（Ellis Island）入境時飽受羞辱，尤其是要被分配新的英式姓氏。但和俄羅斯與波蘭的奴役迫害相比，這已算相當溫和。當移民的大門在一九二四年被暫時關閉後，不到二十年內，沒有逃離的東歐猶太人就遭受種族屠殺。

根據當時的普查資料，在一九〇〇年時，義大利移民身上帶的盤纏平均只有四點八一美元，而在二十世紀的頭十年中，百分之四十七的義大利移民和百分之二十七的猶太移民不會讀寫英文。[25]只有百分之十六的義大利移民有固定工作，多數人是打零工或農民。美國接納這些人不是因為利他主義或關懷人權，而是因為經濟蓬勃對勞工有大量需求，而且也不是所有移民都完全或立刻就能參與美國夢。但移民計畫的確讓幾百萬人逃離暴力政權，為自己創造更好的人生，英語民族這項偉大成就值得肯定。

猶太社群是美國在一九二〇年代最強大的商業動能，尤其是在紐約。第一批來到美國的猶太人是二十三名來自巴西的難民，於一六五四年在新阿姆斯特丹（New Amsterdam）登岸。他們被殖民地總督斯特伊維桑特（Peter Stuyvesant）質疑是「靠慣常的高利貸和詐騙基督徒維生」。[26]但到了美國革命時，紐約、費城、羅德島、喬治亞和南加州的五大猶太人社群已非常興旺。

猶太人大規模移民到美國始於一八二〇年代，先是從德國，然後是東歐，一直持續了整個十九世紀。歐洲損失了猶太人的商業才幹、精力、智力和文化，統統轉移到了美國。到了一九二〇年代，猶太社群（主要在東岸的城市）欣欣向榮，對美國生活的各方面都做出貢獻。在紐約下東區發行的意第緒語《前進報》（*Forverts*）每天可售出二十萬份。誠如一篇對歷史學家迪納（Hasia R. Diner）的近作《美國猶太人》（*The Jews of the United States*）的書評所寫道：

> 猶太人在電影、文學和新聞界非常成功，他們也急於融入（美國社會）。漢默斯坦（Oscar Hammerstein）寫出《奧克拉荷馬》（*Oklahoma*）這部關於美國邊疆的愛國音樂劇，佩爾斯克（Betty Persky）成為白考兒（Lauren Bacall）……在二次大戰結束時，美國猶太社群已成為全世界最大和最有權力的一群人。[27]

反猶主義在一九二〇和一九三〇年代很興盛，移民配額可能讓好幾萬人無法逃離大屠殺，但也有許多猶太人從俄羅斯、波蘭、烏克蘭和納粹德國逃往美國，大西洋兩岸的英語民族對猶太人算是相當不錯。在一九二〇和一九三〇年代，猶太人在美國社會遭受疏離、侵擾和排擠，在南方各州甚至遭到私刑，但總括而言，在一九四八年以色列建國之前，猶太人在英語世界比其他地方都要發展得好。

此外，與猶太人為數不多的人口相比，他們在二十世紀對英語世界的金融、科學、藝術、學術、工商業、文學、慈善事業、政治均有卓越貢獻。雖然猶太人只占全球人口的百分之零點五，但一九〇一到一九五〇年間，諾貝爾獎得主有一成四是猶太人，到了一九五一到二〇〇〇年間，比例更提升到二成九。[28]

柯立芝總統

邱吉爾曾說：「加入金本位制的國家猶如船隻以舷梯相連。」這個比喻很奇怪，因為這在海事上有好也有壞。邱吉爾在一九二五年以錯誤的匯率回到金本位制，還有柯立芝總統的保守經濟政策，兩者都被認為是造成一九二九年華爾街大崩盤的主因。柯立芝是在一九二三年八月哈定總統死後接任總統，一直做到一九二九年三月四日，距離大崩盤只有七個月，一般都認為他的政府要負主要責任。但支持或反對柯立芝的人都缺乏史料佐證，因為柯立芝是美國史上最神祕的總統，他幾乎把所有個人文件都銷毀，剩下的才移交給國會圖書館和麻州北安普敦的福布斯圖書館

（Forbes Library）。[29]

真正害羞的人很少會搞政治，但柯立芝似乎是例外。他非常內向沉默，據一九四〇年的柯立芝傳記作者富斯（Claude Fuess）說：「他喜歡保密的程度在美國政界無人能及。」但就算柯立芝沒有銷毀他的私人書信，可能也沒什麼東西能為他辯護或加以譴責，因為他從不覺得有必要寫信給朋友來解釋其政府的作為。據說他曾經解釋過為何如此沉默寡言：「我沒說過的東西就不會傷害到我。」沒寫的東西也一樣。柯立芝也是最後一位所有演講稿都自己動手的總統。

柯立芝的副總統道威斯將軍（Charles Gates Dawes）獲頒一九二五年諾貝爾和平獎，因為他提出公平合理的新方案處理德國的戰爭賠償。柯立芝堅定支持「道威斯計畫」，這顯示美國有意重新參與歐陸事務，儘管為時不長。[30]

大英國協的演變

一九二六年十月，英國樞密院議長貝爾福伯爵，同意出任帝國會議的跨帝國關係委員會主席。貝爾福在二十年前當過首相，如同他的傳記作者所說，這項任務是他漫長政治生涯中的「最後一項偉業」。[31]貝爾福在凡爾賽和會時以英國外交大臣身分和各自治領代表打交道，非常了解他們想尋求更大的自治權。在簽定《洛桑條約》（Treaty of Lausanne）和《盧卡諾條約》（Treaty of Locarno）時，各自治領已經拒絕盲目遵從英國的對外政策，那麼該如何調和維持帝國團結和各自治領要求獨立自主的矛盾呢？貝爾福提出各自治領完全平等的原則，他對上議院說：「在這個自由國家的聯合體中，沒有誰高過於誰。」[32]貝爾福在其帝國會議的宣言中表示：

> 地位平等的趨勢是正確和不可避免的。地理和其他條件讓聯邦制並不可行。唯一的替代方案是自治，並逐漸沿著這條路邁進。帝國中每一個自治成員都是自己命運的主人。

范西塔特勳爵（Lord Vansittart）曾說貝爾福「看事情不帶感情，猶如喪禮中唱詩班的男孩。」但兩份以其為名的文件，分別是一九一七年「贊成猶太人在巴勒斯坦建立一個民族國家」（《貝爾福宣言》），以及一九二六年的這份文件，卻讓這位不帶感情的政治家深刻地影響了歷史的進程。

英國維持各殖民地忠誠的方法就是不斷討好。幾乎只要出現民族主義運動，西敏寺就給予更大程度的自治和地方自理。為了不想重蹈一七七五到一七八三年處理美洲事務的錯誤，歷屆英國政府都急於避免在澳洲或加拿大發生邦克山戰役或約克鎮戰役。⑥這種政策在整個十九世紀和二十世紀都行之有效，唯獨在南非殖民地，為數眾多的白人試圖用武力對抗倫敦。而當半自治的波爾人殖民地川斯瓦和奧蘭治自由邦叛變時，大英帝國各殖民地有三萬人志願與之作戰。如果加拿大人、紐西蘭人和澳洲人有覺得受到英國壓迫的話，這種情況是不會發生的。美國哲學家桑塔亞那（George Santayana）在一九二二年這樣寫到大英帝國：「自古希臘英雄時代以來，世界上從未

⑥譯注：邦克山戰役（Battle of Bunker Hill）和約克鎮戰役（Battle of Yorktown）都是美國革命時期的著名戰役。

有這麼可愛、這麼天真的主人。如果取代她的是科學界的無賴、陰謀論者、村夫愚婦和狂熱分子，那人類將暗無天日。」

「舊」大英國協的憲政發展史是英帝國中央一步步自願放棄控制的歷史。一八三九年的《杜倫報告》（*Durham Report*）預告了加拿大的自治，並在一八六七年成立聯邦；紐西蘭在一八五二年被授予憲法；澳洲在一九〇一年成立聯邦。一八八七至一九〇七年間歷次的帝國會議在在表明，英國就像熟練的騎手輕輕拉動馬銜的方式，溫和地引導自治領，而非急於在時機未到時就以帝國特惠制這種強硬手段將帝國綁在一起。

這種有尊嚴而善意的放棄控制，和法國在阿爾及利亞及印度支那的「野蠻的和平戰爭」、德國在納米比亞的暴行、比利時在剛果種族屠殺式的剝削截然不同。雖然大英國協中也有少數人很討厭英國這個母國，例如魁北克人就依然懷恨渥爾夫在一七五九年打的那場勝仗，[7]還有澳洲的愛爾蘭裔共和派。但他們都不得不承認，自一九〇〇年後，英國國王的子民絕沒有像歐陸帝國子民那樣會遭受種族屠殺。同樣地，各自治領也很善待各自的殖民地。知名的憲法教授艾克曼（Colin Aikman）寫過一本二十世紀紐西蘭在太平洋各島作為的書，他指出，就憲政發展而言，「紐西蘭也許會很欣慰，因為它引領了西薩摩亞和庫克群島（Cook Islands）走向自治。」

裁軍議題

英語民族喜歡堅持語言要精確、結果要可以驗證，但這在外交上卻是難題。一九二七年九月十六日，領銜參加日內瓦裁軍會議的英國外交大臣奧斯汀．張伯倫向首相鮑德溫報告說：

在一些小事上，我們偏好實際和務實，堅持常識，這讓那些喜歡高談闊論的民族很反感。他們喜歡夸夸而談，情操高尚，但比較不在乎其用語和承諾的精確意涵，和我們的理解往往大相逕庭。33

他指的主要是拉丁民族，其政治人物好發豪言壯語，看似對裁軍誠意十足，但不像美國人或德國人那樣腳踏實地。

然而，英國在一九二七年日內瓦裁軍會議上和美國發生歧見，會議失敗，讓英美關係面臨自一八九六年以來最危險的時刻。史學家唐納德．瓦特（Donald Cameron Watt）說：

美國媒體上出現充滿敵意的反英風潮……倫敦的帝國國防委員會擔心到成立祕密小組來研究和美國開戰的可能性。美國海軍總參謀部直到一九三〇年代中都沒有停止與英國開戰的規劃。海軍上將凱爾斯爵士（Sir Roger Keyes）曾寫信給邱吉爾表示，如果皇家海軍要攻打美國主要海軍基地，他希望能夠領軍。歐洲媒體也不斷猜測英國和美國何時會爆發戰爭，而

---

⑦ 譯注：一七五九年，英法兩軍為爭奪加拿大殖民地而進行了七年戰爭，英軍將領渥爾夫（James Wolfe）攻取法屬的魁北克城並進占蒙特婁，法國在戰後完全放棄加拿大。

不是會不會爆發。[34]

就和一八九六年一樣，到最後還是理智占了上風，但二十世紀的英美友誼絕非牢不可破。邱吉爾在二十五年前就曾嘗過美國人對英國的敵意。他在一九〇〇年十二月到美國中西部巡迴演說，在安娜堡（Ann Arbor）的密西根大學被親波爾人的群眾大喝倒采，在芝加哥更碰上憤怒的愛爾蘭裔聽眾，只能拚命稱讚皇家都柏林燧發槍團（Dublin Fusiliers）的英勇來討好他們。[35]

就在一年前，也就是一八九九年九月，邱吉爾寫信給他母親談到她要出版的一份雜誌。邱吉爾語氣輕蔑而冷酷，和他在一九四一到一九四五年間採取的英美親善路線迴然不同：

> 妳的雜誌名稱是「盎格魯—撒克遜」……只要把米字旗和星條旗都擺在封面上，就很符合哈姆斯沃思（Harms-worth）的廉價帝國主義商品……至於「血濃於水」這句話，我想那早就淪為酒吧音樂間的東西……你這種充滿愛國情懷與宣揚英美同盟的作品構想——這種根本不可能的東西——顯然在當今的文學創作中毫無立足之地。[36]

邱吉爾在信中還附上一幅米字旗和星條旗一道飄揚的諷刺漫畫（他對酒吧音樂間並不陌生，曾發動一場騷亂支持妓女在萊斯特廣場賣淫的權利）。但他的美國籍母親不聽他的，在一八九九年六月出版了《盎格魯—撒克遜評論》（*The Anglo-Saxon Review*），只出了十期，就在一九〇一年九月停刊了。

一九二八年九月二十一日，邱吉爾在查特威爾（Chartwell）莊園招待賓客，「口無遮攔地談起美國」。其中一位客人是保守黨議員斯克林傑—韋德伯恩（James Scrymgeour-Wedderburn），他在日記中記下：「他（邱吉爾）認為他們（美國人）很自大，基本上敵視我們，想主宰世界政治。他認為他們的『大海軍』只是吹牛皮，應該要戳破。他認為我們應該說明白我們到底需要多大規模的海軍，而美國也一樣。」[37]時任財政大臣的邱吉爾又在十一月十九日的內閣備忘錄中稍微謹慎地說，在諸如愛爾蘭問題、《華盛頓條約》和英美債務解決方案等「重大議題」上，「不管我們過去花了多少力氣、做出多少犧牲來維持友好，只要稍有爭執或誤解就必須從頭來過，再做出新的重大讓步來討好美國人。」[38]

希特勒的另一本書

還有一個人很了解美國資本主義這股新興力量及其主導世界政治的能力，此人就是希特勒。在他一九二八年較不為人所知的《我的奮鬥》續篇中（此書專談納粹的對外政策，直到一九六一年才出版，二〇〇三年才有英文版），他長篇大論談到他對「盎格魯—撒克遜民族」的看法。這位政治名嘴在一九二八年說：「英國人今日的自大就和古羅馬人一樣。」他更先知地預言美國很快就會成為世界唯一霸主。諷刺的是，正是因為希特勒瘋狂地在一九四一年十二月向美國宣戰，才把美國推向霸主的地位。

希特勒在一九二八年更精準的說法和預測如下：「美國國內市場的規模及其龐大的購買

力……就足以保證美國汽車工業的國內銷售額，並採取歐洲不可能做到的生產方式。現在的重點是全世界的機械動力化，這是無與倫比的大事。」還有一段是：「現在有一群狂熱分子想團結歐洲來對抗團結的美國各州，防止北美大陸稱霸。」

「在未來，」這位日後的元首預測說，「唯一能對抗北美洲的國家，必須要了解如何能提升其種族的價值，並賦予其最適合的國家形式。」而這種國家形式就是由土地最大、人口最多、最勤奮、地理上最適合的國家——德國為最高政治領導的單一歐洲超國家。這是希特勒首次提到美國是未來的敵人。[39]

希特勒接著寫道：「隨著美國這股新勢力的崛起，各國的權力關係和上下從屬關係都將被打破。」希特勒認為，從歐洲移民到美國，符合達爾文（Charles Darwin）的適者生存之道，而「危害性十足的美國霸權地位首先是由美國人民的性質決定的，其次是由其生存空間決定的。」希特勒認為，美國在十八和十九世紀在美洲大陸上的生存空間，創造出龐大的國內市場，把生產力提升到「如此巨大的程度，儘管工資很高，但由於生產成本大幅下降，廉價競爭變得不可能。」[40]雖然這些只是當時的經濟常識，卻證明希特勒對美國的興趣不限於他愛看的廉價西部小說和西部電影片。

希特勒也用汽車工業發展的經典案例來說明美國工業的威脅：

> 即便我們德國人的工資破天荒地低廉，還是無法與美國在出口競爭中贏得分毫；我們只能眼巴巴地看著美國汽車充斥在我們國內。[41]

反美人士向來喜歡訴諸保護主義，因為他們知道自己的社會沒意願或沒能力和高度發展的美國資本主義競爭。

希特勒在一九二八年還沒有像在二戰時那樣嘲笑美國人的種族品質。在他第二本書中，他甚至告訴讀者說（其中有很多數據是信口開河），「美國能崛起到如此具威脅的程度，並不是因為……有千百萬人組成一個國家，而是因為……有千百萬平方公里最肥沃的土地被千百萬種族素質最佳的人所占據。」[42]

空調系統

英語民族之所以能在一九二〇年代遍布各大陸，甚至在沙漠中也能過上相對舒適的生活，主要原因之一是發明了空調系統，其社會和經濟意義無可估量。空調系統迅速成長為數十億美元的產業，美國在發明、發展和安裝上領先全球，澳洲和加拿大也迅速跟上，所以才能夠在數千年來過熱或過冷不宜人居的地方建立城市。有了英語民族發明的空調系統，西澳大利亞的珀斯（一月平均溫度是攝氏二十四度）和阿拉斯加的安克拉治（一月平均溫度是攝氏零下二十二度）才得以存在和繁榮。

華府的政府辦公大樓自一九二八年開始裝設冷氣，理由是天氣溫暖容易滋生細菌，但有人說這是在浪費納稅人的錢。[43]當時的政治人物都會在夏天離開酷熱的哥倫比亞特區，但從一九二八年以後他們就比較能待得住。作家維達爾（Gore Vidal）認為，華府辦公室裝設冷氣助長了一些工作狂的美國帝國野心，因為這些人在夏天時不再需要躲到鄉下莊園去享受涼風，這倒不是憑空亂說。小羅斯福拒絕在白宮裝空調，寧願捲起袖子工作，尼克森則喜歡把冷氣開到最強，然後在火爐生火。

人們在使用空調上很快就出現階級差異。為了讓女士能秀出毛皮大衣，邁阿密楓丹白露酒店（Fontainebleau Hotel）的大廳「弄得奇冷無比，還有一個華麗的大階梯，可以坐電梯到一樓後盛大進場。」有錢人會安裝中央空調，比較沒錢的就裝在窗台上，「一個街區一個街區緊接著裝設冷氣，大家都不想第一個裝（以免被說是炫耀），但也不想最後一個裝（以免讓鄰居失望）。」[44]

大發明家

一九二八年二月四日星期六，電機工程師貝爾德（John Logie Baird）在倫敦自治領劇院（Dominion Theatre）首次展出他九乘以十二英尺螢幕的彩色電視機。早在一九二四年，他就製作出電視轉播影像，兩年後透過電話線在倫敦和格拉斯哥之間傳輸了清晰度為三十行掃描線的動態剪影。貝爾德是很有才華但不時會惹出麻煩的人物，自從有了零用錢，他就開始搞怪。十三歲時，他買了一台舊機油馬達，用絨布包上鉛板，放入裝滿硫酸的果醬罐，就這樣造出海倫斯堡（Helensburgh）第一間用電力照明的房子。他在海倫斯堡出生，距離格拉斯哥三十英里。由於走廊上的電燈太暗，害他爸爸摔下樓梯，貝爾德自己也鉛中毒，這場實驗才不得不中止。[45]

貝爾德還有點江湖術士的味道。在發明電視機之前，他曾為了製造人工鑽石用碳棒連接克萊谷電力公司（Clyde Valley Electrical Power Company）的電網（他是公司協理），造成整個地區停電。他賣過治療痔瘡的偏方、可吸汗的特製「貝爾德底襪」，還試圖從千里達出口芒果醬。他還賣過「貝爾德快速洗潔劑」（本質上就是氫氧化鈉）、人造花和好幾噸從澳洲走私進來的蜂蜜。貝爾德不是弗萊明（Alexander Fleming，發明了盤尼西林）或拉塞福那樣的人物，但他最後發明出能夠賺大錢的裝置，教育和娛樂了幾十億人。

一九二三年春天，三十四歲的貝爾德在哈斯汀（Hastings）的小房間裡發明了電視，用的是「錫、紙板、縫衣針、棉線軸、電燈、當地腳踏車店買來的牛眼燈、電風扇馬達。」[46]他有一次想用人眼做電池，從查令十字眼科醫院偷來一顆，但他無法用刀子剖開，「就整個放棄，把整包東西丟進運河。」這位有點邪氣、行徑可疑、難搞又自我中心的人（既是天才又是騙子），居然不只發明了電視，還發明了「第一台可在夜間收看的電視，第一台錄影機，第一台以電話線傳輸的電視，第一台有立體感的電視，第一台大螢幕電視，第一台商業電視機」，還有第一台空對地偵測系統，可以偵測水庫的水波。但他從來沒有賺到大錢。一九五九年，英國廣播公司這個他花費一生對付的機構，拒絕把他的半身像放在白城新電視中心（Television Centre in White City）的大廳。一九四六年六月，貝爾德死於濱海貝克斯希爾（Bexhill-on-Sea），享年五十七歲，死前展示了他稱為Telechrome的高畫質電視系統，這項發明終於改變了全世界，總的說來也把世界變得更美好。

英國人的發明成就令現代世界驚嘆，但倫敦科學博物館最近有一項調查顯示，有百分之五十八的英國人不知道是自己的同胞發明了火車，百分之七十七的人不知道英國人發明了噴射引擎。

英國人在一六九八年發明了第一台蒸汽機，一八二一年發明了電動馬達，一八七五年發明了電話，一九八九年發明了網際網路。英國人還發明了交通號誌、電磁鐵、地下鐵、電燈泡、充氣輪胎、雷達、疫苗、盤尼西林（青黴素）、複製技術、鋼骨雨傘，但英國人卻不太承認自己的發明天才。除此之外，如同記者布朗（Anthony Browne）所說：[47]

英國科學家解開的自然奧祕最多。在四種基本自然力中，英國人發現了兩個——牛頓發現了萬有引力，馬克士威（James Clerk Maxwell）發現了電磁力。在古人所不知道的三顆行星中，英國人發現了兩顆（天王星和海王星）。英國人獲得的諾貝爾獎僅次於美國人，是法國人的兩倍，義大利人和日本人的七倍。[48]

一九三四年，四十四歲的約克郡修路工人珀西．蕭（Percy Shaw）在濃霧的夜晚在家鄉哈利法斯的路上開車，他看到有一隻貓的眼睛反射他頭燈的光芒。這件事（假如這個傳說是真的）讓他想到可以發明一種放在路邊的小鏡子來反射車燈，防止車禍。一九三五年，他取得了新發明專利，由兩片鏡子和一個鐵珠子組成，車子壓過其橡膠外殼時會縮進特殊設計的凹洞中，下雨時還可以自動清洗乾淨。這項發明的商標是「貓眼」，推廣到全球後讓蕭發了大財，也拯救了無數人的性命。

一九二八年除了有貝爾德的彩色電視，還有一位蘇格蘭人製造出英語民族為人類帶來的一大福音。當年九月，四十七歲的蘇格蘭細菌學家弗萊明發明了盤尼西林。這個東西被譽為「醫學史上最重大的進步」，這是很有道理的。盤尼西林和抗生素打開了可以治百病的大門。[49]

重大科學發現通常出於某個天才的「驚奇」時刻，但唯有經過一群辛勤工作的科學家持續研究後，才能把驚奇時刻的潛力開發出來。若沒有科學家同儕的貢獻，弗萊明不會發現盤尼西林。這個發現要到十年後才真正獲得應用，但弗萊明作為發現者的地位毋庸置疑。

弗萊明的父親是艾爾郡（Ayrshire）的牧羊人，在他七歲時就過世了。但蘇格蘭有重視教育的傳統，他在婁登莫爾（Loudoun Moor）的地方學校、達維爾（Darvel）的學校，以及基爾馬諾克學院（Kilmarnock Academy）受到良好教育。十四歲時，他搬到倫敦和其他三個兄弟同住，在攝政街的理工學院（Polytechnic Institute）繼續就讀。他畢業後在倫敦金融城的船運公司當了四年雇員，一九〇一年時靠一小筆遺產進入派丁頓的聖瑪麗醫院（St Mary's Hospital）附設的醫學院就讀。從未有人如此善用遺產。

在獲得自然科學高等獎學金後，弗萊明在醫學院時期又贏得幾乎所有獎章和獎學金，包括一九〇八年的倫敦大學金獎章（London University Gold Medal）。但他不只會念書，在大學和研究生時期還熱愛游泳、射擊和高爾夫，並參加學生劇團。[50]畢業後，他在聖瑪麗醫學院細菌科師從赫赫有名的賴特爵士（Sir Almroth Wright），並在一戰爆發時追隨賴特到布洛涅，以皇家陸軍醫療團中尉（後來升任上尉）身分，為醫療研究委員會研究如何治療作戰創傷。

在戰爭時期，弗萊明設計了多項聰明的實驗，「對細菌學和治療傷口腐爛有卓著貢獻」。一九一五年，他在醫學雜誌《刺胳針》（*The Lancet*）發表一篇關於化膿性鏈球菌感染的文章，主張要盡早移除壞死組織，大大增進了對氣壞疽的了解。就算弗萊明沒有發現盤尼西林，他在英語民族對救死扶傷的貢獻上還是舉足輕重。他在一九二〇年代初期和中期發現了溶解酶，這是由人體組織製造的抗微生物物質，他稱其為人體的天然抗生素，而正是為了開發出新技術來證實溶解酶的擴散作用，他才發明出研究盤尼西林的方法。[51]

一九二八年九月，弗萊明發現了對人類非常有益的東西。他度完假回到聖瑪麗醫學院的小實驗室，看到一些他用來培養細菌的培養皿沒有清理乾淨。他發現有一個培養皿長了黴菌，讓葡萄球菌無法生長。這種經常出現在麵包上的黴菌叫作「產黃青黴菌」（Penicillium notatum），弗萊明將之轉化成液體，命名為盤尼西林。人們後來才知道，當弗萊明不在時有超強寒流來襲，使得青黴菌得以在培養皿生長，但直到今天還不清楚它們是怎麼進到實驗室的，據說是因為窗戶是開著的。（對街普雷德街上的「噴泉修道院」酒吧自稱是這些青黴菌的來源，但今日的研究者認為比較可能是來自其他實驗室。）

一九二九年六月，弗萊明發表在《英國實驗病理學》上的論文震驚了世人。他描述了後來被世人所熟知的盤尼西林的許多性質：它是可過濾的活性劑；它對化膿球菌和白喉桿菌有明顯作用；它在高劑量時對動物不具毒性和刺激性；它的殺菌功效；它能注射到發炎的部位。即使稀釋到千分之一，它還是能對抗化膿球菌。

由於聖瑪麗醫學院的實驗室沒有化學家，而弗萊明自己又轉去研究磺胺類藥物，盤尼西林的巨大突破性還要再等十年才受到充分肯定。「不論就發現的時機，」藥理學家戴爾爵士（Sir Henry Dale）寫道，「或是弗萊明所在實驗室的氛圍來說，都不利於進一步研究發展。」於是有將近十年的時間，這個「神藥」並沒有怎麼受到推崇。

盤尼西林改變世界的神效，最後是在牛津大學由澳洲病理學教授弗洛里（Howard Florey）、德國猶太裔難民錢恩（Ernst Chain）、英國人希特利（Norman Heatley）所開發出來。他們製造出大量的盤尼西林，剛好在二戰期間證明其效用。這場戰爭已經夠可怕了，我們難以想像如果沒有盤尼西林來治療壞疽將會如何。所以在一九四五年恢復和平後弗萊明、弗洛里和錢恩共同獲得了諾貝爾醫學獎。當弗萊明十年後在切爾西（Chelsea）過世時，他被當成國家英雄，全國為他降半旗，他的骨灰被放在聖保羅大教堂（St Paul's Cathedral）的地穴，旁邊長眠的是納爾遜將軍（Horatio Nelson）和威靈頓公爵（Duke of Wellington）。

弗萊明的故事完美彰顯出英語民族是如何將諸多偉大發明帶給人類。在這個故事中，有兩位英格蘭人（賴特和希特利）、一位澳洲人、一位從納粹德國歸化到英國的德國人，以及弗萊明爵士這位蘇格蘭人。雖然聖瑪麗和牛津研究團隊時有不合，賴特還曾在一九四二年寫信給《泰晤士報》為弗萊明的發現沒有受到足夠肯定抱不平，但正是過去積累的研究、弗萊明的驚奇時刻和牛津團隊的後續研究三者加起來，才造就了盤尼西林的奇蹟，且也正好發生在這世界最需要盤尼西林的時刻。

第六章

資本主義的困境

一九二九至一九三一年

賺錢是最最單純的工作。

——詹森博士（Dr Samuel Johnson），一七七五年

摧毀資本主義體系的最好辦法是擊垮其貨幣。

——列寧（Vladimir Lenin）[1]

情人節大屠殺

一九二九年二月十四日情人節寒風刺骨。當天上午十點三十分，綽號「疤面」的黑幫殺手卡彭（Al Capone），與他的高爾夫球伴、綽號「殺手」的伯克（Fred Burke）走進芝加哥北克拉克街「一排破爛店面和小商鋪」的一個車庫中。卡彭以五千美元（外加其他花費）從密蘇里聖路易雇來伯克，要幹掉「蟲子」莫蘭（George Moran），這名惡棍曾經數度要做掉卡彭。伯克和三名共犯穿上警察制服，開著黑白相間的警車，假裝要去查緝莫蘭的私酒廠。廠裡有七個人，三個是私酒販子、一個是小偷、一個是流氓、一個是銀行搶匪、一個是酒吧店主，還有一條繫在水管上名叫「高球」（這名字倒是很呼應這群人在幹的事）的德國牧羊犬。

對街的出租公寓有兩位底特律「紫色幫」（Purple Gang）成員在看哨，伯克命令這七個人舉起雙手，靠著牆壁排排站。他們先被繳械，然後在十秒內全部被槍殺，凶器是兩把機槍、一把霰彈槍和一把點四五左輪手槍。與此同時，正在街上走路的「蟲子」莫蘭以為警察正在查緝私酒。「高球」在之後警方調查現場時被鬆綁，馬上就飛奔離開。

情人節大屠殺標示了美國黑幫、流氓和槍枝氾濫之猖獗。我們很難贊同最近一名卡彭傳作者的說法，他認為卡彭之所以會在美國文化中享有大名，完全是因為「一九二〇年代過度的新聞報導、好萊塢的聳動渲染，再加上社會普遍的反義大利偏見，所交織成帶有毒性卻又迷人的混合體。」[2]事實上，任何人下令槍殺七個幫派分子（而且是選在浪漫的情人節）一定都會出名。而這也不是最暴力的案件。一九三七年九月，就有四十名黑手黨分子在不到四十八小時內被殺。

情人節大屠殺被視為掠奪式美國資本主義的明證，不管這種說法有多荒謬。共產主義者、社會主義者和反美人士大肆宣傳說，自由放任的企業必然會導致芝加哥當時那種黑手黨式的暴力。事實上，這種暴力肇因於禁酒令限制了貿易，我們反而可以說「保母式」的國家干預才會造成幫派成風。

槍枝暴力向來是美國社會的特色，但反過來也可以說，正是因為合法槍枝在美國非常普及，讓某些罪犯望而卻步，例如跟有槍枝管制的國家相比，美國闖空門犯罪率就比較低。受憲法第二條修正案保障的擁槍權，可說是美國各項公民權利的最後一道防線。

組織犯罪在美國向來很猖獗，聯邦調查局（ＦＢＩ）成立的目的就是為了打擊犯罪組織，也相當有成效，但一般認為組織犯罪在二十一世紀已日落西山。與毒品氾濫一樣，組織犯罪和槍枝犯罪都源於美國社會根深柢固的自由風氣。與其把這些問題怪罪給自由放任的資本主義，不如說是因為美國公民權利受憲法保障的程度高於其他國家。只有最具權利意識的社會，才會尊重一個流氓引用憲法第五條修正案來保護自己免於「自證其罪」的權利。自由和秩序之間的鬥爭長期存在於美國社會，沒有誰能擊敗誰，這代表這個社會的強韌而非虛弱。

禁酒令時代還有一些綽號古怪的流氓值得一提，包括「行賄鈔手」古茲克、「酒瓶」卡彭（「疤面」卡彭的哥哥）、「執法者」尼提、「雙槍俠」哈特、「機關槍」麥格恩、「陰謀者」杜奇、「克朗代克」歐唐納、「努基」強森。這些人身邊還有一堆人綽號叫「鐵鏽」、「巧手艾迪」、「瘦子」、「玻璃眼」、「九趾」、「假腳」、「蠻牛比爾」、「大安傑羅」、「拉丁佬」、「鑽石喬」、「神經丁克」、「打架王豪斯」、「波蘭佬喬」、「三指」、「怪胎」、「駱駝」、「跳蟾蜍」、「澡堂」、「美男子」（這應該不是指長相），還有一個窮流氓後來被稱為「高爾夫球袋」。相較之下，伯克的綽號「殺手」就太過直白了。

勢利的反美主義

二〇〇二年出版了一本畫家達利（Salvador Dalí）的小傳，在其中，加泰隆尼亞藝評家兼史學家卡斯特拉—加索（J. Castellar-Gassol）輕蔑地說，紐約是「巴別塔式的城市，對金錢的崇拜已取代對開國元勳的崇拜」，美國成了「可口可樂的年輕新故鄉」。[3]歐洲藝評家對美國文化常會妥瑞症似地胡言亂語，卡斯特拉—加索自己為《讀者文摘》寫文章，一邊賺美國佬的錢，一邊卻又對美國嗤之以鼻。

然而，最嚴厲批評美國和美國人的其實是美國人自己。英語民族的通病是自我憎恨、對自己著迷於物質和金錢而負有罪惡感，這在美國人身上又特別強烈。「這一切只有一個詞可以形容」，美國出生但長住歐洲的作家亨利．詹姆斯（Henry James）這樣描述自己的同胞：

> 庸俗、庸俗、庸俗。他們的無知，他們對歐洲一切事物的狹隘、蔑視、不爽的態度，他們總是用空洞無物的美國標準或先例來衡量一切，而這些標準或先例只存在於他們自己肆無忌憚的空話裡，還有我們那乏味至極的口音、說話及長相，這一切都在對你敵意相向……我

> 所指出的這些惡習就是現代人的元素，其中完全沒有文化。[4]

要注意的是，詹姆斯在批評到一半時就不自覺把「他們」改成「我們」，因為他很不情願地想到自己的出身。就連惠特曼（Walt Whitman）也覺得要為美國人過於物質主義感到抱歉，說美國人是個新生民族才會這樣。[5]

這種高高在上、具有文化優越感地對於欲望的輕蔑（輕蔑那些辛苦工作想改善家計的人），讓當代英國作家莎娣・史密斯（Zadie Smith）說英國「是個令人作嘔的地方」，「這就是人們在火車上互相打量的方式，舉目所及皆是愚蠢、瘋狂、庸俗，還有白痴的電視節目、想成功發財的蠢材、舉目所及皆與金錢有關。」[6]對英語民族最嚴厲的批評一直來自英語民族自己。「預防性的自我批評」是英語民族很明顯的文化特色，但他們其實應該為勇於改善生活的欲望感到驕傲。這種欲望是完全合理的，不該被罵成拜金主義或「庸俗、庸俗、庸俗」，更不能說是「蠢材」。

新教與宗教寬容

在詹姆斯的小說《歐洲人》（*The Europeans*）中，書中人物巴茲尼（Luigi Barzini）問道：「一座邊陲小島到底是如何從粗鄙貧困的狀態，一躍而統治世界的？」最主要原因就是新教精神。雖然派卡博特（John Cabot）出海探險的亨利七世是天主教徒，但亨利八世、伊莉莎白一世、詹姆斯一世的海外擴張時代是在英格蘭宗教改革之後，新教資本家資助了英國人移往加拿大、維吉尼亞、愛爾蘭、南美洲和印度。都鐸王朝和羅馬教廷分裂時，正好也發現了繞過好望角的海上航路，然後斯圖亞特王朝鼓勵清教徒移民到大西洋對岸，最終讓英格蘭成為向外追逐貿易的帝國，也造就了美國、加拿大和澳洲等「海洋諸國」。

史學家布萊恩特（Arthur Bryant）在其一九六八年的《新教之島》（*Protestant Island*）中說：「從羅馬天主教的官僚和教條解放出來。」英國人不再對放利和追求財富感到罪惡之後，開始向前看和向外看，奠定了現代世界的基礎。韋伯（Max Weber）在一九〇一年寫下《新教倫理與資本主義精神》（*The Protestant Ethic and the Birth of Capitalism*），布萊恩特則將其論點運用於英國歷史。他指出，「在完全變成一個新教國家的第一個世紀中」，英格蘭就產生出最偉大的詩人莎士比亞、最偉大的科學家牛頓、最偉大的航海家德瑞克爵士（Sir Francis Drake）。

在今天，這種關於某些宗教有內在優勢的理論，會被斥之為自我吹噓或基本教義派，甚至有所「歧視」。資本主義在好幾個羅馬天主教國家都很興盛，我們也無法確定假如瑪麗一世的後人信的是天主教，他們就一定不能像伊莉莎白信新教的後人那樣帶領英格蘭大幅對外擴張。西班牙的菲利普二世、哥倫布、葡萄牙的亨利王子（Prince Henry）都信天主教，但並無礙於他們的航海野心。然而，新教徒追求的是商業利益，不是國家的榮耀或大戰略，更不是為了推廣基督教，這才是推動英語世界向外殖民的動力。

資本主義在英語民族創造的政治、社會和法律體制中最為興盛，部分原因是新教精神在這些社會中發揮力量。新教的個人主義和個人責任觀創造了對自由企業有利的環境，二十世紀美國經濟的無比強大正是奠基於此。新教主義沒有「順其自然」這個說法，它的神學完全是為了個人創業和自由市場量身打造，這是偏好由國家管制經濟的羅馬天主教國家所不能相比的。

在本書中可以看到，南愛爾蘭明顯不同於其他英語民族。部分原因是宗教改革在南愛爾蘭從未成功，讓愛爾蘭人走上了不同的道路。在一八五三到一九一三年間，約有一千三百萬人從英倫諸島向外移民，其中有許多是移往英語世界其他地方。來自愛爾蘭的移民通常身無長物，只帶著對英國王室的憎恨抵達波士頓、雪梨、蒙特婁、芝加哥、紐約和其他英語世界大都市。這種憎恨有時可綿延長達數個世代。

瑪麗·肯尼（Mary Kenny）注意到在農業領域，「阿爾斯特省的蘇格蘭—愛爾蘭裔新教徒有相當高的務農天分。出於不明的原因，不苟言笑、缺乏想像力的喀爾文教徒居然是全世界生產力最高的農民，從安特里姆①到懷俄明到南非的奧蘭治自由邦皆然。」[7]但我們切不要過分高估這種現象。就個體而言，新教徒並不必然就比天主教徒更懂得資本主義；但集體而言，他們能創造出更適合資本主義發展的自由市場環境。

保守派思想家戈夫（Michael Gove）曾討論過新教精神，但他以近乎悼詞的過去式來描述：

> 它曾經以無需儀式的方式來肯定精神世界。它歡迎論辯，重視語言，讚頌自太初以來即有的信仰。它的對立面不是無神論，而是重視感覺甚於思想、重視一些大師甚於疑惑的教徒的新時代「信仰」。[8]

① 編按：安特里姆（Antrim）是北愛爾蘭阿特拉斯省的一個郡。

英語民族自一九〇〇年後皆採取宗教寬容政策（除了一九〇四年在利默里克那些可憐的愛爾蘭猶太人，②還有都柏林政府並未介入的一九二〇年代初種族屠殺），此乃長久的力量來源。當其他社會在浪費精力強加正統教條給人民時，英語民族卻把精力花在更有用的地方，避免了戰爭和人民的反叛。在法律面前，無神論和不可知論的地位平等，英語民族沒有想要「打開人類靈魂之窗」，反而獲益良多。不過，誠如美國知識分子鮑曼（James Bowman）最近所指出，從一九〇〇年算起，「共產主義和納粹主義等無神論信仰所殺害的人，要比宗教在同時期殺害的人更多。」藍儂（John Lennon）在《想像》（*imagine*）這首歌中認為沒有天堂、地獄、宗教就可以「和平生活」，也是錯誤的，不論這種說法有多誘人。[9]

宗教寬容是英語民族讓社會強大並優於世界上多數地方的武器。雖然有好幾個非英語民族的新教派別並非如此，但宗教寬容確實深植於英國聖公會及美國聖公會的基因之中。「此乃英格蘭聖公會的智慧，」一六六二年版的《公禱書》③序言開宗明義地說，「自從初次匯整公開儀典以來，就在過分僵硬不肯變通和過分開放凡事皆可的兩端之間，允執厥中。」（雖然這段話指的是英國聖公會內部的爭端，但也展現了相當非基本教義派的精神。）

當然，英國聖公會在十九世紀也曾大搞宗教不寬容，例如說羅馬天主教徒直到一八二九年才被允許出任國會議員，猶太人要到一八五八年，無神論者則要到一八八六年。但到了二十世紀，信仰自由就完全獲得保障。美國的開國元勳普遍是英國聖公會信徒，他們刻意在憲法中不提宗教，從獨立革命後就奉行信仰自由。在英語民族的歷史上，信仰自由總是和言論自由、集會自由和新聞自由攜手並進，並成為其強大力量的來源，遠勝過那些由政府提倡某個宗教或禁止某個宗教的國家。歐洲國家在十九世紀末還在大搞讓社會分裂的宗教迫害，像是德國有反天主教的「文化鬥爭」（Kulturkampf），法國有反猶的德雷福斯事件（Dreyfus Affair），西班牙的教權主義和反教權主義反覆爭鬥，俄羅斯也搞反猶大屠殺，但英語民族卻把精力花在更有益的國家政策上。

甘迺迪的羅馬天主教徒身分曾被認為是他一九六〇年競選總統的阿基里斯之腱，直到他向南方浸信會領袖們發表演說，表明他不會變成羅馬教宗的棋子。除了他這個唯一的天主教徒之外，二十世紀的美國總統們分屬各種新教教派。有四個是浸信會（哈定、杜魯門、卡特、柯林頓）；三個是美國聖公會（小羅斯福、福特、老布希）；兩個是基督會（詹森、雷根）；兩個是貴格會（胡佛、尼克森）；兩個是長老教會（威爾遜和原屬耶和華見證人教派的艾森豪）；兩個是衛理公會（麥金利和小布希）；一個是公理會（柯立芝）；一個是一位論派（塔夫脫）；一個是荷蘭歸正教會（老羅斯福）。這確實是五花八門。英國首相也是如此，雖然他們都是新教徒，但並不全是英國聖公會。貝爾福和班納曼是蘇格蘭教會；博納．勞和麥克唐納是長老教會；威爾森是公理會；柴契爾夫人小時候是衛理公會，後來才轉歸英國聖公會。

毫無疑問的是，英語民族在一九六〇年代以後還是有宗教歧視，尤其是當雇用北愛爾蘭人，

---

② 編按：此處可參見第一章「利默里克反猶騷亂」。

③ 譯注：《公禱書》（*Book of Common Prayer*）為克蘭默大主教（Thomas Cranmer）於一五四九年九月六日所出版的禮文書和信仰標準，給英國所有教會使用，並要求所有人按照《一五四九年統一法案》的要求遵守並使用該公禱書。

以及像高爾夫球俱樂部這樣的地方。但對這些少數人的歧視並不是由國家發動的，完全不同於納粹處決潘霍華、④蘇聯迫害俄羅斯東正教、共產中國摧毀二千座西藏寺院那種宗教不寬容路線。對照之下，英語世界的宗教寬容是非常正面的，並帶來社會、物質、政治和軍事上的優勢。

美國人信教的程度高得驚人。有百分之九十五的美國人相信上帝，英國人則是百分之七十六，法國人百分之六十二，瑞典人百分之五十二。每四個美國人就有超過三個人參加教會，四成的人每週上教堂，一成的人每週去好幾次。此外，有百分六十的美國人表示宗教對他們的生活「非常重要」。「當歐洲教會只能在一些教區苦撐，」《右派國家：美國為什麼獨一無二》（*The Right Nation: Why America is Different*）的作者說，「美國教會似乎永遠興旺。」[10]反美人士對此現象感到恐懼，卻一直無法解釋何以如此。

華爾街崩盤和大蕭條

「華爾街大崩盤」不是一天發生的，而是從一九二九年十月二十三日，當天有一千九百二十二萬六千四百股股票在二十四小時內被拋售開始，一直到十月二十九日「黑色星期二」。這次金融地震向世界證明了三件事：第一，美國發生的事會嚴重影響全世界，把其他工業國家一起拖下水，也暴露出美國資本主義有無可救藥的漏洞，讓墨索里尼、史達林和希特勒得以說服世人唯有他們的制度才能更好地為人民服務。第二，它證明資本主義（或更明確地說是股票市場）有嚴重的缺陷急需診治，包括內線交易猖獗、公司透明度低落、定價機制嚴重低估外部性。第三，英語民族被怪罪是造成衰退和蕭條的罪魁禍首，儘管英語民族也身受其害。

關於大蕭條的持續時間和嚴重程度有各種解釋。貨幣學派怪罪聯邦準備銀行的錯誤政策；凱因斯學派認為是終端需求不足；自由貿易學派怪罪於一九三〇年《斯姆特—霍利關稅法案》（Smoot-Hawley Tariff Act，該法開啟了美國史上最嚴重的保護主義，立刻就招致報復）；右派怪罪小羅斯福干預市場；左派怪罪資本主義的內在缺陷和矛盾。這些解釋並不是互斥的，除了最後一種說法之外都有些道理。重點在於，民主制度下的資本主義有自我治療的能力，尤其是小羅斯福在一九三四年設立美國證券交易委員會改進資本市場之後。

當然，華爾街在一九二九年以前就經歷過金融恐慌。一八九三年的股市崩盤就曾導致長達四年的經濟停滯，鋼鐵產量掉了四分之一，二萬二千英里的鐵路進入破產管理狀態。[11] 一九〇七年的崩盤也造成短期重擊。

在一九二〇年代，正當許多美國人傾向孤立主義時，許多非美國人士也認為可以不用理會美國。早在一八六二年，美國在克里米亞戰爭時支持俄羅斯，又在印度叛亂時支持印度士兵，索爾茲伯里勳爵就力主不必去理會西半球：

> 他們表面親善，舌燦蓮花，深諳如何為平淡的政治討論加油添料。但我們卻不記得他們那些廢言廢語有何作用，不管是好是壞。沒有人知道美國人到底在說些什麼，也沒有人關

---

④編按：潘霍華（Dietrich Bonhoeffer），德國神學家，曾參與反納粹運動，後被納粹處以絞刑。

> 心。紐約對此議題的意見並不比里約熱內盧的意見更重要。從情感上來說，不管我們的鄰居是稱讚我們還是指責我們，我們根本就無所謂。[12]

但這種舊時光已經一去不復返，從瑞典到埃及、從蘭卡斯特到波蘭，無一不被華爾街崩盤所影響。紐約人說的話和做的事真的很重要，就算過去不重要，未來將更加重要。在一九二九年，美國占全世界生產總量的百分之三十四點四，相較之下，英國是百分之十點四，德國是百分之十點三，蘇聯是百分之九點九，法國是百分之五，日本是百分之四，義大利是百分之二點五，加拿大是百分之二點二。[13]美國股市崩盤不可能不影響到全球。

從一九二九年華爾街大崩盤之前經濟週期的最高點算起，到一九三三年三月大蕭條最低點，美國的財富失血了百分之二十八（貨幣和活期存款加總），工業產出減少了百分之五十。[14]道瓊指數直到一九五〇年代初才回復到一九二九年的水準，貿易總額則是到一九六一年才回復。大蕭條時的失業率高達百分之二十五，國際貿易減少了九成。[15]這些可怕數字背後是無數人的悲慘生活和生命虛擲。歷史學家對羅馬帝國衰亡的原因有一百二十種解釋，對大蕭條的解釋也有幾十種，但正如聯邦準備銀行的官方史學家梅爾策（Allan H. Meltzer）所言：「現在普遍都接受，大蕭條的嚴重性、持續性和對世界經濟影響的廣泛性，主要是因為貨幣政策的作為和不作為。」[16]

悲劇性的失誤非常多。一九二六年和一九二七年時，堪薩斯共和黨眾議員詹姆斯・史壯（James A. Strong）試圖修改一九一三年的《聯邦準備銀行法案》，明訂穩定物價是聯準會的政策目標。但紐約聯邦準備銀行行長班傑明・史壯（Benjamin Strong）反對，他是聯準會的大人物，害怕此案會被誤解為聯準會需要維持農產品價格的穩定。該法案被否定了。到了今天，葛林斯潘（Alan Greenspan）和許多人都同意梅爾策的看法，如果當時有通過詹姆斯・史壯的法案，聯邦準備銀行「不可能放任一九二九至一九三三年的大蕭條，或一九六五至一九八〇年的大通膨不管。」[17]

一九二八年，在打敗他的同姓眾議員一年後，史壯行長去世，結果是領導乏人和組織失能，第二年就造成大災難。史壯行長的接班人哈里森（George L. Harrison）既無能力處理即將來臨的危機，又缺乏史壯的權威來影響最關鍵的「公開市場委員會」。⑤公開市場委員會是聯準會負責做出關鍵決定的機構，但在這場危機中卻不做決定。

諾貝爾經濟學獎得主傅利曼（Milton Friedman）認為，一九二九年的衰退是正常經濟循環的一部分，是錯誤的貨幣政策才「把衰退搞成大災難」。他認為這都是聯準會的責任，而聯準會在一九一三年成立的目的正是為了避免讓三分之一的美國銀行被迫倒閉。「然而，」傅利曼寫道，「在聯邦準備系統下，卻發生美國史上最嚴重的金融危機。」導致一九二九年危機的並不是資本主義的內在問題，而這個危機也並不必然會造成大蕭條。造成大蕭條和工人階級生活水準大倒退的並不是什麼體制中系統性和循環性的「矛盾」，而是聯準會領導者一連串錯誤的金融決策，一個讓另一個更加惡化。

⑤譯注：公開市場委員會（Open Market Committee）屬於美國聯邦準備系統，負責進行公開市場操作。公開市場委員會由十二名委員組成，七名聯邦準備理事會成員都是委員，由紐約聯邦準備銀行負責執行公開市場操作。

聯準會的政策導致當時的貨幣流通減少百分之二十八，但當時所需要的正是流通性。悲劇之處在於，傅利曼說：「千百萬人的存款被丟到水裡，但這是完全沒有必要的。不論在什麼時候，聯準會都有權力和知識將其打住，而當時也有人一直在呼籲他們要這麼做。所以……很清楚是政策錯誤才造成大蕭條。」

雖然當時的確有「難以為繼的投機泡沫」在「黑色星期二」爆破，但這種事過去也發生過，並沒造成整個經濟系統崩潰。自由市場體制本來就會有牛市和熊市、貪婪和恐懼、泡沫和破裂、榮景和枯景，這就和買進賣出一樣自然，不必然會造成全盤崩潰，但一九三三年的股市跌到只有一九一九年高點的六分之一。[18] 一九二九年十月的崩盤之所以沒有迅速恢復，是因為聯準會在意識形態上過度緊縮的貨幣政策，不是因為股市大跌。在大跌前兩個月，也就是一九二九年八月時，工商業景氣開始盛極而衰，而到一九二九年十月時，股市已從一九二九年最高峰時下跌很多。

股市短期大跌之所以會變成長期蕭條，並不是因為資本主義的內在缺陷，而是如傅利曼所說的：

> 史壯領導下的紐約聯邦準備銀行幾乎已養成反射動作，立刻行動買進政府債券增加銀行準備，以緩和股價大跌的衝擊。這樣能讓商業銀行提供額外的貸款給股票上市公司，並向它們和受崩盤影響的其他人購買證券……然而，聯準會這次的表現和一九二〇年代曾經面對的其他經濟衰退很不一樣。它不是積極擴大貨幣供給超過平常的數量以抵消經濟萎縮，而是放任貨幣數量在一九三〇年一整年一直減少。[19]

到一九三〇年十月，貨幣供給量雖然只減少百分之二點六，這和一九三〇年十月到一九三三年初減少三分之一比起來不算什麼，但減幅已大於美國過去歷次衰退時期，足以讓人擔心。到了一九三〇年秋天，中西部和南部的銀行倒閉，開始出現銀行擠兌。一九三〇年十二月十一日，就連合眾國銀行（Bank of United States）也倒閉，這是美國倒閉的商業銀行中最大的一家。（雖然它不是公家銀行，但它的名字卻讓民眾搞不清楚而產生恐慌，尤其是在海外。）

聯準會在政策上緊縮貨幣供給，對銀行倒閉也不積極處理，讓合眾國銀行這種財政健全的公司也走到破產（它最後以一美元存款兌九十二點五美分償付存款人），連帶把整個金融體系都拖下水。紐約聯邦準備銀行以及紐約結算所銀行聯合會（New York Clearing House Association of Banks）行事如此偏狹，根本毫無道理可言。

在無人出手相救下，合眾國銀行被允許破產，到了一九三〇年十二月，又有三百五十二家銀行跟著倒閉。一九三一年春又出現第二波銀行危機，聯準會又再次放任不管。傅利曼教授認為，假如聯準會當時並不存在，那麼一九二九至一九三〇年的危機就會和一九〇七年的危機一樣，在摩根領導下由較健全、較大型的銀行聯手以限制支付的方法，在第二年就恢復信心。但既然聯準會已經存在，這就「讓大家尤其是銀行界以為，既然已經有準備制度來處理這類事情，就不用再採取激烈手段。」[20]

限制支付可以防止體質健全的銀行被抽乾準備金；大規模在公開市場買入政府債券能讓銀行有現金支應存款者提領。（雖然紐約聯邦準備銀行力主要這麼做，卻無法說服其他分行或理事會。）假如在大蕭條時聯準會不是這麼短視和極端保守的話，其實有很多自由市場手段是可以做的。（一九三二年，在國會強大壓力下，聯準會被迫要採取公開市場買進，但國會又休會，此事又打住。）胡佛對聯準會說了一段語帶保留的話：「我的結論是，它是在國家危急時不能倚靠的柔弱蘆葦。」

大蕭條時的貨幣銀行統計數字令人觸目驚心：美國銀行紛紛倒閉、合併、清算，有高達一萬家銀行在一九二九到一九三三年間消失。美國民眾手上的存款和貨幣總額在同一時期減少了三分之一。聯準會非但不承認錯誤，還在一九三三年年報中吹噓說：「聯邦準備銀行能在危機期間滿足通貨需求，證明了依據《聯邦準備法》，這個國家通貨體系的高效能。」[21]

人類通常會從過往學到教訓。聯準會在葛林斯潘的領導下，每次遇到問題都是立刻增加系統流動性，從來沒有發生大規模危機。小羅斯福總統改革後打造出健全、開放、流動的資本市場，成為全球資本主義的源泉。「人類從來不會從歷史中學到教訓，」阿道斯．赫胥黎（Aldous Huxley）曾在一九五九年十一月寫道，「這就是歷史給我們最重大的教訓。」幸好華爾街大崩盤是這個鐵律的例外。

加拿大的社會主義

馬克思從未去過美國，但他預言第一個社會主義革命會發生在美國。由於華爾街大崩盤和大蕭條對美國人的影響如此巨大，美國為什麼沒有發生革命是很值得探討的。事實上，在二〇〇〇年就有一本書叫作《沒有發生：為什麼社會主義在美國沒有成功》（*It Didn't Happen Here: Why*

Socialism Failed in the United States）。[22]傳統上的解釋有：美國長期勞動力短缺；天主教會的社會教誨；種族衝突取代了階級衝突；兩黨政治體系；「新政」和「大社會」；被不切實際的知識分子誤導；工人階級普遍擁有資產和股票；社會主義者錯失政治良機，尤其是在工會和地方政府層次。[23]但也許真正的原因是，美國人從來就不需要社會主義，因為他們的社會已經有最美好的東西——社區精神、鄰居和睦、公民意識、資源共享；他們也非常不信任社會主義的通病，諸如政府過分強大、賦稅沉重、管制太多、經濟緊縮和官僚主義。

在大蕭條時期並不是每個人都很困苦。「在大蕭條中有個古怪現象」，自由黨國會議員伯奈斯於一九三二年十一月在倫敦麗池酒店就看到「大廳裡人頭攢動，連喝杯雞尾酒的座位都沒有，餐廳擠得滿滿，桌子要排到走廊上。」而英國在那一年有二百八十萬人失業，德國是五百六十萬人，美國是一千三百七十萬人。[24]要探討為什麼英語民族在一九三〇年代沒有因為困境就走向極右派或極左派，我們可以看看安大略省在一九三二到一九四五年的狀況，這有助於了解加拿大和整個英語世界的情況。

在一九三〇年代，加拿大的社會主義政黨「全國合作聯盟」（Canadian Commonwealth Federation，以下簡稱全國盟）只在九個省中的兩個省有政治實力，而這兩個省也不是在選舉中有舉足輕重地位的安大略或魁北克。[25]全國盟一九三二年八月成立於加拿大西部，前途原本看似一片光明。大蕭條造成民不聊生，加拿大總理貝奈特（R.B. Bennett）失去人望，而反對黨領袖金恩（William Mackenzie King）也無法把握良機。而且，如同卡普蘭（Gerald Caplan）所說：「只要勤奮工作就會有物質回報的信仰突然硬生生被打破。」[26]

全國盟在安大略省的創立者是麥克柴爾（Agnes Macphail）和厄文（William Irvine），呼籲要建立「新社會秩序」。這個新生政黨在一夜之間聲名大噪，在與安大略農民團結會（United Farmers of Ontario）結盟後更加氣勢如虹。多倫多、漢彌爾頓、溫莎、基奇納的工會也紛紛響應。然後又成立了一個非工農群眾的「俱樂部派」（Club Section），很快就吸引了六千名中產階級人士加入。

全國盟很快就遇到社會主義在英語世界的首要重大難題，那就是分裂。安大略勞工黨、獨立勞工黨、加拿大社會黨、工會與勞工大會、全加拿大勞工大會等都有自己的訴求，都拒絕被全國盟併吞。全國盟內部的安大略農民團結會、勞工派和俱樂部派也不和，互相指責對方霸道，階級矛盾很快就浮上檯面。安大略農民團結會成員不喜被稱呼「同志」，害怕土地被國有化；勞工派認為俱樂部派太菁英，在意識形態上不夠純粹；俱樂部派則自認是運動中的知識核心，看不起其他兩派。

一九三四年，原本暗中悶燒的互相猜忌和看不順眼終於公開化。當時全國盟必須決定要不要支持被控煽動罪的共產黨員史密斯牧師（A.E. Smith）。俱樂部派和安大略農民團結會不希望全國盟被認定是共產黨，勞工派則主張要加入鬥爭。勞工派在投票中落敗，但隨即宣布不會遵守投票結果，繼續為史密斯牧師示威抗議。

因為勞工派單方面行動，安大略農民團結會便與全國盟劃清界線，理由是勞工領袖「太親共」。全國盟的安大略省黨部遂由俱樂部派和勞工派各據山頭。由於兩邊無法妥協，全國盟的全國黨部遂下令省黨部暫停運作。全國盟的領袖伍茲沃思（J.S. Woodsworth）在盛怒下對「震驚的」群眾說，安大略將成立全新的省黨部，由單一領導機構取代三個獨立的團體。「事情就此告終」，一位歷史學家這樣記載這些戲劇性（其實也相當細瑣）的事件。「在十分鐘內，十八個月的建設工作就告灰飛煙滅。」[27]

由於麥克柴爾是農民團結會的代表，另一位重要領導人菲爾波特（Elmore Philpott）也在省黨部大會後辭職，全國盟突然在安大略群龍無首。沒有人願意站出來照伍茲沃思的路線重新建黨。就在此時，安大略自由黨領袖赫本（Michael Hepburn）果斷決定向左派靠攏（至少在口頭上），拉到不少社會主義者在農村的選票，而保守黨則繼續批評全國盟是邪惡的共產黨同路人（其實他們大部分都不是）。

在整個英語世界中，老牌中間派政黨普遍都採取這種方法，在英國和美國尤其有效。在一九三四年的省級選舉中，赫本的自由黨大勝，全國盟只贏得一席（東漢彌爾頓區的山姆・羅倫斯），只拿到百分之七的選票。在第二年的聯邦大選中，儘管大蕭條讓千百萬加拿大人水深火熱，全國盟還是只拿到百分之八的選票。只有七名社會主義人士得以選入渥太華的國會。到了一九四〇年聯邦大選，全國盟在安大略省只拿到可憐的百分之三點八的選票，創下最低紀錄。

直到一九四二年，全國盟才重新成為加拿大政治的主要勢力。在大蕭條、經濟停滯和普遍困頓的時期，根正苗紅的社會主義無法在加拿大的選舉中獲勝，英語世界其他地方也是如此。派系分裂、個性衝突、馬克思主義被汙名化、缺乏領導者，以及最重要的中間偏左政黨無法重新定位自己，這些原因讓社會主義失去在二十世紀強加計畫經濟、打破資本主義的大好機會。

資本的祕密

「世界上沒有任何社會能像資本主義西方社會那樣了不起」，英國記者布朗在其近作《理性的倒退》（*The Retreat of Reason*）中說：「即使是社會中最貧窮的階層，他們的生活也在各方面優於其他任何經濟體制。」西方資本主義的物質成就毋庸置疑，但為什麼僅限於在英語世界和歐洲，到了其他地方就少有所成，除了像香港和新加坡這種實質上是英語世界飛地的地方，或是日本這個由麥克阿瑟將軍在一九四五年重組其政體的國家。根據聯合國統計，在一九九九年，世界前三大富翁的個人資產，要比全球最貧窮國家加總起來的六億人口國民生產毛額（GNP）加起來還多。[28]

在二〇〇〇年的《資本的奧祕：為何資本主義在西方成功而在別處失敗》（*The Mystery of Capital*, subtitled *Why Capitalism Triumphs in the West and Fails Everywhere Else*）一書中，秘魯經濟學家索托（Hernando de Soto）認為沒有合法的財產權是第三世界國家失敗的主要原因。索托及其研究團隊做了個實驗，試著在利馬郊區開個成衣工廠。他們花了二百八十九天才通過層層官僚體制。他們想取得在國有土地上蓋房子的合法批准，這花了七年時間，需要五十二個秘魯政府單位蓋章。於是財產權普遍都處於「法外之地」，要經營小企業還可以，但無法發展出能把第三世界國家拉出貧困的大企業。

索托還發現，開發中國家的窮人擁有九點三兆美元的不動產，但因為他們沒有合法的財產權，這些財產「就像安地斯山上漲滿的湖水一樣，潛能巨大卻無法利用」。[29]這些「死」資本無法被用來創造財富，因為這些國家的法律體制太過僵硬、隨意、腐敗、愚民，無法產生穩固的財產權。在西方，尤其是在英語世界，財產是自古就被遵奉的概念，財產可以抵押、有價值、可以交易，是經濟中的主要角色。所以開發中國家最需要的是法律，不是借貸。

帝國大廈

一九三一年五月一日星期五，曼哈頓帝國大廈（Empire State Building）正式揭幕啟用，由當時人在華府的胡佛總統按鈕開燈。帝國大廈動工於一九三〇年三月十七日聖派翠克節，施工人力超過三千四百人，只花了十四個月就完成這座一百零二層高的大樓。施工速度一度高達每星期蓋出四層半。這棟大樓曾經是而且仍然是英語民族在工程技術上的偉大勝利。大樓的基礎是來自印第安納州的花崗岩和石灰岩，六樓以上採用鉻鎳鋼，樓高一千二百五十英尺，比克萊斯勒大樓（Chrysler Building）高出二百英尺，因為帝國大廈業主通用汽車創辦人拉斯各布（John J. Raskob），硬是要贏過克萊斯勒汽車的創辦人克萊斯勒（Walter Chrysler）。

除了效率之外，帝國大廈也象徵了美國資主義無可匹敵的樂觀精神。敢在大蕭條時期啟動這樣龐大的建案（它的地基有兩英畝，樓地板面積有二百一十萬平方英尺），這就表示有信心美國能戰勝危機。但大蕭條也表示建築成本會比較低，原預算是抓五千萬美元，最後只花了二千四百七十萬美元，加上土地成本（原址是華爾道夫阿斯托利亞酒店），則總計為四千零九十萬美元。

大蕭條也表示可以投入七百萬小時的施工時數，星期天和國定假日都有工人上工。帝國大廈保持了紐約最高摩天大樓的地位四十年，直到一九七一年世貿中心（World Trade Center）蓋好為止。

總承包商史塔雷兄弟和艾肯公司（Starrett Brothers and Eken）的組織才能，再加上建築師蘭姆（William Lamb）及業主和工程師的合作無間，讓這棟大樓在一九三〇年十月就蓋出了八十八層，令人驚嘆。六萬噸鋼鐵從三百一十英里外的賓州用火車、駁船和卡車載運過來，鋼梁、窗戶和窗框都在工廠裡做好，運到現場組裝。假如希特勒這個從不旅行的人在一九三〇年代到過曼哈頓，見識過美國建造這棟大樓所展示的巨大潛力、效率和經濟實力，他可能就不會在十年後犯下大錯對美國宣戰。

一九四五年七月二十八日上午九點四十九分，這棟大樓的強度受到考驗。一架十噸重的B－25轟炸機以時速二百英里撞進了北面第七十九層樓，造成包括機組成員三人在內的十三人死亡，二十六人受傷。大火吞噬了十一個樓層，但很快就撲滅。駕駛員史密斯中校是從麻州的貝弗德（Bedford）起飛，因為遇到濃霧被建議要降落在拉瓜地亞（La Guardia）機場，但他卻飛向紐華克（Newark）機場，航向過於偏南。飛機撞破了七道牆，一台電梯從八十層樓掉落，飛機一台引擎從一千英尺高空墜地。雖然有大量碎屑掉落在三十四街，卻奇蹟似的無人傷亡。兩天後，這棟大樓就「照常營業」，再次證明了美國企業的強大恢復能力。

帝國大廈建造在華爾道夫阿斯托利亞酒店的原址上，紐約市也建造在過去的遺跡之上。「推倒，推倒，推倒！這就是紐約的信條。」十九世紀日記作家荷尼（Philip Hone）寫道，「我們祖先的屍骨不准留存超過四分之一世紀，只要一代人就能移除所有先人的痕跡。」建築理論家費勒

（Martin Filler）也說：「沒有任何偉大城市像紐約這樣沒有過去，就連戰火末日後的柏林都不會如此……如果紐約有哪棟建築或整個街區奇蹟似地保留了幾十年或幾百年，那就是幸福的意外。」[30]紐約聯邦廳（New York's Federal Hall）是華盛頓在一七八九年宣誓就職美國第一任總統的所在，但它不到半個世紀就被拆掉，整個聯邦時代磚造建築區也都在一九六九至一九七一年間被剷平，為世貿中心騰出空間。

當然，任何城市要蓋新東西都得剷除一些舊東西。佩奇教授（Max Page）在《曼哈頓的創造性破壞》（*The Creative Destruction of Manhattan 1900–1940*）中指出，曼哈頓島最偉大的破壞是在二十世紀上半葉清除貧民窟，拆掉下東區的破爛房屋。但拆掉新古典建築的賓州車站則完全是粗暴的破壞。這座車站結構相當結實，從一九六三到一九六五年耗時兩年才拆完。該車站建於一九〇六至一九一〇年，由麥金、米德與懷特建築師事務所（McKim, Mead and White）設計，這座車站本來是來往紐約的高貴門戶，卻被改成「平庸的辦公大樓、體育館和髒汙不堪的地下車站。」建築史學家史卡利（Vincent Scully）忍不住說，旅客從前就像神明一樣進到紐約，現在卻像老鼠一樣鑽進去。[31]

當另一座富麗堂皇的車站——大中央總站（Grand Central Station）也要被拆除時，甘迺迪總統的夫人賈桂琳（Jacqueline Kennedy Onassis）問道：「讓我們的城市逐漸死去，剷除掉所有值得紀念的建築，直到再沒有具有歷史和美麗的東西留下來讓孩子們得到啟發，這難道不殘酷嗎？」還好這座車站被開發商保留了下來，在一九九〇至一九九八年修復後成為紐約的傲人建築之一。現代主義建築師柯比意（Le Corbusier）曾寫道：「紐約市大部分地方不過是座臨時城市的水準。一座將會被另一座城市取代的城市。」所幸，賓州車站被拆掉一事激起了建築遺產保存運動，讓柯比意的預言沒有成真。

妓女的特權

一九三一年三月十七日，鮑德溫在女王音樂廳（Queen's Hall）發表演說，他心知自己的政治生命已危如累卵。他已兩度擔任首相，禁受過大罷工危機，但他現在正面臨最大的考驗。自從他輸掉一九二九年大選後，兩年來飽受媒體大亨貝佛布魯克勳爵（Lord Beaverbrook）和羅瑟米爾勳爵（Lord Rothermere）的無情批評，這兩人掌控了英國的印刷媒體，最主要是《每日快報》（*Daily Express*）和《每日郵報》（*Daily Mail*）。

在電視還沒出現、廣播才剛誕生之時，報紙主導了政治文化，而這兩人討厭鮑德溫給予印度自治領地位的政策，也反對帝國特惠制度。兩位媒體大亨囂張跋扈，在一九三〇年春，羅瑟米爾勳爵甚至堅持鮑德溫非得講出「下屆內閣中至少八到十位最重要閣員的名字」，讓鮑德溫公開斥之為「荒唐無禮的要求」。一九三一年一月，邱吉爾辭去保守黨影子內閣職務，批評鮑德溫要在印度建立聯邦代議政府的方案，鮑德溫在三月一日一度同意辭去黨魁職務，但很快改變心意，決定要和他所謂的「媒體獨裁」（press dictation）奮戰到底。[32]

媒體對鮑德溫的人身攻擊愈來愈激烈，《每日郵報》刊出編輯署名文章批評他花光了父親留下的財產，並結論說：「一個會花光自己財產的政黨領袖，很難指望他能守好別人的財產或國家的財產。」

在西敏寺聖喬治區議員補選的前兩天，兩位媒體大亨公開支持帝國自由貿易派⑥的彼得（Ernest Petter），反對保守黨正式提名的庫珀，而他們很有可能會贏。於是鮑德溫在三月十七日對媒體大亨發動攻擊，有人形容這是戰間期最令人難忘的一場演說。[33]

據說鮑德溫在演說前有和表兄吉卜林討論過，吉卜林建議了一些辛辣語句，讓這場演說令人難忘。雖然吉卜林和貝佛布魯克勳爵是至交，還是勳爵一個兒子的教父。在一九一六年貝佛布魯克受封爵位時，吉卜林還幫他設計過紋章。但兩人在一九一八年因為貝佛布魯克支持愛爾蘭自治而分道揚鑣。在此次補選之前，兩人已超過十年沒說過話。

「羅瑟米爾勳爵和貝佛布魯克勳爵所辦的報紙，已經不能算是一般正常的報紙，」鮑德溫在女王音樂廳的會議中說，「它們不過是這兩人不斷變動的政策、欲望、個人看法、個人好惡的宣傳引擎。它們的方法是什麼？方法就是直接誤導、只講片面事實、把一句話掐頭去尾地扭曲他人的原意……他們擁有這些報紙的目的就是為了權力，而且是毫無責任的權力——這是只有妓女才有的特權。」（這句話讓一位保守黨議員在下議院對另一位議員抱怨說：「講得真好是沒錯，但可能會讓我們丟掉妓女的選票。」）

⑥ 編按：出自羅瑟米爾勳爵主持的「帝國貿易十字軍」（Empire Free Trade Crusade），該組織力圖推動國際自由貿易，反對鮑德溫的帝國特惠制度或其他保護主義的政策，也推派自己支持的候選人。下文會提到這場「十字軍運動」在議員補選之後結束，也是源自於此。

似乎是為了證實鮑德溫罵得沒錯，《每日快報》第二天的頭版標題是「恩斯特・彼得爵士勝券在握」，而底下隔著兩欄才寫著：「鮑德溫先生詆毀政敵」。在這篇由編輯巴克斯特（Beverley Baxter）寫的報導中，只有意見評論而沒有對事實的報導，而關於妓女那句話也當然不見蹤影。[34]

然而，報紙並無法改寫兩天後補選的結果，庫珀以一萬七千二百四十二票勝過彼得的一萬一千五百三十二票。這場帝國的「十字軍運動」結束了，鮑德溫安全了，而這場政治人物與媒體的爭鬥唯一遺留到現在的，就只剩《每日快報》刊頭上的十字軍頭像。

第七章

第二波攻擊：法西斯侵略

一九三二至一九三九年

英國人總是在大難臨頭時最會用頭腦。

——牛津大學教授馬丹《筆記》引艾伯儂勳爵（Lord D'Abernon）的話

現在講「血腥匈人」（bloody Hun）最符合進步派的思想。

——邱吉爾致伯奈斯議員，一九三三年

史達林的大清洗

杜倫大主教漢森曾在一九三〇年代形容史達林是「最有活力、半開化的奇才，就像狄奧多里克大帝（Theodoric the Great）和查理大帝（Charlemagne）一樣，這種人也許能改造社會，但也可能把社會毀滅。」[1]但事實上，史達林此人根本史無前例。東哥德國王狄奧多里克也許征服了義大利、迫害教會、殺害了波愛修斯（Anicius Boethius）和教宗西瑪克（Symmachus），但他的破壞遠不及史達林分毫。

革命食子是老套的比喻，但在俄國卻是字面上發生的事實。在蒙提費歐里（Simon Sebag Montefiore）的近作《史達林：紅色沙皇的朝廷》（*Stalin: The Court of the Red Tsar*）一書中，記錄了布爾什維克如何刻意製造饑荒以消滅其階級敵人，逼得父母親要吃掉自己的嬰兒。這還不是最恐怖的。他還告訴我們，在盧比揚卡（Lubyanka）監獄中，「許多犯人被毒打到眼珠活活掉出來。他們經常被毆打至死，然後都說是死於心臟病。」[2]下令做這些事的人甚至還透過政治局決議將凌虐合法化，而這些人都自以為是正派、有理想，甚至是有道德的人。喜歡庫斯勒的《正午的黑暗》（*Darkness at Noon*）的人都知道這種病態。

直到今天，史達林克里姆林宮的日常細節還是有詭異的魅力。關於史達林及其扈從的一切都很有意思：在別墅度假、看電影、他們喜歡的食物、絞刑台上的幽默、長期酗酒、詭祕的談話、領導人的牙痛、阿諛諂媚、正宮和情人、疑神疑鬼、他們讀的書（以《福塞特世家》〔*The Forsyte*

Saga〕和《最後的莫希根人》〔*The Last of the Mohicans*〕最受歡迎），而最重要的是他們全都參與了「柯巴同志」①的死亡之舞，直到一個一個被幹掉。

一九三二年十一月八日晚上，當布爾什維克在慶祝革命十五週年時，史達林的妻子娜傑日達（Nadezhda Alliluyeva）自殺了。在她死後，史達林經常在暗室中獨坐，詛咒一切，發誓要報復全世界，除了最該為此悲劇負責的人——他自己。他有一次告訴他的受害者說：「人生最大樂事就是找出敵人，準備好一切，徹底報復，然後上床睡覺。」[3]當然，他早在一九三二年之前就是濫殺無辜的暴君，而從列寧建國以來，殺人流血就是布爾什維克國家的基本特徵。但在一九三二年之後，殺人成了史達林的基本態度，成了他最根本和最優先的政治工具。

光是在一九三七年被逮捕的一百五十萬人中，就有將近一半（七十萬人）被槍殺。當史達林對紅軍下手時，他殺了五位元帥中的三位，六十七位軍團司令中的六十位，還有全部十七名政委。這就難怪俄羅斯在四年後希特勒侵略時根本毫無準備。史達林把整個俄羅斯變成殺人的屠宰場，甚至親自管到集體墳場該種什麼植物最好。

史達林喜歡聽他的敵人是怎麼從盧比揚卡監獄，被拉到對街的特製碉堡中槍殺。他的手下會模仿那些老布爾什維克臨死前的哀求，當他們懇求饒命時，就會被從後頸開一槍斃命。最令人作嘔的是猶太裔祕密警察鮑克（Karl Pauker），他模仿同為猶太人的季諾維也夫（Grigori Zinoviev）求饒的樣子，還特別強調他的猶太口音，以及他如何向以色列的神哭求（這可能是假的）。

---

①譯注：「柯巴」（Koba）是史達林在他被流放喬治亞時期的別名。黨員們可以稱呼他為「柯巴」。

但克里林姆宮也有一種莊園式的生活，這些「巨頭」會到彼此家中聚會，逗別人家的小孩玩耍，在長假時輪流到別人的別墅度假，不斷寫信關心彼此的身體健康。[4]但隨著史達林的圈內人士逐個倒下，娜傑日達在一九三二年自殺；基洛夫（Sergei Kirov）在一九三四年被刺殺；奧爾忠尼啟則（Sergo Ord-zhonikidze）在一九三七年自殺；耶努吉澤（Abel Yenukidze）在一九三七年被處死——幸福家庭的帷幕被猛然扯下，透露出病態虐待狂的真相。

紅色沙皇宮廷中的人物有邪惡的雙性戀侏儒葉若夫（Nikolai Ivanovich Yezhov），他是大清洗的組織者。還有小心翼翼的莫洛托夫（Vyacheslav Mikhaylovich Molotov）；自負愚蠢的伏羅希洛夫（Klyment Okhrimovych Voroshylov）；辦事俐落但謹慎的卡岡諾維奇（Lazar Moisevich Kaganovich）；負責公審的狡猾的維辛斯基（Andrey Yanuaryevich Vyshinsky）；逢迎拍馬的米高揚（Anastas Hovhannesi Mikoyan）；還有穿著屠夫圍裙以免讓制服濺到血的首席行刑官布洛欣（Vasily Mikhailovich Blokhin）。一般俄國人會被送進監牢的主要罪名包括破壞、叛國、反革命，以及可適用一切的刑法第五十八條之四的「反蘇維埃煽動宣傳罪」（直到一九八〇年代，此條罪名仍在施行）。

「這條罪名的邪惡之處在於，沒有人可以不被安上這條罪。」散文家道格拉斯（Norman Douglas）寫道。俄國的「古拉格」（gulag，集中營）疫病橫行，許多人發瘋失智，修道院被改裝成刑求室，餓昏的囚犯在凍土上墾荒、在盧比揚卡監獄被殺，屠殺和殘暴虐待如同家常便飯。西方左派為了將其淡化，遂主張蘇聯共產主義和英語民族的資本主義有「道德等同性」（moral equivalence）。加州大學出版社在二〇〇四年出了一本《美國古拉格：美國移民監獄內幕》

（*American Gulag: Inside US Immigration Prisons*），作者是杜爾（Mark Dow）；二〇〇五年又出了一本關於英國在肯亞拘留營的《英國古拉格》（*Britain's Gulag*），作者是哈佛大學歷史學者艾金斯（Caroline Elkins）。這本書對英國極盡詆毀之能事，還拿到了普立茲獎。

美國確實有二百萬人在監獄中，左派常稱其為「古拉格」。但不管這些監獄（連同伊拉克的阿布格萊布監獄和關達那摩灣的X光營）多麼糟糕、多麼不舒服、多麼生人勿近，把它們等同於拘禁了千百萬無辜人士，並在史達林統治最後五年中殺掉五百萬人的蘇聯古拉格，這完全是引喻失義。[5]每一個在美國入監的人都是由法官和陪審團在審判後定罪，而在全美國二億九千七百萬人口中，過去三十年來也只有一千人被處死。要說美國的情況和一九三〇和四〇年代的蘇聯古拉格有「道德等同性」，這完全是捏造歷史，而左派就常幹這種事。

「知識分子大體來說都在汙辱二十世紀。」英國史學家普萊斯—瓊斯（David Pryce-Jones）曾經寫道：

> 除了少數人之外，他們都在追尋錯誤的神明，而其中最可惡和最強大的神明就是權力。作家、藝術家、哲學家、史學家，甚至音樂家和建築師，都把自己的天賦用來為這種主義或那種主義服務。這些知識分子的背叛有如傳染病，削弱了人類辛苦累積而來的智慧和道德，文明受此影響而搖搖欲墜。[6]

由於西方知識分子在二十世紀的紀錄非常糟糕，這就難怪保守派美國記者巴克利（William

F. Buckley Jr.）曾說，他寧願被波士頓電話簿上隨便前二百個人統治，也不願被哈佛大學的教授統治。

一九三一年，愛爾蘭作家和知識分子蕭伯納（George Bernard Shaw）到蘇聯訪問十天，在莫斯科圓柱大廳（Hall of Columns）盛大慶祝他七十五歲生日。蕭伯納在回國後說：「俄國人誇耀他們轟轟作響、連綿不絕的工廠。其統治者的效率，其充滿希望和安全的社會氣氛，乃是世界上任何文明國家所僅見。」[7]當火車進入俄羅斯邊境時，他象徵性地把食物丟出窗外，表示他不相信西方媒體報導的蘇聯大饑荒。他被帶到集體農場參觀，到各地都受到熱烈歡迎。

為了摧毀農民抵抗集體化的意志，蘇聯領導人刻意在烏克蘭製造饑荒。這場人為的、為了政治目的設計出來的饑荒，造成六百萬到七百萬人死亡，但蕭伯納宣稱俄國人民「吃得非常好」，他「從未見過」比史達林「更坦白、公正和誠實的人」，所以「他才能卓越地統治這個國家，因為沒有人懼怕他，人人都相信他。」[8]

關於蘇聯，西方記者始終不相信自己親眼所見，生怕一批評蘇聯這個工人階級的烏托邦，就會讓法西斯和資本家得逞。《約克郡郵報》（*Yorkshire Post*）記者麥當諾（Iverach MacDonald）在一九三二年沿著窩瓦河南下訪問，目睹並寫下許多大饑荒的證據，但同行的紐西蘭政治漫畫家大衛·洛（David Low）除了嘲諷莫斯科有搞大規模處決的傳聞，壓根就不提這些慘況。

高知識分子「選擇為權力服務，而不是按照良心和有原則反對派的光榮傳統說出真相」，這其中最令人作嘔的例子，也許是韋伯夫婦②在一九三二年去探望史達林。這次訪問的成果就是韋伯夫婦那本一千一百七十四頁的《蘇維埃共產主義：一個新文明？》（*Soviet Communism: A New*

Civilisation?）。初版的問號在後來的版本中被刪去了。以韋伯夫婦的彌賽亞式觀點看來：

> 史達林跟墨索里尼、希特勒和其他現代獨裁者不同，他對其同胞的權威不是由法律規定的。他甚至沒有美國憲法賦予每任總統四年的龐大權力……我們不認為黨是由個人意志所統治的，史達林也不是想要這種地位的人。他非常明白地反對這種個人獨裁……即便他給人的印象是如此。[9]

即使時間過去、史達林的真面目被揭露之後，韋伯夫婦的看法也沒改變。一九四一年九月四日，貝特莉絲・韋伯在漢普郡（Hampshire）巴斯菲角（Passfield Corner）的自宅，寫信給工黨政治家暨第一海軍大臣亞歷山大（A.V. Alexander）時說：「史達林不是獨裁者……蘇聯是產業和政治民主的國家。」[10]

一九二一到一九三四年擔任《紐約時報》駐莫斯科記者的杜蘭蒂（Walter Duranty）也曾極力掩蓋烏克蘭大饑荒的真相。這位影響力極大的記者因報導俄羅斯及其五年計畫，獲得一九三二年普立茲獎，但他卻寫說「任何有關（烏克蘭）饑荒的報導」都是「誇大或惡意的宣傳」，儘管他非常清楚有幾百萬人正在死去，也曾親眼目睹恐怖的景象。杜蘭蒂的報導對美國反共力量造成

---

② 編按：指希尼・韋伯和貝特莉絲・韋伯（Sidney Webb and Beatrice Webb）兩夫婦，這兩人都是英國的社會學家、經濟學家，信奉社會主義，是倫敦政經學院及費邊社的創始人。

莫大傷害，他不但明知自己報導不實，還刻意扭曲真相。（即便如此，他的獲獎至今並沒有被追回。）

西方記者變成了宣傳家。在史達林的恐怖統治廣為西方所知之前，史蒂芬斯（Lincoln Steffens）和杜蘭蒂這些人都聲稱：蘇聯的制度就是未來。史蒂芬斯訪問過列寧，他相信這位俄國領袖的所有謊言，回國後告訴正由戴維森（Jo Davidson）為他做塑像的金融家巴魯克（Bernard Baruch）說：「我去到了未來，那制度是行得通的。」[11]史蒂芬斯對烏托邦實驗並沒有本能的厭惡，但這種抗拒卻是英語民族在一九〇〇年後之所以強大之處。新聞記者的首要義務是查證消息來源，但奇怪的是，一些記者居然成為二十世紀最天真的證人。這些人從本能上就不相信自己國家經由民主選舉選出來的政治人物，反而盲信俄羅斯那些自我任命的獨裁者。

在史蒂芬斯一九三一年的自傳中，這位被譽為「美國最偉大的記者」對列寧讚不絕口。他寫道：「他（列寧）天生就是個自由派。在十月革命掌權後的五到七個月間，他捍衛言論、集會和俄國的新聞自由。然後人民停止說話，準備付諸實踐。」[12]據史蒂芬斯的看法，可憐的列寧曾奮力抵抗布爾什維克左翼搞恐怖統治的企圖，但後來發生行刺事件，③這位愛好和平的領袖遂被強硬派奪走權力。很難想像有比這更可笑的詮釋。

牛津萬靈學院史學家希爾（Christopher Hill）在一九三〇年代中曾待過俄羅斯十個月，回國後加入共產黨。他似乎也沒看出史達林統治的俄羅斯有什麼問題。幾十年後，他還是不相信蘇聯政府強徵了幾百萬烏克蘭人的穀物收成。他不相信西方記者如蒙格瑞奇和《泰晤士報》駐里加記者厄奇（Reginald Urch）的報導，反而相信《真理報》（*Pravda*）的宣傳。（厄奇身在獨立的拉脫維亞，比駐莫斯科的西方記者報導得更準確，但他還是低估了布爾什維克搞饑荒和屠殺的恐怖程度。）

康奎斯特在一九六八年以《大清洗》（*The Great Terror*）一書揭露了史達林主義，他批評為布爾什維克辯護的西方人士為了讚頌蘇聯而違背信念，就像是「女性主義者在讚頌背負幾百斤煤炭的女人，貴格教徒在讚頌戰車遊行，或是建築師對一棟剛蓋好就倒塌的建築讚嘆不已。他們進入一種很奇怪的心理狀態。我認為這是這個世紀最糟糕的事情。人的心理出了問題。」

芭芭拉・貝茲（Barbara Betts），也就是後來進入工黨內閣當大臣的芭芭拉・卡索（Barbara Castle），曾被左翼報紙《論壇報》派到莫斯科報導當地女性的狀況。當時正值大清洗的最高峰，但她卻激動地報導說：「沒有人在火車上和公車上發牢騷，因為每個擁擠不堪的乘客都有信心，蘇聯的工廠將終結掉所有交通困難。」芭芭拉熱情讚美蘇聯體制，寫下〈俄國人熱愛體育、戲劇和舞蹈〉、〈社會安全讓蘇聯的母親獲得新生〉、〈獲得真正機會的孩子〉等文章。[13]

在一九三〇年代末的大清洗中，有高達七百萬無辜人民被逮捕，其中六百萬人被處決或死在古拉格，但芭芭拉卻寫道：「所有造訪蘇聯親子機構、幼托機構、婦科醫院和幼兒園的人都會了解到，這些設施已成為蘇聯婦女生活的一部分。」半個世紀後，已經成為卡索女士的芭芭拉被問及這些設施的情況。她承認它們都是「用來展示的樣板」，但她依然肯定其「背後的哲學」，還

③譯注：列寧在一九一八年八月三十日遭到槍擊，開槍者是無政府主義者卡普蘭。列寧中了兩槍，之後中風，一九二四年一月二十一日去世。

說她一九三七年在莫斯科時並沒有注意到有「迫害的氣氛」。她在一九九九年重讀自己當年的報導時表示，「我不覺得它們很糟糕」。[14]事實上，正如普萊斯—瓊斯所言，這種行為「正是警醒我們要小心彌賽亞主義、暴力浪漫主義和權力崇拜」。

「你不會揭發我吧？」史學家希爾對安東尼・格里斯（Anthony Glees）說。格里斯發現在二戰期間，希爾在英國外交部負責俄國科時，曾是史達林的「影響力代理人」。兩人協議在希爾有生之年都不會揭發他是蘇聯間諜。在大戰期間，希爾曾經提出多項親蘇的建議，其中之一是要把所有在英國大學教俄文的白俄流亡者，都換成經蘇聯當局批准的教師。二戰結束後，希爾更建議要解聘所有波蘭流亡者。全國有幾十人甚至幾百人只因其種族和政治背景丟掉教師工作，完全違反學術自由。

格里斯在希爾死後才揭發他，但這位陰謀人士居然沒有受到大眾譴責，反而是如《衛報》所說的：「有些學者在強烈捍衛希爾先生。」帶頭為希爾「抱不平」的學者是歷史學家霍布斯邦教授（Eric Hobsbawm），此人正是左派拒絕全面承認史達林主義之邪惡的最佳代表。一九九三年，在史達林過世整整四十年後，霍布斯邦對著一群匈牙利學生說，對於東歐「較落後國家的一般人民來說」，史達林時代「也許是歷史上最好的時代」。

在一九九四年十月的英國電視節目《夜間秀》（*The Late Show*）上，哲學家伊格納蒂夫（Michael Ignatieff）質問霍布斯邦說：「在一九三四年，有數百萬人死於蘇聯的實驗。如果你當時就知道，這對你會有什麼差別嗎？」霍布斯邦回答說：「我不知道這對我的歷史寫作有什麼影響。如果要我回顧這個問題，而不是作為一個歷史學家來回答，我會說：『也許沒有差別。』」

伊格納蒂夫又繼續追問：「這意思是說，假如美好的未來真的被創造出來，那麼丟掉一千五百萬或二千萬條人命就是合理的囉？」霍布斯邦立刻回答道：「是的。」隨後，霍布斯邦榮獲工黨政府頒發的榮譽勳位。

那一千五百萬或二千萬人並不是在史達林時代「丟掉」性命，而是被槍殺、被凍死、被餓死和勞動至死。霍布斯邦和許多英國、美國和澳洲左派人士想強調的是，史達林和希特勒對猶太人的種族屠殺不同，他追求的是從階級出發的目標，試圖把俄羅斯從反動的「富農」（kulak）階級解放出來，讓俄羅斯現代化。左派認為，既然這不同於希特勒大屠殺是出於種族主義，所以就比較不邪惡。

但事實是，史達林一方面對付富農和布爾什維克中的敵人，一方面也發動了七次重大種族屠殺行動，包括在一九三〇至一九三二年間對烏克蘭人；一九三九至一九四一年間及一九四四至一九四五年間對波蘭人、貝伊特人、摩達維亞人、比薩拉比亞人；一九四一年對窩瓦河德意志人；一九四三年對克里米亞韃靼人；一九四四年對車臣人和印古什人。在他於一九五三年三月去世之前，他還打算藉由「醫生密謀案」清洗俄羅斯猶太人。布洛克教授（Alan Bullock）在一九九一年的《希特勒與史達林：平行生活》（*Hitler and Stalin: Parallel Lives*）中徹底證明了，納粹有許多迫害手段是學自布爾什維克。

這些種族屠殺事件有很多是發生在二次大戰期間，所以西方左派人士堅決反對把史達林和希特勒在道德上等同起來，不認為他們是半斤和八兩的極權主義雙胞胎。由於在戰時史達林的蘇聯和英國及美國站在同一陣線，戰死了幾百萬人，擁護者就把「喬大叔」（Uncle Joe）列為天使的一邊。許多左派人士認為，「劍橋間諜案」中④的費爾比（Kim Philby）和布倫特（Anthony Blunt）在一九三〇和四〇年代為蘇聯當間諜並沒有錯，因為當時只有蘇聯在反納粹，而英國和法國都試圖討好希特勒。

這種論點雖然貧弱，卻也是基於某種道德立場，但它刻意忽略掉蘇聯在一九三九年八月二十五日和納粹簽訂互不侵犯條約，讓希特勒得以在一個禮拜內放手開戰。當時有許多共產黨人退黨抗議這項《莫洛托夫—里賓特洛甫條約》（Molotov–Ribbentrop Pact），但霍布斯邦（一九三二年加入共產黨）和希爾（一九三六年加入共產黨）都沒有這麼做。當蘇聯在一九五六年殘酷入侵匈牙利，在一九六八年鎮壓捷克的「有人性面貌的社會主義」時，這兩人也沒有退黨。在被問到為什麼一九五六年還留在共產黨時，霍布斯邦的回答是：「出於我對偉大事業和許多為之犧牲者的忠誠。」但被蘇聯共產黨屠殺的人比自願為之犧牲的人要多出上百倍，他似乎毫不介懷。在他八十歲時，霍布斯邦依然表示共產主義「就其理想或實踐來說都是強大的道德力量」，這也是許多左派人士的信念。而事實上，共產主義的實踐從來都要依靠武力和流血。

儘管兩人都抱怨他們因為信仰馬克思主義而在事業上受挫，但希爾當到牛津大貝里歐學院院長（一九六五至一九七八年），霍布斯邦在三十二歲時就當上劍橋大學國王學院研究員，後來又在伯貝克學院（Birkbeck College）當副教授和教授長達二十三年。兩人都享盡學術界的榮譽與職位，也是因為馬克思主義才得享盛名。真正在學術界受挫的反而是像康奎斯特這樣的反共分子，他揭發了列寧和史達林的罪行及古拉格制度，卻受到左派系統性的詆毀和譴責，一直到柏林圍牆倒塌、俄羅斯檔案公開後才證明，康奎斯特唯一的錯誤反而是說法還太保守了。[15]

不幸的是，「劍橋間諜案」的五個人都逍遙法外。費爾比、伯吉斯（Guy Burgess）和麥克林（Donald Maclean）逃到俄國，多年後過世。布倫特最後認罪，但只是在一九七九年被剝奪騎士頭銜。凱恩克羅斯（John Cairncross）認罪後離開英國到聯合國工作，在一九九五年去世。

每一個濫殺無辜的共黨獨裁者都有左派人士為之辯護，不論是史達林（韋伯夫婦和蕭伯納）、毛澤東（在一九六〇年代的校園大受崇拜）、卡斯楚（到現在還受同路人景仰）。就連波布⑤都有杭士基（Noam Chomsky）一直為其辯護。杭士基曾在一九八〇年寫道：「撤離金邊雖然在當時廣受譴責，確實也很殘酷，但事實上救了許多人命。」[16]

墨索里尼

一九二四年十月，英國作家維爾克（Lawrence Welch）以ＬＷ的假名出了一本叫作《法西斯主義：其歷史與重要性》（*Fascism: Its History and Significance*）的小書。維爾克是馬克思主義者，他的結論是：

> 過去對法西斯的支持現在大多消失了。法西斯主義者將會發現，當他們失去了意識形態

④譯注：涉入此間諜案的五人都是在就讀劍橋大學時被招攬的，英國遂以劍橋命名此案。

⑤編按：波布（Pol Pot）是柬埔寨獨裁者，統治柬埔寨達三十四年（一九六三至一九九七年），一九九八年過世。

> 的支持，也將會失去物質的支持……義大利工人的勇氣和政治意識是極高的；如果他們的領導者和組織能在未來的鬥爭中達到同樣的水準，法西斯主義就會被粉碎，義大利也會建立工人階級的政府。

但他錯得離譜。事實上，義大利的法西斯主義持續了二十年才被打倒，而且在一九二四到一九四一年之間，只要墨索里尼不那麼具法西斯心態，他可能會贏得任何一場自由且公平的選舉。

在戰間期，墨索里尼的國際威信非常高。教宗庇護十一世（Pius XI）說他「受自天命」，邱吉爾稱他是「當代人中最偉大的立法者」、「我們時代最不可思議之人」，小羅斯福總統說他是「維護世界和平的唯一潛在盟友」。[17]在科爾．波特（Cole Porter）那首歌曲《你們是偉人》（*You're the Tops!*）中，有句歌詞把美麗的社交名媛瑪格麗特．史威尼（Margaret Sweeny）（即後來的阿蓋爾公爵夫人）和墨索里尼並列：「你是偉人，你是史威尼夫人／你是偉人，你是墨索里尼」，但這句歌詞後來不意外地被刪掉了。

墨索里尼當初因為挫敗義大利共產主義而在西方聲名鵲起，但他後來在國內大搞民族主義和法西斯主義，對外政策又狂妄自大，讓許多人看清他的真面目。一九三五年四月的斯特雷薩會議（Stresa Conference）本來是他好好表現的機會，當時英、法、義三國領袖聯合反對德國重新武裝，組成對抗希特勒的「斯特雷薩陣線」（Stresa Front），但義大利在當年十月入侵阿比西尼亞（Abyssinia），斯特雷薩陣線隨即破裂。

在英國帶領下，國際聯盟於十月十九日以五十票對四票，決定制裁義大利入侵阿比西尼亞，一名義大利記者呼籲同胞們要斷絕「英國人的惡習，例如喝茶、虛榮、打高爾夫、信仰新教、剃鬍子、抽菸斗、玩橋牌、對女人冷淡。」[18]九個月後，也就是一九三六年七月十五日，國際聯盟擴大制裁。但誠如邱吉爾所說，國際聯盟僅僅是「吵吵鬧鬧的巴別塔」。國際聯盟沒有陸軍、海軍和空軍，根本毫無實力。「沒有劍的盟約不過是文字而已，」霍布斯在《利維坦》第十七章寫道，「根本沒有力量保護人的安全。」這句話在這「魔鬼的十年」⑥和霍布斯所身處的十七世紀中葉一樣正確。

墨索里尼大可以放棄在阿比西尼亞建立新羅馬帝國的美夢，也可以擴大斯特雷薩陣線對抗希特勒，在一九三八年反對德奧合併。他可以不要在一九三九年四月入侵阿爾巴尼亞，不要像南地中海法西斯獨裁者佛朗哥將軍（Francisco Franco）那樣掀起戰火，但墨索里尼每一件事都做了。墨索里尼在一九四〇年六月對同盟國宣戰，犯下重大戰略錯誤，此舉將犧牲三十萬義大利軍人和十五萬平民的生命。難怪當墨索里尼在羅馬威尼斯宮（Palazzo Venezia）的陽台上宣戰時，警方的報告是：「在場沒有任何一個婦女鼓掌歡呼。」

但西方對於墨索里尼的綏靖政策本有可能奏效嗎？有可能讓他不要加入軸心國陣營，不要在一九三九年五月參加希特勒的「鋼鐵同盟」（Pact of Steel）嗎？有人認為，假如一九三〇年代能成功安撫墨索里尼，尤其是在斯特雷薩會議之後，那就有可能阻止希特勒。「墨索里尼也許是個狡猾多端的盟友，」歷史學家蘭姆（Richard Lamb）說，「但在面對納粹的威脅時，他的善意至

⑥譯注：英國作家柯本（Claude Cockburn）曾用「魔鬼的十年」來形容一九三〇年代。

關重要。」但事實上，希特勒的總體戰略並不會因為墨索里尼做或不做什麼而受影響。他知道義大利在軍事上對奧地利沒有多大威脅，更別說對德國本身。在南邊是安全的前提下，只要納粹／蘇聯條約讓俄國中立化，希特勒就會入侵波蘭。元首曾說，雖然墨索里尼是羅馬人，但他的人民只是義大利人。義大利不是強國，更不是軍事上的強國，根本影響不了大局。

除此之外，和法西斯義大利結盟會使英國的政治分裂更嚴重。不難想像工會、工黨和自由黨會如何激烈反應。當「領袖」在一九二五年計畫訪問倫敦時，英國火車司機公會祕書長就威脅要對他搭乘的火車發動罷工。墨索里尼的火車不只不會準時，還根本無法行駛。

法國在一九四〇年五月淪陷後，永遠像禿鷹而不是獵鷹的墨索里尼立刻就被希特勒收買，吞併了法國尼斯、薩伏依和科西嘉島。佛朗哥將軍很有遠見地不讓西班牙參戰，但墨索里尼太過虛榮、誇耀和貪婪，不走佛朗哥的道路。墨索里尼也不像一些歷史學家說的比較親英國。他認為一旦英國被軸心國打垮，馬爾他、直布羅陀、賽普勒斯和埃及就自然該歸給義大利。他鼓動印度民族主義、在西班牙內戰時以魚雷攻擊英國商船、用廣播宣傳激烈反英、金援莫斯利，⑦完全沒有要和英國和解的意思。

墨索里尼變幻莫測，他可以前一分鐘私下支持法國占領魯爾區，下一分鐘又公開譴責，根本無法和他結盟。一九二二年十二月，他取消一場原訂的記者會，只因為有一個妓女還躺在他克拉里奇酒店（Claridge’s Hotel）的床上，他不想起床。假如他堅守斯特雷薩陣線，作為回報，英國和法國本有可能在一九三五年拋棄阿比西尼亞這個國際聯盟成員國隨他處置。但這無法滿足他的胃口，正如他後來他攻打西班牙、阿爾巴尼亞和希臘，讓步只會讓他的胃口更大。墨索里尼與希特勒的「鋼鐵同盟」把義大利半島變成戰場，先被同盟國入侵，然後又被德國人入侵。這就讓我們不得不深思，為什麼睿智如邱吉爾和小羅斯福竟然沒有早點看穿他？

一九四五年四月，米蘭洛雷托廣場（Piazzale Loreto）的群眾訕笑著墨索里尼、他的情婦克拉拉．貝塔奇（Clara Petacci）、情婦的弟弟馬塞羅（Marcello Petacci）及其他十五人的屍身，在他們身上撒尿，再把七人倒吊在加油站的鐵杆上。在場圍觀的婦女也在歡笑和跳舞，她們很驚訝克拉拉居然沒穿內褲，連絲襪也沒穿。（游擊隊員把她帶走槍殺時根本沒給她時間穿內褲，這樣對待一位美貌但沒有頭腦的女人是很不像義大利人的。）

工黨與和平主義

儘管英國勞工運動後來批評國民政府對法西斯的綏靖政策，但它自己對獨裁者的態度也搖擺不定，一下是理想的和平主義，一下又想用強硬手段戰勝迫在眉睫的威脅。一九三三年十一月，希特勒在德國上台十個月後，工黨副主席艾德禮寫信給他那作為一戰良心犯、還在旺茲沃思監獄（Wandsworth Prison）坐牢的弟弟湯姆（Tom Attlee）說：

> 我覺得本運動對制裁這件事還沒有想清楚，也就是說，還沒有真正下決心要採取極端裁

⑦譯注：莫斯利（Oswald Mosley），英國二十世紀政治人物，英國法西斯聯盟的創始人和領導者。

軍和孤立主義的態度，或是要冒險去執行世界組織對抗個別侵略國家的決定。[19]

艾德禮對「世界組織」（也就是國際聯盟）的信仰遠超過當時許多人的了解。在十月寫給湯姆的信中，他表示至少在他夢想的世界中，他是個新全球主義者。他想寫一本書叫作《和平與戰爭》（*Peace and War*），但是：

我突然又想到可以針對同一主題拍一部電影，講的是兩個巴爾幹化的專制國家同時摧毀對方的首都，震驚文明世界。毀滅場面要拍得極度寫實。敵對的軍事集團各自掌控兩國的新聞媒體，從而挑起戰爭。戰爭禍首的兒子看到妻子兒女慘死。他悔恨不已，對《每日先驅報》告白，適時扭轉了大選局勢。接下來就是創建「世界國家」和裁軍等……可以加上一段跋記，由維也納機場總部的世界航空通訊成員來討論世界局勢。若有必要，也可以加入一些愛情情節。[20]

為了戲劇性和宣傳性，加入愛情情節可能是必要的。艾德禮繼續說：

經過四十八小時考慮國際干預的威脅後，獨裁者希特勒打住了戰爭計畫，納粹主義就此潰敗。這種主題的電影也許會引起那些猶太裔電影老闆的興趣。但這部電影不能有我掛名……如果能符合大眾口味，它會很有宣傳價值。

以上這幾句話結合了荒謬的一廂情願、溫和的反猶太主義、膽怯和勢利，精確地總結了英國左派對獨裁者崛起這可怕的十年的貢獻

小羅斯福的新政及其敵人

如果二十世紀真如魯斯（Henry Luce）所說是「美國人的世紀」，那主要得歸功於大小羅斯福這對堂兄弟。老羅斯福建立了一套制度框架，既讓資本主義不會淪為無法無天的獨占壟斷，又把美國推上世界舞台取得強國地位。而在小羅斯福治下，美國成為超級強國。小羅斯福雖是美國貴族，卻能和各階層選民打成一片，他那謎一般的性格主導了美國政壇。他在國內捍衛民主，又在全球推行民主，設定了二十世紀乃至二十一世紀的政治氣候。他堅持要對德國、奧地利、義大利、日本做政治改造，用武力來建立民主制度，這讓他成為第一個美國新保守主義者。

小羅斯福發表過破紀錄的四次就職演說，第一次是在一九三三年三月四日於國會山莊。他毫不客氣地黨同伐異，把失業怪罪於華爾街（也就是共和黨對手）造成的大崩盤。「只有愚蠢的樂天派會否認當前陰暗的現實，」他說，「但是我們的危難並不是源於實質上的失敗。我們沒有遭受蝗災。我們的先人信仰堅定，無所畏懼，比起他們遇到的艱難險阻，我們尚可謂萬幸。我們依然富足，只是沒有充分利用。」[21]相較於害怕「恐懼本身」，資本家更害怕民主黨帶來的新未來也是情有可原的。

小羅斯福毫不客氣地把大蕭條怪罪於政治對手，繼續說道：「這主要是因為主宰人類物資交

換的統治者們失敗了，他們固執己見但又無能為力，因而就認定失敗並撒手不管。貪得無厭的貨幣兌換商的種種行徑，將受到輿論的法庭所起訴，將受到人類心靈理智的唾棄。」他引用聖經中耶穌基督把「兌換銀錢之人」趕出神殿的故事，對華爾街銀行家毫不留情。但正是英語民族才會出現小羅斯福這樣的領袖，他能夠把憤怒和怨恨轉化為非革命的改革，讓美國免於淪入極端主義。

在當選後到就職前的四個月交接期，小羅斯福不讓任何人知道他想幹什麼。當他向首席大法官、共和黨籍前美國國務卿休斯（Charles Evans Hughes）宣誓就職後，就雷厲風行展開行動。第二天，三月五日，他就召集國會在九日召開特別會議，暫停所有黃金交易，宣布銀行在六日到九日關門四天，後來又再延長，直到他有信心當銀行開門時黃金和存款會淨流入而非流出。國會授權總統掌控金銀條和外匯，在接下來三個月中又通過十五個重要法案，這段期間被比喻為拿破崙的「百日王朝」。⑧（只是這個百日沒有以滑鐵盧戰敗結束。）

「羅斯福把美元和黃金脫鉤以提高價格的創舉，改變了國際金融」，而且他是刻意要提高國內商品價格才這麼做。[22]他以廣播節目《爐邊談話》（*Fireside Chats*）的方式向美國人民推銷「新政」。此節目在三月十二日首播。小羅斯福的聲音強大有力，頭頭是道，儘管對手批評他的方案是在搞獨裁和搞革命。

小羅斯福是很難了解的政治人物，到今天還是如此。美國劇作家、得過四次普立茲獎的記者謝伍德（Robert Sherwood）在一九四九年寫過小羅斯福和霍普金斯（Harry Hopkins）的關係，說他「內心戒備森嚴」。小羅斯福的戰爭部長史汀生（Henry Stimson）也說他的心就像「游移不定的陽光」難以捉摸。小羅斯福從不對任何人透露心事，他過世時也來不及留下自傳，要了解他就更加困難。

有些歷史學家認為小羅斯福其實「膚淺而無足輕重，能力不足，只是個沒有長期計畫和目標的政治機會主義者」，但這樣的歷史學家並不多。[23]還有些人認為美國本來就會在一九三三年三月走出衰退，小羅斯福只是因緣際會。最近有一本書更批評「新政」實際上拖延了復甦的速度，因為小羅斯福提高了貨物稅、個人所得稅、遺產稅和企業所得稅，還對未分配盈餘和薪資所得開徵新稅。[24]根據這種觀點，小羅斯福並不是在拯救資本主義，而是制定對企業不友善的法規、強制加入工會、分拆銀行（即使大型機構比較能生存下去）、侵害財產權。到了一九三七年時，美國經濟又再度出現要崩盤的徵兆，只是因為希特勒在萊茵區、奧地利、蘇台德區、但澤（在地理位置上沿著逆時鐘方向進行）挑起危機，讓美國有了軍備需求，所以掩蓋了經濟問題。可是「新政」是真的有效。

田納西河谷管理局（Tennessee Valley Authority）成立於一九三三年，它不是區域整合開發的首例，早在一九二〇年代，麥凱耶（Benton MacKaye）就試圖用阿帕契鐵路計畫來刺激農村經濟。然而，田納西河谷管理局旨在開發整個田納西河谷盆地，並防止水患、改善航運、產出便宜的電力。它似乎就是未來的道路。它和一戰後那種把十九世紀親密的鄰里關係，轉變成冰冷的大規模公共住宅的「都市更新」非常不同，直到今天還是「新政」的最佳代表。

但小羅斯福也不能隨心所欲。休斯的最高法院阻擋了好幾項「新政」及其配套的社會立法，

---

⑧譯注：百日王朝是指拿破崙從厄爾巴島逃離後重返法國，直至兵敗於滑鐵盧戰役、波旁王朝再度復辟為止。

並在一九三五年五月二十七日判決「全國復興總署」（National Recovery Administration）妨礙貿易。小羅斯福受到的最大挫敗是「謝克特家禽集團訴美國案」（Schechter Poultry Corporation v United States，即所謂「病死雞案」）。休斯在一致判決中表達「強而有力的論點」，自由派法官布蘭迪斯（Louis D. Brandeis）把新政執行官科克倫（Thomas Corcoran）和科恩（Benjamin Jerry Cohen）叫到最高法院的更衣室，建議他們「去告訴總統他必須重新制定整個立法計畫」。[25]再沒有比此更赤裸裸的司法能動主義（Judicial activism）了，博克（Robert Bork）在《強迫行善》（*Coercing Virtue*）一書中稱之為「積極、野心勃勃、帝國主義式的司法」。[26]

一九三六年十一月，小羅斯福連任大勝，立刻在一九三七年上半年試圖把自己人塞進最高法院。他提議為每一位超過七十歲的大法官額外任命一位新的大法官，而當時有多達六位大法官超過七十歲。近期一位小羅斯福的傳記作者認為，此舉是他「政治生涯最大的挫敗……羅斯福這位政治大師一錯再錯，而『老態龍鍾的』最高法院雖然都是些年老昏聵的法官，卻打了一場漂亮的防衛戰。」[27]小羅斯福甚至在民主黨占多數的參議院司法委員會中都吃癟，只能靠自己在任時間甚久才能往最高法院塞自己人。到了一九四一年，在小羅斯福之前被任命的大法官只剩下自由派的史東（Harlan F. Stone）和羅伯茨（Owen Roberts）。但不論小羅斯福的企圖為何，英語民族都守住了司法獨立的原則，這是非民主國家做不到的，而對法治的信賴正是英語民族得以強大的主要來源。

胡佛大壩

一九三五年九月三十日星期一，小羅斯福總統在圓石市（Boulder City）正式啟用胡佛大壩（Hoover Dam）。在那個溫暖的豔陽天，有一萬二千人出席了典禮，還有幾百萬人在廣播中聽小羅斯福談論這項人類史上最大的土木工程：「我來了，我看到了，我征服了……十年前，我們所在的這個地方還是無人的荒漠。這裡的改變是二十世紀的奇蹟。」[28]英語民族向來善於創造現代工業世界的奇蹟，諸如大東方號遊輪（Great Eastern）、布魯克林大橋、雪梨大橋（啟用於一九三二年，當時是世上最大的單跨橋）、美加澳跨大陸鐵路系統、巴拿馬運河。胡佛大壩也符合這個優良傳統。

科羅拉多河的集水區廣達一千平方英里，每年有來自七個州的七千四百億平方英尺水量流到洛磯山脈西面，經過大峽谷和兩個沙漠，最後流進加州灣。戴維斯（Arthur Powell Davis）最早倡議要利用這股龐大水力，他在一九二二年提出要在黑峽谷（Black Canyon）建造一座大壩。這座重力拱壩將高達七百二十六英尺，地基是六百六十英尺厚的實心混凝土。[29]

胡佛總統不喜干預國外事務，他在一九二九年六月二十五日簽署了《圓石峽谷工程法案》（Boulder Canyon Project Act），這項美國政府有史以來最大的土木工程。一九三一年三月，西部六家營造商聯合標下這項四千八百八十九萬零九百五十五美元的工程。總工程師克羅（Frank Crowe）說，他「發狂似地要蓋好這座水壩。我一輩子都待在河底。」他一九〇五年畢業於緬因大學（University of Maine），一直從事土木工程，其座右銘是「能站著絕不坐著」。他的任務是建造這座十五英里長、五百九十英尺深的世界最大水庫。

「水的重量一定會引發地震，沖破壩體，土地會被數百英尺高的巨浪淹沒。」歷史學家卡布里（Deborah Cadbury）寫到當時對這座水壩的質疑，「還有人認為光是水量就足以把地球沖出運轉軌道。」[30]為了引來科羅拉多河的水，要在硬火山岩挖出四條五十六英尺寬、四分之三英里長的隧道。爆破和開鑿工程有時得在華氏一百二十度⑨的炎熱天氣中進行，隧道中的溫度更要高出十度。工作環境既骯髒又危險，但罷工情況不多，因為在大蕭條時有很多人爭著做這份一天五美元的工作。由於工程延宕的處罰非常重，六家營造商和「快手」克羅拚命趕工。總計下來，在參與水壩工程的五千人中有多達一百零七人死亡。工程現場為此豎立大型警告看板，「死亡就在你身邊」。

多達三百五十萬立方碼的混凝土以高效灌入。在一九三四年，工程團隊一天就可以灌入一萬零四百零一立方碼。在今天，這座水壩可以發出二千千瓩（MW）⑩的電力供三個州使用。戴維斯的遠見、克羅的決心、六家營造商的利潤動機，還有胡佛政府的雄心壯志及工程團隊的專業與勇氣，讓西部荒漠欣欣向榮起來。

吉卜林

但即便蓋出帝國大廈和胡佛大壩，一九三〇年代的美國在世界事務中還是個小角色。小羅斯福當總統前八年只出過一次國，而美國陸軍在一九三五年的世界排名只在第十九位。[31]吉卜林看出美國在一戰後自我限縮、不和世界來往的危險之處，他也比任何人都更早看出（其中也包括邱吉爾），德國將再度威脅人類文明。他在一九三二年五月，希特勒出任總理前夕，寫下《風暴錐》（*The Storm Cone*）一詩：

這是午夜
不要被星光誤導，黎明尚遠
這是早就有預告的風暴
成形雖慢，卻必然到來
要穩住！風是一陣一陣的
這表示風暴將近，還沒有過去
其危險甚於今日
而明天或將更為無助

⑨ 編按：將近攝氏四十九度。
⑩ 編按：二千千瓩等於二乘以十的九次方瓦。

吉卜林交代，此後他的書所有版本，都要把「萬字符號」⑪（在梵語中本義是「昌盛繁榮」）統統拿掉。[32]（在當時，許多一戰紀念碑上都有萬字符號，英國王室在蘇格蘭的居所巴摩拉城堡〔Balmoral Castle〕大門外有一座一九二二年建造的紀念碑，上面也有這個符號。）

吉卜林在一九三六年過世，僅僅六年後，埃德蒙．威爾遜（Edmund Wilson）就宣稱要把他「趕出現代文學之林」。王爾德（Oscar Wilde）一直嘲諷吉卜林「超級世俗氣」，歐威爾（George Orwell）也在一九四二年宣稱，「在五個文學世代中，每一個有頭腦的人都鄙薄吉卜林的道德麻木和美學俗濫」。儘管文學評論家漢歇爾（Philip Hensher）把吉卜林的美學總結為「對詩的形式技巧性，對散文的想像獨特性」，但在政治上，吉卜林依舊讓政治正確人士惱火。

事實上，吉卜林絕非鼓吹沙文主義和種族主義，他對他深愛的大英帝國有更複雜和細緻的看法。種族主義者絕不會像吉卜林那樣歌頌印度兵，野心勃勃的帝國主義者也不會用「衰退」為題來為一八九七年維多利亞女王登基七十五週年作詩。他在詩中警告將來會有一天：「遠方傳來呼喊，我們的海軍分崩離析；我們的山丘和岬角被大火吞沒。」

吉卜林的預言經常是正確的。他預見波爾人在南非搞種族隔離；他早在一八九〇年代中就警告說，德皇將發動全世界的侵略戰爭；他預言如果太快在印度下放權力，旁遮普將發生集體屠殺；他譴責對希特勒採取綏靖政策。凡此種種不勝枚舉。

吉卜林是繼莎士比亞之後最會寫英語名句的人，和一戰有關的許多名言錦句都是出自於他。為了大英帝國，吉卜林犧牲了他鍾愛的兒子。其子服役於愛爾蘭衛隊，在一九一五年盧斯戰役陣亡，屍體沒有下落。這位傷痛的父親為許多戰爭紀念碑撰寫碑文，例如他在一座無法辨認的無名屍紀念碑寫上：「為上帝所知。」

吉卜林死於一九三六年一月十八日，比英王喬治五世早兩天，人們說是「國王陛下派他的吹鼓手先走一步」。[33]這兩個人在許多方面都代表英語民族在一九三〇年代最好的一面。一九三五年五月喬治五世登基二十五週年時，詩人豪斯曼（A.E. Housman）對劍橋大學教職員發表演說，完美地概述了在國王治下這段時期。其中有關一戰的部分值得在這裡較長篇引述，尤其可以欣賞豪斯曼所用的美妙節律：

> 您治下的諸般偉大事件，構成人類史上這罕見的二十五年。人類對於物理世界的認識、對於自然力量的掌握、將之運用於工業和藝術的技巧，皆獲得前所未有的進展。[34]但知識進展的新發明也造成新而巨大的災禍。當王國的安全和自由遭受有史以來最可怕的危害，正是陛下的天命帶領人民與之對抗。經由努力和犧牲，終於戰勝危難，但陛下的子民放眼四顧，卻是許多國家的覆滅，體制的崩解。回顧您治下這段時期，國內政治動盪、新的難題出現，但在保持穩定之餘，也維持了進步與富饒，國運興盛昌隆。

⑪譯注：許多老版本的吉卜林作品封面，都有一個左向的萬字符號（卍），在一九三〇年代以後，為了防止與納粹德國的右向萬字符號（卐）相混淆，吉卜林授意取消他作品上的所有萬字符號，以免人們誤以為他支持納粹。事實上，卍與納粹沒有任何關係，而是取自古印度的宗教符號，為祈求健康和好運之意。

（所有關於王室的評論都要先送交內政部審查，這篇演說也是如此。劍橋大學收到的回函對其內文無一字更動，只有一位公務員在旁邊備注說：「這篇英文很不錯。」）

迪斯雷利曾說：「一個孤懸的島國，濃霧瀰漫，中產階級強盛。這就需要偉大的政治家。」不幸的是，一九三〇年代有太多過於嚴肅、缺乏靈活性、保守的政治人物。「體面派」在一九二二年十月於卡頓俱樂部召集會議拉下勞合．喬治，就一直統治英國直到一九四〇年五月鮑德溫的接班人內維爾．張伯倫下台，這段期間只有在一九二四年和一九二九至一九三一年被工黨政府打斷。主持卡頓會議的是鮑德溫，他批評勞合．喬治是「活躍的力量……可怕的東西」。他全力壓制總罷工，盡量壓低所得稅率，一九三七年的最高所得稅率只有每鎊五先令。⑫他也集結「體面派」的力量阻擋一名美國離婚婦女靠美色登上英國后座。⑬然而，「體面派」還是無法讓德國遵守《凡爾賽和約》的軍事條款。

萊茵區再軍事化

趁著西方國家對義大利入侵阿比西尼亞一事無法達成共同立場，一九三六年三月七日星期天，德國部隊突然跨進萊茵區，直接違反《凡爾賽和約》和《盧卡諾條約》。當地居民熱烈歡迎。德國總參謀部部長帕本海姆（Rabe von Pappenheim）在當天稍晚與各國駐柏林大使館武官會面，這些武官的態度很有意思。法國的雷諾德將軍（Daston-Ernest Renondeau）對帕本海姆說，如果他是法國總理，「我親愛的朋友，我會向你宣戰！」英國武官霍特布萊克（Frederick Hotblack）

則是先開玩笑謝謝帕本海姆給了他一個「美好的星期天」，然後說應盡量避免莽撞行事，以免覆水難收。[35]美國的史密斯少校（Truman Smith）及其助手克羅克特少校（Crockett），「表示完全贊同（德國）在萊茵區的行動，並向帕本海姆致謝。但他也表示害怕其他強國會採取報復。」他們還清楚表明這是美國駐德大使多德（William E. Dodd）的看法。此事對英語民族來說甚不光彩。

一九四四年，牛津大學彭布羅克學院（Pembroke College）的麥考倫（Ronald McCallum）出了一本書，書名叫《民意與最後的和平》（*Public Opinion and the Last Peace*），強烈為《凡爾賽和約》辯護。在寫到一九三六年的萊茵區危機時，麥考倫同意戰前西方的民意都堅決反對希特勒出手，而英國立場的核心矛盾在於：

> 我們英國人愛講條約的神聖性，但我們的看法其實是很片面的。如果有政府簽定條約不得做什麼事，卻違背條約去做了，我們會很震驚。但如果我們承諾要去做什麼事，後來卻不肯做，我們卻不覺得有什麼。但那些因為我們不肯做而被影響到的人，並不會認為這兩者有何不同。[36]

在麥考倫看來，英國民意確實畏懼，不敢阻止希特勒向曾經屬於德國的地方進軍，但在一九

⑫ 譯注：一先令等於二十分之一鎊，這表示稅率只有百分之五。

⑬ 譯注：這裡指的是導致溫莎公爵退位的辛普森夫人。溫莎公爵是喬治五世的哥哥、前英王愛德華八世。

一九年時，「當我們首先擔起責任阻止德國入侵這個地方時，民眾並沒有畏懼。」至於有人說鮑德溫政府缺乏民意支持去阻止希特勒，麥考倫的回答很直接：

如果是這樣，那他就應該負起憲法責任辭職下台。不然的話他就要早早讓民眾準備好迎接事變。希特勒會利用阿比西尼亞問題並不是什麼祕密。如果政府能事先說明我們對《盧卡諾條約》有什麼義務，能先警告若不盡義務將……讓德國重新武裝成功，那就一定會發生效果，至少也能分辨出哪些人願意對抗法西斯，哪些人不願意。37

但鮑德溫什麼都沒做。

英國國王退位

萊茵區危機是新任英國國王遭遇的第一次危機。英王愛德華八世登基時年僅四十一歲，在當時算是現代君主的楷模。他在一九三六年十一月造訪南威爾斯時說一定要為失業者「做些什麼」，證明他有鮑德溫那由保守黨主導的國民政府所缺乏的社會關懷。但這位國王絕非社會底層的代言人。他的私生活一直不甚光彩，而當他講出那番模稜兩可的話時，他已經決定要退位，心知他已不會是督促行動落實的那個人。

在退位危機期間，愛德華八世收到無數同情和支持的來信，而近來研究這次危機的歷史學家都認為，英國和大英帝國的多數老百姓其實都可以接受辛普森夫人當王后。[38]多數人只希望國王能過得幸福。幸運的是，這種事不是由老百姓的感覺決定的，而是由統治階級更為務實的分析來決定的。

從退位事件可以看出「體面派」（Respectable Tendency）的厲害。他們知道英國王室有幸福、正常的家庭生活有助於大英帝國的威信，約克公爵和約克女公爵（未來的喬治六世和伊莉莎白女王）辦得到，但愛德華八世和辛普森夫人就不行。雖然「體面派」在這場危機中確實有明顯的反美情緒，但假若國王要娶的是英國平民離婚婦女，鮑德溫、張伯倫、最高掌璽大臣、哈利法斯勳爵的態度也不會不同。

張伯倫身為財政大臣和主要談判者，他在一九三六年十二月八日（國王退位前兩天）寫信給妹妹愛妲（Ida）和希爾妲（Hilda），清楚總結了當時的形勢。他表示對國王來說：

> 他只有三個選項。（一）娶辛普森為王后，（二）退位後再結婚，（三）完全放棄這門婚事。一是不可能的，因為除了本國人民的情緒之外，各自治領也表明不接受。剩下的選項只有二跟三。普遍的民意傾向三，但若國王不接受三，那就只有二。[39]

當然也有人提過第四個選項，即國王可以娶辛普森這位平民女子，但她不當王后，不過政府認為這違反英國法律和習俗。第五個選項是國王把辛普森夫人納為妾侍，這在當時的道德觀是根本不被考慮的。她不可能成為英國史上或二十世紀第一位國王的妾侍，但國王就是想娶辛普森夫人，而民意是不容許的。

在退位後兩天，愛爾蘭國會利用這次危機通過憲法第二十七號修正案，把英王和總督在愛爾蘭內政中的角色移除，但仍在對外事務代表愛爾蘭。英格蘭的危機向來是愛爾蘭的良機。第二年，也就是一九三七年，愛爾蘭自由邦通過新憲法獨立為「愛爾蘭」（Eire）。雖然該憲法宣稱整個愛爾蘭島皆為其領土，但都柏林國會的法律只適用於愛爾蘭。一九四八年又改名為愛爾蘭共和國，切斷了與英國憲法最後一點聯繫。[40]

雖然南愛爾蘭完全有權利獨立於英國王室，但其憲法第二條和第三條聲稱其主權及於新教徒占多數的北愛爾蘭卻是於理無據。北愛爾蘭並不想被其合併，但愛爾蘭憲法卻一直如此主張，直到一九九八年五月二十二日公投後才被廢除。在超過六十年間，愛爾蘭極端民族主義者一直試圖恐嚇北方新教徒要合併為單一國家，宣稱這是為了實現愛爾蘭憲法的規定。

大蕭條衝擊英屬西印度群島

大蕭條對西印度群島的衝擊遠大於英語世界其他地區，也許只除了澳洲以外。以最近一位研究這段紛亂時期的歷史學家的話來說，從貝里斯到巴貝多，從巴哈馬和聖克里斯多福到千里達和圭亞那，到處都是「罷工、示威和幾乎直接導致革命的叛亂」，民族意識的提高更導致在二次大戰後的獨立聲浪。[41]

凡此種種，在一九三七年七月的巴貝多「叛亂」時達到高峰。雖然這次叛亂主要是黑人勞工的叛亂，但巴貝多歷史學家也承認：「貧窮白人勞工的工資經常和黑人一樣低，工作條件一樣惡劣。」[42]動亂的主要原因是貧窮，而非種族，只是被左派煽動家利用黑人勞工階級和巴貝多混血中產階級的緊張關係達到自己的政治目的。

在一九三七年以前，巴貝多並不存在大型工會或群眾政黨，整個加勒比海地區也都沒幾個。千里達左派活動家佩恩（Clement Payne）在一九三七年三月二十六日抵達橋鎮（Bridgetown），主張要立即把巴貝多政治推向激進化，但沒人理會他的說法。佩恩是千里達民權組織「黑人福利與文化社會協會」（Negro Welfare Cultural and Social Association）的知名人物，也是優秀的演說家。他在多達十七次政治集會中聲稱有色族群是「雇主的奴才」，警察是「資本家的走狗」。佩恩在一九三七年七月二十二日因為偽造出生地文件被捕，但他當時已聚集了五千名支持者。

儘管佩恩只被罰十英鎊就獲釋，示威抗議人士還是聚集在橋鎮的金色廣場和下公園，遊行前往政府大樓向總督馬克・楊爵士（Sir Mark Young）請願。佩恩立刻再次被捕，但在亞當斯（Grantley Adams，牛津畢業的律師，一九三四年當上議員）的辯護下贏得上訴。佩恩被下令在七月二十六日遣返。當天晚上，因為有傳言說佩恩女友的孩子被警方殺害（此傳言是假的），橋鎮爆發了兩天嚴重暴亂。歷史學家威爾（W. Marvin Will）描述當時的情況：「店鋪玻璃被砸毀，但頗有選擇性，對工人階級特別好的店家會被跳過。」[43]街上和展示間的汽車都被翻倒或推進海裡。

動亂接下來蔓延到全島，一直到七月三十日，並發生大規模搶劫、毀壞財產和暴力事件。總計有十四人死亡，五十人受傷，五百人被捕。佩恩的手下包括切斯（Fitzgerald 'Menzies' Chase）、史基特（Mortimer 'Mortie' Skeete）、阿里奈（Darnley 'Brain' Alleyne）和格蘭特（Ulric

Grant）等人都被抓進格倫戴瑞監獄（Glendairy Gaol），據說受到警察嚴重濫刑。和一九五〇年代茅茅起義時一樣，犯下這類暴行的大部分是忠於英國的黑人警察，而不是英國人本身。

直到一九三七年，巴貝多都被認為是比較保守的地方，因為島上的白人比例高於該地區的平均，旅遊業、商業及製造業又比較發達，不是只有糖業和農業。但在那個夏天，巴貝多因動亂而死的人數占整個英屬西印度群島的三分之一。低工資、大旱、蔗糖價格崩跌（一九二三年是每英擔二十六先令，一九三四至一九三七年掉到只有五先令）造成人民極度困苦。

雖然巴貝多有一個二十四人組成的議會，但是被白人莊園主和富商巨賈控制，因為有投票權人僅限於有繳稅的男性且擁有不動產者，且其房產價值要達到五十英鎊，或其租金要達到十五英鎊。無不動產者必須年收入達到五十英鎊，少有黑人勞工能有這個收入，所以在一九三八年一月時，巴貝多只有百分三點三的人有投票權。在巴貝多的八個教區中，共選出十六位議員，選民總數有六千三百五十九人，但平均每個教區只有不到三百人有投票權。

正是為了要把工資提高到超過投票權的收入標準，知名工人領袖馬蒂諾（J.A. Martineau）於一九三八年三月三十一日在家中召開會議，經過兩週的一系列會議後成立了「巴貝多進步聯盟」（Barbados Progressive League）。他們刻意不稱為「黨」，希望「不要在保守的巴貝多聽來太刺耳」。[44]布雷斯韋特（C.A. Braithwaite）被選為主席，亞當斯為副主席。這個運動從此誕生，在一年內就招募到二萬到三萬名成員。這主要得歸功於祕書長西爾（Herbert Seale）的招募技巧，以及克勞福德（W.A. Crawford）發行的《巴貝多觀察家報》（*Barbados Observer*）的支持。

但就像一九三二年後加拿大社會主義政黨在安大略的情況一樣，巴貝多進步聯盟也在非常短的時間內就出現政治和個人的衝突。歷史學家威爾寫道：

> 在聯盟成立的第一年，亞當斯、西爾、布雷斯韋特、馬蒂諾、克勞福德等領導人就出現嚴重裂痕，讓組織陷於停頓。衝突源於戰略、戰術、意識形態和個性的分歧。西印度群島有句俗話是：三隻老鼠不能同住一個洞穴。這句話對這五隻政治動物也同樣適用。[45]

內鬥最後由亞當斯勝出，他是這時期西印度群島政治中少數比較沒有爭議的偉大領導人。亞當斯在一九三九年當上巴貝多進步聯盟的總主席，他是個漸進主義者，天生政治能力強，財務上嚴謹，辯才無礙，又非常具有魅力。

亞當斯推動工會合法化，在一九四〇年獲得成功，一九四一年成立了「巴貝多工人聯盟」（Barbados Workers' Union）。雖然巴貝多工人聯盟也是由亞當斯領導，但它在一九四九年與巴貝多進步聯盟分家。亞當斯完成了政黨、工會與政府的劃分，而這是伯德（Vere Bird）在安地卡（Antigua）以及蓋里（Eric Gairy）在格瑞納達都做不到的事情。一九五八年，亞當斯離開巴貝多去擔任西印度群島聯邦總理，⑭他證明了即使是在英語世界最貧窮的地區，還是可以用憲政手段漸進達成政治和社會改革，這在各方面都要比佩恩鼓吹的暴力革命好得多。

---

⑭ 譯注：西印度群島聯邦（West Indies Federation）在一九五八年一月三日至一九六二年五月三十一日間短暫存在。該聯邦由數個英國殖民地組成，但很快就因為內部的政治紛爭而被迫解散。

張伯倫和體面派

在一九三七年，全英國只有三千台家用冰箱，美國卻有超過二百萬台。美國每年出產十二億七千萬桶石油，是第二名俄羅斯的八倍，其中有五億一千七百萬桶是用於一千九百萬輛私家汽車，比英國的一百七十萬輛、德意志第三帝國的一百三十萬輛、義大利的一百一十萬輛、法國的八十萬輛加起來乘以三還多。[46]美國從大蕭條復甦，證明資本主義有讓敵人面面相覷的自我修復和再生的內在力量。

當然，當時的人們並不知道這是一段處於兩次大戰之間的時光。一九三〇年代後來被稱為「魔鬼的十年」和「蝗蟲歲月」，⑮各個西方政府有如夢遊一般走向大戰，但這樣的結局絕非不可避免。對我們來說，一九三九年九月三日那天是個不祥到極點的日子，但在當時的人看來，那一天只是個陽光燦爛的週末。

大多數人都不想聽邱吉爾對納粹的嘮叨批評和他對希特勒危險性的先知預言，寧願相信英國政界的「體面派」會帶領大家度過危機。只要看一下邱吉爾在一九三九年以前的紀錄，就知道為什麼英語民族會覺得他對德國的警告像是喊「狼來了」的放羊小孩。他不適當地出現在希尼街圍攻現場；⑯他策劃了加里波利登陸；他鼓吹介入俄國內戰但慘澹收場；他對總罷工反應過度；他在錯誤的時機以錯誤的匯率回到金本位；他反對印度自治；他在英王退位危機時支持國王。邱吉爾對德國重新武裝的警告，難道不是再一次證明他缺乏判斷力，和一些好戰分子合謀？

在邱吉爾反對印度自治時，《紐約先驅論壇報》的里德女士（Ogden Reid）曾在白宮晚宴上問邱吉爾說：「你到底打算怎麼對待這些可憐的印度人？」據蒙巴頓勳爵（Lord Mountbatten）多年後的說法（但他的說法未必可信），邱吉爾當時回答說：「夫人，妳是指哪一種印度人？妳是指亞洲次大陸那些褐色皮膚、在英國良善統治下人口激增的印度人？還是指在這塊大陸上那些紅色皮膚、在現政府統治下快要滅絕的印第安人？」[47]

一九三七年五月，「體面派」的領袖人物張伯倫接任鮑德溫為首相。張伯倫是有文化和高尚的人。他創立了伯明翰交響樂團，博覽英國文學著作，愛家愛子，認得出幾百種鳥類和植物。他也是強有力的政治人物，在伯明翰市長、衛生大臣和財政大臣任內政績卓著。然而，正如歷史學家布萊克（Robert Blake）一針見血所說：「當面臨國家安全問題時，就不能用清理貧民窟的成績來評價一個政治家。」

對那些曾在一次大戰中失去家人的人（這些人相當多，且跨越英語世界各個階層）來說，歐洲再次爆發大戰是完全不可想像的景象，而張伯倫比當時任何政治人物都更貼近他們的感受。當張伯倫從唐寧街十一號搬到隔壁唐寧街十號時，萊茵區已經被占領十四個月了。希特勒在萊茵區大膽且不流血的政變之後，西方還要再忍受他三年的恐嚇、欺凌和高明的邊緣策略，直到張伯倫

---

⑮ 譯注：「蝗蟲歲月」（Locust Years）一詞出自邱吉爾。

⑯ 編按：圍攻希尼街（Siege of Sidney Street），一九一〇年十二月有兩位搶匪企圖搶劫珠寶店，引發後續警方在希尼街的一連串攻堅行動，時任內政大臣的邱吉爾有到場視察。

終於在一九三九年四月劃下紅線，宣誓英國會保護波蘭。

綏靖政策和大戰略

要不帶感情地評價綏靖政策（這是源於基督教的詞彙）是很困難的，原因出在張伯倫的性格。儘管他動機高尚，但他個性虛榮，這從張伯倫筆下所寫的東西就看得出來，他非常勤於寫信。在長達三十多年的時間，他每週都寫信給妹妹愛妲和希爾妲，等於是他政治生涯的日記。他每封信的結尾都署名「你們深情的兄弟內維爾．張伯倫」，這就能看出他和人多有距離，他的時代有多麼拘泥形式。

許多政治人物都有外號，例如說寇松是「天下第一人」，勞合．喬治是「山羊」（有色狼的意思），從這些外號可以得知這些三〇年代的政治人物除了自大之外的人格特質。張伯倫很有企圖心，在一九三七年五月之前就一直想取代鮑德溫成為首相。他很喜歡權力（「在當財政大臣時，我幾乎什麼都做不了。現在我只要舉起指頭，就可以改變整個歐洲的面貌。」）也極度有自信。他甚至仿效「納爾遜風格」[17]說自己也有「張伯倫風格」。他有時講話也很尖刻，曾說自由黨議員戴維斯（Clement Davies）是「奸詐的威爾斯人」，辛普森夫人是「徹底自私沒心肝的投機分子」。

張伯倫一開始輕信希特勒。一九三八年九月，他飛往希特勒在巴伐利亞山區貝希特斯加登（Berchtesgaden）的別墅，商談捷克蘇台德德語區問題，他寫道：「我得到的印象是，他（希特勒）是個會信守承諾的人。」但他其實從來就不喜歡希特勒這個人。他與希特勒在溫泉小鎮巴德戈德斯貝格第二次會面後，就警告內閣成員，說希特勒此人「目光狹隘，對某些事情有極度偏見。」[48]

張伯倫也有一些反美情緒，和當時許多英國人差不多。一九四〇年三月，他談到小羅斯福的特使威爾斯（Sumner Welles）時說，他是「這麼久以來我遇過最好的美國人」，這句話已是極大的讚美。但他在一九三七年的真正態度是，「美國人只出一張嘴，最好不要指望他們什麼」，不幸的是英國人在接下來三年確實也只能如此。[49]張伯倫當然也不信任俄羅斯，他曾在一九三九年三月寫道：「我完全不指望他們有發動有效攻勢的能力。」他認為法國也半斤八兩，所以要聯手包圍希特勒是不可能的事。

然而，就算邱吉爾在一九三〇年代當上首相，或者邱吉爾是外交大臣，背後有首相高度支持，他是否就能阻止第二次世界大戰爆發？許多邱吉爾的支持者認為他一定會建立一個對德國兩面包夾的「大聯盟」來嚇阻納粹。[50]他們相信邱吉爾一定能說服法國、波蘭、羅馬尼亞、南斯拉夫、捷克斯洛伐克和俄羅斯（就算沒有全部，也有很多國家）與英國形成集體安全聯盟，不僅讓希特勒無力擾亂歐洲現狀，甚至有可能被手下將領推翻。

但這種美妙的觀點有好幾個重大誤區。第一是史達林很懷疑邱吉爾的動機，整個一九三〇年代都是如此，直到希特勒在一九四一年六月以「巴巴羅薩行動」進攻俄羅斯，才迫使英國和俄羅斯站到同一陣營。邱吉爾在一九一八和一九一九年曾想「把布爾什維克扼殺於襁褓中」，後來又

---

⑰ 譯注：「納爾遜風格」（The Nelson Touch）是指像英國海軍上將納爾遜那樣臨機果斷的本領。

強烈反共，史達林不可能真正相信他。

此外，俄羅斯除非跨過波蘭才能威脅到德國，但波蘭是強大的獨立國家，對紅軍的仇恨和恐懼不下於對德意志國防軍（Wehrmacht）。俄軍有久留不走的習慣，波蘭人明確表示他們絕不會讓俄軍踏上他們的領土。他們在一九二〇年與俄國打成僵局，犧牲慘重，而一九四〇年的卡廷森林屠殺[18]更證明他們懷疑史達林是對的。波蘭也覬覦捷克斯洛伐克的切申地區（Teschen），在捷克不幸於一九三八年《慕尼黑協議》被肢解後奪取該地。羅馬尼亞也短視近利，想藉捷克的悲劇獲取領土，不願加入反德陣營（這確實非常冒險）。

「大聯盟」因為內部矛盾根本就不可能，而若不是一九三九年的危機，邱吉爾也不可能當到任何大臣高位，他在一九三一年一月因為印度自治議題辭去保守黨影子內閣，接著和黨內領導層鬥了四年，指控領導層對官方調查委員會做偽證。保守黨國會黨團視他如寇讎，以致在英王退位危機時，他在下議院被眾人圍剿。[19]

雖然在一九三一年以前，邱吉爾除了首相和外交大臣之外已職掌過多個重要部會，但在一九三〇年代的和平時期，他不可能再當上任何重要政治職位，尤其是國民政府在一九三五年選舉大勝之後。只有世界大戰才能讓邱吉爾捲土重來，而這時距一九三〇年代結束只剩下四個月。他的「大聯盟」理念有無法克服的政治、地緣和軍事困難，註定不可行，直到希特勒在一九四一年對俄國和美國宣戰才成其為可能。

從青少年開始，邱吉爾和張伯倫在家庭、意識形態和個性上就有深刻的分歧。在一八八〇年代，邱吉爾的父親藍道夫·邱吉爾和張伯倫的父親約瑟夫·張伯倫都是英國政治的中間偏左派，兩人都有可能當上首相。而兩人之所以都沒當上首相，主要就是因為彼此。他們曾是合作無間的朋友，直到藍道夫在一八八六年慨然從索爾茲伯里的「統一內閣」辭職。藍道夫相信，如果當時約瑟夫支持他，他們就可以共組中間偏左政府，但約瑟夫忠於索爾茲伯里，兩家人從此明爭暗鬥了半個世紀。

邱吉爾在一九〇四年為父親報了仇，約瑟夫當時幾乎掌控了統一黨，主張帝國特惠制度，但邱吉爾卻在下議院倒戈支持自由貿易，這導致統一黨在一九〇六年選舉大敗，約瑟夫在政治上走下坡，不久後就因中風退出政壇。張伯倫和邱吉爾都認為自己的父親本該當上首相卻被人搞掉了，而兩個人都非常孝順。

當邱吉爾在一九三〇年代閒雲野鶴時，張伯倫有一萬個理由不讓這個保守黨領袖的潛在對手重回內閣。「張伯倫是讓邱吉爾發光發亮的背板。」一位歷史學家這樣形容兩人的關係，而兩人都知道這點。[51]他們對印度自治、英王退位危機、強制徵兵、跟俄羅斯結盟與捷克斯洛伐克問題的立場截然不同。一九三九年夏天，張伯倫本來可以讓邱吉爾回內閣擔任國防協調部長，藉此對希特勒釋出強烈訊息，但他卻偏不這麼做，因為這等於承認自己失敗。

直到綏靖政策終於破產，一九三九年九月三日宣戰後，邱吉爾才被任命為第一海軍大臣。接

---

⑱ 編按：卡廷大屠殺（Katyn massacre），發生於一九四〇年四月到五月間，蘇聯在入侵波蘭後，曾有計畫地屠殺大批波蘭戰俘、知識分子、公務員及警察，遇害人數達二萬二千人。

⑲ 譯注：邱吉爾支持英王愛德華八世，認為他根本無須退位。

下來的事令人鼓舞：正當所有人都等著看這對老對手在內閣交鋒時，兩人卻無論於公於私都齊心為國。邱吉爾一直忠於張伯倫，直到張伯倫在一九四〇年五月十日下台，然後換成張伯倫同樣對邱吉爾忠心耿耿，直到張伯倫在該年十一月癌症不治。在國家存亡之秋，布萊尼姆（Blenheim）的貴族後裔和可敬的伯明翰螺絲製造商都放下對彼此的恩怨。⑳

張伯倫絕不是某些批評者所說的那麼天真。一九三八年三月二十八日，張伯倫公開致函給國民政府在西富爾翰（West Fulham）選區補選的提名人布斯比（John Busby），清楚表明「維護世界和平主要只能靠我們國家的實力。如果我們要避免戰爭，就要加速國民政府在三年前啟動的國防計畫，儘管這要有所犧牲。但我們必須記住，為和平而犧牲遠不及為戰爭而犧牲。」他同意國際聯盟「也許有一天能拯救世界，但我們不能假裝現在這個虛弱的國際聯盟有辦法保障集體安全。」[52]這種態度可不是許多人描繪的軟弱綏靖主義者。他對國際聯盟的態度非常坦白，當戰爭在歐洲爆發的那個月，日內瓦的國際聯盟還在忙著討論歐洲鐵路軌距標準化的問題。

社會主義者根本無法寄希望於英國工黨去採取任何實際行動來阻止希特勒。工黨雖不贊成共產主義，卻也不讓國家堅定地跟獨裁者奮戰。艾德禮在一九三五年取代和平主義者蘭斯伯里（George Lansbury）為工黨領袖。一九三八年四月末，他寫信給弟弟湯姆，批評張伯倫政府過於好戰：

> 政府正帶頭走向戰爭……和法國人的討論全都指向同一條路。我們真的回到了一九一四年。我想，政府會繼續讓民主小國被德國併吞，這不是為了和平而避免戰爭，而是為了爭取

> 時間發展軍備。這完全不是和平政策。張伯倫是老派的帝國主義者，對外交事務和世界大勢不甚了解。前景非常黯淡。[53]

隔年二月，艾德禮又再度提出這種短視的看法：「內維爾讓我很抓狂，一邊用嘴巴說要完全和平，一邊在囤積軍火。」[54]事實上，「爭取時間發展軍備」是英國能夠有足夠的龍捲風式和噴火式戰鬥機打贏一九四〇年英國空戰的主因。這場勝利應該歸功於張伯倫和空軍元帥道丁爵士（Sir Hugh Dowding），而不是邱吉爾，因為當邱吉爾當上首相時，大多數飛機都已經造好了。保守黨議員霍格（Quintin Hogg）在一九四五年寫過一本書批評工黨在三〇年代的對外政策，書名叫《左派從來都是錯的》（*The Left Was Never Right*）。這個書名再好不過，正確分析了工黨是如何反對重新武裝、徵兵等政策，讓法西斯主義者樂不可支。

德國猶太人流亡

許多猶太人在一九三〇年代離開德國、奧地利、波蘭到英語世界定居，其中有「數不盡的卓越人士」。這些人包括艾爾頓（Geoffrey Elton）、佩夫斯納（Nikolaus Pevsner）、韋登菲爾德（George Weidenfeld）、貢布里希（Ernst Gombrich）、艾伯特（Carl Ebert）、賓恩（Rudolf

⑳ 譯注：邱吉爾出生於布萊尼姆，張伯倫則在從政前經營過螺絲製造業。

Bing）、蕭提（Georg Solti）、多伊奇（André Deutsch）、莫瑟（Claus Moser）、霍羅威茨（Joseph Horowitz）、愛因斯坦（Albert Einstein）、庫斯勒、荀白克（Arnold Schönberg）、茨威格（Stefan Zweig）、史特勞斯（Leo Strauss）、克倫貝勒（Otto Klemperer）、季辛吉（Henry Kissinger）、湯瑪斯·曼（Thomas Mann）、多伊徹（Isaac Deutscher）、佛洛伊德（Sigmund Freud）、波普（Karl Popper）、沃伯格（Sigmund Warburg）、萊因哈特（Max Reinhardt）、普萊斯柏格（Emeric Pressburger）、盧西安·佛洛伊德（Lucian Freud）、卡內提（Elias Canetti）、韋勒斯（Egon Wellesz）、芬利（Moses Finley）等不計其數。[55]

這些人有各式各樣的貴族、騎士、教授、功績勳章、榮譽勳章等頭銜。我們可以設想兩個問題：若沒有這些流亡人士，戰後英美的文化和科學會是什麼面貌，而這些人離開又對中歐造成多大的損失？如果這樣一小群流亡人士就有這麼大的貢獻，那死於大屠殺的幾百萬人又能對人類文明有什麼建樹？

科學天才逃離德國、奧地利和匈牙利，造成「歐洲科學界的貧弱和英美的巨大優勢」，尤其有許多人在戰後根本就不回歐洲。[56]正如有人所指出，這些人的「國際影響力呈倍數成長，因為許多移民是教師，啟發了好幾代的年輕教師和學生。」他們其中有物理學家、生物學家、化學家和醫學研究者，諸如貝特（Hans Bethe）、佩魯茨（Max Perutz）、錢恩這些傑出科學家都留在當地。

猶太科學家的比例遠高於猶太人在人口中的比例。他們是「富裕、自信、受過嚴格教育的菁英，分享同樣的智識和文化價值，是德國文化最精髓的代表、鑑賞者和贊助者。」[57]他們充分利用英語世界開放民主的學術環境，比在自己國家那種嚴格階層化的社會進步得更快，對所有人都有利。他們受到西方知識菁英的歡迎，尤其是在英國和美國學術圈，他們也給新主人厚重回報，尤其是在原子研究領域。如果希特勒沒有迫害猶太人，逼得德國猶太裔核子科學家逃亡，造出原子彈的可能就是納粹。（但若能如此，他也就不是希特勒了。）

大西洋兩岸的英語社會長期都有反猶主義的流毒，雖然沒有到德國搞種族滅絕和法國及歐陸國家那種極右派的程度。一九三五年，美國社交名媛卡納德（Emerald Cunard）對自由黨議員伯奈斯吹噓道，在她前晚為威爾斯親王所辦的晚宴上，她「突然宣布她痛恨所有猶太人，派對立刻就熱絡了起來。」卡納德：「我不是真的痛恨他們。我只想讓派對成功。」[58]終身自由黨員的薇爾莉特．卡特夫人㉑也在她最好的朋友宣布皈依猶太教時說：「對我來說，變成猶太人真是最骯髒可笑的事。」阿斯特夫人（Lady Astor）在一戰時邀請魏茲曼㉒參加晚宴，居然向賓客介紹他是「我認識唯一一個正直的猶太人」。

儘管有這些天才移往美國，但總括而言，美國猶太人在一九三〇年代並不好過。正如葉史瓦大學（Yeshiva University）的古洛克（effrey Gurock）所指出：「經過一個世紀的猶太人自由移民後，美國對新來者關上了大門，而本地出生的猶太人有許多不再上猶太會堂。」[59]於是他們把精

㉑編按：前首相阿斯奎斯的女兒，第五章「不知名的首相」曾介紹過她。

㉒編按：魏茲曼（Chaim Weizmann），猶太裔化學家、政治家，後來擔任以色列的第一任總統（一九四九至一九五二年）。

力專注於猶太式的生活，例如日校教育、露營、聖所青年工作和猶太復國主義，促成二戰後美國猶太教的復興。[60]然而，移民的大門並沒有完全關閉。從一九三三到一九四四年間，總共有三十六萬五千九百五十五名猶太人從歐洲移民到美國。在大戰前後這段時間，有十三萬二千名猶太人來自奧地利和德國。不過持平來說，小羅斯福總統本人「對於猶太人面臨浩劫一事至少是不在意或沒啥感覺的」。[61]

二戰前的猶太移民帶給英語世界的好處，可從一九五一到二〇〇〇年諾貝爾獎得主的統計數字看出來。三成二的醫學獎、三成二的物理學獎、三成九的經濟學獎和二成九的科學類獎都被猶太人拿走，而猶太人只占全世界人口的百分之一。[62]中歐會流失這麼多猶太人到英語民族，都是因為民主勝於獨裁、宗教寬容勝於宗教迫害。

英語民族的政府提供了製造原子彈的經費和設施（尤其是在新墨西哥州的洛斯阿拉莫斯），但造出終結二戰的武器的人是猶太人歐本海默（J. Robert Oppenheimer）、泰勒（Edward Teller）和紐西蘭人拉塞福這些天才。因為有這些在一九三〇年代逃離納粹的猶太科學家，數十萬在太平洋的盟軍士兵才能在一九四五年活下來。

蘇台德區危機

一九三八年八月，小羅斯福在跨美加千島國際大橋的啟用典禮上對希特勒發出警告。這五座大橋及其相連的高速公路跨越一千座島嶼中的四座，把其中二百座島嶼連接起來，加強了美加人民的親善。「如果有任何帝國威脅加拿大的領土，美國人民絕不會坐視不管。」他說道，明確劍指想宰制歐洲的德意志第三帝國。

一九三八年九月，希特勒慫恿捷克斯洛伐克蘇台德地區的三百萬德意志人加入第三帝國，蘇台德危機浮上檯面。雖然英國不像一九一四年對比利時那樣有條約義務要保護捷克領土完整，但認為德國的行為極度挑釁，破壞世界和平。可是英國政府在這場危機中綁手綁腳，假如英國為此議題與德國開戰，其他自治領可能不會跟著英國走，尤其是加拿大和南非。

一九四一年八月，加拿大總理金恩（William Mackenzie King）到唐寧街會晤邱吉爾，討論到「戰爭的起源與如何能夠阻止」。金恩在前一天出席了戰時內閣會議，參觀了唐寧街十號的強化地下堡壘。午餐後，兩人討論到慕尼黑和張伯倫的遺產。張伯倫此時的威信已降到谷底，但金恩對邱吉爾說出真話：

> 張伯倫沒有受到公平對待……如果他沒有去慕尼黑，現在的狀況可能會更糟。這對加拿大來說更是如此，我們國家將無法團結對外作戰。我曾說過，經過我思慮再三，我知道我國必須作戰，我也想把它當成政策，但我會失去一大部分內閣成員支持，內閣將分崩離析。

邱吉爾問金恩「是不是會立刻輸掉（選舉）」，加拿大總理回答說他可能會輸，「但當然，我可以與反對黨組成多數，但加拿大會分裂。因為張伯倫去了，把戰爭延緩了一年，我們國家才有機會把問題看清楚，才相信他們就是要侵略。」[63]

在整個危機中，加拿大完全不想以戰止戰，但紐西蘭倒是堅定不移。當張伯倫飛到貝希特斯加登與希特勒會面時，紐西蘭國家黨領袖漢彌爾頓（Adam Hamilton）對威靈頓的下議院說：

> 一旦英國被捲入，我們反對黨將和政府完全合作善盡義務，負起帝國一分子的全部責任。我們都希望理性能夠勝出，戰爭的烏雲會散去，但若有困難，政府可以完全信賴反對黨的忠誠支持。[64]

張伯倫從貝希特斯加登回來後，唐寧街在一九三八年九月十七日上午十一點和下午三點開了兩次內閣會議。在第一次會議中，張伯倫向同事報告他在前一天和希特勒會面的情況。他同意讓蘇台德地區的德裔少數民族自決，希特勒則承諾，如果德意志人占多數的地區決定脫離捷克斯洛伐克加入第三帝國，他不會動用武力。但張伯倫對元首的人格並不抱幻想。第一海軍大臣庫珀在日記中寫道，首相告訴內閣：「希特勒給他的第一印象是他見過『最平凡無奇的小狗』，毫無特殊之處。」[65]張伯倫也許在政治上被希特勒所騙，但他對這個敵手的人格缺陷卻是一清二楚。

在當天第二次會議中，庫珀最討厭的大法官毛姆勳爵（Lord Maugham）說：「根據坎寧（George Canning）和迪斯雷利設下的原則，大不列顛不應該介入，除非有利益受到直接影響，而且要有壓倒性的力量對比。」這是完全誤解了坎寧的對外政策。坎寧很想介入南美洲各共和國事務，儘管英國利益完全沒受到影響，在那裡也沒什麼實力

庫珀回應毛姆說：「這個國家的重大利益就是防止任何強國在歐洲取得過度優勢。我們現在

面對有史以來宰制歐洲最強大的國家，而與其對抗就是很清楚的英國利益所在。」庫珀寫過拿破崙外交部長塔列朗（Charles Maurice de Talleyrand-Périgord）的傳記，該傳記在一九三八年已被譯成八種語言，他的看法是很有價值的。他認為「如果我們採取大法官（毛姆）的失敗主義，那就表示我們以後永遠不能再介入……而下一次侵略行動也許是我們更難對付的。有可能是進攻我們一個殖民地。到時我們在歐洲將不會有朋友相助，美國也不會同情我們。」66

聽來令人驚訝的是，在面臨重大國際危機時，英國內閣居然還有時間去討論坎寧和迪斯雷利的對外政策，分析自西班牙無敵艦隊以來的權力平衡理論。毛姆和庫珀在一九三八年九月十七日談到的幾個議題在整個英語民族史上反覆出現過，直到二〇〇三年進攻伊拉克依舊如此。這些議題可分成幾個相互獨立但也相互重疊的對外政策理念，包括維持孤立與威信、若妥協這次後患無窮、骨牌理論，以及結盟的重要性。

張伯倫去慕尼黑時曾引用莎士比亞《亨利四世》第一幕的名句：「在如荊棘般的危險中，我們安全地採下這朵花。」這話沒有問題，問題在於他回來後擺出大獲全勝的姿態。他和法國總理達拉第（Edouard Daladier）答應希特勒蘇台德區可以立刻併入德意志帝國，而捷克人根本沒有出席會議。回來以後，張伯倫引用他和希特勒簽署的無意義文件說：「兩國人民都不想再度兵戎相見。」他舉起文件在赫斯頓（Heston）機場的微風中揮舞，然後在唐寧街十號公開宣稱「我們時代的和平」即將到來。他甚至跑到白金漢宮的陽台上接受群眾歡呼。

眾神欲摧毀一個人之前，必先使其得意忘形，而英國國王和王后也需受到譴責，因為他們邀請首相上陽台是違反嚴守政治中立的憲政義務的。《慕尼黑協議》尚未經國會投票批准，而工黨和自由黨是投反對票的。[67]雖然當時的新聞影像顯示，白金漢宮外的一般英國老百姓確實很歡迎這份協議，但君主的責任是要超脫一時的激情，在各種情況下都要行止合度。就連新聞播報都違反了這個責任，提到說：「張伯倫先生是和平的救星！」還說白金漢宮外的群眾歡欣鼓舞，「猶如登基大典或加冕儀式」。

邱吉爾向來被罵成是「玩火者和軍國主義者」、「粗野的大象」，《每日快報》在一九三八年十月還罵他「滿腦子幻想馬博羅公爵的征服大業」。㉓史達林曾在一九三〇年代問阿斯特夫人關於邱吉爾的前景如何，她很有把握地回答說：「噢，他已經玩完了。」但邱吉爾在辯論《慕尼黑協議》時所講的話讓所有人醍醐灌頂。「這不過是剛開始，」他在下議院說，「這只是小啜一口，我們只是嘗到未來每年都會嘗到的苦酒，除非我們能恢復道德勇氣和尚武精神，我們才能再度奮起，如同昔日為自由而戰。」

十月三日，大法官毛姆勳爵可恥地在捷克斯洛伐克的傷口上撒鹽，他說：「用白話講……我們和法國是在拯救一個從一開始就不該存在的國家免於被毀滅。」同一天，內政大臣霍爾爵士（Sir Samuel Hoare）也在下議院說：「我同意捷克斯洛伐克總統的處境很困難，但我不得不說，如果他能早一點有所作為……」但話沒說完，就被班恩（Wedgwood Benn）的一聲「太荒唐！」給打斷了。張伯倫為《慕尼黑協議》辯護說，列強「避免了一場會終結人類文明的災禍」，只是「當一個英勇小國正面臨民族傷痛時，我們必須寄予深刻的同情」。

從倫敦自治領事務大臣發給澳洲總理孟席斯（Robert Menzies）的解密電報來看，在整個慕尼黑危機期間，坎培拉一直有被告知局勢的發展。[68]但這是因為張伯倫知道各殖民地都由衷支持他的政策。澳洲駐倫敦對外聯絡官員史特靈（Alfred Stirling），在向孟席斯報告張伯倫在辯論《慕尼黑協議》時表示：「我們認為現代戰爭和馬博羅公爵或拿破崙的時代相比，或者和一九一四年時相比，已經天差地遠」，這是刻意「在講邱吉爾，講得也沒有錯」。[69]

史特靈在十月十二日寫信說：「邱吉爾先生落敗了，但他仍然滔滔不絕，因為他的筆和他的口舌一樣鋒利……」史特靈認為邱吉爾的政策「註定要失敗」。他認為，英國想和俄國修好「就像與德國和解一樣困難」，而俄國紅軍「因為高級軍官整個被清洗，狀態堪慮」。史特靈的報告結論說：「容我這麼說吧，邱吉爾先生被祖先糾纏，太沉迷於歷史。」

嘲諷大獨裁者

英語民族最會嘲諷一九三〇年代的獨裁者。紐西蘭漫畫家大衛・洛自一九二七年起為倫敦《旗幟晚報》（*Evening Standard*）畫漫畫，倫敦出生的卓別林（Charlie Chaplin）在一九四〇年自編自導自演了經典之作《大獨裁者》（*The Great Dictator*）。好萊塢一九三九年的《綠野仙蹤》（*The Wizard of Oz*）也是經典，片中大魔法師的聲音、火焰最終都被識破，是由幕後小個子在拉繩操控。

在小說《伍斯特家訓》（*The Code of the Woosters*）中，伍德豪斯（P.G. Wodehouse）對黑衫

㉓ 譯注：邱吉爾是第一代馬博羅公爵約翰・邱吉爾（John Churchill, 1st Duke of Marlborough, 1650-1722）的後裔。

軍領袖奧斯華．莫斯利極盡嘲諷。小說中的英雄伍斯特對名為「英國救星」的法西斯組織（更廣為人知的名字是「黑短褲」）領袖史波德（Roderick Spode）說：

是時候該有個熱心人士來告訴你應該滾蛋了。你的問題在於，史波德，你以為召集一批蠢貨穿著黑短褲在倫敦街頭瞎混，就自以為是個人物。你聽他們高喊「史波德萬歲」，你就幻想這是人民群眾的聲音。你這樣就太蠢了。人民群眾真正的聲音是：「看這個醜八怪史波德穿個足球褲神氣活現的！你一輩子有看過這麼討厭的人嗎？」[70]

（史波德最後被揭露是一名女用內衣設計師，在龐德街擁有一家叫歐拉莉．蘇爾斯的商場。）伍德豪斯本人對政治很天真，從他戰時在德國做的廣播劇就清楚可知，但伍斯特對史波德的批評卻展現出伍德豪斯的深刻洞見。㉔穿政治性制服的行為和英國人格格不入，最近有一本莫斯利的傳記就說：「英國法西斯聯盟一方面高喊愛國，一方面又模仿外國人的制服，這有很大的矛盾。它就和英國共產黨一樣，普遍被認為是英國政治的外來移植品。」[71]一九三四年六月，幾百名共產黨員和莫斯利的二千名黑衫軍在肯辛頓（Kensington）奧林匹亞體育場一萬二千名觀眾面前爆發混戰，此事「深刻震驚了英國民眾，他們早已忘記政治暴力在十八世紀和十九世紀乃是家常便飯，覺得奧林匹亞這一幕是『非英國的』。」[72]

除了搞街頭暴力讓人反感，莫斯利在說理和事實上也站不住腳。一九三五年四月，拉斯基（Nathan Laski）為曼徹斯特猶太人發聲，把莫斯利的核心論點——以倫敦為基地的國際猶太人摧毀了蘭卡斯特的成衣業，批評得體無完膚。拉斯基指出，猶太人在一戰前和大蕭條期間是如何在日本的競爭下，努力讓蘭卡斯特的工廠能營運下去。他談到蘭卡斯特的猶太人一方面到南美洲開拓市場，一方面又利用在東方的人脈，打入埃及、土耳其、巴格達、貝魯特、阿勒坡和東歐的市場。他表示：「英格蘭銀行的董事會裡沒有一個是猶太人，倫敦五大銀行的所有董事中只有三個是猶太人，所有保險公司的董事中也只有六個是猶太人。」而由於所有大筆借款都要經過財政部同意，國際猶太人根本不可能宰制英國的金融。[73]

在奧林匹亞球場暴動後，英國法西斯聯盟的成員數大幅減少，職員人數從一九三六年的三百五十人下降為一九三九年的五十人。伍斯特嘲笑穿政治制服不像是英國人，這反映了許多英國人對一九二〇年代和三〇年代身穿制服的義大利法西斯分子的不屑。義大利被人看不起，因為義大利先是在一九一四年八月宣布中立，然後又在一九一五年機會主義地對奧匈帝國宣戰，但不包括德國。在二次大戰期間，邱吉爾在下議院對義大利海軍講了一番話引起哄堂大笑，他說：「英國海軍非常好奇，義大利人的戰力是和上次戰爭時一樣呢，還是更下降了呢？」

在戰間期，英國共產黨的黨員數最多不過一萬七千人，但來自莫斯科的資助和高額黨費讓共

㉔ 譯注：伍德豪斯在一九四〇年被德國監禁，拘留了一年。他在獄中常給獄友們講幽默段子。出獄以後，納粹慫恿他以獄中的幽默段子為基礎寫了一系列廣播劇，聽眾對象是美國。這個廣播讓他遭受許多非難，人們指責他站在納粹這邊，出賣祖國。有的圖書館甚至禁了他的書。一九八〇年代解密的文件顯示，在巴黎居住期間，納粹支付了伍德豪斯生活費。但一九九九年，軍情五處根據英國公共檔案館的檔案資料，證明他是清白的。

產黨資金充裕。和美國共產黨一樣，它的主要訴求是反法西斯主義而非反資本主義，但和美國不同的是，英國猶太人要面對莫斯利的英國反法西斯聯盟這個危險的在地敵人。[74]

共產主義者在英國小有政治斬獲，在一九二四到一九四五年間，共產黨總共選上五席國會議員，而法西斯分子一個都沒有。美國共產黨也沒有選上過眾議院議員，儘管密爾瓦基的伯格爾（Victor Berger）、曼哈頓下東區的倫敦（Meyer London）、東哈林區的馬坎托尼奧（Vito Marcantonio）、南布朗克斯區的伊薩克森（Leo Isacson）實質上都是馬克思主義者。[75]法西斯的社會政策有時也會被政治人物採納，例如一九二八年選上路易斯安納州長的隆恩（Huey Long），他的公共服務計畫和墨索里尼差不多，但總而言之，法西斯在美國的追隨者並沒有比三K黨更多。

共產主義不承認國家的界線，要求全世界都要成為無階級的社會，但這在英國工人階級中迴響有限。它在某些地區，例如南威爾斯、東北部、倫敦東區和某些工會中受到短暫的歡迎，但英國工黨成功地把反對資本主義的情緒，吸納到憲政主義和非暴力改革。在一九二二到一九九二年間，英國共產黨共提名五百七十一人參選國會議員，其中有五百三十四人連保證金都拿不回來。[76]英語民族普遍認為法西斯主義和共產主義都是根本不民主、令人厭惡的外來信仰。

一九三九年八月二十四日，蘇聯外長莫洛托夫和德國外長里賓特洛甫簽訂互不侵犯條約，英國和美國共產黨毫無道理甚至怯懦地加以支持，削弱了共產黨堅定反法西斯的可信度，也凸顯出蘇聯不過是另一種形式的法西斯，只是以左派的面貌出現。英國共產黨總書記波立特（Harry Pollitt）和多數英共領導人奴僕般地遵從莫斯科路線，和英國法西斯聯盟一樣不像英國人。英國作家維爾克在他一九二四年的書中準確地觀察道：「英國法西斯運動普遍被視為笑柄，而就其只會對義大利人東施效顰而言，確實也沒錯。」[77]雖然莫斯利在一九三一年二月另立「新黨」，但無濟於事。

在一九三一年的大選中，新黨在二十四個選區推出候選人，但全軍覆沒。事實上，除了莫斯利本人，所有候選人連保證金都拿不回來。他們決定不參加一九三五年的大選，但在一九三九和一九四〇年的幾次補選中又推出候選人，不過依然全軍覆沒，最後在一九四〇年五月三十日整個組織被查禁。唯一因為緊急法案第十八（B）條款㉕被拘捕的國會議員，是反猶主義的保守黨議員拉姆齊（Archibald Maule Ramsay）。當然，在一九三五到一九四五年間並沒有舉辦大選，所以很難說到底會有多少人投票給英國法西斯聯盟，但我們可以公允地說，共產黨和法西斯的選舉挫敗表示英語民族即使在劇烈動盪時期依舊能維持常識。

英語民族多數人都由衷歡迎《慕尼黑協議》。各自治領總理都發電致賀。在日內瓦，瓦勒拉（Eamon de Valera）稱讚張伯倫決定前往貝希特斯加登乃是「有史以來最偉大的事」。[78]同樣地，小羅斯福總統給張伯倫發去只有三個字的電文：「好傢伙」。（這口氣聽來有點高人一等）但儘管各方讚譽有加，還是有不少人能看穿現實。紐西蘭基督城《新聞報》（*The Press*）在十月一日的報導就說，儘管現在大談「民族自決」：

> 但當四大強國的代表僅僅憑藉實力就可以重畫一個主權國家的邊界，把對外政策強加給

㉕譯注：一九三九年，英國通過國防第十八（B）條款，得不經法院判決拘捕那些妨礙與德國戰爭的人士。

> 一個連發言權都沒有的政府，那這個詞就成了最空洞的笑話。該做的事都是必要的，但如果這次危機有給我們任何教訓，那就是民主國家的人民必須記住，我們為了避免災難，犧牲了一個民族和原則。這一次用來拯救歐洲和平的政治手段既不公義，也無法持久。[79]

綏靖主義不只有政界支持。英格蘭教會從靈性上加以支持，退伍軍人組織因為能避免戰爭加以支持，英國企業界老闆因為能避免傷害英國經濟實力加以支持。在英國工業聯合會的前身英國工業聯盟的主導下，英國大公司相信他們能透過更緊密的貿易往來讓希特勒政權變得人性化。一九三八年十二月，即使已經發生了慕尼黑危機和迫害猶太人的「水晶之夜」（Kristallnacht），英國工業聯盟還是興高采烈地在杜塞道夫和德意志帝國工業聯盟合辦研討會。納粹經濟學家瑞普（Herr Ripp）告訴會員說：「英國是歐洲的一部分，目標必須是建立一個包括德國、英國、法國和義大利在內的強大經濟體。」倫敦股市對《慕尼黑協議》的反應也非常正面，從張伯倫前往貝希特斯加登到他從慕尼黑回來的那個星期，工業類股暴漲了百分之十三點三。

一九三九年一月，瑞普被請到倫敦參加全國商會年度晚會，他嘆道：「如果英國和德國工業界能在近期達成十多項協議的話，那將是偉大的成就。」鋼鐵業聯合會主席拉克爵士（Sir William Larke）本來要和後來生產齊克隆B毒氣（Zyklon B gas）的法本集團（I.G. Farben）董事長波恩斯根爵士（Herr von Poensgen）合辦德英雙方聯合會議，因為希特勒在三月入侵布拉格而作罷。但拉克爵士不屈不撓，又在一九三九年六月寫信給波恩斯根，邀請整個德國代表團參觀溫布頓網球賽，並以「純粹友誼的形式」繼續討論。

布拉格危機

在德軍於一九三九年三月進軍布拉格、占領捷克斯洛伐克全境之後，張伯倫在家鄉伯明翰發表演說，試圖拿《凡爾賽和約》當代罪羔羊，而不是責怪侵略者希特勒。「我從來不否認我在慕尼黑談成的條件並不是我想要的，」他告訴聽眾說，「但我對自己說，我不是在處理什麼新問題，而是從《凡爾賽和約》以來就存在的問題，而這個問題早該被解決了，如果過去二十年的政治家們能更開闊明智地看待自己的責任。」張伯倫本就怨恨在一九一七年把他從國民服務總監拉下馬的勞合．喬治，但公開指責勞合．喬治和博納．勞、麥克唐納、鮑德溫（更別說法國政治人物）一概都對《凡爾賽和約》不夠明智，那就自辯得太過頭了。

事實上，西方政治領袖就是對《凡爾賽和約》賦予的責任太過心慈手軟，才無法對付一心復仇的德國。正如埃蒂安．曼圖在去世前所分析的：「不管是好是壞，《凡爾賽和約》的整個架構有賴於所有原始設計者積極和持續的支持。」[80]麥考倫也同意這一點。雖然美國在一九一九年之後已退出行列，但法國和英國都還在。

邱吉爾大半生都被指責缺乏原則和判斷力，希特勒占領捷克斯洛伐克後，英語民族在一夜之間對邱吉爾重新評價，而他多次對納粹發出的強力警告現在聽來都是洞燭機先，判斷異常正確。但多數保守黨議員並不想因為張伯倫在捷克斯洛伐克問題上被當傻瓜就拋棄他。一九三九年三月二十八日，保守黨後排議員組成的「一九二二委員會」（1922 Commitee）在聖史蒂芬俱樂部設宴慰問張伯倫。其中一位在上個月剛從約克郡瑞彭區選出來的二十九歲議員約克（Christopher York），在其至今未曾公開的日記中寫道：

> （首相）實際上是在說，關於慕尼黑，「我不是某些人認為的那種大笨蛋」。他並不相信希特勒會說話算話，但他公開必須這麼講，好給希特勒機會去遵守答應我們的東西，也讓我們有時間備戰。他反對強制徵兵，因為工會已經在動員了，現在搞強制徵兵會讓他們反彈，讓工會失去重新武裝的動力。這是很棒的演說，非常動人。81

兩週後，四月十三日，約克又寫道：「張伯倫告訴我們，必須把希臘和羅馬尼亞拉進和平陣線。他沒有和俄羅斯談，因為還沒有共識，也沒有和美國談，因為（保守黨議員）霍格適切地指出，如果我們叫美國來加入，那美國就一定不會加入，但若我們不提，美國反而可能靠過來。」所以張伯倫並沒有那麼天真。

堅信自己才智絕倫，這可能是每一個想當首相的人的必要特質，但有幾個人會像張伯倫那樣在一九三九年愚人節寫信給自己的妹妹說：「我的演說彷彿是出自天意，總能在正確的時機達成我在當下想要的結果。」在約克提到的那次演說中，張伯倫向工會保證不會搞強制徵兵，但他在四月二十六日就這麼做了。三天之後，他又無比自信地寫道：「我愈來愈相信政治的藝術在於時機恰當，正如漁夫知道何時揮出長竿。」（他上個禮拜才在漢普郡釣到一條十六點五磅的鮭魚。）

戰爭

一九三九年八月二十四日清晨，張伯倫和英國已經沒有時間再猶豫。莫洛托夫和里賓特洛甫在莫斯科簽定互不侵犯條約，讓希特勒得以放手對波蘭和西方國家進行「閃電戰」（Blitzkrieg），也讓史達林得以侵吞波蘭東半部，並在希特勒進攻西方國家時袖手旁觀，讓兩邊打得筋疲力盡，俄羅斯坐山觀虎鬥。在兩國的「現實政治」（realpolitik）面前，法西斯主義和共產主義意識形態的差異消失了。英國外交部一名官員一針見血地評論這項協議：「突然之間，所有主義都成明日黃花。」

俄羅斯人民為了打敗希特勒犧牲慘重，在一九四一到一九四五年間死了二千萬人。儘管史達林對打敗納粹有無可否認的巨大貢獻，但他在一九三九年讓希特勒在東面無後顧之憂也是事實。德國在一次大戰就是被兩面作戰拖垮，害怕兩面作戰是唯一能讓希特勒在一九三九年不敢妄動的理由。德蘇互不侵犯條約解除了這種擔憂，戰爭也就不可避免。而在一九四一年六月，蘇聯也嘗到了自己在一九三九年八月種下的苦果。

德蘇簽定條約的消息對英語民族宛如晴天霹靂。兩天後，也就是八月二十六日，張伯倫寫信給曾是他私人祕書的保守黨議員布拉斯（William Brass）說：「我仍然希望我們可以避免最壞結果，但若真的如此，那就只能感謝上帝我們已有準備。」幸運的是，從慕尼黑到戰爭爆發這一年之中，英國已鞏固大英國協的支持，在戰機和雷達等關鍵領域取得重大突破。（雷達是英語民族另一大發明，發明的時機再好不過。）

一九三九年九月，戰爭爆發，當時普遍的情緒是聽天由命，就看希特勒想怎樣。面對第二次民族存亡，英語民族沒有任何歡快之情，都清楚知道這次戰爭就和一九一四年一樣，都不是他們造成的。英國國會記者艾登（Guy Eden）回憶說，在一九三九年九月，「戰爭緩慢而無情地襲來。沒有興奮之情，也沒有戰爭狂熱來轉移注意力。只有冷淡、平靜、有條不紊地為即將來臨的風暴做準備，對於英國和全世界將遭受的苦難也不心存僥倖。」在開戰前幾個星期，艾登遇到一位看來「完全魂不守舍」的倫敦市議員。他問他怎麼回事，他回答說：「他剛去參加一個委員會議，討論要準備好幾千具硬紙板棺材，因應倫敦遭受強烈轟炸時所需。」[82]

「現在的戰爭沒有半點榮譽可言，」邱吉爾曾在一九三〇年代在下議院休息室傷感地對伯奈斯說，「一點意思都沒有，只要有個辦事員按下按紐就好了。」戰爭的確沒趣，但戰爭卻絕不只是辦事員按下按紐就好。在接下來的戰爭中，英語民族團結起來（除了愛爾蘭）在全世界和納粹作戰，歷經種種險逆。儘管如此，最終結束戰爭的還是兩位按下按紐的美國飛行員，不是辦事員。

第八章

分裂與歧見

一九三九至一九四一年

我們永遠不會忘記在一九三九年的苦難時期，各自治領立即響應了拯救人類文明的呼籲……希特勒和他之前的德皇一樣，都了解到精神的團結要比物質利益更加強大和持久，而自由要比宰制更能凝聚人心。

——艾德禮在下議院，一九三五年十月三十日[1]

崔佛—羅珀（Hugh Trevor-Roper）：「我從未遇過有人不相信我們會贏得戰爭的。比較知道我們軍事強處和弱點的政府高層也許有不同的看法，但一般人，我在社會上和工作上所接觸的一般官員和一般百姓，都毫不懷疑我們一定會打贏。」

強生（Frank Johnson）：「這是因為英國人很自大一定可以打敗德國人嗎？」

崔佛—羅珀：「不能這麼說。但我們確實都會贏。」

澳洲宣戰

一九三八年，澳洲司法部長暨團結澳洲黨副主席孟席斯，因為政府出口商品給正在迫害中國的日本帝國，被人罵為「豬鐵鮑伯」（Pig Iron Bob）。他在一九三九年辭去內閣職務，卻在一個月後因為團結澳洲黨主席里昂（Joseph Lyons）去世而被選為黨主席，在關鍵的兩年中擔任總理，見證了大戰爆發、敦克爾克大撤退、英倫空戰和增兵中東戰場。

孟席斯出生在維多利亞省的傑帕里特（Japarit），父親是農民出身的政治家。他在一九一六年以一級學位畢業於墨爾本大學法律系，一九二八年選入維多利亞省上議院，然後代表團結澳洲黨進入聯邦政界。他精於政治操作，在國內政策上是保守派，但在某些領域又是進步派，例如他對澳洲大學教育的支持。他在擔任總理期間從未輸掉一場選舉，而他對英語民族團結的貢獻在二十世紀無人能出其右。

得知張伯倫宣布英國開戰後七十五分鐘，澳洲內閣政府就對德宣戰，孟席斯對此相當得意和驕傲。他在回憶錄中寫到，當時只有「短暫的討論，意見完全一致」，然後他就在澳洲各國營和商業電台廣播：

> 懷著沉重的責任，我不得不正式告知你們，由於德國堅持入侵波蘭，英國已對德宣戰，因此，澳洲也將參戰。對一個民主國家的領袖來說，要做這種宣布真是再不幸不過……我知

> 道，儘管我們都深覺難過，但你們將證明澳洲會堅持到底。願慈悲的上帝能盡早讓世人脫離苦海。[2]

三天後，也就是一九三九年九月六日，聯邦議會召開會議，沒有任何聲音反對政府宣戰。

（「沉重的責任」一詞來自吉朋的《羅馬帝國衰亡史》，意指歷史學家「必須揭示出，她〔宗教〕在和一個軟弱、墮落的族類一起長時間居住在地球上時，不可避免必將沾染上的錯誤和腐化。」）

但兩年後，孟席斯在廣播中所講的「因此」卻引發反彈。這句話似乎是表示，對於是否要參戰保衛英國，澳洲在憲法上根本就沒有發言權。從字面來看，這句話確實是如此，但孟席斯辯解說，這句話只是「反映出澳洲人民的普遍感受，他們不會允許任何官僚程序拖延。」對孟席斯來說，當英國「正要立刻上火線時」，即使只讓「他們獨自作戰」二到三天都是「不可想像的」。他還用比較滑頭的憲法理由說：「國王怎麼可能同時既和德國交戰，又和德國不交戰？」[3]

紐西蘭也本能地支持英國。在戰爭爆發那天，國家黨的漢彌爾頓把政黨政治放在一邊說道：「在這命運交關的時刻，需要最清楚地表現自治領的團結。紐西蘭無條件支持祖國與法國及波蘭站在一起抵抗德國侵略。」與此同時，公共服務部長、綽號「好鬥鮑伯」的桑波（Robert Semple）在一家靴子工廠開幕時說：「歷史學家將在世界史中寫道，英國是站在國際正義的一邊，盡一切所能抵抗災難。」[4]工黨的薩瓦奇（Joseph Savage）也在病榻上廣播說：

> 我很高興紐西蘭比任何地方都清楚了解這個議題。近一個世紀以來，我們受到英國的保

> 衛，我們享受與珍惜自由和自治。感念過去、珍視未來，我們無畏地和英國並肩作戰。她到哪裡，我們就跟到哪裡。她在哪裡，我們就在哪裡。[5]

宣戰後，孟席斯立刻給予舊世界國家最大的軍事支援，但也維持必要軍力以防日本來襲。他在回憶錄《午後之光》（*Afternoon Light*）中說：

> 我們號召志願軍組建澳大利亞第二帝國軍，召募到很多人。我們派出布萊梅將軍（Thomas Blamey）的第六師到中東，在巴迪亞（Bardia）、圖卜魯格（Tobruk）、班加西（Benghazi）大獲成功。我們組建和派出莫希德中將（Leslie James Morshead）的第七師，在敘利亞聲名大噪，後來又由莫希德中將率領第九師去防守圖卜魯格，再參加關鍵的阿萊曼戰役。我們派出科林斯上將（John Collins）的「雪梨號」巡洋艦到地中海，又派出停靠在雪梨港多年的著名「廢鐵驅逐艦隊」，先是去新加坡，再到地中海。

英國政府和澳洲政府之間後來頗有齟齬，尤其是當珍珠港事變和新加坡陷落後，邱吉爾要把澳洲第七師和第八師調到西歐戰場或緬甸，不讓他們留下來保護受威脅的澳洲本土。但在戰爭初期，特別是在孟席斯於一九四一年八月被鄉村黨（Country Party）領袖法登（Arthur Fadden）取代為總理，五週後又換成工黨領袖柯廷（John Curtin）之前，英澳關係是很好的。

在二次大戰期間，大英國協國家有五百萬人為同盟國上戰場，戰死十七萬人（英國則有六百萬人上戰場，戰死二十六萬人，比整個大英國協國家的比例要高）。加入印度軍的有二百五十萬人，這是人類史上最大一支全志願軍隊。大英國協國家在西非沙漠、緬甸、諾曼第、太平洋、英倫空戰和莫曼斯克船團等各個戰場作戰，對拖垮和最終擊敗軸心國至關重要。事實上，假如英國遠征軍在敦克爾克戰役被俘，英國被入侵，那就只剩兩個師可以保衛倫敦，而這兩個師都是加拿大人。

這幾百萬人之所以願意在日本參戰前兩年的一九三九年就上戰場，主要是出於愛國主義。雖然納粹德國並不可能直接威脅到非洲和亞洲國家，但舊自治領及加勒比海和太平洋小島都派出許多人。對這幾百萬人來說，戰爭時的薪俸是他們所拿過最優厚和最穩定的工資，他們也有機會參與到崇高的全球性偉業。

一九四〇年二月六日是《懷唐伊條約》簽定一百週年，該條約在一八四〇年結束了毛利戰爭，在雙方死傷慘重之後建立起英國與毛利人的長久和平，而毛利人確實也頗為感激。一流的毛利政治家兼學者恩加塔爵士（Apirana Ngata）就承認，在所有原住民族中，毛利人可能是最受英國人善待的民族。

愛爾蘭宣布中立

相照之下，愛爾蘭則是在一九三九年九月宣布中立，並一直堅持到戰爭結束。和瑞士及瑞典不同，愛爾蘭的行為不能用與德國比鄰，害怕被占領來解釋。這也不是在避禍，因為即使在諾曼第登陸後德國已沒有入侵愛爾蘭的可能，時任總理的瓦勒拉還是不肯譴責希特勒或納粹政權。當他批評比利時和荷蘭被侵略一事時，他甚至不肯說誰應該負責任。「今天，這些小國正在為存亡而戰，在這樣的時刻，如果我不出聲反對他們所受到的暴行，對我們這樣的小國來說是不對的。」[6]至於是誰幹出這種暴行，瓦勒拉任由聽眾去猜想，但以他的說法看來，那也可能是上帝所為。愛爾蘭學者奧哈爾平（Eunan O'Halpin）近來研究了那些保持中立和不參戰的歐洲國家，他結論說，在所有中立國當中，愛爾蘭是「執行最徹底的」，雖然愛爾蘭受地理（和英國）保護不容易被入侵，不是丹麥、挪威、比利時和荷蘭可比的。[7]

對七個保持中立的歐洲國家來說，中立的意涵大不相同，不像荷比盧三小國純粹是為了避免被德國占領。土耳其、葡萄牙、梵蒂岡傾向同盟國，西班牙在本能上傾向軸心國，瑞典、瑞士和愛爾蘭則很難說。但這三個國家都發現，在這場為了拯救文明免於邱吉爾所說的「新黑暗時代」的鬥爭中，真正的中立並不容易維持。

為了嚴格保持中立，愛爾蘭報紙被言論審查到荒謬的程度。在一九四〇年五月的比利時、荷蘭和法國戰役時，愛爾蘭的新聞片居然是在報導紐約世界博覽會、美國馬球明星慈善比賽、教宗在羅馬封聖和澳洲帆船賽。[8]在愛爾蘭報紙上，「納粹」這個字被禁止刊出；希特勒一定要稱為「元首」；英倫空戰要稱為「英格蘭南部和海峽空戰」；講到德國轟炸機摧毀史達林格勒只能說是不明「飛機」；反納粹電影《大獨裁者》和《忠勇之家》（*Mrs Miniver*）被禁演；有一段新聞片中出現一些英格蘭老婦人戴著防毒面具在打保齡球，這段影片被剪掉，因為這可能讓人同情英國。[9]

一九三八年五月，邱吉爾指出英美親善的絆腳石之一，就是「強大且有高度組織的愛爾蘭裔美國僑民。他們懷抱著對英國的深切痛恨遠渡重洋。他們是大英帝國不共戴天的死敵。」而就在三個月之前，原來呼籲要制裁義大利的瓦勒拉居然轉而呼籲要承認阿比西尼亞被併吞。邱吉爾嘲笑說：「瓦勒拉先生對於被征服民族的呼救視而不見，在這個時候也發聲了。他剛從競技場爬上帝國包廂，就急忙對他看到的第一個匍匐在地的角鬥士，把拇指朝下。」[10]

但愛爾蘭人民還是不顧政府反對，用各種方式表現他們真正支持哪一方。從一九四一年九月到戰爭結束這段期間，有一萬八千六百名南愛爾蘭人進到阿爾斯特①的徵兵辦公室。在英軍部隊服役的南愛爾蘭人共獲得七百八十枚勳章，包括七枚維多利亞十字勳章（第八枚由馬根尼斯〔James Magennis〕獲得，他是貝爾法斯特的天主教徒）。有成千上萬的南愛爾蘭人在英國軍火工廠工作。在貝爾法斯特被轟炸時，南愛爾蘭的消防員跨過邊界來相助，也把氣象報告提供給北愛爾蘭。迫降在南愛爾蘭的同盟國飛行員也受協助，跨境回到北愛爾蘭，尤其是愈到戰爭快結束時。[11]

當然，這些都比不上阿爾斯特（北愛爾蘭）對戰爭的貢獻。如同艾森豪將軍所說：「若沒有北愛爾蘭，我不知道美國軍隊要如何集結進攻歐洲。」雖然總括而言，南愛爾蘭人都接受政府保持中立的立場，但還是有許多人選擇站在人類文明這邊，與納粹奮戰。

相較之下，美國則是盡可能假中立傾向同盟國。「當和平在任何地方被打破，」小羅斯福總

①編按：親英愛爾蘭人通常將阿爾斯特借代整個北愛爾蘭。

統在一九三九年九月三日的《爐邊談話》廣播中說：「所有國家的和平都會受到威脅。」一九三五年的《中立法案》（The Neutrality Act）在一九三七年得到修正，禁止美國輸送軍火到交戰國家。但一九三九年歐洲即將爆發戰爭時，美國國務卿赫爾（Cordell Hull）便呼籲要大幅修改法案，他認為：「不管我們多想脫離世界局勢，我們都無法置身事外。」[12]修正案在參議院以六十三比三十票通過，在眾議院以二百四十三比一百七十二票通過，小羅斯福在一九三九年十一月四日簽署生效。赫爾在當天發表聲明表示：「我要再次重申我一直所強調的，我們最首要和最神聖的任務是保衛國家安全與和平，我也堅信我們會成功。我很高興這項新法案將大有助於這個任務。」[13]新法案確實幫助了英軍，價值四千三百萬美元的軍火在隔年敦克爾克大撤退後被送往英國。雖然美國總參謀部反對，小羅斯福還是送去五十萬把步槍、九百門口徑七十公釐的大砲和五萬把機槍。

和一戰時相同，海戰對英國的存亡至關重要。英國在一九三九年的商船噸位數是為一千七百八十萬噸，相比之下，美國為一千一百四十萬噸，日本五百六十萬噸，德國四百四十萬噸，義大利三百四十萬噸，法國二百九十萬噸。英國的弱點就是德國的機會。例如，蘇伊士運河在一九三九年有二千九百萬噸的通行量，一半多是英國商船；巴拿馬運河有二百七十萬噸，美國占百分之三十五，英國占百分之二十六。如同在一戰時，船運損失是德國掐住英倫三島咽喉的關鍵，而在一九三九年九月到十二月，英國損失了近五十萬噸的船，其他盟國損失了九萬噸，中立國損失了三十四萬七千噸。在戰爭初期，最大威脅來自德國一萬噸級的「施佩伯爵將軍號」（Admiral Graf Spee）裝甲艦，這是希特勒艦隊最令人聞風喪膽的攻擊艦。

施佩伯爵將軍號沉沒

施佩伯爵將軍號在一九三六年下水，火力超群，身披重甲。邱吉爾曾寫道，這艘船和另兩艘「德意志號」及「舍爾將軍號」完全是「為了摧毀商船而精心設計的。其六門十一英寸大砲、二十六節的航速和重裝甲，都被高明地整合進一萬噸的船體。英國沒有任何巡洋艦能與之匹敵。」

一九三九年十二月十三日星期三上午六點十七分，皇家海軍「埃克塞特號」巡洋艦在拉普拉塔河口海戰（Battle of the River Plate）中，被施佩伯爵將軍號十一英寸大砲猛轟，皇家陸戰隊軍官羅素（Wilfred Russell）左手被炸斷，右手上肘部和下肘部也受重傷。B砲塔被轟平，十五名官兵或死或傷。艦橋上所有通訊也被炸毀，許多官兵被炸死，讓該艦一度失去控制。資深水手納皮爾（Jack Napier）是倖存者之一，他在多年後回憶這場恐怖的屠殺，尤其是有一顆斷掉的人頭從艦橋樓梯掉下來，正好掉在他駐守之處。他認得這顆頭是誰的。

儘管身受重傷，羅素還是拖著倖存者從B砲塔躲進甲板下層。他當時三十二歲，身體強壯，出生於德文郡，同事們都記得他「求生意志驚人」。他在支離破碎的甲板上看到一名見習士官，他問說：「你能否幫我的手臂包紮？不用管另一隻手臂，它報銷了。」

艦橋被炸毀，通訊系統失靈，埃克塞特號艦長貝爾（Frederick Bell）急著傳令艦上各處繼續戰鬥。羅素擔當接下來戰鬥中的傳令兵，埃克塞特號勉力對施佩伯爵將軍號發射一百八十發砲彈。雖然只有少數砲彈打中目標，但埃克塞特號爭取到寶貴時間，讓哈伍德（Henry Harwood）

准將「H獵殺團」的其他船艦（包括皇家巡洋艦「阿加克斯號」和紐西蘭的「阿基里斯號」），得以逼近敵艦。

在施佩伯爵將軍號重達六百七十磅的砲彈轟擊下，埃克塞特號每一門八英寸前置砲都失去作用。艦上很快燃起大火，傾斜嚴重。倖存者後來推估傾斜角度達到十度。雖然他的船已被擊中超過百次，但貝爾艦長還是決定繼續戰鬥，用唯一可用的砲塔對施佩伯爵將軍號開火。有一名水手兩腳皆被炸斷，還是繼續操作機器。他在嚥氣之前對一名軍官說：「情況雖糟，但它幹得不錯。」

埃克塞特號吃水線以下的破洞被毯子包住、椅腳塞住，嗆人的煙霧和震耳欲聾的砲聲持續不斷。到最後，由於最後一門大砲也失靈，貝爾艦長終於不得不放棄戰鬥。埃克塞特號建造於一九三一年，船齡還很年輕，但隨著幾千加侖的水灌進船身，它實在無法再打下去。

上午七點四十分，在承受了施佩伯爵將軍號超過八十分鐘的砲火後，埃克塞特號退出戰場。此時的施佩伯爵將軍號也被獵殺團其他船艦重創，被迫駛回蒙特維多港（Montevideo）。八十四名埃克塞特號官兵戰死，更多人受傷。幾週後，羅素也在一九四〇年一月二十日死在福克蘭島一家醫院裡。他被追贈「特殊英勇勳章」，由喬治六世親手頒給他的遺孀。國王本身在日德蘭海戰中也駐守過砲塔，比大多數人都了解羅素有多麼英勇。

施佩伯爵將軍號指揮官朗斯多夫（Hans Langsdorff）也參加過日德蘭海戰。他是有紳士風格的戰士，信奉《海牙公約》，很自豪他自開戰以來所擄獲和擊沉的九艘同盟國船艦中，沒有死掉一個人。事實上，有六十二名英國商船水手在他船上當戰俘。他也很狡猾，會發出假電波把在後追逐的敵艦騙走，還會設置假煙囪和砲塔，讓他的船在遠方看來像是英國的「反擊號」（Repulse）

戰鬥巡洋艦。

施佩伯爵將軍號在一九三九年秋天對英國船隻的重創太大，第一海軍大臣邱吉爾下令派出多達二十三艘同盟國艦艇（包括五艘航空母艦）到南大西洋搜尋它的蹤跡。邱吉爾在回憶錄中承認，朗斯多夫（邱吉爾稱讚他人格高尚）在初期確實比海軍部技高一籌。「我們完全不曉得到底有一艘還是兩艘攻擊艦。」他回憶說，「所以我們只能同時在大西洋和印度洋搜尋。」

十二月二日，「多瑞之星號」（Doric Star）貨輪的弗里（Thomas Foley）正在眺望船上的烏鴉巢。這條船載著肉品、奶油、罐裝食品和羊毛，從澳洲繞過好望角要到英格蘭。他在下午一點二十分聽到爆炸聲，半分鐘後看到砲彈打在距港口一百碼處。史托普船長命令無線電發報員康伯趕快發出報告，但施佩伯爵將軍號上的士兵拿出標語，上面寫著「不准發報，否則開砲」。史托普取消了命令。等到船員都被轉移到施佩伯爵將軍號，多瑞之星號就被德國人鑿沉。但沒有人知道康伯無視船長的命令，已經對外發送訊號，此舉讓海軍部終於得知這艘德國攻擊艦的所在。

哈伍德准將得靠水手的直覺來預測施佩伯爵將軍號的去向。他把範圍縮小到里約熱內盧、福克蘭群島和拉普拉塔河口等三個地方，三者各自相距一千英里。他下令阿加克斯號、阿基里斯號和埃克塞特號往拉普拉塔河口聚集。他們在十二月十二日抵達，在那裡操演火砲、發送訊號和最重要的機動包抄。當晚十二點剛過幾分鐘，施佩伯爵將軍號就從黑暗的海平面現身。

交戰雙方相距十一英里，火砲以時速二千英里射到三點五英里的高空，每發砲彈飛行滯空時間都達一分鐘之久。戰鬥結束後，施佩伯爵將軍號有三十七人死亡、四十七人受傷，它航向蒙特維多，一路上被阿加克斯號和阿基里斯號騷擾，終於在十二月十三日午夜時入港。朗斯多夫確實是位高尚的軍官，他一停好船就把英國戰俘全部釋放。

當天晚上，各國媒體都湧進烏拉圭首都報導這個事件。在英德兩國政府一番外交角力後，蒙特維多政府命令施佩伯爵將軍號必須在七十二小時內離開水域。但超級聰明的是，英國大使堅持只給二十四小時，讓朗斯多夫艦長誤以為皇家「方舟號」航母和「威信號」戰鬥巡洋艦都已經來馳援哈伍德，但實際上它們都還在幾百英里之外。

為了讓施佩伯爵將軍號停留在港口愈久愈好，愛國的ＢＢＣ電台很不符新聞道德地播出一則完全不實的報導說，皇家方舟號和威信號已被看到出現在海面上，正等著施佩伯爵將軍號開出港。朗斯多夫試著租用民用飛機去偵察，但找不到飛機可用。彈藥所剩不多，船又已受損，他認為希特勒所下達「戰死為止」的命令對他手下是不人道的。

十二月十六號星期日下午，最後期限已到，當時陽光燦爛，海岸邊聚集著七十五萬人來看好戲。小羅斯福總統和全世界幾千萬人一樣，都在等著聽廣播報導整個事件。邱吉爾在這四天的危機中也寸步不離海軍部的辦公室。

黃昏時分，施佩伯爵將軍號起錨開往出海口。在駛離蒙特維多城幾英里後，朗斯多夫把船開向一個泥灘，他點燃引信，剩下的船員都跳上逃生艇。下午八點五十四分，夕陽照著海平面上的施佩伯爵將軍號，炸藥爆炸，船隻沉了。

希特勒大怒。雖然戈培爾（Joseph Goebbels）發出聲明說是元首下令自沉以免投降受辱，但這無疑讓德國在宣傳戰上受到重創。三天後，朗斯多夫和手下道別，給妻子和父母寫了信，在布宜諾斯艾利斯海軍彈藥庫的房間內，他身披德意志帝國海軍軍旗，用左輪槍朝頭部開了數槍。值得注意的是，他並沒有「以死來榮耀萬字旗」。

施佩伯爵將軍號沉沒後，德國人不再以水面艦艇攻擊大西洋的海上運輸，轉為潛艇作戰。「我們愈來愈有信心能維持海洋秩序，」邱吉爾在幾天後廣播說，「並保持我們賴以生存和取得勝利的海上公路的暢通。」在一九四〇年一月二十日對中立國家的演說中，邱吉爾又指出施佩伯爵將軍號的殘骸「乃是任何膽敢在大海上搞海盜行為的納粹船艦，血淋淋的下場。」

倫敦之傲

「貝茲（Percy Bates）曾和瓊斯（Roderick Jones）在布魯克斯俱樂部對賭，賭德國會在三月底之前入侵丹麥，賭注是一瓶波爾多紅酒。」貝茲先生輸了，但一個多星期後，希特勒就在一九四〇年四月九日進攻丹麥和挪威。在征服丹麥和挪威一個月後，希特勒又在一九四〇年五月十日進攻西歐。

一九四〇年五月十四日，八十四架漢克爾轟炸機（Heinkel He-111）轟炸幾乎毫無防衛的鹿特丹。德國空軍還威脅要轟炸烏特勒支等大城，荷蘭投降。這種恐怖的戰爭手法在當時被認為是前所未有，但事實上，德國在普法戰爭時就在一八七〇年十二月轟炸過巴黎，一戰時也幹過（有人說這是條頓民族對「光明之城」的暴行，但別忘了就在四個月後，法國政府在巴黎公社圍城戰時也轟炸過巴黎，光凱旋門就被炸過二十七次。）[14]齊柏林飛船在一戰時轟炸過倫敦，而在西班牙內戰時，一九三七年四月的格爾尼卡轟炸（Bombing of Guernica）也造成平民死亡。

一九四一年十一月，艾德禮寫信給弟弟湯姆，談到城市被轟炸對邱吉爾個人的影響。他寫道，首相「對苦難極度敏感。我還記得幾年前他談到猶太人在德國受苦時，眼中泛著淚光。我也記得當他看到被炸毀的房屋時語調難過。這是他被人忽略的一面。」[15]邱吉爾真的是個很愛掉淚的軍事領袖，在二戰期間數度流下眼淚，但這一點確實被人忽略。

「巴黎是個美女，」迪斯雷利曾在一八五七年寫道，「倫敦是個醜漢，但男子氣概才有用。」這句話擺在十九世紀中是對的，擺在二次大戰以後更沒錯，但英國首都之所以不如法國首都美麗，部分原因是倫敦在一九四〇和一九四一年被德國空軍摧殘，而巴黎卻投降了。倫敦的「男子氣概」在德國轟炸中表現無遺。倫敦的建築物及其蜿蜒的街道、小巷、雜亂無章的庭院和可以追溯到六世紀的街道名稱，都是代表自由的遺跡。與之相比，巴黎寬闊的大道是豪斯曼男爵（Baron Haussmann）所設計，好讓政府可以用大砲摧毀路障，控制市中心大片區域。巴黎有一大塊地方被第二帝國獨裁者拆掉重建，但一八五〇和一八六〇年代的倫敦要搞這麼大的計畫根本就不可能。

古老而缺乏規劃的倫敦承受了德國空軍轟炸。許多教堂和公共建築的紀念碑上都記載了兩次大災難，一次是一六六六年的倫敦大火，一次就是倫敦大轟炸。寇威爾（Noël Coward）在一九四一年寫出《倫敦的驕傲》（*London Pride*），這首歌改編自古老的英格蘭旋律，這旋律還被德國人挪用過。其歌詞雖然傷感，但讓許多倫敦人感受到力量：

> 我們的城市，現在變得黑暗，街道、廣場和新月彎，
> 在黑暗的當下，我們可以感覺到過去的生活，

在星光下的泰晤士河畔活過、愛過和死過的鬼魂啊！
要挺住古老的倫敦驕傲。[16]

寇威爾是在一九四一年七月一次特別猛烈的轟炸時，在倫敦一個火車站靈光乍現出這首「每轟炸一次，你們就更堅決抵抗」的歌曲。「車站天花板的玻璃都碎了，空氣中滿是灰塵和濃濃燒焦味，」他後來回憶道。「我坐在月台的椅子上，看著倫敦人在微薄的光線下疾走。他們看來爽朗堅決，令人欽佩。然後有一股驕傲感瞬間襲來。一首歌曲當下浮現在我腦海，幾天就完成了。」[17]有些人認為這是他最好的一首歌曲。

愛爾蘭共和軍的戰爭

一九四〇年五月，愛爾蘭共和軍參謀長羅素（Seán Russell）到柏林會見里賓特洛甫後表示，「我們的理念相當一致。」[18]他是對的。本質上，愛爾蘭共和軍的目標、方法和組織形態就是個法西斯革命組織，至今依然如此。德國情報單位和愛爾蘭共和軍在戰前就有密切聯繫，一九三九年二月，德國阿勃維爾②特務普福斯（Oscar K. Pfaus）在都柏林密會愛爾蘭共和軍高層，其中

② 譯注：阿勃維爾（Abwehr）是一九二一至一九四四年間的德國軍事情報機構，正式名稱為「德國國防軍最高統帥部外事及防禦局」。

就有羅素。普福斯返回德國後，愛爾蘭共和軍就指派會說德語的軍火負責人奧多諾萬（Jim O'Donovan）到柏林擔任愛爾蘭共和軍和阿勃維爾的聯絡人，在一九三九年去了三趟。[19]

羅素在一九四〇年夏天的柏林之行，標示著愛爾蘭共和軍和納粹關係的高峰。羅素的德國隨行人員維森邁爾博士（Edmund Veesenmayer）認為，羅素「直率、嚴肅，是個只考慮愛爾蘭利益的傳統主義者。」他學會如何使用延時四十天爆炸的雷管，在實驗室中學習用日常物品製造高爆裂物。[20]他們以德國駐都柏林大使館窗台的紅色花盆為暗號，叫羅素發動愛爾蘭共和軍攻擊英國目標。到了八月初，羅素已經是高度精熟的爆炸專家。

八月八日，羅素偕同剛在德國要求下從西班牙監獄獲釋的愛爾蘭共和軍成員萊恩（Frank Ryan），乘坐U－65潛艇離開威廉港海軍基地，進行名不符實的「鴿子行動」。潛艇指揮官史塔克豪森（Korvettenkapitän Hans-Gerrit von Stockhausen）奉命將兩人（代號分別是理查一號和理查二號）在聖母升天節（八月十五日）那天送到巴利費里特（Ballyferriter）附近，靠近斯默維克港（Smerwick Harbour）海灣巴利達維德角（Ballydavid Head）以南的凱里郡（Kerry），計畫在那裡為他們提供無線電發報器和炸藥，先假裝成旅人前往特拉利（Tralee），然後再到都柏林。

然甫一離港，羅素就開始胃痛，而潛艇上只有一位還沒有軍醫資格的醫學院學生。羅素在八月十四日去世，距離高威（Galway）只有一百英里，萊恩決定不要一個人繼續行動。羅素的屍體被丟到海裡，德國人的結論是「理查一號」死於急性胃潰瘍。戰後出現各種陰謀論，有的說他是被阿勃維爾的卡納利斯將軍（Canaris）所殺，有的說他是被英國情報單位所殺，或是被萊恩所殺，等等不一而足。唯一可以確定的是，儘管羅素「只考慮愛爾蘭利益」，但假如德軍成功入侵英倫三島，絕對不會放過保持中立的愛爾蘭共和國。和許多愛爾蘭民族主義者一樣，羅素把對英國的病態憎恨看得比對愛爾蘭的愛國之情更重要。

雖然沒人能料到會有在潛艇中得到急性胃潰瘍這種事，但總而言之，二戰期間德國在南愛爾蘭的間諜活動都很荒唐可笑。派去的幾個間諜幾乎不會說英語，其中一個會說的又有濃重口音，很快就洩露身分。戈茲（Hermann Görtz）連愛爾蘭的貨幣都不認得，身上還穿著德國空軍的制服就到警察局去問往勒拉（Laragh）的路怎麼走。西蒙（Walter Simon）無法辨別運行中和長期未運行的鐵路線，還去問一個臥底警察認不認識愛爾蘭共和軍的人。普雷茲（Wilhelm Preetz）挪用地下工作經費去買一台五人座克萊斯勒轎車，當他被捕的時候人就坐在此轎車中。奧貝德（Henry Obéd）是出生於拉克諾（Lucknow）的穆斯林，長相和科克郡（Cork）史齊伯林（Skibbereen）的居民明顯有異，他帶著三人間諜小組直接落入愛爾蘭警察的陷阱。阿勃維爾幫舒茲（Günther Schütz）偽造了愛爾蘭護照，卻忘記弄簽證。萊尼漢（Joseph Lenihan）至少是個愛爾蘭人，卻沒有把無線電指令藏好，更別說應該閱後就銷毀。這真是一群「啟斯東警察」式的荒唐間諜。③

德國雖然派間諜到愛爾蘭，但這些間諜並沒有拿到什麼有用的情報。對英語民族來說，危害較大的其實是都柏林政府中的愛爾蘭官員，這些人都在押注德國會戰勝西方。其中有三個人特別

③ 編按：啟斯東警察（Keystone Cops）是美國電影公司啟斯東（Keystone Studios），在一九一〇年代拍攝的喜劇默片中出現的角色，呈現頭腦簡單、搞笑逗趣的警察形象。

危險，即沃許（Joseph Walsh）、克尼（Leopold Kerney）和貝利（Charles Bewley）。

沃許是愛爾蘭共和國的外交部長，在法國陷落時，他於一九四〇年六月十七日與德國駐都柏林大使亨佩爾（Eduard Hempel）會面。亨佩爾給柏林的報告收錄在戰後八卷本的《德國對外政策文件集》（*Documents on German Foreign Policy*）：

> 在這次對話中，沃許對德國的成就表示高度讚賞，並且非常友善……（沃許）表示，元首曾在接見魏剛④時表示無意要摧毀大英帝國，他希望這句話並不表示將放棄愛爾蘭。[21]

與此同時，阿勃維爾特務戈茲雖然無能，還是設法見到一些資深國會議員，例如農業部長萊恩（Jim Ryan）、郵政電報部長利托（P.J. Little），可能還包括國防措施協調部長艾肯（Frank Aiken）。

在沃許之前，曾任愛爾蘭駐柏林大使（一九三三到一九三九年）的貝利就已成為軸心國的工具，危害同盟國。貝利在一九二二年因為反猶態度被撤掉領事職位，但在一九三三年被瓦勒拉任命為駐柏林大使，在那裡待了最關鍵的六年。他接受報紙訪問表示對希特勒政權的崇拜和支持，還寫報告給都柏林強調說，納粹對猶太人的暴行完全是猶太人自己的問題。他參加紐倫堡集會，把猶太人被儀式性處決的資料傳回給愛爾蘭政府。由於貝利有權決定從德國到愛爾蘭的簽證，許多歷史學家認為「他對許多猶太人的死逃不了責任」。[22]

一九三九年八月，貝利認為愛爾蘭外交部過於親英而辭職，隔月又以個人身分返回柏林。貝利先到柏林再去羅馬（他當過駐梵蒂岡大使）向德國外交部報告愛爾蘭共和軍的軍事價值，並為戈培爾的宣傳部工作。[23]（沃許在一九四五年六月落入美國人之手後被移交給英國，受監禁六個月。他請求英國對他網開一面，後來被無罪釋放。）

德國文件中稱貝利是「國家社會主義德國的可信朋友，愛爾蘭自由的狂熱戰士。」他為他所鍾愛的第三帝國所做的工作之一，是幫維森邁爾博士在一九四一年接觸另一名愛爾蘭外交官克尼。克尼是愛爾蘭駐西班牙大使，曾協助釋放愛爾蘭共和軍成員法蘭克・萊恩。一九四〇年五月，他和阿勃維爾特務瑪麗・曼斯（Mary Pauline Mains）建立聯繫，該年稍後，他協助她來到高威。曼斯綽號叫「特務瑪格麗特」，她帶了一萬美元給戈茲，又在克尼的協助下，帶著愛爾蘭線民的報告回到西班牙。

有貝利這種前外交官為納粹工作已經很糟糕，而克尼還是現任愛爾蘭駐馬德里大使，這是戰爭期間最敏感的職位之一。在一九四一年初的一份祕密報告中，貝利形容克尼是愛爾蘭外交圈中唯一「真正的愛爾蘭民族主義者」。克尼和「小組」（包括維森邁爾在內的德國特務）在一九四一年十一月到一九四三年七月間陸續會面五次。在這些會面中，克尼「認為除非德國擊潰英國，否則愛爾蘭島就會繼續南北分治」，而一旦德國打敗俄國，希特勒轉向西線戰場，瓦勒拉（克尼和他很熟）就會「宣布兼併北方六郡」。[24]愛爾蘭這種中立法實在很奇怪。

我們無法證實克尼是否有得到授權，但他一直表示「瓦勒拉並不真的想中立，只要有解放北

---

④編按：魏剛（Maxime Weygand），法國將領，曾投降德軍，在維琪政府中擔任要職。

愛爾蘭的機會，他就會對同盟國宣戰。屆時如果德國要協助，只需公開表示無意染指愛爾蘭，德軍只要繼續打完和英格蘭的戰爭就好。」戰後，維森邁爾表示：「這些討論的重點是這樣的：如果德國贏得戰爭的機會升高，那麼愛爾蘭就會在獲取獨立的目標下以『官方』和『非官方』的形式間接對德國提供協助。」因為愛爾蘭共和國已經獨立，維森邁爾所指的其實是屬於英國的北方六郡。（維森邁爾後來因為涉入匈牙利猶太人大屠殺而被判刑。）

儘管自一九四〇年特務瑪格麗特事件後，愛爾蘭反情報部門G2就一直在監視克尼，也一度偵訊過他，但沒有得到明確答案。他仍然保住大使職位，直到希特勒明顯不會贏得戰爭很久之後。戰後，在德國文件尚未解密真相之前，克尼打贏了歷史學家威廉斯（Desmond Williams）指控他涉嫌叛國的誹謗官司，獲賠五百英鎊，贏得道歉及庭外和解費用。許多年後才搞清楚，說真話的人是威廉斯而不是克尼。

至少在一九四一到一九四三年間，當整個英語民族都在奮力求存時，愛爾蘭政府卻蛇鼠兩端，把愛爾蘭分治問題看得比人類文明存亡更重要。以為納粹打贏西方有助於愛爾蘭的自由、主權和獨立，這種想法在今天看來很可笑，但當時的確有一撮愛爾蘭統治階級（幸好是一小撮）被反英情結沖昏頭，願意冒這種風險。

海峽群島被占領

德國在戰時唯一占領的英語民族領土是海峽群島，而假如英語世界有其他部分被納粹成功攻占，海峽群島被納粹統治的經驗能否反映出什麼？當然可以。一九九六年十一月，英國國防部關於海峽群島的祕密檔案公開。評論者主要感興趣的不是海峽群島居民本身，而是英國本土人士若處於相似的情況會如何行事。奧爾德尼島（Alderney）、澤西島（Jersey）、根息島（Guernsey）的婦女和德軍上床的故事特別令人震驚，人們害怕假如不列顛戰役的結果大不相同的話，這種「橫向合作」⑤也會在英格蘭、威爾斯、愛爾蘭、蘇格蘭出現。

比較普遍的看法是，假如英國被占領的話，英國人的行為和法國人、比利時人、盧森堡人不會有什麼不同。這種看法認為，英國在一九四〇年純粹是因為英倫海峽這道地理上的天險才倖免於難，和什麼不屈不撓的民族精神無關。在一九九五年出版的《占領的模式》（*The Model Occupation*）一書中，《衛報》記者邦廷（Madeleine Bunting）認為，由於「這些島民和歐洲各占領區人民一樣（和德軍）妥協、合作與交好」，他們的經驗「直接挑戰了所謂二戰證明了英國人和其他歐洲人有本質上不同的神話。」

根據這本書，小說家莫蒂默（John Mortimer）認為海峽群島是「在壓力環境下英國人性格和道德的理想測試場」，而他的結論是：「當英國人受到測試時，其行為與歐洲人不相上下。」其他作家也認為，英國被占領後，「英國人民和德國士兵也會慢慢發展出某種關係」，甚至還有一位歷史學家認為「會有大批英國老百姓和德國人合作，為了貪求和平而鎮壓反抗軍。」

---

⑤ 譯注：「橫向合作」指的是一九四〇年法國淪陷後，許多法國婦女與德國占領軍成員發生過戀愛或性關係。法國解放後，這些婦女常常因與德國占領者合作而受到懲罰。

這一切都指向英語民族如何看待自身的核心。一個根本的問題是，假如英語民族的體制在抵禦希特勒主義時並不比其他歐洲國家更好，那我們今天應該如此捍衛它嗎？海峽群島在一九四〇到一九四五年被德國占領期間確實和敵人合作妥協，但這真的表示英語民族在面對暴政時和其他民族沒什麼不同嗎？

所幸，海峽群島在一九四〇年的經驗並無法反映英國其他地方會如何對抗納粹入侵，更不用說美國、加拿大、澳洲、紐西蘭或西印度群島。英國陸軍部有明確指令海峽群島不要抵抗，因為其戰略價值很低。如同邱吉爾在倫敦所言，聖赫利爾（St Helier）和聖彼得港（St Peter Port）根本無法容納一整支德國軍隊。島上三分之一的人口，包括所有四肢健全的役齡男子（其中有一萬人上戰場）都已撤出。留下來的六萬居民由三萬七千名德軍看管，若按這種比例放在英國本土，那德軍必須駐紮三千萬部隊才行。

海峽群島地勢平坦，孤懸海中，以農業為主，人口稀少，每平方英里德裔人口的比例甚至高於德國本土，沒有政黨、工會或任何可成為反抗中心的組織，完全無法從這裡的經驗得知倫敦東部、南威爾斯的礦谷、黑鄉地帶（Black Country）或格拉斯哥貧民區會如何面對入侵者。如果德國人真的登陸英國，他們也許能靠武器優勢和前所未有的閃電戰贏得一些戰役，但他們必將面對一個民族堅定的武裝反抗，即使武裝是臨時拼湊的。

英國人與敵戰鬥的熱情是無可懷疑的。五月十四日，艾登以廣播呼籲「大批介於十七歲到六十五歲的男性站出來」加入地方防衛志願軍。當他連話都還沒說完，全國各地警察局已被詢問電話淹沒。第二天，各警察局外大排長龍，二十四小時內就招募了二十五萬名志願軍。到了五月底，原本只預期有十五萬人的陸軍部招募到四十萬人，到了六月底則有高達一百四十六萬人加入地方防衛志願軍，幾乎是原來預期的十倍。海峽群島上的役齡男子都已撤離，根本無法反映英國其他地方的情況。

不待上級下令，這些國民軍部隊立刻展開訓練和巡防，裝備只有農具、私人霰彈槍甚至自製武器。平均每六名志願軍只配有一把步槍，所幸其中約三分之一的人打過一戰，在一九一四到一九一八年見識過戰爭的恐怖。西班牙內戰和華沙、布達佩斯的暴動已經證明，非正規的武裝群眾也可以非常強大。「莫洛托夫雞尾酒」（即汽油彈）只需要一個瓶子、一些汽油、一塊布和一根火柴。

雖然陸軍部對海峽群島下達和平指令，但英國情報部的宣傳海報卻在一九四〇年六月宣稱：「島上居民會一致抵抗入侵者，每位公民都把阻擋和破壞敵人視為義務，並將以一切新舊手段幫助我們的部隊。」為免志願者過分狂熱，政府甚至得發送傳單勸阻，「平民切勿對敵軍部隊發動個別攻擊」。

邱吉爾取代張伯倫

閃電戰雖然讓軍事入侵和占領迫在眉睫，卻也鼓起英國人的樂觀和士氣。齊格勒（Philip Ziegler）的戰時倫敦日記就描寫「人們如何以尊嚴、勇氣、決心和驚人的幽默感承受著大轟炸。」幽默感也許會隨著恐怖升高和平民遭受報復而消失，但尊嚴、勇氣和決心卻出乎意料的堅定。「大眾觀察運動」的哈里森（Tom Harrison）以揭露戰爭迷思出名，但他也注意到英國城鎮百姓是如何「不讓士兵和領袖失望」。邱吉爾相信「雙方的屠殺將是殘酷而巨大的」，但他也廣播說，「你總可以用一命換一命。」不論澤西島上的情況如何，他都可以用來激勵英國本土和英語世界其他地方。

一九四〇年五月六日，張伯倫寫信給報社老闆艾特肯（Max Aitken），[6]謝謝他在《每日快報》上關於挪威戰役[7]的「精采」文章，而國會在第二天就要辯論此議題。信中有一段文字顯示張伯倫大大低估了挪威挫敗的嚴重性：「當眾多人士對此小小挫敗如喪考妣，能看到如此勇敢和振奮人心的觀點真是太好了。」英國百姓並不認為挪威只是「小小挫敗」，雖然英國遠征軍過去也有很多次被趕離歐洲大陸。而下議院在一九四〇年五月七日顯然也不這麼認為：

> 一九三九年九月十日，戰爭爆發後一個星期，張伯倫寫信給妹妹說：「我所期待的不是軍事勝利，我非常懷疑這種可能，我期待的是德國國內崩潰。」而單是這句話就顯示他不配當英國的戰時領袖，而一九四〇年五月十日之後，他也不再是首相。

三十四年前，莫里斯（Mowbray Morris）在布魯克斯俱樂部和前自由黨議員古斯里（David Guthrie）打賭，賭「邱吉爾先生絕不會當上英國首相」。他在一九四〇年五月十日那天輸掉了賭注。邱吉爾從踏入政界開始就是很受人注意的政治人物，多次被人下注。一九一二年一月北愛爾蘭危機時，莫利斯（R. Morris）就和福勒（J.K. Fowler）打賭兩先令六便士，賭「只要邱吉爾在阿爾斯特大廳召開會議，就不會有流血事件（流血的定義是死亡超過三個人）。」他贏了。

關於邱吉爾早就野心勃勃的傳聞很多。他的朋友卡特夫人曾說過，邱吉爾在一九〇〇年時逃出波爾人的普勒托利亞戰俘營，躲在運煤火車廂底逃出生天。來接他的英國領事讓他洗澡，順便把他的髒衣服都燒了。「真可惜，」年輕的邱吉爾得知此事後說，「我本來想送給杜莎夫人雕像館。」[25] ⑧

沃波爾（Horace Walpole）曾經感嘆道：「沒有哪一個偉大國家是被好人拯救的，因為好人無法堅持到底。」而在一九四〇年五月時，英國人並不關心拯救者是不是好人，而是夠不夠強硬和專心致志。在勞合・喬治於一九一六年十二月的危機中進入唐寧街十號之前，許多人批評他的道德品性，但他當上首相之後，許多人也樂於接受，等到大戰勝利後再轉頭回來批評他。邱吉爾的肆無忌憚曾被英國政界體面派的「好人」視為惡夢，現在則被看成是優點。

像鮑德溫和張伯倫這種好人可能都沒想過一旦被德軍入侵，就要在英國南部沿岸施放毒氣，或是進攻南愛爾蘭，甚至對日本平民丟原子彈，而這些邱吉爾都有想過，甚至想得更多。他

---

⑥ 編按：即第六章「妓女的特權」中出現的媒體大亨貝佛布魯克勳爵。

⑦ 譯注：挪威戰役發生於一九四〇年四月九日到六月十日。挪威本是中立國，但因為德國意圖侵略，英國、法國派遣遠征軍抵達挪威。儘管在挪威北部有所勝利，但盟軍由於德國入侵法國而在五月撤離。挪威隨即在倫敦成立了流亡政府。六十二天的戰役使得挪威成為二戰歐洲戰場上抵抗時間僅次於蘇聯的國家。這次戰役也影響到了英國的國內政治，引發了挪威辯論，使得邱吉爾上台。

⑧ 譯注：杜莎夫人雕像館（Madame Tussauds）專門陳列一流知名人士的塑像。

還會任命與他同樣肆無忌憚的人。歷史學家楊格（G.M. Young）就形容貝佛布魯克勳爵「像是進行非法手術而被除名的醫生」。

如果一九三〇年代的英國國會像今天這樣嚴格要求財務透明，邱吉爾很難搬進唐寧街。如果他的財產有按照公開登記規定申報的話，他一定「醜聞」纏身，但相關規定在一九七五年才施行，他已過世十年。一九三八年三月，邱吉爾因為積欠股票經紀人柯斯塔（Vickers da Costa）一萬八千英鎊，想要以二萬英鎊賣掉他的查特威爾莊園還債，此時有一位叫史特拉科斯（Henry Strakosch）的南非企業家承接了邱吉爾的股票，並擔保他在接下來三年的所有投資只賺不賠。

史特拉科斯出生於摩拉維亞，他開給柯斯塔一張一萬八千一百六十英鎊的支票。以二〇〇五年的幣值計算，這個金額約當四十五萬英鎊，必須向「標準和待遇委員會」解釋。史特拉科斯還寫了一封信說：「親愛的溫斯頓，根據我們的約定，在未來三年，你將讓我全權隨時出售或改變所持的股票，但你不用承擔任何損失。」收到這封信和支票後，邱吉爾立刻停售查特威爾莊園，儘管《泰晤士報》已經公告這個莊園要出售。

雖然在今天，只有像艾文（David Irving）這種極端的歷史學家才會說因為史特拉科斯是猶太人，所以邱吉爾是「受雇於」反納粹遊說團體，但一九三〇年代的報紙對史特拉科斯和邱吉爾這樁交易是相當質疑的。早在一九二三年八月十四日，當時沒有政府職位、在石油業工作的邱吉爾就被報導過試圖關說鮑德溫首相，此事被傳記作家詹金斯形容是「鬼鬼祟祟」。這若在今日必然會登上報紙頭條，被按上「花錢密會高官」之類的標題。

邱吉爾收了皇家荷蘭殼牌石油（Royal Dutch Shell）和伯馬石油（Burmah Oil）五千英鎊（在

今日約為十二萬五千英鎊，等於一位內閣大臣一年的薪水），去遊說鮑德溫讓這兩家公司和英格蘭—波斯石油公司（Anglo-Persian Oil Company）合併。英格蘭—波斯石油公司大部分的投票股份由英國政府持有。事實上，正是邱吉爾十年前在當海軍第一大臣時力主政府要介入波斯灣的石油，以確保海軍從燃煤艦轉型到燃油艦的油料供應。

邱吉爾知道此事並不光彩，他在事後告訴妻子克萊門汀說：「我從財政部的入口進入唐寧街以避免非議。」他事先請教過資深文官馬斯特頓—史密斯爵士（Sir James Masterton-Smith），答案是「政治上極不可行」，但缺錢的邱吉爾還是幹了。他後來對妻子說：「我和首相的會談氣氛很好。我認為他完全贊同我所提的石油協議。事實上，他可能已經和科恩（殼牌執行總裁）談過了。我確定此事會成，唯一只擔心我的那一份。」

鮑德溫又讓邱吉爾去和海軍第一大臣及貿易局主席進一步討論合併案。兩家石油公司雇用前部長級決策官員去遊說首相，而透過首相，又多了兩位部長級決策官員去討論屬於納稅人資產的合併案，這即使在一九二〇年代也是令人非議的，更別說在喜歡挖掘「醜聞」的時代。但鮑德溫一點都不迴避，隔年就任命邱吉爾當財政大臣。

如果史特拉科斯和英波石油事件，像今天的政治人物那樣被鉅細靡遺揭露，邱吉爾的政治生涯可能在二戰之前就結束了，這對英語民族的歷史必然會產生難以預料且可怕的影響。邱吉爾和卡賽爾（Ernest Cassel）、巴魯克（Bernard Baruch）、施瓦布（Charles Schwab）等人也有可疑的財務來往，若放在今日，都會被媒體和國會監督機構放大檢視。

敦克爾克大撤退

當英國遠征軍於一九四〇年五月二十八日至六月三日期間，受命從敦克爾克撤退時，不得不留下四百七十五輛戰車、三萬八千台機械車輛、四百門反戰車砲、一千門重機槍、八千把布倫輕機槍（Bren gun）、九萬把步槍和七千噸的彈藥。撤退時有二十二艘船被擊沉，其中有六艘驅逐艦。當紐西蘭得知損失嚴重，立刻就將庫存步槍子彈的一半送往英國。[26]

保守黨議員約克說：「在敦克爾克撤退期間，內閣的內政委員會還花了三十五分鐘討論是否要把蘇格蘭的離婚法放在印度實施。」[27]澳洲總理孟席斯比較有效率，在危機期間向小羅斯福總統直接求援三次。五月二十六日，他訓令澳洲駐華府大使凱西（R.G. Casey）去對小羅斯福強調：「大不列顛捍衛自由民主制度的力量」正面臨迫在眉睫的危險，也將危及「你們在太平洋地區的英語鄰國」。美國必須立刻運送戰鬥機給英國，「既能做出決定性的貢獻，又可以免於參戰。」[28]

第二天，紐西蘭總理福瑞澤（Peter Fraser）也發出同樣的呼籲，加拿大總理金恩也表示他已經「直接私下聯繫」小羅斯福，強調要加強空中武力。孟席斯在六月十四日再度發出訊息，告訴小羅斯福說如果美國「能盡其財力和物資提供給同盟國……全世界的英語民族將一舉結為拯救世界的兄弟同盟」，而德國必將被擊敗。他在六月二十八日又再度呼籲了一次。小羅斯福的回答是，在憲法上，美國要直接參戰必須得到國會支持，但「只要大英國協國家繼續捍衛自由，美國的物資和補給就會源源不絕。」他說到做到。

甘地的建議

「希特勒、墨索里尼、史達林、日本人、機會主義者和反猶主義者、中下階層的反英人士、油滑的西班牙官員和俄羅斯的農民大眾，這些人都樂見大不列顛被羞辱。」盧卡奇（John Lukacs）如此寫道英國在一九四〇年的挫敗。[29]聖雄甘地在倫敦大轟炸時建議：「就讓希特勒和墨索里尼拿走他們想要從你們手上拿走的東西吧。就讓他們拿走你們美麗的島嶼和眾多美麗的建築吧。這些你們都可以捨棄，只要沒有捨棄你們的心和靈魂。」但英國根本不理會甘地。[30]甘地過去也曾建議衣索比亞人「讓義大利人來殺吧」，「畢竟，墨索里尼想要的不是一片荒漠」。他也建議德國猶太人應該「保持平靜而堅決，因為手無寸鐵的人將被耶和華賦予苦難的力量」，他相信這樣能讓納粹「體會到人性的尊嚴」。[31]

加勒比海國家的貢獻

一九四〇年六月十六日，就在邱吉爾得知法國準備求和的同一天，當他們冒著傾盆大雨從切克斯（Chequers）莊園驅車前往唐寧街時，邱吉爾向祕書希爾（Kathleen Hill）口述一道命令，要組建一支西印度群島軍團，「為帝國服務，讓黑人的忠誠之心有個出口，讓貧困的島民有錢可賺。」[32]邱吉爾夫人去年才去過西印度群島，寫信跟他說那裡的生活條件很惡劣。

軍團成立了，在一九四四年被派往中東，但還沒投入戰鬥前戰爭就結束了，於是在一九四六年解散。但有好幾萬英屬西印度島民加入英國和加拿大其他部隊，在英國皇家空軍服役的就高達五千人。[33]還有許多人在英國的工廠和農場工作。

雖然英國船隻在聖露西亞首都卡斯特里港（Castries harbour）遭到魚雷攻擊，港口也被布下水雷，但戰爭在軍事上並沒有影響到西印度群島太多。不過，百慕達和巴哈馬的觀光產業倒地不起，一些基本供需要英國補助，而一些重要原料則輸往英國，例如英屬圭亞那的鋁土礦、牙買加的航空燃油、英屬宏都拉斯、千里達和英屬圭亞那的橡膠等等，都輸往英國。（牙買加收留了集體撤離的直布羅陀居民。）

邱吉爾的演說

當邱吉爾在一九三九年九月戰爭爆發時，被張伯倫從「荒山野地」拉回來，如同一位歷史學家所說，此時的邱吉爾「敢於做夢，而（綏靖主義者）已經習慣將希望服從於現實，而（綏靖主義者）已經習慣了將希望服從於現實。」[34]也只有邱吉爾可以在閃電戰期間用言語來激發全國的熱情，而這些言語是那些坐在前排的體面派政治家根本不會想到的，因為他們在過去十年中一直在避免會引起麻煩的言論。

在一九四〇年六月十八日的演說中，邱吉爾談到「這是最光輝的時刻」，試圖讓英國人民相信雖然法國投降了，但「最終勝利是非常有希望的」。他提出的第一個理由是各自治領的支持。他對聽眾說：

> 我們已和所有自治領充分溝通討論……而各國總理（他們的政府都是民選出來的，都代表著人民的意志）也用最令人動容的話語告訴我，他們支持我們繼續打下去的決定，願意和我們生死與共打到最後。而我們就是要這麼做。

除此之外，邱吉爾還提出一些英國人民該樂觀別悲觀的理由，例如「美國增加各種補給和彈藥援助」、嚴寒的冬季、德國可能突然崩潰、法國人民的抵抗等等，但這些都不實際。還要再過一年又三天希特勒入侵蘇聯，才真正有樂觀的理由。

邱吉爾在一九四〇年和一九四一年的演說並不是所有人都欣賞。旅行作家拜倫（Robert Byron）就向美學家阿克頓（Harold Acton）抱怨他用字「浮誇」，還說邱吉爾愛用幾乎過時的「敵手」（foe）這個字：「這個字到底和敵人（enemy）有什麼關係？」[35]但除了這種少見的語源學式的批評之外，一般都認為邱吉爾的用字非常優美。

在「最光輝的時刻」這場演說的結尾，邱吉爾設想了一個夢魘般的世界，納粹勝利後將製造出「一個新的黑暗時代，藉著扭曲的科學，這個黑暗時代將更加邪惡，也許更加長久。」納粹為了軍事和意識形態而扭曲科學的程度，英語民族就算戰局惡劣也不肯這樣做。曾在邱吉爾戰時內閣擔任助理軍事祕書的雅各布將軍（Ian Jacob）曾開玩笑說，同盟國能贏得戰爭，「是因為我們的德國科學家比他們的德國科學家優秀」。雖然德國的「海森堡原子彈計畫」落後於同盟國在洛斯阿拉莫斯的「曼哈頓計畫」，但希特勒的科學家還有一大堆不是原子彈的科學發明，包括近炸引信、合成燃料、彈道飛彈、過氧化氫輔助動力潛艇和人工橡膠。

在二十世紀的頭二十年中，德國科學家拿下諾貝爾自然科學和醫學所有獎項的一半，但希特勒在一九三三年上台後（尤其是他迫害猶太人逼得許多最優秀的科學家出逃後），德國就無法再吸引最優秀的科學人才。一九三九年八月，愛因斯坦寫信告訴小羅斯福總統鈾元素的巨大能量。羅斯福的回答是：「必須採取行動。」

作家拉伯雷（François Rabelais）曾說：「沒有良心的科學只會毀滅世界。」希特勒手下的科學家根本不管他們的工作會製造多少苦難，以馮布朗（Wernher von Braun）為例，有成千上萬的奴工在為他的武器建造設施。（戰後，馮布朗投入甘迺迪總統的太空計畫。他能繼續生存是因為他曾被黨衛軍逮捕過，為的是希姆萊想接管他的一項研究。）

一九四〇年六月十八日，在邱吉爾發表「最光輝的時刻」演說那一天，德國駐巴黎大使、法國陷落後的實際統治者阿貝茨（Otto Abetz）向柏林報告說，他接見了五十位法國政治人物、市議員、省長和法官。「其中四十九人向我索求各式各樣的特權，有的還索討加油券，第五十人才提到法國。」[36]

法國艦隊被擊沉

在維琪政府控制的地區，情況沒有比阿貝茨負責的德占區好多少。法國陷落後，英國最怕強大的法國艦隊會落入敵人之手。這個問題在德法停火後兩個禮拜尚未解決，於是在一九四〇年七月三日下午五點五十四分，海軍中將薩默維爾（James Somerville）部署在直布羅陀的H艦隊（胡德號、英勇號和決心號），就對停泊在阿爾及利亞凱比爾港的維琪艦隊開火。

當時的最大能見度範圍為一萬七千五百碼，在皇家「方舟號」航空母艦雙翼偵察機的輔助下，在三十六次十五英寸大砲齊射後，法國艦隊完全被癱瘓。雖然在下午六點零四分時刻意停火讓法國人可以棄船逃生，還是有一千二百九十九名法國水手死亡，三百五十名受傷（H艦隊有一名軍官死亡，一名水兵受傷）。只有一艘法國戰鬥巡洋艦逃往土倫（Toulon）。

如同薩默維爾中將打給法國海軍上將根索（Marcel Gensoul）的電報所說，皇家海軍這項堅決行動的主要理由是：「防止你們的船艦落入德國人或義大利人之手。」但此舉還有其他好處。從那一刻起，美國民眾就毫不懷疑英國無論如何都會打到底。

雖然法國民族主義者一直認為薩默維爾的行動是英國犯了戰爭罪，但根索其實可以選擇跟皇家海軍一起離開，或著把艦隊開到英國，或開往西印度群島的法國基地，又或者自行把船弄沉。但他一項都不幹，而維琪政府的政客正在用法國艦隊當籌碼和德國人談條件，這就讓邱吉爾（他一輩子都熱愛法國）不得不做出「令人厭惡的決定，是我做過最違反自然、最痛苦的決定。」薩默維爾也這麼認為，他說他手下軍官很反對向法國艦隊開火，但他也提到「一般水手倒不覺得有什麼」。[37]

假如維琪艦隊和德國海軍合作，成功入侵英國，英國王室、政府、皇家海軍和英格蘭銀行的黃金儲備都要按計畫撤離到加拿大，渥太華將成為大英帝國的戰時首都。加拿大宏偉的國會大樓建於一八六七年，是哥德式建築的典範。其下議院的深色木鑲板、紋章裝飾、高聳的天花板、穿黑袍的官員、彩色玻璃窗、大型公共畫廊、沉重的枝形吊燈和綠色皮革座椅，會讓那些有辦法逃離的英國國會議員想起西敏寺。但議場內也有一些獨具加拿大特色的東西，例如有駝鹿、海狸、水牛和松鼠的青銅雕像。

驅逐艦換基地協議

一九四〇年八月二十一日，英國外交官暨萬靈學院講師伯林（Isaiah Berlin）在紐約肖漢姆酒店（Shoreham Hotel）寫信給牛津同窗費雪（Mary Fisher）說：「美國人現在非常害怕，如果他們對我們有足夠的信心，肯定會不顧一切前來幫助我們，完全不考慮未來的事，或者說只能稍微有所顧慮。」[38]正是因為美國人相信英國最終能夠戰勝，雙方才能達成歷史性的協議。

一九四〇年五月，邱吉爾當上首相後，立刻向小羅斯福提出請求：「借給我們四十或五十艘舊驅逐艦，以填補我們現有船隻和我們在戰爭爆發時訂製的大批新船隻的數量差距。」不幸的是，總統依法不能處理任何軍事物資，除非該項物資對美國國防已經沒有用處，所以必須以美國取得英國在大西洋和西印度群島的海軍、空軍基地的九十九年使用權來交換。[39]

藉此，美國得以在紐芬蘭、巴哈馬、百慕達、牙買加、安地卡、聖露西亞、千里達和英屬圭亞那設立基地。小羅斯福在距離總統大選不到八星期的時候向美國人民推銷這項交易。有些極端的保守黨議員反對美國在英國領土上廣設軍事基地，但在一九四〇年時，人們普遍認為英美兩國的利益是一致的，至少在美國獨霸的西半球。當議員們質疑邱吉爾說，美國政客到二〇三九年時絕不會撤出這些基地，邱吉爾回答道：「我寧願讓他們擁有，也不想給義大利佬（Wops）……我們不能什麼都想留著。」[40]（議員們有可能誤會邱吉爾講的是「印度佬」〔Wogs〕，這比較合理，因為這裡講的是西印度群島，而義大利人和地中海南部的人不太可能會想要加勒比海的基地。但邱吉爾只是隨意使用這些字眼，這以他的年紀和背景來說是很平常的。）⑨

在八月四日的廣播中，潘興將軍首次披露要援助五十艘驅逐艦給英國。這明顯是政府授意，並得到影響力極大的堪薩斯編輯懷特（William Allen White）的支持。懷特是「援助同盟國保衛美國委員會」的創會會長，這個會的宗旨是「除了參戰之外盡全力援助」。第二天，伯林致信給最高法院法官法蘭克福（Felix Frankfurter）的女兒瑪麗安說，英國大使館的法律顧問福斯特：⑩

> 一直向我們強調驅逐艦這件事至關緊要；這五十艘美國船艦將決定我們的生死；如果德

---

⑨ 譯注：Wops是指義大利人或地中海南部的人，Wogs是指印度人和西印度群島的人。

⑩ 譯注：即後來的美國國務卿杜勒斯（John Foster Dulles）。

國人成功入侵，然後美國老百姓才知道當初如果有這些船就可以避免，會怪我們不知輕重……大使館已竭盡全力，但不太會宣傳。41

孤立主義者經常批評英國人在美國搞宣傳有多麼邪惡和詭計多端，但了解內情的人士則認為英國很不靈光。

一九四〇年九月三日正值大戰爆發一週年，美國把五十艘驅逐艦交給英國，但這件事既沒有批評者講得那麼糟糕，也沒有福斯特講得那麼了不起。這些船其中有好些是一戰前的古董，有些接近報廢，但皇家海軍可以讓這些「交易來的」老式驅逐艦去執行日常巡邏，讓比較先進的船去執行戰鬥任務。但儘管如此，到了一九四一年二月時，可以服役的只有九艘。不過，這些船在一九四〇年二月時是宣傳的無價之寶，而小羅斯福也非常有勇氣，敢在大選前不到兩個月做出如此強硬的舉動，尤其是他在一九四〇年十月三十日曾在波士頓公開承諾過：「我已經說過，但我要一而再、再而三地說：你們的兒子不會被派到國外打仗。」只能說，他在當時是真心這麼認為。

美國新建的基地有助於保護巴拿馬運河的東側出入口。由於這是美國西岸物資的主要運輸路線，英國也直接受益。靠近聖約翰斯的紐芬蘭阿瓦隆（Avalon）半島上的基地，也保護了加拿大的西北部。百慕達距美洲大陸只要飛幾個小時，被美國空軍用來做轟炸機巡邏任務。經過填海造陸後，基地擴大許多。

雖然一些牙買加人不得不為了這些基地遷離家園，但有成千上萬的島民獲得新工作。英屬圭亞那基地的軍艦可以巡邏整個南美洲北部海岸，也正好落在從歐洲和非洲通往南美洲的船運路線上。這件交易對英語民族在大西洋上對抗德國軍艦是巨大的互利互惠，絕非保守黨民族主義分子所言那麼一文不值。

在「用驅逐艦換基地」宣布後第二天，倫敦牛排俱樂部的賭注本上湧現一些樂觀情緒（但完全沒有理性基礎）。伯明翰選出的保守黨議員洛克—蘭普生（Oliver Locker-Lampson）和豪格雷夫—格雷厄姆（H.M. Howgrave-Graham）以四比一的賠率（賭金五先令）對賭，賭「希特勒會在英國和德國停戰後兩年內被國際法庭判處死刑」。

在同一個月（一九四〇年九月），林肯法律學院的羅伊・哈迪（Roy Hardy）拜託英國知名人士連署支持邱吉爾。坎特伯里大主教柯斯莫・朗（Cosmo Gordon Lang）、西敏寺大主教辛斯利（Arthur Hinsley）、約克大主教及倫敦大主教要求要把下列文句刪除：「在這裡，我們將國家存亡交付給您，我們尊奉您為我們命運的唯一船長。我們無比信任您。我們要讓您知道並感受到我們對您的堅定支持，直到最後勝利。」[42]這些宗教領袖甚至不許哈迪把這一段改成「我們尊奉您。我們信任您」，認為這對邱吉爾是過譽。建制派對邱吉爾的抵制要比一般認為的更為持久。

空中力量

制空權對英語民族在二十世紀的生存與勝利至關重要，一九四〇年六月到九月的不列顛空戰完全展現了這點。假如德國空軍宰制英國南部領空的時間更長一點，整個二十世紀的歷史將非常不同。

書本和電影經常講述這段故事，因為它非常激勵人心。但一般人並不曉得，這場戰役還沒開打之前，英國就甚至就已瀕臨戰敗邊緣。作家萊特（Robert Wright）和前空軍元帥道丁爵士在一九六一年三月有一些往來通信，很能展示這一點。在其中一封信中（至今尚未公布），萊特請教道丁說，邱吉爾在其戰爭回憶錄第二卷《最光輝的時刻》（*Finest Hour*）第三十八頁有寫到：「我們的戰鬥機司令、空軍元帥道丁對我表示，他只要有二十五個中隊的戰鬥機就可以抵抗整個德國空軍，守住整個島。如果少於二十五個，他的火力就不夠。」[43]朗莫爾（Arthur Longmore）在《新編劍橋現代史》（*The New Cambridge Modern History*）中也提到二十五個中隊的說法，許多電視紀錄片也有，其中一部在萊特寫這封信的前一晚才播放過。

萊特問道丁是否真的有對邱吉爾講過二十五個中隊就夠了，因為邱吉爾在一九四〇年五月十六日要求加派中隊投入法蘭西戰役時，道丁在空軍部的答覆是要有五十二個中隊「才足以保衛本國」，而他只有三十六個中隊。道丁回覆萊特說：

> 你一定很清楚，邱吉爾所有著作的基調就是「我從來不會有錯」。你所引用的段落就是他用詞非常不精確的說法。我絕對沒對他說過這麼荒謬的話。你只要把二十五個中隊放在從威克（Wick）到布里斯托（Bristol）的地圖上就看得出來會是怎樣……就我記憶所及，我是說**空軍參謀部推估**要有五十二個中隊才夠（我自己未必贊同）……當然你不能期望邱吉爾會自己承認他差點搞掉我們勝利的最後一絲機會，在空戰開始前就把戰鬥機司令部搞垮。⑪是有人竄改了關鍵的內閣會議紀錄來掩飾。這是機密的，因為沒有人能看到內閣會議紀錄，我

也不能透露我的消息來源。[44]

貝納雷斯市號沉船事件

一九四〇年九月十七日星期二晚上，載有九十名逃難兒童的「貝納雷斯市號」（*City of Benares*）郵輪在從英國駛往加拿大途中被魚雷擊中，造成二百五十五人死亡，其中有八十三名是兒童。[45]「我感到既驚恐又憤怒，居然會有德國潛艇艦長敢在離岸六百英里的洶湧海洋上對民船發射魚雷。」自治領辦公室次長莎士比亞（Geoffrey Shakespeare）說，「在這種狀況下，船上乘客幾乎不可能存活，不管是大人或小孩。這種行為讓全世界感到震驚。」

他說的完全沒錯，至少對英語民族來說。美國國務卿赫爾怒斥其為「最卑鄙的行為」；一位美國眾議員罵希特勒是「瘋狂屠夫」；孟席斯認為「納粹最近這次野蠻行為」將激發英國人「粉碎納粹政權所代表的黑暗精神」；負責接收難民的加拿大部長則表示「這是納粹恐怖的另一明證」。《澳洲團結新聞社》（*Australian Consolidated Press*）表示：「這樁殘忍的沉船事件震驚了整個文明世界。」美國的蓋洛普民調顯示，許多美國人為了這件事寧願放棄中立。一般都認為U－38潛艇艦長布萊希羅特（Heinrich Bleichrodt）明知船上載的是誰，但事實上，他只能透過潛

---

⑪ 譯注：邱吉爾當時認為保住法國非常重要，要求要加派戰鬥機到法國作戰，但道丁則認為法國陷落不可避免，戰鬥機不可浪費在法國戰場，要留下來守住英國本土。事後的不列顛空戰證明道丁是對的。

望鏡看到一條輕度武裝的大型郵輪後面跟著十九艘商船。無論如何，同盟國贏得這一次宣傳戰，儘管損失驚人。

小羅斯福連任

一九四〇年十一月五日星期二，小羅斯福贏得史無前例的第三任總統選舉，以四百四十九張選舉人票打敗共和黨威爾基（Wendell L. Willkie）的八十二張。民主黨以六十六席對共和黨二十八席拿到參議院，也以二百六十八席對一百六十二席拿下眾議院。小羅斯福連任對英語民族的命運來說是一大幸事。小羅斯福反對孤立主義，暗中想讓美國參戰對抗希特勒。他的政治手腕細膩，利用每一次事件盡量往介入主義推進，但也不會跑得太快引起孤立主義者反彈。他的共和黨對手威爾基雖然是個好人，也是真正的美國愛國主義者，但他可能無法像小羅斯福這種高明政客那樣細膩地把美國推向戰爭。

美國作為民主軍火庫

根據一九四〇年的全國普查，美國人口有一億三千一百四十萬九千八百八十一人，比一九三〇年成長了百分之七。雖然美國已成為全世界人口第四多的國家（前三名是中國、印度和俄羅斯），但成長率比一九二〇到一九三〇年的百分之十六點一低很多，這是因為出生數和移民人數都降低了。[46]（美國人口普查局估算二〇〇六年人口為二億九千七百八十八萬八千二百五十五人，比一九四〇年成長超過百分之百。）

普查也清楚發現，美國內部出現大規模人口遷移。在美國歷史上，從來不曾有超過三個州在兩次普查期間出現人口淨流出，而在一九四〇年，南達科他、北達科他、內布拉斯加、堪薩斯、奧克拉荷馬等乾旱大草原各州都出現這種現象。為了躲避北從加拿大南到德克薩斯的沙塵暴，大批人口出逃。總算起來，在蒙大拿、懷俄明、達科他、內布拉斯加、科羅拉多、堪薩斯、愛荷華、密蘇里、新墨西哥、奧克拉荷馬、德克薩斯的五百八十二個縣中，總共流失了八十三萬五千九百七十八人，也就是在十年之間每天流失二百二十九人。

其中許多人的目的地是到「黃金之州」。加州人口在一九三〇年代增加了一百二十萬，成長百分之二十一點一，取代德州成為第五大州，和俄亥俄州齊平，但還遠輸給紐約州、賓州和伊利諾州。佛羅里達也成長了百分之二十七點九，新墨西哥成長了百分之二十四點九，哥倫比亞特區成長了百分之三十六點二。因為大蕭條的關係，南方各州比較少人離開南方去外地工作，當地的人口成長率比較低，而太平洋沿岸和洛磯山區的人口成長最多。

在美國歷史上首次，大都市的平均人口成長率只有百分之五，沒有高於其他地區，原因也和大蕭條有關。在美國前三大都市中，紐約成長了百分之六點五，芝加哥只成長了百分之零點二，而費城的人口減少。隨著汽車成為日常交通工具，郊區興起：人口一萬到二萬五千人的小城鎮成長了百分之九。美國今日的人口地理分布，大多是直接產生自大蕭條後的人口移動，這表示美國人很願意為了更好的生活橫越大陸安家落戶，也表示自由市場和美國生活的強健與靈活，這是獨裁者們在一九四一年十二月對美宣戰前應該要看清楚的。

美國資本主義強大的指標之一，是商業航空在美國參戰前的爆炸性成長。美國的自由市場能創造出能夠成長、有利潤的民用航空產業，這是受國家補助的企業在其他地方都做不到的。「現代飛機不僅能在人類原本遙不可及的地方飛行。」《國家地理雜誌》（*National Geographic*）在一九四〇年十二月寫道：

> 今日的航空也已經「長大成人」。以前把飛行看成如馬戲一般的「刺激」，把駕駛員當成不要命的魯莽小夥子，那些日子已經過去了。航空業現在宛如鐵路一般冷靜平常。有人會駕私人飛機去釣魚、打高爾夫，或像開汽車一般飛去上班……你可以用中價位汽車的價格買到自用飛機，還附送免費初級駕駛課程。[47]

光是在美國，「洲際航空」和「西方航空」等公司每一天的航程就達到二十五萬英里。波音的四引擎飛機在三點五英里的高空中以每分鐘四英里的航速飛行，從紐約到洛杉磯只要十五個小時，乘客呼吸的是壓縮空氣，相當於在八千英尺高度的空氣密度。日間載客量三十三人，夜間載客量是二十五人。回程因為順風的關係可縮短為十三個半小時。（有個笑話是有一位女性乘客問駕駛員說：「如果順風有這麼大的好處，為什麼不把它裝在每一台飛機上？」）

與此同時，從舊金山到夏威夷有空中快艇航班，從加州到紐西蘭每週也有途經坎頓島（Canton Island）的航班，像Piper Cub這種輕型飛機每天可生產出二十架。「泛美航空」的空中快艇也從夏威夷直飛中途島和威克島的基地，這是世界上最長的跨太平洋商業航線。一九三九年聖誕節前夕，一架空中快艇載著六萬五千封信件一舉飛越太平洋。因為國際換日線的關係，從新喀里多尼亞（New Caledonia）寄出的郵件在抵達坎頓島時，甚至還比郵戳上的日期早一天。

每到夏天週末，就會有上萬人花十美分擠進紐約拉瓜地亞機場的觀景跑道上，觀看十五架「美國航空」的飛機起降。這股飛行熱潮源自於空氣動力精密工程的大幅躍進。飛機汽缸的襯墊必須比玻璃更硬才能承受磨損，而且精細度不能超過蜘蛛絲的十分之一。當美國的科技能做到這個地步，就能投入產業應用。

在珍珠港事件之前，美國就有辦法製造道格拉斯B－19這種巨獸式的轟炸機，它是世界上最大的軍用飛機，能夠搭載十名人員，以時速二百英里單趟來回大西洋。它光是輪胎就有八英尺高，比一些飛機還重。它的翼展長達二百一十二英尺，方向舵非常大，飛行員無法對其整體作動，而是要操縱方向舵後緣的拉環來啟動液壓控制裝置以操作主方向舵。光是在和平時期，位於加州英格伍德（Inglewood）的北美航空公司等工廠的生產線，就能每三個小時生產一架軍用訓練機，因此日本轟炸夏威夷海軍基地真是一種自殺式的傲慢行為。

在一九四〇年十二月二十九日的《爐邊談話》廣播中，小羅斯福總統告訴美國人民說：「我們有人力、有技術、有資源，更重要的是有意志……我們必須成為最大的民主軍火庫。」小羅斯福的主張落實在一九四一年三月十一日通過的《租借法案》（Lend-Lease Act），邱吉爾稱其為「歷史上一個國家可做的最光明行為。」對於重視英語民族團結的人來說，《租借法案》是一個圖騰，但我們必須知道它不是什麼。它不是無償贈予的禮物、不是沒有期限、不是花錢買良心，更不是只針對英國。該法案的條文讓小羅斯福總統能夠「出售、移轉、交換、出租、出借或以其他方式處理」軍火給任何國家，只要他認為有利於美國國防。作為回報，美國將收取總統認為公平的「金錢或實物的償還，或任何其他直接或間接的利益。」[48]

小羅斯福一簽署法案，就下令海軍部長把二十八艘機動魚雷艦和反潛艦移交給皇家海軍。希臘陸軍也收到火砲和彈藥。在同一個月，國會先撥出七十億美元給租借基金，後來又撥出二百一十億美元，並再追加到二百六十億美元給戰爭部和海軍部。總結下來，英國到戰爭結束時共獲得二百二十億美元的援助，這確實是一筆龐大的數字（而且英國在一戰時的借款還沒有還完）。獲得援助的還有俄羅斯、法國、中國和其他三十八個國家，其中有一半是美洲國家，共分到一百九十億美元。

租借管理辦公室在一九四一年十月成立，首屆主任是斯特蒂紐斯（Edward R. Stettinius）。英國左派立刻就批評《租借法案》可能對英國經濟有長期不良影響。例如，一九四二年一月，費邊社英美委員會就在倫敦達特茅斯總部開會，羅列出一大堆理由為什麼美國人和英國人會互相討厭。[49]結論是《租借法案》將讓英國變成美國的馬前卒或管轄區。

這只是在妖魔化。然而每當英國在世界上任何地方支持美國時，反美人士都會拿這點重複宣傳，不是說英國淪為美國第五十一州，就是把當時的英國首相說成是美國總統的貴賓犬。（他們今天還是如此批評布萊爾和小布希的關係。）但這些誇張的說法禁不起檢驗。英語民族各國都愛好獨立自主，都按照自己的國家利益行事，只是這些利益正好在歷史上重疊遠大於分歧。

因為有費邊社這些人批評，大力宣傳英美友好親善就成為必要。最典型的例子是赫伯特・萊斯利・吉（Herbert Leslie Gee）在一九四三年出版的《美國的英格蘭》（*American England*），該書的副標題是「共同遺產的典範」。此書列出幾百項英國和美國血肉相連之處，從明顯相似的「天路客」和「開國先賢」到比較不明顯但更為有趣的東西，例如小羅斯福夫人愛蓮娜（Eleanor Roosevelt）是在英國溫布頓求學、老羅斯福是在英國漢諾威廣場聖喬治教堂結婚、哈佛大學是以一位倫敦人為名、耶魯大學則是紀念一位威爾斯人。「我們要記住，」美國出生的阿斯特夫人說，「美國獨立戰爭是英國裔的美洲人為了英國人的理念，反抗德裔的英王及一位反動派首相。」⑫

倫敦大轟炸

一九四〇年十二月二十七日星期五晚上，倫敦遭到德國空軍轟炸，有五百三十二處發生大火，其中五處非常嚴重，三十四處嚴重。倫敦消防隊總部負責官員處變不驚，他向倫敦市議會報告時，把「非常嚴重的夜晚」淡化成「嚴重的夜晚」。接下來的二十四小時「相當平靜」，緊接著就是十二月二十九日星期天的大轟炸，倫敦金融城大片區域被夷為平地。（聖保羅大教堂圓頂被濃煙包圍的那張名照片就是在這晚拍下的。戈培爾把它刊在德國報紙上，標題是：「倫敦金融城大火！」）

這次轟炸是針對倫敦金融城，這「一平方英里」是整個帝國的金融中樞。以等量而言，火焰

---

⑫編按：時任英王為喬治三世，家族為源自德意志的漢諾威王朝。此時的首相則為諾斯勳爵（Lord North）。

的破壞力要比炸藥多四倍，所以大量投擲了燃燒彈，這也比高爆炸彈更容易投放。泰晤士河的水位本來就很低，只是「一片泥濘中的小溪」，很難抽水滅火。[50]在戰爭期間，消防局的水務人員甚至要用到啤酒廠的水井和兒童戲水池。

從下午六點零八分警報響起，到十一點四十五分警報結束，金融城遭受大規模轟炸。市政府收到「七百件火警」通知，「其中十件是超大火，二十八件大火，一百零一件中火」。中世紀留下的市政廳、五座建築師雷恩（Christopher Wren）所建的教堂、五處鐵路車站、十六處地鐵站和一大片辦公樓和商店遭到全毀或半毀。[51]大火在六十英里外都舉目可見。儘管全英格蘭東南部的消防員都跑來救火，許多美麗的古老建築和同業公會大廳（Livery Halls）還是損傷慘重。但因為倫敦金融城的居民很少，只有一百六十三人死亡，五百零九人重傷，和上一次轟炸的一千四百三十人死亡、一千八百人重傷相比算是很少了。

但即使在這恐怖的時期，倫敦人的生活卻令人訝異的沒有多大改變，日常活動持續不變的程度讓今天的人難以想像。美國駐倫敦大使館武官克利默（Harvey Klimmer）在英國四處遊歷，一九四〇年九月七日轟炸那天正好在倫敦。他在七個月後回憶說：「倫敦東區簡直猶如一處巨大的地獄。」

我們一定會認為人類無法承受這種懲罰。另一個晚上過去了。又有五百人喪命。但人們依舊堅強。一個星期又過去了……兩個星期也過去了。在我看來，到了這個時候危機已經結束了。人們已經習慣在夜晚遭受空襲。他們克制住拔腳而逃的本能。他們遵守政府所教導的「就地不動」。倫敦老百姓在那個九月的恐怖夜晚中所展現的堅忍不拔，正是決定大英帝國勝敗的關鍵。[52]

克利默在一九四〇年九月到一九四一年一月所見到的不是恐慌，而是「一切如常」。幾百萬人睡在公園、地窖和地鐵站，但一醒來就照常通勤往返，道路清掃車照常工作，計程車照常營業，搬運工照常忙進忙出，火車站照常運作，橋面照常開放通行，公車和電車照常行駛，而雖然有十五萬人每晚睡在地鐵站，但每條鐵路線都照常服務。每次空襲後，第二天早上都有二萬人在清理街道。

雖然當變電站直接遭受轟炸時，短時間內會出現問題，但總而言之，在大轟炸期間，瓦斯、水電都供應無虞。電話線路在剛開始時破壞嚴重，但幾星期後就恢復正常。電報沒有受到影響。克利默回憶說：「你還是可以走進倫敦的店鋪買你要的東西，叫店員記在你的帳上。如果你買的是小東西，店員會請你帶走，包裝就免了。除了這點外，買東西和戰前沒什麼太大不同。」

當店鋪的窗戶被震碎或部分損壞時，店家會互相說大話：「如果你覺得很慘，你可以看看我在柏林的店鋪。」一家理髮廳掛著牌子寫著：「窗子壞了沒關係，直接走進來。先生要刮鬍子嗎？」奶油、糖、肉、茶採取配給制，戰爭進行愈久，配給的東西愈多，但也有很多東西不必配給。其中最重要的是酒。雖然劇院和電影院通常在七點打烊，但餐廳和酒吧都照常營業，牛奶也一樣照送。婚禮則在被炸毀的教堂外舉行。

由於需要馬匹，賽馬活動被限制，但大多數運動仍在繼續，儘管賽狗跑道、橄欖球和足球場都被機槍掃射過。[53]（高門〔Highgate〕高爾夫球場還有一塊告示牌說：第三洞、第十洞和第十八洞有被炸過。）克利默也談到：「在轟炸期間，居然還有播音員平靜地播報板球比賽的比分，這著實令人寒毛直豎。」至於英國報紙，他回憶說，很多報導都很瑣碎，「很大篇幅在討論諸如菲爾茲帶了多少錢出國、寇威爾在澳洲做什麼，以及政府是否該用軍號聲取代目前使用的空襲警報。」英國報紙報導這些瑣事，正表示一切如常。

倫敦也沒有如預期地爆發大規模疫情。大型的避難所有支氣管炎和流感肆虐，這種地方有多達八千人擠在一起，但並不算致命。倫敦公共失物招領中心每天有多達二百件旅客遺留在火車、電車和公車上的防毒面具，但考慮到倫敦每天有四百萬人通勤，倫敦人有多達九百萬件防毒面具，這個比例算很低。克利默在一九四一年四月時寫道：「到目前為止，至少（倫敦人）日常生活的韌性要比丟在英國的炸彈來得強。」英國在一次大戰時被齊柏林飛船轟炸時是如此，在倫敦大轟炸時是如此，冷戰期間在氫彈陰影下是如此，面對愛爾蘭共和軍三十年的炸彈攻擊是如此，面對今日的自殺炸彈客依舊如此。

一九四一年五月十日那天晚上，有多達一千四百八十六名倫敦人死亡，一千八百人受傷，一萬一千棟房屋被毀。四百架轟炸機利用明亮的月光前來轟炸。「倫敦就像一鍋煮沸的番茄湯。」一名德國空軍駕駛員回憶說。英國戰鬥機從西馬林（West Malling）機場起飛，地平線前方是大片可怕的橙色火光。西敏寺大教堂被擊中，國會議場無法使用，滑鐵盧車站被毀，大英博物館損失十五萬本書，聖瑪麗勒波教堂（St Mary-le-Bow Church）被夷為平地。有二千處發生火災，許多地方一直燒到第二天，單是那天晚上就有三十六名消防員喪生，二百八十九人受傷。但歷史學家認為，倫敦在這天晚上「成為自由世界的象徵，儘管傷痕累累，但未被打倒，一樣頑固堅強。」[54]

紐西蘭的英勇作為

宣戰後八小時，空軍上尉立奇菲德（F.L. Litchfield）就從紐西蘭北島的新普利茅斯（New Plymouth）起飛，要去轟炸黑爾戈蘭島外海的德國船艦。紐西蘭人在二次大戰中出生入死，儘管希特勒根本威脅不到他們的國家。自治領和他們下意識稱之為「祖國」的感情聯繫之深，讓紐澳人民根本不會去想到自私的「現實政治」。遠在一九四一年六月俄羅斯參戰以前，紐西蘭的轟炸機中隊就從挪威到義大利展開攻擊，尤其是在法蘭西戰役時攻擊德國。出身紐西蘭北島哈夫洛克北郡（Havelock North）的中隊指揮官柯曼（L.W. Coleman）在納粹黨遊行時轟炸慕尼黑，獲頒「傑出飛行十字勳章」；同樣出身北島泰晤士郡（Thames）的空軍中將帕克（Keith Park）是最後駕機從敦克爾克撤回英國的人；出身北島的空軍上尉史泰德（G.G. Stead）駐守在冰島，負責駕駛桑德蘭水上飛機（Sunderlands）保護船隊；空軍中尉帕特森（Ian Patterson）來自奧克蘭，負責駕駛美軍空中堡壘轟炸機（Flying Fortresses）到英國；厄普漢（Charles Upham）則是唯一兩次獲頒維多利亞十字勳章的人。

同盟國首位「王牌飛行員」是出身威靈頓的空軍中尉凱恩（E.J. Kain）；出身紐西蘭北島萬加努伊（Wanganui）的空軍上尉迪瑞（Alan Deere）獲頒傑出飛行十字勳章，共打下十七架德國飛機，但自己也在敦克爾克被擊落；空軍中校埃爾沃斯（S.C. Elworthy）在一九四一年一月獲頒空軍十字勳章，三月獲頒傑出飛行十字勳章，四月獲頒傑出服務勳章。紐西蘭有一支噴火式戰鬥機中隊，是紐西蘭老百姓集資捐款買的。他們把錢捐給他們心之所向。

早在俄羅斯參戰之前，紐西蘭人就在公海上以阿基里斯號對抗施佩伯爵將軍號，他們在五十艘船隊前頭掃雷，也參與進攻羅弗敦群島（Lofoten Islands）、海峽群島和其他敵占區。海軍上尉哈布代（G.M. Hobday）出身奧克蘭雷慕拉區（Remuera），只短短受訓五週就登上「阿佛烈國王號」（King Alfred）出海。他和五名武裝同僚在地中海登上敵方的拖網漁船，憑著有限的航海知識，他先把船開到直布羅陀，再返回到英國。「戰爭對紐西蘭的航運和紐西蘭水手造成重大損失，」紐西蘭總理福瑞澤在一九四一年六月十二日接到報告說，「許多人為了把大量食物運到英格蘭而喪命。」[55]

在一九四一年中，不但有紐西蘭軍團在希臘和克里特島作戰，紐西蘭人也出現在英國的民防部隊、女兵隊、醫院和婦女農業隊。有一位來自奧克蘭的羅德獎學金學者和他的太太在漢普斯特德（Hampstead）擔任空防隊員；一位來自但尼丁（Dunedin）的婦女在女子輔助空軍兵團（WAAF）擔任軍官；還有其他婦女加入本土輔助部隊（ATS）和皇家女子海軍（WRNS）。在俄羅斯參戰之前，英國並不是「孤身作戰」，而是和希臘及一幫忠心耿耿的自治領和海外領地共同抗敵。

福瑞澤在一九四一年六月到八月間訪問英國，參觀紐西蘭部隊的基地和「被炸到體無完膚的城鎮」，包括考文垂、伯明翰、利物浦、布特爾（Bootle）、艾伯丁（Aberdeen）。他在利物浦受到碼頭裝卸工人的歡迎，這些工人正忙著搬運來自紐西蘭的羊肉。（納粹接待訪客時，都不讓他們去參訪被嚴重轟炸的地區，認為這會影響士氣，但英國人卻鼓勵訪客去這些地方，這是很有趣的對比。）

在曼徹斯特，福瑞澤參訪了受損的皇家交易所、巡迴法院、教堂和皇家醫院。「在一處被嚴重轟炸的貧民區，他停下來跟婦女孩童談話，鼓勵大家。人們對他表示：『我們沒有灰心喪志。』」[56]出身蘇格蘭的福瑞澤接著去克萊薩（Clydeside）看轟炸的結果，然後再去格拉斯哥接受榮譽市民勳章，現場觀眾多達三千人，領唱國歌的是勞德爵士（Sir Henry Lauder）。

當希特勒對俄羅斯發動閃電戰，為雅利安民族尋求「生存空間」時，他以為「全世界都會屏住呼吸」。閃電戰的規模確實令人驚嘆，總共有三百六十萬德軍在二千英里長的前線發動攻擊，但英國人得到喘息空間，在獨力奮戰超過一年之後，總算不用再單獨對抗希特勒。

雖然從事後看來，希特勒的命運在一九四一年六月二十一日星期六發動「巴巴羅薩行動」時就已註定，但當時很少人這麼認為。我們今天都知道，要連續幾個寒冬深入幾千英里的草原和苔原入侵一個龐大而意志堅決的民族，幾乎是不可能成功的，但在一九四一年的夏天，知情觀察家都推測史達林撐不過幾個星期。美國參謀首長聯席會議推算：「德國將完全占領和擊敗俄羅斯，快則一個月，慢則三個月。」[57]但結果是，俄羅斯拖了將近四年時間，還擊敗了德國。

德蘇戰爭

在人類事務中，「非意圖後果法則」（the Law of Unintended Consequences）是唯一最接近鐵律的東西，史達林也沒料到《德蘇互不侵犯條約》反而讓希特勒得以在一九四一年六月放手進攻蘇聯。根據納粹和蘇聯的協定，蘇聯必須運送大批穀物、石油和其他原物料給納粹德國，史達林也嚴格履行。但史達林根本沒察覺到希特勒已把「巴巴羅薩行動」定於一九四一年六月二十二日星期天凌晨，而當時還有火車載著物資運往西邊。史達林不理會英國的警告，天真地相信納粹元首。直到六月十四日，蘇聯塔斯社（Tass）還發表聲明說：「關於德國想破壞協議進攻蘇聯的謠言是毫無根據的。」結果是讓一億八千七百萬蘇聯人民對即將發生的事毫無準備。

德軍進攻規模非常浩大，共出動一百六十二個地面師（約有三百萬人）在二千英里長的前線發動進攻，在飛機轟炸輔助下對蘇聯領土長驅直入，尤其是波克將軍（Fedor von Bock）的中央集團軍。到了七月中，德國戰車部隊已突進到明斯克（Minsk），二十九萬蘇聯軍人被俘，繳獲二千五百輛戰車和一千四百門大砲。到了該月底，斯摩稜斯克（Smolensk）也投降，十萬人被俘，繳獲二千輛戰車和一千九百門大砲。

史達林得知被盟友背叛後似乎心態崩潰了，足足有兩個星期無法正常視事。德軍的攻勢在一九四一年十一月和十二月被寒冬拖慢下來，但已占領大片俄羅斯在歐洲的領土。光是基輔陷落時，就有六十六萬五千名紅軍投降。列寧格勒（Leningrad）被包圍了九百天，出現了人吃人的現象，德軍甚至前進到莫斯科郊區的火車站。

接下來四年的戰爭是人類歷史上最激烈艱苦的軍事鬥爭，蘇聯紅軍英勇奮戰，蘇聯人民為祖國承受了絕大的苦難。在善惡二元對立的衝突下，兩支龐大軍隊的作戰範圍橫跨半個大陸，經常是一間房屋一間房屋、一條街一條街地打，交戰規則只能棄之不顧。歷史學家推估，在東方戰場有高達二千七百萬人死亡，其中高達九成是蘇聯人民。當然，俄羅斯人民對殘酷早就習以為常，史達林就處決或流放了七、八百萬人到集中營，「偉大的衛國戰爭」（Great Patriotic War）只是把這種恐怖擴大。

即使在俄羅斯被入侵後，史達林也沒有停止殘民以逞。為了在紅軍灌輸紀律，蘇聯政委對成千上萬軍人發動清洗。歷史學家畢佛（Antony Beevor）為其暢銷書《柏林淪陷》（*Berlin: The Downfall*）做研究工作時，在波多利斯克（*Podolsk*）的俄國國防部檔案館發現多達一萬三千五百名軍人的檔案（超過一整個師的人數），這些人都是被自己人射殺，理由是膽小、開小差、喝醉酒、「煽動反蘇」和叛國。[58]就算抵抗無望而向德國人投降也算是「叛國」。

莫曼斯克船團

一九四二年的秋冬，德軍在史達林格勒戰役（Battle of Stalingrad）中失去了五十萬人，德國的勢頭自此遭到扭轉而被迫改採守勢；而俄國這頭，史達林決心要在凡是紅軍踏過的國家都成立親蘇聯的政權。俄羅斯所「解放」的任何領土都不容許有真正的獨立性，因而言論自由被粉碎、反對黨被逮捕、民主被鎮壓。史達林手上有八百萬紅軍，可以為所欲為。

儘管如此，在希特勒入侵俄羅斯後，英語民族仍必須盡全力幫助蘇聯。一九四一年八月十二日，正當邱吉爾和小羅斯福在紐芬蘭普拉森西亞灣（Placentia Bay）討論如何援助俄羅斯，由四十架飛機組成的兩支英國戰鬥機中隊已搭乘「百眼巨人號」（Argus）航空母艦從英國開往莫曼斯克。在紐西蘭空軍中校拉姆斯博頓—伊瑟伍德（Ramsbottom-Isherwood）指揮下，他們抵達波利亞爾內（Polyarnoe）的蘇聯海軍基地，這裡將成為未來四年同盟國軍援物資的大型接收港口。儘管在一九四一年夏天時，皇家空軍為了防空作戰浪費不得一架飛機，還是把飛機運過去幫助危在旦夕的蘇聯。

這是一條被稱為「死亡之旅」的航路。在二次大戰期間，由七十五艘船組成的「北極船隊」，在一九四一到一九四五年間負責替俄羅斯整補，每一趟都要面對德國的猛烈攻擊和殘酷的天氣。為了讓蘇聯人有資源在東線戰場上打敗希特勒，總共有超過三千名英國人為此犧牲。

從一九四一年八月到戰爭結束，英語民族送給紅軍多達五千輛戰車、七千架飛機，還有大量重要戰略物資，例如五千一百萬雙軍靴。這些東西讓俄羅斯在最危急的時刻能撐得下去。每支船隊都是以ＰＱ加上數字作為代號，第一批船隊是從冰島出發，經過熊島（Bear Island）到莫曼斯克和阿爾漢格爾（Archangel）。ＰＱ一號船隊在九月二十八日出發，船上有史達林要求的軍用物資和大量關鍵原物料，包括橡膠、銅和鋁。緊接著，邱吉爾宣布英國在九月生產的所有戰車都要送去給俄羅斯。蘇聯急需這些戰車，因為納粹在十月二日就發動代號「颱風行動」（Operation Typhoon）大舉進攻莫斯科。

一九四一到一九四二年的寒冬，既摧毀了希特勒把俄羅斯歐洲領土變成雅利安人殖民地的大夢，也讓北極船隊大為困擾。老兵後來回憶說就連呼吸都會結冰，還要定時在刺骨寒風中登上甲板去除結冰，以防止船隻傾斜。航行路線也驚險萬分，要花十七天繞過挪威和芬蘭上面的北角，穿過北極的風暴和危險的浮冰，同時還要面對德國的轟炸和潛艇攻擊。

但隨著時間過去，運送的次數不但沒有減少，反而增加。一九四一年十月十二日，二十輛重型戰車和一百九十三架戰鬥機運到，一星期後又有一百架戰鬥機、一百四十輛重型戰車、二十把布倫輕機槍、二百把反戰車步槍和五十門重機槍運到莫曼斯克。三天後，又有二百架戰鬥機、二十輛重型戰車運到。在激烈的東線戰場上，紅軍愈來愈大量使用同盟國的彈藥和裝備。

一九四二年五月十四日，千里達號巡洋艦在護衛同盟國船隊到莫曼斯克途中，被德國魚雷轟炸機在熊島西面擊沉。八十名水手喪生，二十人受傷。而在兩週前，愛丁堡號巡洋艦也在這條路線上被擊沉。但在那個月內，有超過一百艘船成功抵達目的地卸下珍貴的軍火，而德國人正在此時對史達林格勒發動主要攻勢。

一九四二年七月四日，歷史學家所說「戰爭史上最大挫敗之一」的事件發生了。事情發生在德國潛艇和飛機發現ＰＱ十七號船隊的三天後。這是一支龐大的船隊，有二十二艘美國船、八艘英國船、二艘蘇聯船、二艘巴拿馬船、一艘荷蘭船，由六艘驅逐艦和十五艘其他武裝船艦護衛。七月四日一早，四艘商船被漢克爾魚雷轟炸機擊沉。第一海務大臣龐德上將（Dudley Pound）怕有四艘德國戰艦往船隊趕來，其中包括鐵必制號戰艦，遂下令ＰＱ十七號船隊要分散而行。

德國艦艇原被下令要去攔截船隊，但後來又被下令調頭。四散的船隊被飛機和潛艇無情地逐一攻擊。同盟國船隻有十九艘被擊沉，只有十一艘抵達阿爾漢格爾。船隊在六月二十七日從冰島出發時載了十五萬六千五百噸貨物，其中九萬九千三百噸沉入海中，包括五百九十四輛戰車中的四百三十輛。有多達一百五十三名水手死在海中。三天後又發生悲劇，ＰＱ十三號船隊在冰島外海誤闖英國水雷區，五艘船隻沉沒。這類嚴重挫敗在戰爭中還發生很多，例如ＰＱ十八號船隊中的四十艘船有十三艘沉沒，雖然它已經盡量撐過敵人的砲火，還擊沉了四艘德國潛艇和四十一架飛機。

同盟國直到一九四三年末才開始能在北極圈順利行動。該年十一月和十二月，三支東向和兩支西向的船隊毫髮無損地抵達目的地。德國海軍元帥鄧尼茲（Karl Dönitz）派出德國重巡洋艦「沙恩霍斯特號」（Scharnhorst），試圖取回第三帝國的優勢。然而在本土艦隊弗雷澤上將（Bruce Fraser）及貝爾法斯特號的伯奈特少將（Burnett）的優秀指揮下，沙恩霍斯特號在節禮日（Boxing Day）被擊沉。德國海軍遭到重創之時，在東線戰場上也被紅軍大大挫敗。

美國的孤立主義

小羅斯福和邱吉爾在紐芬蘭普拉森西亞灣會談後簽署了一份宣言，《每日先驅報》在兩天後稱之為《大西洋憲章》（Atlantic Charter）。他們宣布將以八項原則「作為未來更美好世界的基礎」。美英兩國皆不得「以不符合人民意願」的方式擴張領土或改變邊界，兩國都尊重「所有民族選擇他們願意生活於其下的政府形式之權利」。兩國將致力於公平貿易、促進戰勝國和戰敗國的經濟發展，而在「納粹暴政最終毀滅後」，兩國將建立和平，「讓所有地方的所有人都能免於恐懼和匱乏的生活」。如果今天還有什麼總統和首相會簽署這種文件，一定會被嘲笑是新保守主義和烏托邦空想。但這是小羅斯福的政治勇氣，敢在孤立主義於美國方興未艾、美國依然保持中立之際，預見到「暴政」的「最終毀滅」。

飛行英雄林白（Charles Lindbergh）是小羅斯福的孤立主義對手，他標榜許多美國人依然奉行不渝的華盛頓告別演說的原則。一九二七年五月二十日到二十一日，二十五歲的林白以三十三個半小時飛了三千八百英里，從紐約抵達巴黎。各報紙頭條歡聲雷動，例如「百萬紐約人歡呼他的成功」、「史上最偉大體育賽事圓滿落幕」、「人潮湧動街頭歡呼」、「婦女激動流淚」。[59]他是當時全世界最出名的人。他在全美的勝利巡迴之旅吸引了三千萬人，這是美國人口的四分之一。國王和總統巴結他，婦女們也為他神魂顛倒。今日的名人完全無法和他相比。畫家洛克威爾（Norman Rockwell）把「幸運的林白」（Lucky Lindy）畫成半神半人，單純、直接而自信。[60]小羅斯福很難對付這樣的人。一九三二年，林白二十個月大的金髮、捲毛小兒子被人撕票，這讓他更受歡迎，尤其是婦女。嬰兒被綁架前躺在嬰兒床上的新聞照讓很多人心碎。

儘管林白自稱只是一介平民，但他在一九二七年那次飛行十四年後加入孤立主義的反戰「美國優先委員會」（America First Committee），用他的魅力和名聲對小羅斯福的國際主義陣營造成極大打擊。林白堅信英國會輸掉戰爭，造成極大影響。一九四一年九月十一日，他在愛荷華德梅因（Des Moines）的「美國優先」大遊行中發表演說，直指有一些「有力人士」想把美國「捲入」歐洲事務，這些人就是「英國人、猶太人和小羅斯福政府」，還有「一些資本家、親英人士及知識分子」。[61]林白說：「這個國家的猶太社群應該盡全力反對戰爭，而不是煽動戰爭，否則他們就是首先嘗到戰爭苦果的人……他們對這個國家最大的危害，就在於他們對電影、報紙、廣播和政府有大量的所有權和影響力。」儘管林白講過這種極端言論，但戰後還是在一九四九年獲頒國會榮譽獎章，一九五四年獲頒普立茲獎。

就在林白於德梅因演講那天，小羅斯福宣布他已簽署一項當場格殺的命令，授權美軍船艦只要認定對方有敵意，就可以對其開火。傑賽普（Philip C. Jessup）、科溫（Edwin S. Corwin）、威爾伯（Ray Lyman Wilbur）、比爾德（Charles A. Beard）、西科爾斯基（Igor Sikorsky）等知名人士公開連署表示，這項命令「大大危害了國會的憲政權力和多數統治的民主原則」，但這項命令照樣實施。小羅斯福在一九四一年十月要求修改《中立法案》，讓美國商船武裝起來，並允許軍艦開進交戰區。最後，小羅斯福成功修法，眾議院只差十張票就可以擋下他，這足可見雙方爭辯的激烈程度。

珍珠港

「除非轟炸機能飛越大西洋，否則美國不會相信兄弟間的情誼。」英國學者馬丹曾如此嘲諷美國人。但結果是日本轟炸機飛越太平洋而非大西洋去攻擊美國。與其說這讓美國發現原來真有兄弟情誼這回事，不如說是本能地加強了英語民族的感情。當珍珠港被偷襲的消息傳到切克斯莊園後（是透過廣播而非官方管道），邱吉爾在一個小時內就對日本宣戰。

日本人派了三百四十三架飛機去轟炸美國海軍基地，只損失了二十九架，還有一艘潛艇和一艘迷你潛艇。美國損失慘重，但兩艘航空母艦當時都在外海巡弋毫髮無損，此後成為美國反擊的核心力量。一百八十八架美國空軍飛機被摧毀，一百五十九架受損，二千四百零三名美軍喪生。在當時停在港口的戰艦中，亞歷桑那號被擊沉；奧克拉荷馬號翻覆；西維吉尼亞號和加利福尼亞號直立下沉，但好幾個月後被修復；內華達號擱淺；馬里蘭號和田納西號雖然受損，但很快又能服役。此外，日本人沒有擊中巨大的航空油槽，假如這些油槽爆炸的話會重創港口。[62]這次攻擊雖然嚴重，但並沒有如日本人期望的一擊致命。

第二天，小羅斯福在國會發表演說：「昨天，一九四一年十二月七日——它將永遠是恥辱的一天，美利堅合眾國遭到了日本帝國海空軍預謀的突然襲擊。」但日本不經宣戰偷襲珍珠港未必就是「恥辱」，畢竟邱吉爾也曾在一九一四年十一月三日下令砲擊達達尼爾海峽的堡壘，兩天後英國和法國才對土耳其宣戰。在戰爭中，至少在二十世紀的戰爭中，讓敵人措手不及比紳士風範更重要。

同樣地，我們也不可說美國太晚加入二戰，因為這本來就不干美國人的事，是日本和德國把事情變成如此。英國和法國加入克里米亞戰爭是在開戰一年以後，很少有人會指責這兩國拖拖拉拉。一個國家若是打不必要的戰爭，不如好好準備去打明知躲避不了的戰爭。小羅斯福知道總有一天美國非打不可，全力在法律許可的範圍為美國做好準備，這正表示小羅斯福有遠見、政治勇氣和領導能力。

然而，英語民族確實對日本人存有種族優越感，所以才不害怕日本的陸軍和海軍，尤其是空軍。日本人在一九〇五年打贏對馬海峽海戰，本就不該被低估。但當時卻普遍認為日本人天生近視眼，不適合開戰鬥機和轟炸機。英語民族這種態度就和一九一五年的英國戰事會議一樣，在加里波利戰役中「願意一賭土耳其軍隊戰鬥素質低落」。

希特勒在一九四一年十二月十一日星期四對美國宣戰，此舉不但是自殺，更是毫無必要。德國沒有條約義務要支持日本，事先也沒有被告知，根本沒有道德義務（假如道德義務是元首會考慮的東西）。不像波蘭、法國、挪威或英國，美國是根本無法入侵的國家，德國根本沒有足夠的軍隊去占領美洲大陸，所以元首最多只能希望長期僵持。假如美國沒有跳進來打德國的話，英國就不可能在一九四三年和一九四四年入侵歐洲大陸，而如果沒有美國空軍的協助，英國的戰略轟炸也會大大失效。此外，希特勒本可以在西線維持最少量的部隊，把德軍全部用來對付紅軍，而紅軍也不會得到美國那麼多戰略資源。

很難知道希特勒宣戰時心裡在想什麼，但此舉正中小羅斯福下懷。（在國會演說中，總統幾乎沒有提到希特勒或德國）。我們從希特勒未出版的《我的奮鬥》續作中可以找到一些線索。這本書有一大部分在講美國，說納粹黨必須讓歐洲準備好與美國決一死戰，他認為這是無可避免的。

當歷史學家爭辯希特勒為什麼要在一九四一年十二月對一個他明知軸心國不可能入侵、更不可能征服的國家宣戰時，應該去翻翻這本高度爭議著作的第九章。這本書搭配上《我的奮鬥》、他在貝格霍夫（Berghof）的「餐桌談話」、他的軍事會議逐字稿，可以窺見元首的病態心理是如何看待美國。

該書各章名稱就透露出希特勒對外政策思想的殘酷無情。第二章名為「拯救生命的是戰鬥，不是工業」；第三章名為「種族、衝突和權力」；第六章名為「從帝國統一到空間政策」；第十章名為「沒有什麼叫中立」，諸如此類。只有永不饜足的人才會把第九章名為「沒有什麼叫邊界政策，沒有什麼叫經濟政策，沒有什麼叫泛歐洲」。[63] 獨裁者只能接受徹底勝利。難怪希特勒在掌權之前並不想出版這第二本書。

這本書雖然有大量希特勒風格的用語，例如「任何不想在歷史上成為錘子的人都只能成為砧板」，但也有一些風格迴異的東西。例如在這段話中，希特勒看似和平主義者：「戰爭的目的若是不值得失去的鮮血，那就是對人民的冒犯，也是對未來人民的犯罪。」希特勒還有點像馬克思主義者：「英格蘭需要為商品找到市場和原料來源。這就是英國殖民政策的根本所在。」希特勒也有點像陳腔濫調的現代政治人物：「政治就是在創造歷史。所謂民族，就是大量約略平等的個體的集合。民族的力量來自於其組成個體的品質。」希特勒還讚賞一七七六年的精神：「那些在一百五十年前移民到美國的農村男孩，就是他村子裡最有決心和最勇敢的人。」元首還有一些類似企業管理的個人哲學：「在日常生活中有明確人生目標，無論如何都要努力達成的人，永遠要比沒有目標的人優秀。」

希特勒自己的「人生目標」非常明確。「任何反對德國的聯盟都一定源自法國」，所以擊垮法國乃是未來每一位德國總理的第一要務。我們已經提過，希特勒沒有輕忽美國資本主義的實力。他明白福特汽車公司能和對手削價競爭，能夠既便宜又有效率地大規模生產。他明知美國主宰全球汽車產業的能力，「對未來有無可估量的重要性」，卻不用在地緣政治分析上，偏偏要向如此巨獸宣戰。如果美國人能製造這麼多汽車，他們又怎麼沒辦法製造更多的槍、戰車和飛機呢？

在一九二八年的十四年之後，希特勒對美國宣戰，開始儀式性和常態性地詆毀美國的種族結構。他在一九四二年一月七日晚上說：

> 我看不到美國人有什麼未來。我認為這是一個墮落的國家。他們有種族問題，有社會不平等的問題……美國社會的行為顯示這是一個半猶太、半黑鬼的社會。這種國家怎麼可能撐

下去呢……這種一切都建立在金錢上的國家？[64]

希特勒關於美國的夸夸其談有很多，有些完全偏離事實。他似乎以為美國人收入有百分之八十「都進了公家口袋」，但事實上在一九四一年時，聯邦稅收僅占國內生產毛額的百分之七點六。希特勒從未去過美國，他狂妄地向美國宣戰，也許只是在催眠聽眾和自己去相信最後會取勝。

一九四一年十二月十一日，希特勒的午餐談話討論到美國人的戰鬥力。哈爾德將軍（Fritz Halder）根據他在一次大戰的經驗，不屑地說：「美國軍官和普魯士完全沒得比，他們只是穿了軍服的生意人在苟且偷生。對於戰爭之道他們還差得遠。」[65]幾天後，希特勒跑到侍從官林格（Heinz Linge）的房間聽流行音樂廣播，他的武官施蒙特中將（Rudolf Schmundt）正在和林格品嘗杜松子酒。「給你看，施蒙特。」希特勒拿給他一份潛艇擊沉船隻的報告說，「你懂得對美國宣戰有多大好處了吧？我們現在可以放手攻擊。」然後希特勒「對美國人大肆貶抑。說美國車從未贏過國際巡迴賽；美國飛機看起來不錯，但引擎很爛。認為這證明美國工業被過分高估。它們的性能沒有很好，只是一般水準，優勢就是會打折而已。」[66]但元首實在低估了美國的工業實力，這也讓他完全低估了對手。考量到美國對德國在一九一八年戰敗所起的作用，而且希特勒當時就在西線作戰，這種低估就更令人驚訝了。

第九章

團結與奮戰

一九四二至一九四四年

我們喚醒了沉睡的巨人，他絕對會找我們復仇。

——山本五十六將軍（Isoroku Yamamoto），一九四一年十二月

我們納粹黨從來不會假裝成善良民主人士。問題是，英國人平常看來像綿羊或主教，但時候一到才知道完全是假的，他們會變成很強悍的民族。

——里賓特洛甫的私人祕書史皮茲（Reinhard Spitzy）[1]

馬歇爾將軍與陸軍元帥布魯克爵士

小羅斯福和美國總參謀長決定先擊敗德國，再集中力量對付日本，這可說是美國在二十世紀最偉大的政治卓見。很多人不贊同這點，畢竟日本已經攻擊珍珠港，而德國到當時為止都刻意避免攻擊美國。日本距離美國比較近，在偷襲珍珠港的第二天就占領了關島和威克群島，並進攻菲律賓（馬尼拉在一九四二年一月淪陷）。美國報紙和輿論都呼籲要立刻懲罰日本的「卑劣行徑」。但小羅斯福和馬歇爾將軍（George C. Marshall）堅定不移，決定先在太平洋打圍堵戰，等打敗德國後再來打垮日本這個「旭日帝國」。

三軍統帥和參謀首長聯席會議主席準確意識到德國比較強，威脅比較大，決定先解決德國再說。於是，不管看起來多麼不合理，美國在幾千英里之外的太平洋上受到攻擊，但居然先在非洲向極權主義的軸心國家動手。當然，邱吉爾和史達林都迫切希望美國採取「德國優先」政策，但這也符合美國的利益。儘管美國要兩線作戰（這是所有戰略家的惡夢），但美國很快就證明它有足夠的財力、工業實力、人力及地理上的安全優勢，把兩個戰場都打贏。

在二戰同盟這段時間，邱吉爾和小羅斯福在九個地方總共相處了一百二十天（超過四個月）。[2]在一九四二年秋，美國對戰爭的貢獻要比英國大很多，不論就人力、金錢還是物資來說，但邱吉爾往往能主導西方同盟的重大戰略議題，這一點頗令人訝異。尤其是，他在一九四二年夏天和秋天說服美國人不要在一九四三年跨過英倫海峽登陸歐洲。[3]雖然邱吉爾從一九四三年後開始意識到自己不過是小老弟，而且常常為此不爽，但邱吉爾還是頑強地堅守立場。邱吉爾通常都能得逞，只有在雅爾達會議時沒有在史達林和小羅斯福之間搞操作的空間。

英語民族之所以能採取如此高明的總體戰略贏得二戰，原因之一是美國總參謀長馬歇爾將軍和英國的布魯克爵士（Sir Alan Brooke，一九四四年後升為陸軍元帥）很早就建立了有效的工作關係。馬歇爾出生在賓州的尤寧鎮（Uniontown），畢業於維吉尼亞軍校（而不是西點軍校），從一九〇一年開始在菲律賓服役。他很早就展現非凡的領導才能和組織天分。在一次大戰前，他的上司哈格德中校（Johnson Hagood）被問到他是否希望馬歇爾在他麾下服務。哈格德回答道：「是的。但我更希望在他麾下。」[4]

在一戰時，馬歇爾是美國第一軍的作戰部長，官拜上校。在一九一九到一九二四年間，他擔任潘興將軍的副官，和潘興彼此欽佩，友誼深厚。雖然馬歇爾的官階排在二十一名少將和十一名准將之後，但在一九三九年九月一日德國入侵波蘭的第二天，他被任命為美軍總參謀長。他上任時美軍只有十七萬四千人和一千零六十四架飛機，但到了一九四五年，這支軍隊在他帶領下已暴增為八百三十萬人和六萬四千架飛機，這是人類史上最快速和最龐大的軍事動員。

布魯克是英裔愛爾蘭人，出生在法國的巴涅爾—德比戈爾（Bagnères-de-Bigorre），畢業於伍利奇皇家軍事學院（Royal Military Academy, Woolwich），一九〇二年加入皇家砲兵團，在一戰時擔任總參謀部軍官。他在敦克爾克撤退時指揮英國遠征軍第二軍團，填埔比利時投降後而暴露的左翼空缺。後來當上戰爭大臣的格里格爵士（James Grigg）曾說：「幾乎眾口一詞都說，當時多虧了他的專業和果斷，他自己的軍團和整個英國遠征軍才不致在撤退時覆滅。」後來他擔任國土防衛軍司令抵抗敵人入侵，然後在一九四一年十二月當上帝國總參謀長。

在戰爭期間，馬歇爾和布魯克爭吵不斷，但兩人總能互相溝通，因為他們都認為應該由軍人而不是由政治上的老闆來掌控總體戰略，兩人都能理解互相合作遠勝單打獨鬥。儘管兩人對進攻時機的看法大相逕庭，但馬歇爾接受布魯克對於最終打贏戰爭的總體戰略。在一九四二年四月十七日的日記中，布魯克對此有概括描述：

> 如果俄羅斯崩潰，德國就會把部隊主力集中在法國，那進攻（歐陸）就非常不可能。在這種情況下，我們唯一的希望就是非洲戰場。但無論在何種情況下，當我接下總參謀長一職時，我就認為事情的順序應該是這樣的：
>
> （1）解放非洲。
>
> （2）打開地中海，讓運輸量達到百萬噸。
>
> （3）打垮義大利，進逼歐洲南部。
>
> （4）唯有在做到上述幾點後，如果俄羅斯還撐得住，再來解放法國、入侵德國。[5]

因此，勝負關鍵就在俄羅斯能否撐住東線戰場。如此一來，英語民族的進攻順序就是北非、義大利、法國、德國。這個戰略在一九四三年一月十四日到二十三日的卡薩布蘭加（Casablanca）「象徵」會議中獲得確認。雖然美國比英國更想早點進攻法國，但在接下來的西線戰場上，這個戰略屹立不搖。邱吉爾本想改變戰略，在打下北義大利後想接著進攻巴爾幹半島和奧地利，但小羅斯福和馬歇爾明智地加以否決。

布魯克的日記內容相當尖刻，頗損其名聲，但對歷史學家和讀者大眾來說卻相當有趣。雖然他和馬歇爾在戰略上的看法一致，但他對馬歇爾的私下評論卻不比對別人和善。英語民族大戰略的兩位最高制定者雖然合作順暢，但檯面下的恩怨情仇卻波濤洶湧，尤其是這位道貌岸然的阿爾斯特人在當大英帝國總參謀長時。

經常有人說贏家撰寫歷史，但事實上，寫日記的人也在寫歷史。布魯克的日記確實極為刻薄。一九四二年四月十五日就有一條典型的記載：

> 午餐後，我在辦公室花了近兩小時向馬歇爾解釋我們的看法。我覺得他是很會帶兵的將軍，是軍方和政界很好的溝通橋梁。但他的戰略能力我真的不敢恭維！他非常有魅力，但在很多方面又非常危險！

但我們不該從字面上理解布魯克對馬歇爾的譏嘲，畢竟馬歇爾是被邱吉爾譽為「勝利締造者」的人。我們不妨把他的日記看成是這位大英帝國總參謀長在渲洩嫉妒情緒。

布魯克幾乎無人不批評，除了史末資將軍和史達林。他似乎很崇拜史達林。他認為亞歷山大將軍（Harold Alexander）「目光短淺不識大局」，巴頓將軍（George Patton）「毫無專業和判斷能力」，艾登「像個易怒的小孩」，戴高樂是「害蟲」。艾特肯是「對溫斯頓影響最惡劣的邪惡天才」。魏剛將軍「只想飛黃騰達」，蔣介石「對戰爭一竅不通」，利特爾頓（Oliver Lyttelton）「腦袋空空」，史迪威（Joseph Stilwell）「只是毫無主張的沒用怪胎」，伏羅希洛夫元帥（Kliment Voroshilov）「完全沒有戰略眼光」，莫里森「看上去只是白面書生！」最後，蒙巴頓勳爵在擔任東南亞戰區盟軍最高指揮官時也是「顛三倒四」。[6]

美國人也不會任由英國人嘲弄。美國是與大英帝國奮戰才誕生的，完全可以理解美國人對大英帝國毫不掩飾的輕蔑，尤其是當大英帝國在遠東開始崩塌時。蒙巴頓勳爵的東南亞司令部（SEAC）被戲稱為「拯救英國亞洲殖民地部」（Save England's Asian Colonies），小羅斯福也會嘲笑邱吉爾貪戀杯中物。知名歷史學家索恩（Christopher Thorne）把戰時的英美關係總結成他的書名——《權宜下的同盟》（*Allies of a Kind*）。

布魯克的戰時日記經常對邱吉爾表示不滿甚至輕蔑，但其中有一段話值得在這裡引述。這位大英帝國總參謀長在戰後寫道：

> 在這段艱苦的歲月中，我一直對他在戰爭初期做的事滿懷崇敬和感謝。對這樣一個天才和超人，你不能不感到最深的敬意。對於他好的一面，我也總是深受感動。在讀這些日記時必須要知道，我和他有一段很長的磨合期，我寫這些日記只是因為我必須壓抑不滿的情緒，而這些情緒無法和他人分享。[7]

布魯克認為馬歇爾在一九四二年四月的「危險」之處在於，他「百分百一頭熱」想要進攻法國，因為金恩上將（Ernest King）「快要用盡彈藥，一直催促陸軍要拿下一些基地」，而從菲律賓撤離到澳洲的麥克阿瑟將軍則請求讓他兌現他的承諾。他在三月二十日下令撤到澳洲時曾對《紐約時報》說：「我再說一遍，我會回來的！」

布魯克承認，馬歇爾堅持要跨過英倫海峽登陸歐洲是「既符合當前政治輿論，又能幫助俄羅斯的聰明之舉。軍方也有很多人想採取攻勢策略。」但布魯克還是挖苦地說：「他以為這不過是登陸一個遠方的海灘而已！我們是要去玩百家樂或是要搭火車去勒圖凱（Le Touquet），還是要去巴黎塞納河邊曬太陽，這都沒計畫。我今天下午問他，我們登陸後要往東、往南還是往西走？他連想都還沒開始想！」[8]（布魯克可能並沒有問是否要往西走，因為這就等於回到英倫海峽，但他點出了問題。）

經過邱吉爾、小羅斯福、馬歇爾和布魯克錯綜複雜的互動，軍人和政客、美國人和英國人終於對何時跨越英倫海峽達成共識。少有歷史學家會認為如果使用不同的戰略就能早點結束戰爭。像格里格的《一九四三：錯失的勝利》（*1943: The Victory That Never Was*）這種作品很少，爭議性也很大。雖然反對英美特殊關係這種說法的人，喜歡強調大西洋盟國在戰爭時的戰略觀點分歧，但走向最終勝利的最高戰略概念是大家都有共識和奉行的。考慮到問題之艱巨和人命損失之慘重，二次大戰的最高戰略確乎是英美民族的偉大成就。

如果再考慮到邱吉爾被迫承認他所鍾愛的大英帝國被另一個強權取而代之，這項成就就更顯偉大。布魯克在戰後寫到，在一九四三年十一月時，「溫斯頓對美國軍力極速發展超越我國極為憤慨。他對我們得放棄初期的主導地位感到不平。」[9]這樣剖析邱吉爾的心態並不公允，但邱吉爾對他鍾愛的帝國在戰後秩序中只能當小老弟當然很不滿。他也不是會控制怒氣的人。不過，雖然美國生產戰爭物資能力是毋庸置疑的，但直到一九四四年夏天，英國和大英國協國家與敵人交戰的部隊都要比美國來得多。[10]

澳洲仰望美國

一九四一年十二月二十七日，小羅斯福和邱吉爾在華府，香港在兩天後陷落，《墨爾本先驅報》刊出澳洲總理柯廷致澳洲人民的新年文告。他說：「我要毫無保留地宣布，澳洲從此只能仰望美國，不管我們和英國的關係或血緣有多麼緊密……我們將全力制定一個以美國為支柱的國防計畫。」這種說法比孟席斯在一九四〇年五月和六月對小羅斯福說的話要更進一步。研究澳洲對外政策的歷史學家指出，這番話很自然地「激怒了邱吉爾，讓倫敦感到疑慮，並在澳洲內部激起爭議。」[11]

邱吉爾惱怒的程度可見於他的醫生莫蘭（Charles Moran）的日記。雖然這本日記有一部分是事後追憶寫成的，並不完全可靠，但一九四二年一月九日這段記載應該是可信的：「首相非常火大。他告訴我們他已密電柯廷……馬來亞的情勢讓澳洲擔心被入侵……倫敦被轟炸都不緊張了，澳洲是在緊張什麼？」事實上，這封電報在發出前就被大大潤飾過。如同莫蘭所說，邱吉爾對澳洲的總體態度是：「他喜歡那裡的人，敬重他們是英勇的戰士。」不只有澳洲人擔心被入侵。一九四二年一月二十七日，史都華（Michael Stewart）在布魯克斯俱樂部和勞倫斯（John Lawrence）對賭，賭「澳洲大陸將在從今天開始六個月內被日本入侵」。

《雪梨晨鋒報》（*Sydney Morning Herald*）批評柯廷的言論「糟糕透頂」，《坎培拉時報》（*Canberra Times*）則說「符合現實」和「毫不含混」。[12]事實上這三種說法都是對的，也標示了澳洲世界觀的根本轉向。澳洲人已經察覺權力轉移的現象，務實地從一個衰落的英語民族轉向另一個崛起的英語民族尋求保護。但這番言論並沒有動搖到華府和倫敦。六個月後，柯廷發現阿卡迪亞會議（Arcadia Conference）早已定下「德國優先」的方針。如果柯廷聰明一點，就不該公開說出反正本來就會發生的事。

澳洲在二戰中有三萬九千七百九十八人陣亡，在二十世紀兩次大戰加起來共陣亡超過十萬人，而這個國家在一九三九年只有七百萬人口。澳洲戰爭紀念館的牆上刻著從一八八五年蘇丹戰爭以來每一位陣亡者的名字。從維多利亞十字勳章在一八五六年開始頒發以來，澳洲人共獲得九十六枚，其中五十八枚放在這座紀念館。這是個相當令人動容的紀念處所。

一九四二年國情咨文

在一九四二年一月六日星期二的國情咨文中，小羅斯福總統提出美國的戰爭生產指標。他的一位傳記作者說：「在他十幾次國會演說中，這是獲得掌聲最大的一次。」[13]他們歡呼得沒錯。小羅斯福提出的指標很驚人，包括一九四二年要生產六千架飛機，一九四三年要提高為十二萬五千架；一九四二年要生產四萬五千輛戰車，一九四三年要提高為七萬五千輛；一九四二年要生產六百萬噸商船，隔年要提高為一千萬噸。在他提出的五百九十億美元預算中，有五百七十億用在軍事支出。「這些數字，」小羅斯福對著國會大廳說，「會讓日本人和納粹明白他們偷襲珍珠港的後果。」

結果是，這些目標不但達成，而且遠遠超過。整場戰爭結算下來，美國動員了一千四百九十萬人，超過德國的一千二百五十九萬人，是日本七百四十萬人的兩倍。美國花費三千五百億美元，超過德國的三千億美元，俄羅斯的二千億美元，英國的一千五百億美元和日本的一千億美元。[14]美國把龐大的工業實力轉而生產軍備，把美國人民無限的精力用來製造同盟國得以打敗軸心國的工具。這不只是因為日本人的卑劣行為激起了美國人怒火，還因為小羅斯福意識到歷史正處在轉捩點。一九二八年，他在《外交事務》季刊發表文章說，在一九一九年重回孤立主義之後，美國唯有透過國際合作才能「重拾世界的信賴和友誼」。藉由把美國變成對抗法西斯的兵工廠，他希望把美國拉回到積極參與的國際主義路線。

一九四五年二月，邱吉爾、小羅斯福和史達林等「三巨頭」在雅爾達共進晚宴，大家共舉杯了四十五次。史達林承認，在一九四一年時，小羅斯福總統的國家「並沒有被入侵的危險，但他對國家利益的見解高瞻遠矚，儘管他的國家沒有受到直接威脅，他還是動員全世界對抗希特勒。」[15]這番告別之詞既有智慧，也相當寬厚。

為了達成雄心勃勃的生產目標，小羅斯福在一九四二年大幅擴權，控制了美國的經濟和社會。在一月時，美國生產管理局（ＯＰＭ）禁止銷售新汽車和小貨車，把汽車工業都轉去製造軍用車輛（美國當時有三千八百八十萬輛私人汽車，英國只有二百二十萬輛）。二月十日是生產汽車最後一天，一直到一九四五年為止。各廠商轉而全力製造戰車、飛機和各種設備。一九四二年四月，生產管理局被授權可以規定除農產品外所有商品的固定價格，在超過三百個城鎮規定房租上限，影響到八千六萬美國人。此外還設立經濟穩定局（OES）來監管工資和薪水，設立物價管制局（OPA）來規定價格。十月三日，這些單位獲得國會授權凍結物價、工資和房租。

輪胎和汽油採配給制以維持橡膠存量；糖和咖啡也採配給制。從一九四二年二月九日開始，時鐘被調前一小時以節省日光，一直維持到今天。六月時，戰爭資訊局（OWI）成立，負責監管美國的新聞和廣播宣傳。隔月，國會批准成立「婦女急難志願隊」（WAVES）以補充美國海軍後備人力。該年稍晚，海岸防衛隊也建置婦女後備人力，名為「隨時待命隊」（SPARS）。

這段時期有一項高度爭議的行政措施，那就是小羅斯福簽署了九〇六六號行政命令，下令拘留住在美國西岸的日本國民和日裔美籍人士（加拿大的類似措施是把家庭拆散）。[16]雖然聯邦調查局並沒有證據說這些人是第五縱隊，但在當時緊急情況下是完全可以理解的。英國在一九四〇年也對境內的德裔和義裔社群做了同樣的事，被拘留者都未受任何罪名指控。（一九八八年，雷根政府正式向被拘留者或其後人道歉，補償了十六億美元。）

美國人把熱情、精力和專業投入到戰爭，創造出一些令人驚訝的成果。美國陸軍不到九個月就開通了阿拉斯加高速公路（Alaska Highway），路長一千五百二十三英里，從英屬哥倫比亞的道森河（Dawson Creek）直達阿拉斯加的費爾班克斯（Fairbanks）。波音B－29轟炸機「超級堡壘」（Superfortress）正式啟用，這款飛機共製造二千一百八十架，隸屬美國陸軍飛行隊。一九四二年十月，美國第一架噴射機貝爾XP-59A在加州慕洛克湖（Muroc Lake）成功試飛，美國勞工聯合會（AFL）和產業工會聯合會（CIO）也都發表愛國宣言，承諾在戰爭期間不會罷工。

希特勒在一九二八年曾預見美國的工業實力將讓美國成為全世界最強大的國家，現在他將見識到小羅斯福用這種力量來對付第三帝國會有多麼可怕。

中央集權對美國經濟產生廣泛的影響。從一九三九到一九四五年間，政府採購的金額增加了五倍。正如經濟學家曼昆（N. Gregory Mankiw）所說：「總體需求的大幅擴張，讓美國經濟所生產的商品和服務幾乎倍增，物價也上漲了百分之二十（儘管政府的物價控管限制了漲幅）。失業率從一九四〇年十一月的百分之十下降為一九四四年的百分之一，創下美國史上最低點。」[17]而在一九三三年，失業率曾高達百分之三十三。透過戰爭的威脅和實際參戰，小羅斯福用撒幣政策把美國從一九三七年的大災難拯救出來。

一九四二年一月二十六日星期一，在發表國情咨文二十天後，來自明尼蘇達州哈欽森（Hutchinson）的大兵亨克（Melburn Henke）抵達英國，他是第一位到來的美軍。當他在貝爾法斯特從運兵船上岸時，受到北愛爾蘭總督艾伯肯公爵（Duke of Abercorn）和空軍大臣辛克萊爵士（Sir Archibald Sinclair）的歡迎，同時愛爾蘭皇家步兵團還演奏了美國國歌《星條旗之歌》（*The Star-Spangled Banner*）。在接下來兩年中，多達二百萬美國軍人跟著到來。（亨克二十三歲，當過服務生，他是因為有德裔背景而被特別挑選的。當時廣為報導他的父親曾告訴他說：「讓他們下地獄去。」）[18]

戰爭期間有大批美軍駐紮在英國，確實發生一些嚴重的社會（或兩性）問題。「美國大兵當然會被這些年輕蕩婦引誘。」倫敦民防總部的埃文斯上將（Edward Evans）向蘇格蘭場①局長蓋姆爵士（Sir Philip Game）抱怨倫敦萊斯特廣場（Leicester Square）夜間的「惡劣淫行」。但當然也有很多是真愛。有多達六萬名英國女孩變成「美軍新娘」，嫁給了美國大兵，並在戰後搬到美國生活。

萬湖會議

一九四二年一月二十日星期二，有十五名高級文官在柏林西南方的萬湖（Lake Wannsee）一間舒適別墅的宴會廳中開會。他們以條頓民族的有條不紊在組織安排一項政府行動，並加以中央集權化。這項行動到目前為止都是隨興的，執行效率依各地情況、人員和投入程度而天差地別。從現在起，一切都將在主管機關的監督下，以現代化、省時有效率和工業化的方法來完成。[19]

那天下著雪，工作完成後，他們喝白蘭地、抽雪茄，互相慶賀這場九十分鐘的會議非常成功。在一九六一年耶路撒冷的審判中，當年負責會議紀錄的艾希曼（Adolf Eichmann）回憶說，這場會議「安靜地進行，大家都很有禮貌，也都很友善。交談的不多，也沒有進行很久。」[20]在一個半小時內，第三帝國已制定好對歐洲猶太人種族屠殺的計畫。他們把大屠殺流水線化了。

歷史學家羅斯曼（Mark Roseman）寫道，在萬湖會議之前，「對占領區的濫殺政策並不是在中央完整命令下的種族屠殺。」但在那之後，會議主席黨衛軍頭子海德里希（Reinhard Heydrich）頒布了非常明確的指導原則。會議紀錄中還處理了一些棘手的問題，例如如何分別對待半猶太

①編按：蘇格蘭場（Scotland Yard），是倫敦警察總部的代稱，後來也成為倫敦警方的代名詞。

人、在一戰中獲頒鐵十字勳章的猶太人，以及和德國貴族結婚的猶太人。

這種會議居然還有會議紀錄能留存，根本是個奇蹟。會議紀錄原來有三十份，但除了其中一份，其他的在一九四五年納粹面臨「諸神黃昏」（Götterdämmerung）之前都被銷毀了。不知何故，「萬湖方案」第十六份紀錄還保留在德國外交部的檔案室。美國官員當時正在尋找納粹高層密謀的檔案證據，在一九四七年三月發現了這批被稱為「帝國祕錄」的檔案。在這場會議中，海德里希提到了「猶太人問題的最終解決方案」：

> 在德國二十七個政府部會中，有十五個部會的高官參與了大屠殺，其中有十人有大學學位。這些部會包括內政部、四年計畫辦公室、波蘭占領區政府、司法部、帝國和納粹黨總理府、種族暨移民辦公室、蓋世太保、黨衛軍，當然還有愛裝作毫不知情的外交部。

只要人類有能力分辨善惡，海德里希和他的黨衛軍副手艾希曼的名字將永遠被記錄在歷史上。但除了這兩人，其他會議成員並不太為人所知。只有研究這段歷史的專家知道有梅爾（Herren Doktors Meyer）、李布蘭特（Liebbrandt）、史圖卡（Stuckart）、布勒（Bühler）、費斯勒（Freisler）、路德（Luther）、舍恩加特（Schöngarth）、朗格（Lange）等人，但一般人很少知道。正是這些人在負責制度化和工業化殺害六百萬人的細節工作，他們在萬湖會議中計畫要再殺五百萬人。若非同盟國獲勝，他們毫無疑問會得逞。

當然，會議紀錄中不會提到「殺掉」、「殺害」、「使用毒氣」等字眼，只委婉地提到「把猶太人撤離到東邊」、「妥善地處理掉」、「用自然手段清除掉」、「運往東邊重新安置」等等。但任何人若只從字面意義去解讀這些話，或者因為立場親法西斯，而硬說這場會議就只是在談紀錄中所寫的「撤離」和「重新安置」，這就很難自圓其說。例如，為什麼紀錄中會有黨衛軍隊長霍夫曼（Hofmann）講到「是否該採取普遍性絕育的措施，尤其當混血的半猶太人不肯撤離，就讓他們絕育」？如果撤離就只是撤離，為什麼德國猶太人寧可被絕育也不肯撤離？如果一個倫敦人在一九四二年被問到要往東撤離到赫特福德郡（Hertfordshire）還是要被絕育，他的回答一定完全不同。

在猶太人被送往東邊後，海德里希說：「任何留下來的人一定是比較頑強的分子。他們一定要被妥善處理掉。若不這樣做，那麼經由天擇過程，他們將成為猶太人復興的種子（歷史經驗已經告訴我們）。」他顯然不只是在講絕育而已。

從各國猶太人的人數（總共有一千一百萬人）可以看出納粹德國在一九四二年初的領土擴張企圖。在巴巴羅薩行動後，別動行刑隊（Einsatzgruppen）已把愛沙尼亞淨化為所謂「無猶太人區」（Judenfrei），但其他歐洲國家的猶太人口都被詳細列出，連挪威有一千三百人、中立的瑞典有八千人、阿爾巴尼亞有二百人都一清二楚。海德里希以典型條頓民族一絲不苟地語調說，烏克蘭有二百九十九萬四千六百八十四名猶太人，甚至連英國的三十三萬人都計算在內。愛爾蘭的四千名猶太人也要消滅掉。這赤裸裸顯示假如德國戰勝，將如何對待瓦勒拉總統所要求的愛爾蘭中立與獨立。

「會中沒有人對殺害方案提出異議，」羅斯曼表示，「一切都為時已晚。」但原因並不是為時已晚，而是參加會議的十五人中，有好幾個是真想這麼幹的狂熱納粹分子。國務卿布勒主動提出，在他負責的波蘭地區，他的部門「很樂見最終解決方案能夠啟動」，特別是因為「猶太人身上的傳染病相當危險」。

萬湖會議提出的組織化大規模屠殺系統很符合官僚主義的心態，它比當時的隨意大批槍殺更有效率、更有秩序、更不浪費。難怪紐倫堡大審會稱這份方案是「現代史上最無恥的文件」。這場湖畔會議象徵著「德國政策的決定性轉變，從類種族清洗的驅離政策轉為明確的謀殺計畫。」

至於希特勒自己有沒有參與和支持這項計畫，並沒有找到他簽署的文件，但這並不出奇。有很多間接證據指出希特勒確實下令和監督了「最終方案」。黨衛軍頭子希姆萊（Heinrich Himmler）每晉見希特勒一次，大屠殺就進入一個新的、更邪惡的階段。執行萬湖會議政策的官員們有一種「合作性的競爭」，大家都認為不管多極端地對付猶太人都會得到元首支持。沒有人因為這樣受過懲罰。所以，我們沒有找到希特勒簽署大屠殺的命令並不奇怪，反倒是萬湖會議方案第十六份紀錄還留存於世才令人驚訝。

納粹高官和黨衛軍頭目在舒適的萬湖別墅下達命令，而執行命令的是成千上萬名一般德國人。這就引發二十世紀最重要的一個問題：為什麼如德國人這般文明的民族，居然會犯下人類史上最恐怖的罪行？假如英語民族在這種情況下會不會不同？普林斯頓大學歷史學家布朗寧（Christopher R. Browning）研究了德國第一〇一後備警察營和漢堡市中產階級在戰爭期間的行為，這些人後來都成為種族屠殺的劊子手。研究結果顯示，讓一般德國人變成卑劣劊子手的原因是同儕壓力、服從的天性和同袍情誼，而不是對納粹的狂熱。

加入第一〇一後備警察營的人不是想為納粹服務，事實上，許多人是為了逃避到國外打仗才加入的。他們是德國社會的縮影。他們沒有被逼迫去殺猶太人，不肯做也不會被懲處。布朗寧不認為他們殺害成千上萬波蘭猶太婦女和兒童是因為反猶主義，也不認為他們殺人展現出什麼德國人的天性，除了這些人很尊敬權威和服從命令之外。大多數德國人對「在東方」發生什麼事情無所謂，也不想去知道。當第一〇一後備警察營被叫去協助種族屠殺時，百分之八十到九十的人都服從沒有異議。他們一開始有點慌亂，布朗寧說：「但愈來愈變成有效率和熟練的劊子手。」

一九四二年七月十三日，第一〇一後備警察營在波蘭村莊約瑟夫烏（Jozefow）的森林中射殺一千八百名猶太人，屠殺持續了十七個小時，中間有抽菸休息和午飯時間。在五百個成員中，有十二人一開始就拒絕，有四十五人以各種理由開小差。剩下百分之八十五的人都在近距離對猶太婦女和兒童開槍，雖然他們都知道不做也不會被懲處。「一開始，我們只是隨便扣扳機。」其中一人回憶說，「有一個人瞄得太高了，把整個頭打爆，腦漿和骨頭四濺。然後我們被下令要瞄準頸部。」

大屠殺是規模龐大的集體行動，成千上萬的參與者都知道自己在做什麼。它的特殊之處是結合了最原始的野蠻和最現代化的技術。黨衛軍負責打開開關把齊克隆B送進地下室，但他們也只是第三帝國行刑流水線的最末端而已。

在一九四〇年代初，英美媒體對猶太人命運的報導有相當程度的自我審查，即使是猶太家族擁有的《紐約時報》亦然。例如在一九四二年六月二十七日，《紐約時報》只有兩英寸的版面刊出「據傳有七十萬猶太人在波蘭被殺」。一九四二年十二月也只有第二十頁刊出歐洲「有二百萬猶太人被殺，五百萬人即將被處決」的消息。即使當歐洲逐漸被解放，資訊較容易被證實時，關於大屠殺的報導還是只有郵票大小，藏在報紙內頁。一九四四年七月二十二日，《紐約時報》正確報導了四十萬匈牙利猶太人被送去殺害，還有三十五萬人在接下來幾星期內也將被處決，但這則消息只在第十二頁刊出了四行（當天報紙頭條是關於紐約假日人潮擁擠的問題）。而當時的《紐約時報》是領先全美各報的第一大報。

奧斯威辛

駐守奧斯威辛（Auschwitz）集中營的黨衛軍曾誇口說，就算戰爭結束，人們發現發生什麼事之後，全世界也不會關心猶太人。納粹在那裡殺害了一百一十萬猶太人，比整個英語民族在二戰中喪生的戰鬥人員和平民還要多，但在六十年後，只有百分之五十五的英國人有聽說過奧斯威辛。

英語民族一開始並沒有受到納粹威脅，如果要問他們和納粹開戰的道德理由何在，不妨看看弗里德里希（Hans Friedrich）這種人的證詞。此人隸屬黨衛軍第一步兵旅，一九四一年七月被派到波蘭支援別動行刑隊。他回憶起他在烏克蘭殺害的猶太人，冷漠地說：「他們（猶太人）嚇傻了，整個呆若木雞，你要對他們做什麼都可以。他們完全聽天由命。」他們從村子裡走到「又深又寬的壕溝，站在一中槍就能倒進壕溝的地方。如果有人還沒死，受傷躺在那裡，就用手槍再補一槍。」弗里德里希公開承認他在參與屠殺時「毫無感覺」。「我只想到『開槍時要好好瞄準』。

我只想到這樣。」他從未做惡夢或感到良心不安。

為了用最短時間殺掉最多數量的猶太人，黨衛軍嘗試過好幾種處決方法。不能用炸藥，因為炸藥要用來打仗，而且被炸上樹梢的肢體很難取下來。最後發現齊克隆B是最有效的方法，這原來是用來為犯人衣服除蟲的藥。此外，這個方法對黨衛軍造成的心理影響最小，希姆萊和奧斯威辛指揮官、冷靜的狂熱分子霍斯（Rudolf Höss）認為這是最重要的因素。

左派常用「古拉格」（gulag）這個詞來形容戰後的美國和英國政府，已經讓這個詞廉價不堪，「大屠殺」（Holocaust）這個詞也被扭曲。二〇〇一年有一本書叫《維多利亞晚期的大屠殺》（*Late Victorian Holocausts*），主張「正是西方國家的機會主義自利行為，尤其是英國，才讓貧困的、依賴的第三世界經歷饑荒。」[21]但不論維多利亞晚期有多麼糟糕，其無意造成的後果都絕對比不上一九四〇年代納粹對歐洲猶太人的蓄意大屠殺。

新加坡投降

在戰期間短暫擔任過第一海務大臣的費雪上將認為，「全世界有五大戰略據點」，分別是新加坡、好望角、亞歷山卓、直布羅陀和多佛。在珍珠港事件之前，這五個地方都在英國手中，而現在有一個快要被軸心國奪走。在一九四〇年七月號的《國家地理雜誌》中，美國記者辛普希（Frederick Simpich）對新加坡實里達（Seletar）軍港做了熱情的報導：

「遠東最強大的軍港！」這是你現在知道的新加坡，也是英國在蛇形的馬來半島南端擁有的海島城市。如果你抓住一頭三千磅重大象的尾巴，再把牠甩出二十五英里，你就能感受到目前在防衛新加坡的巨砲的威力。大砲發射時，我就在它們山腳下。當巨大的砲彈從紅樹林沼澤上空呼嘯而過，頭頂上的熱帶空氣因摩擦而尖叫，砲彈飛越遠處停泊的船隻，落在海中掀起巨大浪花。為什麼英國人要花十五年的時間，耗費大量金錢把這個遙遠的赤道小島打造成堅不可摧的要塞？因為它和直布羅陀、馬爾他、蘇伊士、亞丁、可倫坡和香港一樣，守衛著英國到遠東和澳洲的貿易路線。22

實里達基地確實雄偉壯觀。它那一千英尺長的碼頭是在一九二〇年代從英國運來的，有巨大的無線電塔可以和倫敦的海軍部打電報，有龐大的油料庫和彈藥庫，還有水雷區作為屏障。辛普希報導說：「在萊佛士酒店（Raffles Hotel）的房間裡，客人們可以聽到附近軍營裡練槍的聲音。到了晚上，天空中充滿模擬敵人攻擊機的轟鳴聲，還有一大堆探照燈的光束在空中搜尋『敵人』。」（在這份名義上不涉政治的雜誌上，「敵人」這個詞直到一九四一年十二月都要加上引號。但聰明的讀者一定知道作者到底是指哪個國家。）

辛普希接著說，美國人對新加坡感興趣的原因是它可以控制東南亞。美國從東南亞進口「幾乎所有需要的橡膠、錫、奎寧和其他戰略物資」，「假如任何國家想切斷我們的橡膠、錫、棕櫚油、奎寧、大麻等等，我們就不得不保護這條通往東方的海路以維持我們的工業命脈。」幸運的是，作者說：「新加坡的優勢之一是它距離任何可能的敵國都很遠。」

但珍珠港事件後，局面大為不同。最近有一份研究說，新加坡在一九四二年二月十五日陷落，固然是因為日軍的火力優勢，也因為日軍「非常成功地虛張聲勢」。[23]統率十一萬守軍的白思華中將（Arthur Percival）居然向人數還不到三分之一的三萬五千名日軍投降。投降的有三萬八千四百六十九名英國人、一萬八千四百九十名澳洲人、一萬四千三百八十二名地方志願軍、六萬七千三百四十名印度人。這是英語民族在二十世紀最大的恥辱。

新加坡有六十萬人口，每年用水量八百五十萬噸，要從四十英里外大陸上的柔佛山區（Johore）輸送過來。一旦這些水源落入日軍之手，有再多瞄向海面的巨砲也無法阻止這個低窪、草木叢生、二十六英里長的橢圓形島嶼淪陷。

如同所有混亂的軍事挫敗，英國人和澳洲人完全失去平時的體面，做了一連串丟臉行為。這些行為就和戰敗本身一樣，最終導致大英帝國在亞洲的衰亡，因為在「面子」就是一切的亞洲，威望掃地就等於失去一切：

> 在（緬甸）若開邦（Arakan），英國部隊碰到日軍「逃得比鹿還快」。在新加坡，澳洲守軍用「刺刀尖」把印度士兵推到前線。英國撤退時的種族歧視行徑傷害了殖民者的光環，而殖民者本來說大英帝國會盡義務保護子民。在撤離（馬來西亞）檳城（Penang）時，亞洲人被趕下逃生船，留下來正式投降的居然是位歐亞混血的馴馬師。有一條逃生船只搭載三百人，因為「高貴的白人婦女不願和人分享船艙」。在蘇門答臘更難看，衣衫襤褸的歐洲難民居然要求要比亞洲奴僕優先吃飯和上廁所。[24]

這些行為也不是完全沒有理由。「每支部隊都有逃跑的時候。」威靈頓公爵說，而逃跑當然要愈快愈好。如果照這樣說，澳洲人當然有權利用刺刀去逼前線部隊不要潰逃。在檳城，英國軍官當然也可以能逃就逃，不必留下來正式投降。然而，日本入侵英國在亞洲各殖民地所造成的驚慌失措和自私自利的場面，大大摧毀了白種人精心建立的高人一等、天生就該統治黃種人的形象。

砲手伯克斯（Lawrie Birks）的看法很具代表性。伯克斯當時在中東的紐西蘭第十四輕防空兵團服役，曾經在和平時期和父母去過新加坡。他在新加坡陷落第二天寫信給父母說：「看來相當恐怖，所有心血和幾百萬英鎊在幾天內就毀於一旦。也許所有人都盡了最大努力，但在我看來一定出了什麼差錯，沒有學到馬其諾防線的教訓，更別說珍珠港、菲律賓和香港。」尤其是，他不相信「那些上流貴族的樂觀說法」，並認為澳洲不久後就會遭日本攻擊。[25]

新加坡陷落四天後，日本人對澳洲北方領地的達爾文港（Darwin）發動兩次攻擊。這是其後多次進攻的第一波。一九四二年二月十九日早上十點和十一點，五十四架陸基轟炸機和一百八十八架艦載飛機攻擊港口和城鎮，轟炸了軍用和民用機場、伯利馬（Berrimah）的醫院和佩羅（Parap）的澳洲皇家空軍基地，造成二百四十三人死亡，三百到四百人受傷。[26]（新加坡陷落後，因為害怕打擊士氣，澳洲政府宣布只有十七人死亡。）

在二次大戰期間，達爾文港被轟炸了六十四次。這不是唯一被轟炸的澳洲北部城鎮，其他還有湯斯維爾（Townsville）、凱特林（Katherine）、溫罕（Wyndham）、德比（Derby）、布魯姆（Broome）和黑德蘭港（Port Hedland），但達爾文港受創最重。例如在第一次轟炸時，就摧毀了二十架軍機、八艘靠港的軍艦和大多數民用和軍用設施。許多人都相信這是日軍全面進攻的先聲，半數達爾文港居民都往南逃離。在轟炸三天後有二百七十八名澳洲皇家空軍士兵失去蹤影。這當然需要保密。澳洲總理柯廷發出一份傳單，標題是「達爾文被轟炸，但未被攻陷」。「每一個澳洲城市都將面臨這種攻擊，而我們也將以這個民族傳統的英勇精神來面對。」[27]

三月三十日，邱吉爾答應柯廷，假如澳洲「被八到十個日本師團進攻」的話，會立刻派英國第二步兵師和一個裝甲師繞過好望角去馳援。但邱吉爾意有所指的提到柯廷的新年文告說：「但以你們自己準備的程度和美國人的協助來說，我並不認為有這種需要。」[28]儘管日本的微型潛艇一度深入到雪梨港，但預期中的入侵並沒有發生，因為日本的南向進軍在新幾內亞的叢林激戰中被拖住了腳步。

邱吉爾和柯廷對於如何調配澳洲部隊有所爭執，但他也盛讚紐西蘭人有多麼頑強。邱吉爾在一九四二年七月二日對下議院說：

> 雖然我沒有提到要增援，但已經有一支增援部隊來到，而且已經和敵人交過手。我講的是紐西蘭軍團。紐西蘭政府雖然也有被入侵的威脅，但已授權我們全權運用他們還沒有撤退或受損的部隊。他們已被派上戰場，在傳奇英雄弗雷伯格將軍的指揮下，他們表現得和他們過去的戰績一樣出色。他們此刻正在英勇作戰。[29]

邱吉爾特別欣賞紐西蘭指揮官弗雷伯格將軍，在他於一九四二年生涯第十次受傷痊癒後，大讚他是「大英帝國的不死蜥蜴」（他獲頒三次傑出服役勳章，受公開表揚五次）。弗雷伯格出生於英格蘭，一八九一年兩歲時移民到紐西蘭，在紐西蘭成長。作為戰爭前的全紐西蘭游泳冠軍，「小個子」弗雷伯格在加里波利第一波登陸戰時游上布列爾（Bulair）海灘，點起誘敵火炬。在索姆河戰役中，他獲頒維多利亞十字勳章，成為英國陸軍最年輕的將軍。不過，他在一九四一年五月時被德國傘兵拿下戰略重地克里特島的馬勒梅（Maleme）機場，雖然他事前就有收到解碼電報警告。這件事讓他頗受爭議。

邱吉爾走遍世界各地，包括大英帝國一些最偏遠的地方，但他從未到過南半球。雖然長途旅行在一九二〇年代和三〇年代並不方便，但對他這麼熟悉英語世界的人來說，這確實頗為奇怪。難道是因為在達達尼爾戰役挫敗，讓他自己覺得到澳洲和紐西蘭可能不像他十六次訪問美國或五次訪問加拿大那麼受歡迎嗎？不論原因為何，邱吉爾從沒到過澳洲，澳洲人對他也頗有敵意。這就導致在二戰期間，英國和澳洲最高指揮部及決策者之間不時發生衝突。

托布魯克圍城戰

一九四二年六月二十一日，在白宮用過午餐後，邱吉爾和布魯克站在小羅斯福的書桌旁邊，一位官員送來一份粉紅色的文件，提到隆美爾已從第八軍手中奪取利比亞的托布魯克（Tobruk）。「溫斯頓和我都沒料到這個結果，感覺被重重地打了一拳。」布魯克回憶說，「我不記得（小羅斯福）總統當時是怎麼說的，但我清楚記得他的話既得體又真誠。他的話既不多也不少。」英軍必須向東撤退到馬特魯（Mersa Matruh），這是一九四二年受難之路的又一站，所幸最後以大英國協在阿萊曼戰役大勝而告終。

中途島戰役

珊瑚海海戰阻止了日本奪取莫爾斯貝港（Port Moresby）、切斷澳洲和夏威夷補給線的企圖。僅僅一個月後，日軍南雲忠一中將（Chuichi Nagumo）下令在一九四二年六月四日大舉進襲美國在中途島的基地。他動用的艦隊龐大，共有各類船隻二百艘，其中有八艘航空母艦、十一艘主力戰艦、二十二艘巡洋艦、六十五艘驅逐艦、二十一艘潛艇，還有六百架戰機。[30]美國已截獲東京和南雲的通訊，得知日本的意圖，尼米茲上將（Chester W. Nimitz）派出小得多的艦隊部署在中途島北邊（其中有企業號、黃蜂號和約克鎮號三艘航空母艦；因為珍珠港事變，所以沒有主力戰艦）。在如此廣大但據點甚少的海上，中途島的戰略地位非常重要，誰贏得這場戰役，誰就能主宰太平洋戰爭的走向。（「中途島」這個名字頗有兆頭，此戰正好是在大戰七十一個月中的第三十三個月。）

六月四日，南雲下令一百零八架艦載攻擊飛機進襲中途島的軍事設施，另有一百架戰鬥機護航。初步成功後，他下令對島上的機場進行第二波攻擊。但當飛機為第二波攻擊加滿油後，在北方二百英里處發現美軍艦隊。南雲取消原本的攻擊改變航路，讓美軍俯衝轟炸機一時找不到敵人何在。幸運的是，一架美國戰機發現了南雲的主力艦隊，於是展開全面攻擊。[31]在美軍第一波四十一架魚雷轟炸機的攻擊中，有三十五架被擊落，但三十七架俯衝轟炸機從企業號和約克鎮號展開第二波奇襲。南雲的旗艦「赤城號」（Akagi）航母以及「加賀號」（Kaga）、「蒼龍號」（Soryu）航母都被擊沉。日軍第四艘航母「飛龍號」（Hiryu）嚴重損傷無法動彈，但其艦載機擊沉了約克鎮號。第二天，日軍艦隊倉皇向西逃去，美國贏得太平洋戰爭中最關鍵的一次海戰。

迪耶普之災

與中途島大勝相較，在一九四二年八月十九日星期三對法國諾曼第迪耶普港（Dieppe）發動大規模兩棲攻擊的「銀禧行動」（Operation Jubilee），乃是同盟國在二戰中最大挫敗。這次大敗是因為情報工作差勁，計畫失誤，狀況不利卻不肯叫停，再加上沒有明確的軍事目標。

這次攻擊是出於政治目的：紅軍正在蘇聯境內苦戰，西方盟國要向史達林證明自己有在積極作戰。就和達達尼爾戰役和一九四一年保衛希臘一樣，許多出於政治目的而沒有明確軍事目標的行動都以災難收場。

儘管第一次演練因為簡報做得不好被取消，第二次演練又狀況不佳，但無人探究原因，聯合作戰司令蒙巴頓勳爵依然下令進攻。他的朋友古巴花花公子兼賽車手莫里侯爵（Casa Maury）負責情報工作。此前已有一支特種部隊突襲過迪耶普附近一處地點，認為打這個地方不對，但莫里侯爵聽而不聞。

蒙巴頓已從布萊切利園[2]破解的德國海軍密碼得知，有一支敵人的船隊正在英倫海峽，它一定會在攻擊行動開始前向迪耶普港的德軍示警，這就完全沒有奇襲的機會，但蒙巴頓照樣下令進攻迪耶普港。

在海空火力掩護不足的情況下，主要由加拿大第二師組成的六千一百名加拿大軍、英軍、美軍、自由法國軍登陸港口周圍長達十一英里的海灘。他們遭到大屠殺。經過七小時的殺戮，四千九百六十三名加拿大人總共死傷或被俘三千三百六十九人。德國則有三百一十四人喪生，二百九十四人受傷，三十七人被俘。

在二十四艘戰車登陸艇中，只有十艘登上岸，放下了二十七輛戰車。因為被卵石和堤防阻擋，只有十一輛能開到濱海道路，但也一輛接一輛被摧毀。海灘上布滿鐵絲網，和指揮部之間通訊全斷，七名加拿大營長全數浴血陣亡。

蒙巴頓後來想把大敗的責任推給幾個人，但其實從頭到尾都該是他負責。後來他又辯解說，這次戰役讓總參謀部學到兩棲作戰的經驗，對兩年後的D日（D-Day）有無上價值。然而在戰時內閣中擔任軍事助理祕書的雅各布爵士則認為，迪耶普戰役除了一些常識性的東西之外，對D日的軍事規劃毫無助益。任何一個士官都能告訴蒙巴頓，在沒有足夠空軍掩護、海軍砲火和奇襲效果的情況下，不要進攻一個防衛堅強又有警戒的城鎮。

總結下來，同盟國在「銀禧行動」中共陣亡四千一百人，納粹獲得一大宣傳賣點，加拿大軍團則是無謂犧牲。這種業餘瞎搞本該受到最嚴厲的譴責，但蒙巴頓卻成功把責任推卸給英勇的加

---

② 譯注：布萊切利園（Bletchley Park），又稱X電台。在二次大戰期間，布萊切利園是英國政府進行密碼解讀的主要地方，軸心國的密碼都會送到那裡進行解碼。

拿大指揮官羅伯茨少將（John Roberts），自己事後還升官。許多人在那一天展現無比的英勇，兩位加拿大人，分別是南薩克其萬步兵團的梅瑞特中校（Charles Merritt）和加拿大牧師兵團的富特士官長（John Foote）獲頒維多利亞十字勳章。（二戰期間共有十六名加拿大人獲頒維多利亞十字勳章。自從此勳章設立以來，有多達九十四名加拿大人獲此殊榮。）

加拿大人在一九四一年見識到香港的潰敗，隔年又見證到迪耶普的潰敗，這兩次都不是加拿大人的錯。一九四二年四月，加拿大金恩總理針對全國徵兵發動公投，因為他在戰爭爆發時曾誓言不會徵召加拿大人到海外打仗。和一次大戰時一樣，魁北克人比較反戰，百分之七十二點九反對徵兵，雖然解放法國是同盟國最主要的戰爭目標，而英裔加拿大人則有八成贊成。最後只有一萬二千人被徵召到海外服役，而魁北克人則在蒙特婁發動反徵兵示威展現立場。

阿萊曼大捷

在阿萊曼戰役期間，邱吉爾召開總參謀部緊急會議，在一戰時擔任過旅參謀長的艾登想指導布魯克戰略和戰術。艾登說蒙哥馬利的表現完全不符期待。布魯克向來支持蒙哥馬利這位門生，挑選他當第八軍的指揮官。他後來說：「我告訴他們，我認為蒙蒂（Monty）③一定能做到哪些事，我很了解蒙蒂，但我當然可能有錯，蒙蒂可能搞砸。在那種孤立無援的焦慮時刻，激動不安是可以理解的。」[32]但盟國領導人並沒有崩潰，也沒有把壓力顯示於外打擊士氣，這是令人贊許的。

戰爭一爆發，政府就禁止教堂鳴鐘。坎特伯里大主教請求在一九四〇年聖誕節時暫停禁令，陸軍部以風險太大為由拒絕。「當英格蘭的教堂鐘聲再度響起時，」美國大使館武官克利默在一九四一年四月寫道，「那不是為了叫人們去祈禱，而是要號召公民去守衛海灘和田野擊退侵略者。」[33]事實上，教堂鐘聲再度響起是為了慶祝阿萊曼戰役大捷。在整場戰爭中，這是邱吉爾唯一一次在內閣中恭賀布魯克，這也許是因為他和艾登在戰役剛開始時不信任蒙哥馬利，覺得內疚。

大英國協各國對阿萊曼戰役大捷的貢獻經常被人忽略。莫希德中將的澳洲第九師不但在十月和十一月的第二次阿萊曼戰役中扮演關鍵角色，在第一次阿萊曼戰役時亦然。當時的隆美爾朝尼羅河三角洲進軍，在七月的第一個禮拜被奧金萊克將軍（Claude Auchinleck）擋了下來。軍事史學家雪菲爾德（Gary Sheffield）稱此為「整場沙漠戰爭中決定性的時刻」。他還說：「在第一次和第二次阿萊曼戰役中，第九師的貢獻是最重要的，這也讓澳洲人在第九軍的傷亡名單中不成比例的高。」[34]也正是在阿萊曼戰役中，步兵和裝甲部隊的通訊困難問題才獲得解決，第八軍才能「讓戰力匹配腦力」。

當然，我們不可以太誇大阿萊曼戰役對整場戰爭勝利的重要性，因為它和隔年的庫斯克會戰（Battle of Kursk）相比只能算是小衝突。若沒有蘇聯的貢獻，西方盟國根本不可能打贏二次大戰。列寧格勒包圍戰從一九四一年八月到一九四四年一月打了八百八十天，守軍死亡一百四十萬，其中有六十四萬一千人被餓死。史達林格勒戰役從一九四二年夏天打到一九四三年一月三十

③ 編按：蒙哥馬利的暱稱。

一日德軍將領包路斯（Friedrich Paulus）投降，兩邊死亡人數高達一百一十萬九千人。在整場戰爭中，英語民族的地面部隊殲滅德軍二十萬人，紅軍則殲敵超過三百萬人。

然而，儘管阿萊曼戰役和同時發生在俄羅斯的戰役無法相比，卻標記著戰爭的勢頭轉而對英國和大英國協有利。經過中途島、史達林格勒和阿萊曼戰役，同盟國在一九四二年下半年看到了希望。邱吉爾曾說在阿萊曼戰役之前沒有勝仗，其後則沒有敗仗，這話雖不盡真切，但它確實是英語民族的轉捩點。

希特勒是何時才意識到這點的呢？一九四二年十二月，元首下令他和軍方高層會議的每一句話都要留下紀錄。他召來久已被棄用的德國國會速記員在這些重要會議現場做紀錄。這些沒有被潤飾的逐字記錄稿提供了最純粹的史學原始素材。紀錄中的希特勒絕不是一九三〇年代那些影片中愛咆哮的瘋子，而是個謹慎計算、凡事細查的獨裁者，甚至很樂於聽人意見。在這些紀錄中，至少有五分之四的內容是鄧尼茲、戈林（Hermann Göring）、約德爾將軍（Alfred Jodl）、倫德施泰特（Gerd von Rundstedt）、隆美爾、古德里安（Heinz Guderian）和凱特爾（Wilhelm Keitel）面對希特勒尖銳提問時的回答。

這些紀錄始於一九四二年十二月一日史達林格勒戰役戰敗之時，終於一九四五年四月二十七日希特勒自殺前三天，涵蓋了德國從節節敗退到最終戰敗的歷程，但我們很難從元首的談話中看出，他究竟從何時意識到他會輸掉戰爭和丟掉性命。時間點也許是在一九四四年底突出部戰役（Battle of the Bulge）失敗之後，因為他在一九四五年一月十日和戈林談到新武器時有這段對話：

希特勒：「有人說如果漢尼拔在越過阿爾卑斯山時，不是只有七頭或十三頭大象，而是有五十頭或二百五十頭大象，他就能征服義大利。」

戈　林：「但我們終於做出飛彈了，我們做出來了。它們會大量生產，所以我們還是有優勢的。」

希特勒：「很不幸，V－1無法決定戰爭。」

戈　林：「但是剛開始看來沒希望的計畫最後都成功了，轟炸機也是，如果能……」

希特勒：「但那仍然是幻想！」

戈　林：「不！」

希特勒：「戈林，槍是有了，其他只是幻想！」35

雖這些會議經常有多達二十五人參加，但和希特勒對話的通常只有兩三人。他們對希特勒的不斷提問並沒有阿諛奉承。從大砲口徑、油田、塑膠或金屬地雷、豹式戰車的駕駛訓練、包圍戰略等等，他沒有一項不關心。「我們能特製一種噴火器用在西線嗎？」他在諾曼第登陸前問道。「噴火器用於防守最佳。這種武器很可怕。」然後他親自打電話下令噴火器產量每個月要增加三倍，並高興地結束討論：「非常謝謝你們。萬歲！祝假日愉快。」大部分對話都是正經地討論事情，如同希特勒所說：「每個人都要仰賴正派的人。我們都很正派。」

即使到最後，會議的氣氛都是公事公辦。他們當然不會當著速記員談到大屠殺。有些事情並不會做紀錄，例如希特勒稱讚他的德國牧羊犬布隆迪和一直詢問現在是幾點鐘（他從來不戴錶），但其他話都有記錄下來。直到最後階段，當紅軍逼近他的地堡，他才開始語無倫次，懷舊、妄想、指控他人背叛。

英語民族最高司令部的軍事決策方式就完全不同。我們當然不可能知道如果德軍包圍了邱吉爾的地下戰時內閣戰情室（War Cabinet Office），邱吉爾會不會也語無倫次。但就算他會，布魯克也會說：「坦白說，我非常不同意你，首相先生。」讓邱吉爾清醒過來。馬歇爾對美國參謀委員會的控制也相當嚴密。在二戰中，政治人物和軍人的權責劃分很清楚。雖然政界和軍方同樣都有強人領導，但關係要比一戰時好得多。任何制度都優於德國這種不受限制的個人獨裁，但英語民族講求制衡的憲政制度，確保了軍事戰略和總戰爭方向可以從激烈但理性的爭辯中產生。這就是民主在戰略上優於獨裁之處。

卡西諾山戰役的毛利人

「馬歇爾完全忽視地中海地區的戰略價值，」布魯克在一九四三年一月的卡薩布蘭加會議時寫道，「永遠只想要跨過英倫海峽作戰。他同意我們的目標是要消滅義大利，但一直害怕面對後果……他目光短淺到令人抓狂。」英美戰略家在卡薩布蘭加激烈爭辯後達成妥協，那就是進攻義大利，並在卡西諾山（Monte Cassino）的浴血戰中達到高峰，有十萬盟軍部隊死傷。在狹長多山、極度有利於防守的義大利半島上作戰是非常困難的。在經歷六百零二天的義大利戰役後，軸心國死亡五十三萬六千人，同盟國死亡三十一萬二千人。[36]這場戰役也困住德國五十五個師，超過德軍總數的五分之一。這些兵力只要有一小部分部署在諾曼第，就可能決定勝敗，也可能部署在東線抵擋紅軍。

在一九四四年二月十五日到十八日的第二次卡西諾山戰役時，紐西蘭第二步兵師的毛利兵團負責攻擊鐵路，但被德國戰車打了回來，印度師攻擊修道院山（Monastery Hill）時也是如此。如果沒有大英帝國，西方文明不可能召來這些英勇的戰士對抗納粹。毛利人損失了六分之一的兵力，幾乎和加里波利戰役時相當（當時有二千七百二十一名紐西蘭人死亡，是登陸人數的四分之一）。在三月十五到二十三日的第三次卡西諾山戰役時，印度人和紐西蘭人占領了三分之二的城鎮範圍，到五月十八日早上才拿下修道院。

卡西諾山戰役有一個歷史文化的爭議，那就是弗雷伯格將軍不應該把這個古修道院夷為平地。二十二歲的紐西蘭機槍手戴維斯（D.H. Davis）在二月二十八日寫信給父母說道：「我們這一排把它看得一覽無遺，雖然把它毀掉很沒道理，無奈德國人把它當成觀察站和機槍點。無論如何，等待幾週後，我們的轟炸機飛來把德國人都轟掉了，這大大提升了士氣。」

除了毛利人，也有來自非洲索托族的騾夫（Basuto muleteers）參加卡西諾山戰役，這多虧了大英帝國的廣袤。總共有五十萬非洲人和二百五十萬印度人身穿英軍制服參戰，追隨大英帝國遠赴阿比西尼亞、伊拉克、伊朗、馬達加斯加、上海和蘇門答臘。[37]

在關於何時展開D日的問題上，在整個一九四三年，英國決策者都害怕西線戰場會變成一九一六年的法國戰場。他們不相信美國有足夠的部隊和登陸設備，想從邱吉爾所稱「歐洲軟肋」的巴爾幹和奧地利發動進攻。英國人的意見在卡薩布蘭加占上風，決定先從西西里下手。這不是因為英國比較強，而是因為英國有實質否決權，而目標是維持直布羅陀到蘇伊士運河的航路安全，把義大利打出軸心國同盟，把德軍從東線戰場和法國吸引過來，最終將整個地中海地區收回到同盟國手裡。想必是受到義大利戰役的刺激，莫瑞上校在布魯克斯俱樂部與海伊（Archibald Hay）對賭一英鎊，賭「一九四三年底就會停戰」。

之所以無法更早在法國開闢第二戰線，並不是因為一九四三年上半年在義大利或西西里打得如何，而是因為德國潛艇的威脅讓大規模跨洋運送部隊極度困難。到了一九四三年中，由於破解了德國海軍密碼，大西洋海戰的勝利已大致清除掉海運障礙，但此時美國還來不及準備好兵力和物資在一九四三年秋發動攻勢。

大西洋戰役造成三萬名英國商船船員死亡，這還不包括受傷上岸後的死亡人數，英國的航運和海員註冊總署不知為何不把這些人算在內。光是在一九四一年，就有超過一千艘商船被擊沉，七千名海員死亡。隔年又有八千人死亡。作家克里斯多福・李（Christopher Lee）曾在一九六〇年代初在一艘戰爭時的商船上當甲板員，有同事經歷過那場可怕、漫長、艱苦的時期：

他們談到無時無刻要對德國潛艇提心吊膽，談到船上同事撕心裂肺的呼叫，談到輪機人員因為害怕若魚雷打進引擎室必死無疑而經常喝得大醉，談到為什麼海軍要到一九四一年夏天才展開經常性的護航。[38]（這是因為高估了單一潛艇對船團的殺傷力。這種刻板的想法要好一陣子才改過來。）

海軍面臨的一個問題是，在戰爭剛爆發之初，愛爾蘭總理瓦勒拉拒絕讓皇家海軍使用英國在一九三八年放棄的「條約港口」（Treaty Ports）。這就迫使船隻只能用北愛爾蘭和英國西部的港口，從而大幅縮小了德國潛艇需要覆蓋的區域。不管好說歹說，瓦勒拉就是不為所動。瓦勒拉後來還批評駐紮在阿爾斯特的美軍有如「占領軍」，而在德國轟炸貝爾法斯特時，他卻完全沒有提出抗議。「在一九四三年三月大西洋海戰最激烈之時，」一位研究愛爾蘭中立的史學家指出，「瓦勒拉卻在愛爾蘭電台發表聖派翠克節演說表示，說復興蓋爾語（Gaelic language）是國家當前最重要的議題。」

貝佛里奇報告

一九四三年二月十六到十八日，英國國會辯論著《貝佛里奇報告》（*Beveridge Report*），這份關於社會保險的文件開創了戰後的福利國家。在英國國會議事錄中，這三天辯論的紀錄就長達一千九百零三欄英寸（column inch），相當於十六英尺。[39]其中只有六欄英寸是在討論要如何負擔得起社會福利的龐大支出。工黨副主席格林伍德（Arthur Greenwood）在第一天表示：「想要用負擔不起來擋住民意對此大膽計畫的支持浪潮，是很愚蠢的。」他一派輕鬆地說，只要透過「國際經濟合作和詳細規劃，既避免財政剝削，又能產出對人類最大的利益」，就能負擔得起。但他完全沒有說明為什麼別的國家的人要為了英國工人的最大利益，來跟你「詳細規劃」進行經濟合作。

當時很少人敢直接說英國已接近破產，根本無法負擔《貝佛里奇報告》建議的全面社會福利。英國雇主聯合會（Confederation of British Employers）主席沃森爵士（Sir John Forbes Watson）是少數例外，他直接了當告訴貝佛里奇委員會說，英國對德抗戰是為了捍衛自由，不是為了改善社會福利，但他的意見被冷眼對待。

托利改革委員會（Tory Reform Committee）非常支持這份報告，儘管這份報告批評保守黨核心價值的自由放任原則。一九四三年二月，委員會主席，也就是保守黨北德文區（North Devon）議員欣欽布魯克勳爵（Lord Hinchingbrooke）在《旗幟晚報》上寫道：

> 現代托利主義拒絕公民對社會沒有義務的個人主義哲學，真心認為公民與其朋友和鄰居的主動性與個人事業有助於整個國家的福祉……它不再反對限制……反而歡迎限制，此乃國家賦予個人生活和自由的相對義務……它也贊成計畫，此乃把個人目標和群體目標相結合的遠大設計。這正是《貝佛里奇報告》所高舉的。真正的保守黨人士認為，自從上次大戰以來，「個人主義」企業家、金融家和投機者在自由放任經濟中橫行霸道，暗中入侵了保守主義陣營，這才是令人害怕的……真正的保守主義和這些人無關，也和這些人令人厭惡的政策無關。[40]

但事實上，博納·勞、鮑德溫、張伯倫領導的戰前保守黨，是不折不扣親自由企業的資本主義政黨，與欣欽布魯克勳爵的社會民主理念天差地遠，「暗中入侵了保守主義陣營」的其實是欣欽布魯克勳爵自己。在戰間期當過鮑德溫特助的欣欽布魯克勳爵非常清楚這一點。[41]但因為鮑德溫和張伯倫已經顏面掃地（雖然是因為其綏靖主義而非其經濟或社會政策），也因為保守黨內的自由派向來贊同邱吉爾在經濟議題上的立場，戰後的黨內鬥爭就成為反對自由放任派的戰鬥。自由放任派自此一直在黨內受到壓抑，直到三十年後柴契爾夫人（Margaret Thatcher）當上領袖。

保守黨內的自由派普遍認為白廳雇用的公務員愈多愈好，這造成戰後國家雇用的公務員人數直線上升，從一九三八年四月的五十八萬零八百九十一人，增加到一九六〇年四月的九十九萬六千二百七十四人（柴契爾夫人花了十一年的時間才把數字降到一九三八年的水準）。[42]

爭吵不休的將軍們

到了一九四三年，同盟國從軸心國手中奪回制空權。在那一年，皇家空軍和美國空軍總共對德國投下二十萬噸的炸彈，而德國空軍只對英國投下二千噸炸彈。在一九四三年最大一次攻擊漢堡大轟炸時，光是在七月底和八月初就造成五萬平民死亡，幾乎等於英國在整場戰爭中被德國轟炸的死亡總數。[43]但同盟國雖然有空中優勢，自身傷亡也非常高。在一九四三年十一月到一九四四年三月的三十五次對德國城市轟炸行動中，轟炸機司令部有一千零四十七架飛機被擊落，一千六百八十二架受損，通常無法修復。[44]

此時，艾森豪指揮二次大戰的歐洲西線戰場已有十八個月，他底下幾位指揮官互有敵對（主要是巴頓、蒙哥馬利和布萊德利〔Omar Nelson Bradley〕），但這些人都是很棒的將軍。這些偉大的軍人就和十幾歲的女學生一樣，都會記恨、結夥、炫耀、說人壞話、小氣、好勝、向上級抱怨。他們因為憤怒、驕傲、愛好名聲和激烈競爭所搞的種種小動作，對這些當時最偉大的將領產生了很不好的影響。

巴頓曾說：「願上帝幫我們擺脫這些朋友，我們就可以對付敵人。」布萊德利「完全看不起」蒙哥馬利，也沒把巴頓放在眼裡，而巴頓對蒙哥馬利當上陸軍元帥也感到「作嘔」。蒙哥馬利也討厭巴頓和布萊德利。但儘管爭執不斷，艾森豪還是控制得住這三位偉大的軍人，直到勝利那一天。

巴頓是美國陸軍軍官中，少數對如何在戰場上運用裝甲部隊有遠見的人，這和他一戰時在美國戰車軍團中服役有關。他性格中的某些東西讓他覺得有必要穿上馬褲、馬靴、配戴象牙柄左輪手槍，帶著「確保他一定是目光焦點的華麗車隊」四處巡視。[45]

在一九四三年八月的西西里島，有兩個場面讓巴頓引人側目。在與蒙哥馬利競爭朝墨西拿（Messina）進軍途中，巴頓當眾摑一名士兵，罵他是「超級膽小鬼」。一週後，他又作勢要用手槍毆打一名士兵，罵他是「黃種鬼子」和「軍隊的恥辱」。第二個場面發生在第九十三軍醫院，巴頓當時吼道：「我不會讓這些膽小鬼混在我們的醫院。反正我們有一天總得殺了他們，不然就得養著這些白痴。」[46]醫官不得不擋在巴頓和倒楣的大兵貝奈特（Paul G. Bennett）中間。以今日的政治正確標準來說，巴頓這種歧視性語言當然很不好，但戰爭期間真的是不能容忍「缺乏道德纖維」，④否則在碰到危機時會讓同袍士氣低落。

巴頓很重視家族血統。他來自一個卓越的軍人世家，如同日本武士和德國容克（Junker）貴族般自豪於英勇的先祖。他的祖父在美國內戰時當過旅長。他自己對南方邦聯的歷史瞭如指掌，會把一九四二年的「火炬行動」⑤比擬成美國內戰時的馬納沙斯之役（battle of Manassas），也經常會揣想李將軍或「石牆」傑克森在某個戰略環境下會如何行動。⑥

巴頓對家世自豪的另一面是極端反猶主義。他相信布爾什維克／猶太人陰謀論，⑦即使在解放納粹集中營之後，他的偏見也絲毫沒變。巴頓的古怪從他真心相信自己是上輩子軍人投胎轉世可以看得出來。[47]他極端反共，艾森豪有時會怕他真的讓西方盟軍和紅軍打起來。巴頓快退伍時，美國陸軍在他幕僚中安插了一名精神科醫生，裝成是參謀官監視他。他們還監聽巴頓的電話，在他住宅裝監聽器。[48]

雖然一般都認為，陸軍元帥蒙哥馬利是巴頓最大的敵手和最討厭的人，但事實上，巴頓最不滿的是布萊德利。在西西里戰役後，被任命為美國第一軍司令的是布萊德利而不是巴頓，這是跨越海峽進攻歐洲的主力部隊。一九四三年九月七日，布萊德利到巴勒莫（Palermo）的王宮，最後一次禮貌性拜訪巴頓，他發現巴頓「處於近乎要自殺的狀態⋯⋯這位偉大驕傲的戰士，我的前

---

④譯注：「缺乏道德纖維」（Lack of Moral Fibre）是指不敢接受命令上戰場的怯懦行為。

⑤譯注：火炬行動（Operation Torch）是二次大戰中美國及英國在一九四二年十一月八日至十一月十日間攻打法屬北非的軍事行動。

⑥譯注：李將軍（Robert E. Lee）和「石牆」傑克森（Thomas Jackson）都是美國內戰時的南方名將。

⑦譯注：布爾什維克／猶太人陰謀論是認為猶太人在幕後策劃了一九一七年俄國革命，同時認定猶太人是布爾什維克的資助者。

上司，已經俯首稱臣了。」[49]幾乎可以說，布萊德利是刻意去享受勝利滋味的。

巴頓和蒙哥馬利當然互看不順眼（巴頓稱蒙哥馬利為「自大的屁孩」，蒙哥馬利則稱巴頓為「滿嘴髒話愛打仗的傢伙」），但他們之間的關係也受到總體地緣政治形勢的影響。到了一九四三年中，美國已在各方面提升英國的作戰能力。邱吉爾承認這個現實，也相應改變了他的政治態度。但蒙哥馬利無法面對這種新形勢，隨著權力關係愈來愈不平衡，他也愈來愈反美。

一九四五年一月七日突出部戰役之後，盟軍遠征部隊最高司令部放鬆了為時三個星期的新聞監管，蒙哥馬利公開表明態度。他在宗霍芬（Zonhoven）的大本營接受幾位戰地記者專訪，他談到德軍在亞爾丁（Ardennes）攻勢猛烈，是他的第二十一軍去救美國人才把德軍擊退。「艾森豪將軍讓我指揮整個北線戰場，」蒙哥馬利吹噓說，「我動用了英國陸軍的全部力量，讓英軍部隊在被痛擊的美軍的兩側迎敵。這就是盟軍的團結。」[50]他說美國大兵在「有趣的小戰役中」是「滿勇敢的」，但他的軍隊「轟然一聲」加入戰局，讓人覺得完全是他救了美國人。他是有提到美軍士兵確實英勇作戰，但除了艾森豪之外，他根本不提其他美國將領。（突出部之役造成一萬七千二百名德軍死亡，三萬四千四百三十九人受傷，一萬六千人被俘。美軍有二萬九千七百五十一人死亡或失蹤，四萬七千一百二十九人受傷。）[51]

宗霍芬專訪後，布萊德利說蒙哥馬利「徹底是個神經病」，他對艾森豪表示他無法再接受英國人指揮，寧願被調回美國。巴頓也立刻有同樣的表示。然後布萊德利也開始搞媒體關係，幾乎每次都要「帶著十五個記者才出營」。此後，布萊德利和巴頓開始放消息給美國媒體中傷蒙哥馬利。而且，據熟知內情的英格索爾（Ralph Ingersoll）說，他們「不經正式管道就制定和執行計畫，並且只在自己內部做討論。為了做到這一點，他們得向英國人隱瞞他們的計畫，而且還要瞞著艾森豪的最高司令部，因為裡面有一半是英國人。」這真是滿可悲的。

巴頓、蒙哥馬利和布萊德利在一九四三到一九四五年的關係，確實是一段特殊又恐怖的英美關係。真正的英雄是艾森豪。他如何用他的魅力和幽默感，並偶爾語帶威脅地控制住這些相互競爭的將領，這是軍事外交史上很有趣的主題。這位具有德國血統的四星上將，此前並沒有真正在戰場上指揮過部隊，卻在一九四四年被任命為盟軍最高統帥。他那富有感染力的笑容和樂觀的性格是提升士氣的無價之寶。士兵們愛戴他，也信任他，難怪當他在一九五二年參選總統時，他的競選徽章上的標語就是「我喜歡艾克」（I like Ike）。他的作風簡樸、不愛虛榮相當出名。罕有指揮官能像他那樣，在接受德軍司令約德爾將軍投降後，能如此措辭簡單地向華府報告說：「一九四五年五月七日當地時間兩點四十一分，盟軍任務完成。艾森豪。」

雖然沒有實戰經驗（他在一戰時沒機會上戰場，只有在一九四二年在直布羅陀的山洞中指揮過美軍登陸北非），但艾森豪作為盟軍最高統帥少有出過大差錯。錯誤是有一些，有些他要負最後責任，例如一九四四年在阿納姆（Arnhem）和安特衛普被德軍反攻，還有忽略掉科利特少將（Charles Corlett）對諾曼第登陸彈藥配置的建議。但總體來說，這些都不足以影響他的威信。

邱吉爾的哈佛演說

一九四三年九月六日星期一，邱吉爾在小羅斯福邀請下到哈佛大學受頒榮譽學位，英美親善達到最高峰。他的演說大致是基於他在一九三八年五月為《世界新聞報》（*News of the World*）寫的一篇文章。以本書的主題來說，這篇演說值得大幅摘錄：

> 在我的一生中，命運的長臂曾兩次跨越大洋，將美國人的整個生命和男子氣概捲入一場殊死的戰鬥中。說什麼「我們不想要；我們不會要；我們的祖先就是為了避免這些爭端而離開歐洲；我們已經建立了一個與舊世界沒有聯繫的新世界」，這些話是沒有用的。長臂毫不留情地伸出，所有人的生存、環境、面貌都發生了猛烈而無法抵抗的變化……偉大的代價就是責任。如果美國人民繼續處於平庸的地位，與荒野奮鬥，專注於自己的事務，對世界的變動無足輕重，他們可能會在海洋保護之下被遺忘和不受干擾。但是，如果不參與文明世界的問題，不體會它的痛苦，不為它的理念奮起，就不可能在許多方面領導文明世界。這一點在過去得到了證明，未來更是毋庸置疑。美國人民無法逃避世界責任。儘管我們生活在一個動盪不安的時代，幾乎無可預測未來，但我們可以肯定，隨著美國在財富和力量上的每一次向前邁進，這個偉大共和國的責任將愈來愈擴大，而它所覆蓋的世界本身則因為我們運輸能力的進步而以驚人的速度在縮小。[52]

這些都不是夸夸其談。和小羅斯福一樣，邱吉爾也看到美國在戰後有退回到孤立主義的風險，決心出言警告。

兩個月後，在一九四三年十一月的德黑蘭會議上，英國大使館設宴慶祝邱吉爾六十九歲生日，史達林在席間承認了美國的偉大。這位蘇聯領袖向小羅斯福總統和美國的戰備產能舉杯致敬，他說美國一個月能生產一萬架飛機，是蘇聯的三倍（事實上史達林誇大了俄羅斯的飛機生產量）。[53]小羅斯福政府把美國工業實力發揮到極致（美國在一九四五年時占了全世界GDP的一半），把美國打造成小羅斯福所稱的「民主軍火庫」。

在整個一九四三年，美國政府持續擴大干預美國人民的生活。小羅斯福政府對肉類、油脂、起司、汽油、罐裝食品實行配給制，並回收廢橡膠、金屬、紙張、絲（用來做降落傘）、尼龍、錫罐供做戰備生產。平民一年買鞋不能超過三雙；海軍陸戰隊成立婦女單位；美國人力資源委員會禁止關鍵產業的二千七百萬勞工辭職；小羅斯福指派前最高法院法官伯恩斯（James F. Byrnes）主持戰爭動員辦公室（Office of War Mobilization），負責協調政府各部門的工作；十二月時他又下令，為了預防全國性罷工，所有鐵路都由聯邦政府接管。

但在一九四三年七月十四日的「西維吉尼亞州教育局訴巴內特案」（West Virginia Board of Education v Barnette）中，最高法院扭轉過去的判例，判決強制對國旗敬禮是違憲的。即使身處世界大戰，美國民主還是強韌到可以接受每位公民都有不愛國的憲法權利。

一九四三年還造出了能破解密碼的「巨人計算機」（Colossus），這是由英國數學家圖靈（Alan Turing）、工程師佛勞斯（Thomas Flowers）、教授紐曼（Max M.H.A. Newman）所設計，在白金漢郡的布萊切利園製造。它由一千五百支真空管組成，是世界上第一台全電子計算機。戰爭的迫切需求讓天才的發明大有用武之地，而這正是英語民族能夠領先的主要原因。這些發明在和平時期被繼續發揚光大。希拉里（Edmund Hillary）和丹增諾蓋（Tenzing Norgay）之所以能在一九五三年登上聖母峰，就是因為有了高空飛行所開發的氧氣設備，此例完美展現戰爭時期的發明如何有助於人類的發展和進步。

在一九四一到一九四五年間，英語民族的科學家有下列發現和發明：合成纖維聚酯縧綸、五二五線電視、兩葉式風車、核子反應爐、全塑膠汽車、偵測到太陽輻射、磁帶、基於同步脈衝的長程導航系統、潛艇的雷達設備、產生高品質音頻的音波振盪器、抗生素鏈黴素、矽膠、人工合成奎寧、元素九十五和九十六、微波爐、飛行員通用瞄準系統、哈佛大學馬克電腦（第一台用程式控制的電腦）、火箭、渦輪螺旋槳飛機和附帶加力燃燒器的噴射引擎。[54]

當然，這些東西無論如何都會被發明出來，但其中多數都是因為美國、英國、加拿大、澳洲、紐西蘭政府在二戰時大力鼓勵而催生出來的。英語民族的腦力和體力被激發出來，這一點非常重要，因為德國科學家當時也在科技上有重大突破，例如V－2火箭、六十八噸的虎式十一型戰車、二十一型潛艇（可以潛在水下四天），以及幾乎要研究出一種可以載人，以火箭為動力的垂直升空攔截戰鬥機。

麥克阿瑟的解碼員

一九四四年一月，麥克阿瑟的中央破譯局（Central Bureau）破解了日本陸軍的主要密碼線路，英語民族密碼專家的腦力在遠東戰場上發揮到極致。在布里斯本哈雷街二十一號一間私人住宅的牆上掛著一張牌子說：「中央破譯局，成員來自澳洲、美國、英國、加拿大和紐西蘭的男男女女，從一九四二到一九四五年在這間房子裡工作。從攔截到的無線電密碼中，這個單位為盟軍在太平洋戰爭的勝利做出決定性的貢獻。」[55]

英語民族的情報機關似乎特別擅長破解敵方密碼和監聽敵方通訊，一戰時有「四十號辦公室」，二戰時有布萊切利園和中央破譯局破解恩尼格馬（Enigma）密碼的機器，冷戰時有中央情報局和英國政府通訊總部（GCHQ），二〇〇三年的伊拉克戰爭也是如此。在這些行動中，比較不為人所知的加拿大、澳洲、紐西蘭情報單位都扮演了重要角色，受到中央情報局、聯邦調查局、軍情六處、軍情五處高度肯定。[56]

日軍第二十師的士兵在新幾內亞撤退時，因為害怕招來盟軍飛機轟炸，決定不把師部的密碼設備（包括帝國陸軍密碼本和其他加密器材）用燒毀的方式處理，而是裝進鐵箱埋在地下。後來有一名澳洲工程師在此地清除地雷和陷阱，金屬探測器測得異音，爆破專家把一個疑似是地雷的東西挖了出來。他們發現的東西遠比寶石更珍貴。一名警覺性高的情報官立刻把這個濕淋淋的寶箱送到中央破譯局。這是這場戰爭中最重大的意外收穫之一。

中央破譯局很快就解讀出數千份敵方無線通訊。正如史學家所指出：「藉由創意性地使用最尖端科技，例如最早的ＩＢＭ機器，再加上天才和創造力，盟軍密碼專家有辦法跟得上日軍的密碼更換，常態性地解讀出這些隱蔽的訊息。」日本人有時候會使用新的編碼或更換整個密碼本，但中央破譯局還是技高一籌破解密碼，例如日本陸軍空中部隊的密碼和軍事武官的外交密碼。布萊切利園的密碼專家破解了恩尼格馬機器（此即ＵＬＴＲＡ解碼行動），而遠東戰區也做到同樣的事。史學家德雷亞（Edward Drea）稱其為「和中途島一樣真實的勝利」，這麼說並不算誇大。[57]

中央破譯局的組成結構可以反映出整個英語民族（當然不包括愛爾蘭）是如何在一九四一到一九四五年間齊心奮戰。這些單位包括澳洲國民兵、皇家空軍、美國陸軍、加拿大陸軍、皇家澳洲空軍、澳洲空軍女子輔助隊、澳洲女子陸軍團和美國女子陸軍團。

早在一九四四年二月，華府決策者就預見到蘇聯可能把世界拖入冷戰，雖然當時還沒有冷戰這個名詞。堅決反共的美國海軍次長福萊斯特（James Forrestal）就坦白表示過這種看法。思想家伯林在二月十一日致函給在多家美國報紙寫專欄的艾爾索普（Joe Alsop）說：

福萊斯特認為，未來將是美國和蘇聯之間的大撲克賽局（也許更像是百家樂），只有口袋夠深的玩家才能上牌桌。這個賭局太大，家底不夠厚的人（也就是英國）最好別參加。這種看法在菁英圈已經非常普遍。一個全副武裝的美國瞪著一個全副武裝的蘇聯，在未來許多年愉快地交易和維護世界和平，而其他所有人都只能順應這個新的不必要的孿生聯盟，事情就是這樣。[58]

有些評論者誤把英語民族「預見」冷戰到來當成是「樂見」冷戰來臨，或甚至是「挑起」冷戰，這種看法是錯誤的。預見到某事可能發生並預做準備並不表示想要它發生。一九四四年七月二十七日，布魯克也在日記中預見到：

德國不再能宰制歐洲，俄羅斯可以。不幸的是，俄羅斯並不完全是歐洲國家。它擁有龐大的資源，十五年內一定會成為主要威脅。所以要扶植德國，逐漸讓它強大，把它拉進西歐聯盟。不幸的是，這只能在英格蘭、俄羅斯和美國的神聖同盟的大帽子下偷偷進行。這個政策很不容易，需要很厲害的外交大臣才行。

同樣地，意識到未來的危險（這直到一九四六年三月邱吉爾的「鐵幕演說」才公開顯露出來），也不表示西方同盟有在推進冷戰來臨，只表示其領導人對史達林未來的走向，並不抱持天真的看法。

冷戰在一九四四年十二月打響第一槍。由共產黨控制的希臘抵抗組織EAM-ELAS（由全國解放陣線（EAM）和全國人民解放軍（ELAS）合併而成），試圖在英國和希臘軍隊於前一個月解放該國後接管希臘。當邱吉爾訪問雅典在英國大使館過聖誕節時，槍戰還在進行。四十五年後，歐洲共產政權開出的最後一槍剛好也是在聖誕節。羅馬尼亞安全部隊在西奧塞古（Nicolae Ceauçescu）的命令下進行最後一搏，只是為了捍衛他們明知早已僵死的教條。

另眼看歷史 Another History 46

1900年以來的英語民族史

A History of the English-Speaking Peoples Since 1900

作者　安德魯・羅伯茨（Andrew Roberts）
譯者　黎曉東
編輯　邱建智
校對　陳建安、魏秋綢
排版　張彩梅
封面設計　許晉維

副總編輯　邱建智
行銷總監　蔡慧華
出版　八旗文化／遠足文化事業股份有限公司
發行　遠足文化事業股份有限公司（讀書共和國出版集團）
地址　新北市新店區民權路108-2號9樓
電話　02-22181417
傳真　02-22188057
客服專線　0800-221029
信箱　gusa0601@gmail.com
Facebook　facebook.com/gusapublishing
Blog　gusapublishing.blogspot.com
法律顧問　華洋法律事務所／蘇文生律師

印　刷　前進彩藝有限公司
定　價　1260元（上、下冊套書不分售）
初版一刷　2025年2月
ISBN　978-626-7509-26-5（紙本）、978-626-7509-24-1（PDF）、978-626-7509-25-8（EPUB）

國家圖書館出版品預行編目（CIP）資料

1900年以來的英語民族史／安德魯・羅伯茨（Andrew Roberts）著；黎曉東譯. -- 初版. -- 新北市：八旗文化, 遠足文化事業股份有限公司, 2025.02
面；　公分. --（另眼看歷史 Another History；46）
譯自：A history of the English-speaking peoples since 1900.
ISBN 978-626-7509-26-5（平裝）

1. CST: 民族史　2. CST: 二十世紀　3. CST: 英國

741.39　113019101